2025

고졸
검정고시

700제

타임검정고시연구회

2025
고졸 **검정고시** 700제

인쇄일 2025년 1월 1일 4판 1쇄 인쇄   **발행처** 시스컴 출판사
발행일 2025년 1월 5일 4판 1쇄 발행   **발행인** 송인식
등 록 제17-269호   **지은이** 타임검정고시연구회
판 권 시스컴2025

ISBN 979-11-6941-480-7 13370
정 가 18,000원

주소 서울시 금천구 가산디지털1로 225, 514호(가산포휴) │ **홈페이지** www.nadoogong.com
E-mail siscombooks@naver.com │ **전화** 02)866-9311 │ **Fax** 02)866-9312

머리말 PREFACE

"교육과정이 변해도 핵심 내용은 유사하다"

검정고시는 정규 학교에 진학하지 않은 이들에게 계속 교육받을 기회를 제공하고 교육의 평등 이념을 구현하고자 국가에서 시행하는 제도입니다. 현재 시험은 일 년에 두 번 시행되며 배움의 때를 놓친 분들에게 기회의 손길을 내밀고 있습니다.

한국교육과정평가원에서 공개한 출제 계획을 보면, 가급적 최소 3종 이상의 교과서에서 공통으로 다루고 있는 내용을 바탕으로 최근 5년간의 평균 합격률을 고려하여 적정 수준에서 출제할 것임을 알 수 있습니다. 즉, 시험에 출제되는 핵심 내용은 크게 바뀌지 않았다는 것입니다. 따라서 시험에 반복 출제되는 부분들을 완벽히 이해하고, 새롭게 추가된 교과 내용을 공고히 익힌다면 평균 60점 이상을 획득하는 데에 큰 어려움이 없을 것입니다.

시스컴에서 선보이는 『고졸 검정고시 700제』는 시험에 자주 출제되는 유형을 분석하여 엄선한 예상문제를 수준별로 나눠 담은 문제집입니다. 또한 실전 대비 모의고사를 상세한 해설과 함께 수록하여 '기본문제+응용문제+모의고사'의 탄탄한 짜임을 자랑합니다. 따라서 기초를 다지려는 수험생도, 심화 문제 풀이로 합격을 굳히려는 수험생도 모두 만족시킬 수 있으리라 생각합니다.

"배움에 있어서 늙음이란 없다"

청춘이란 인생의 어느 기간을 말하는 것이 아니라 마음의 상태를 말하는 것이라는 어느 시인의 말처럼 배움의 열정을 놓지 않은 여러분의 지금 이 순간이 청춘입니다. 이 책이 여러분의 꿈을 이루는 데 도움이 되기를 바라며, 수험생 여러분 모두의 건투를 빕니다.

고졸 검정고시 국가고사 안내

검정고시 안내

검정고시란?

검정고시는 정규 학교에 진학하지 않은 사람들에게 계속 교육받을 기회를 제공하고 국가의 교육수준 향상을 위하며 교육의 평등 이념 구현에 기여하고자 국가에서 시행하는 제도를 말한다.

시험관리기관

– 시·도 교육청 : 시행공고, 원서교부·접수, 시험실시, 채점, 합격자발표
– 한국교육과정평가원 : 출제 및 인쇄·배포

시험 분야

– 초등학교 졸업학력(초등학교 과정)
– 중학교 졸업학력(중학교 과정)
– 고등학교 졸업학력(고등학교 과정)

검정고시 시험 안내

▌시행횟수 : 연2회

분 류	공고일	접수일	시 험	합격자 발표	공고 방법
제1회	2월 초순	2월 중순	4월 초·중순	5월 초·중순	각 시·도 교육청 홈페이지
제2회	6월 초순	6월 중순	8월 초·중순	8월 하순	

▌고시과목

고졸학력	필수	국어, 수학, 영어, 사회, 과학, 한국사 (6과목)	총 7과목
	선택	도덕, 기술·가정, 체육, 음악, 미술 중 1과목 선택	

▌시험시간표

교 시	과 목	시 간		문항수	비 고
1	국 어	09:00∼09:40	40분	25	
2	수 학	10:00∼10:40	40분	20	
3	영 어	11:00∼11:40	40분	25	
4	사 회	12:00∼12:30	30분	25	각 과목별 100점 만점
중식(12:30∼13:30)					
5	과 학	13:40∼14:10	30분	25	
6	한국사	14:30∼15:00	30분	25	
7	선 택	15:20∼15:50	30분	25	

>>> 위의 내용은 한국교육과정평가원에서 발표한 내용을 바탕으로 하였습니다.

▌문제출제수준

고등학교 졸업 정도의 지식과 그 응용 능력을 측정할 수 있는 수준으로 적정량의 학습을 해온 학생이면 누구나 답할 수 있는 평이한 문제로 출제

응시자격 및 응시제한

응시자격

1) 중학교 졸업자
2) 3년제 고등기술학교 및 고등학교에 준하는 각종학교 졸업자 또는 졸업예정자와 중학교 또는 동등이상의 학력이 있는 자를 대상으로 하는 3년제 직업훈련과정의 수료자
3) 「초·중등교육법 시행령」 제97조, 제101조, 제102조에 해당하는 자
4) 「보호소년 등의 처우에 관한 법률 시행령」 제69조 제3호에 해당하는 자

응시자격 제한

1) 「고등학교 또는 초·중등교육법 시행령」 제98조 제1항 제2호의 학교를 졸업한 자 또는 재학 중인 자 (휴학 중인 자 포함)
2) 공고일 이후 중학교 또는 「초·중등교육법 시행령」 제97조 제1항 제2호의 학교를 졸업한 자
3) 고시에 관하여 부정행위를 한 자로서 2년이 경과되지 아니한 자
4) 고등학교 또는 초·중등교육법 시행령 제98조 제1항 제2호의 학교에서 퇴학된 사람으로서 퇴학일부터 공고일까지의 기간이 6개월이 되지 않은 사람(다만, 장애인복지법 제32조에 따라 등록한 장애인으로서 신체적·정신적 장애로 학업을 계속하는 것이 불가능하여 퇴학된 사람은 제외)
5) 공고일 전(前) 당해연도 졸업자는 졸업식 일자와 관계없이 2월말까지 재학생의 신분을 가지므로 당해연도 제1회 검정고시 응시를 제한함

공통제출서류

- 응시원서(소정서식) 1부
- 동일원판 탈모 상반신 컬러 사진(3.5cm×4.5cm, 3개월 이내 촬영) 2매
- 본인의 해당 최종학력증명서 1부
- 응시수수료 : 무료
- 신분증 필히 지참(주민등록증, 운전면허증, 대한민국 여권, 청소년증 중 택 1)

학력인정 서류

〈현장·온라인 접수 추가 제출 서류〉

과목면제 대상자	
해당자	제출 서류
기능사 이상의 자격 취득자(이용사, 미용사 자격증 포함)	- 자격증 사본(원본 지참)

3년제 고등공민학교, 기술학교, 고등기술학교 및 중·고등학교에 준하는 각종학교 졸업(예정)자와 직업훈련원의 졸업(수료, 예정)자	– 졸업(수료, 예정)증명서
평생학습계좌제가 평가 인정한 학습과정 중 시험과목에 관련된 과정을 90시간 이상 이수한 자	– 평생학습이력증명서 * 발급안내 : 국가평생교육진흥원 평생학습계좌제(http://www.all.go.kr), 02-3780-9986

※ 과목면제 신청을 하지 않고 응시한 자는 본 고시에서 과목면제 혜택을 받을 수 없음
※ 관련 : 초·중등교육법 시행규칙 제37조(시험과목의 면제)

장애인 편의 제공 대상자		
대상자	대상자 편의 제공 내용	제출 서류
시각 장애, 뇌병변 장애	대독, 대필, 확대문제지	– 복지카드 또는 장애인등록증 사본(원본 지참) – 장애인 편의 제공 신청서(소정 서식) – 상이등급 표시된 국가유공자증(국가유공자 확인원)
상지지체 장애	대필	
청각 장애	시험 진행 안내 (시험시작·종료안내)	

※ 장애인 편의 제공은 원서접수 기간 내 편의 제공 신청자에 한하여 제공함

합격기준

전체 과목 합격

각 과목을 100점 만점으로 하여 평균 60점(소수점 셋째 자리에서 절사) 이상 취득한 자를 전체 과목 합격자로 결정함 단, 평균이 60점 이상이라 하더라도 결시 과목이 있을 경우에는 불합격 처리함

일부 과목 합격

– 검정고시 불합격자(일부 과목 합격자) 중 고시성적 60점 이상인 과목에 대하여는 합격을 인정하고, 본인이 원할 경우 다음 차수의 시험부터 해당과목의 고시를 면제하며 그 면제되는 과목의 성적은 최종 고시성적에 합산함
– 기존 과목 합격자가 해당과목을 재응시할 경우 기존 과목합격 성적과 상관없이 재응시한 과목 성적으로 합격 여부를 결정함
⫸ 고시에 합격한 자의 수험번호는 시·도의 공보 또는 시·도교육청의 홈페이지에 게재
⫸ 고등기술학교 등의 졸업예정자로서 과목면제를 받아 고시에 합격한 자에 대하여는 졸업할 때까지 최종합격 여부를 홈페이지에 게재하는 것을 보류함
– 합격증서 수여
⫸ 고시 합격자에 대하여는 합격증서를 수여하고, 신청에 의하여 성적증명서 및 합격증명서를 교부
⫸ 고등기술학교 등의 졸업예정자로서 과목 면제를 받아 고시에 합격한 자에 대하여는 졸업할 때까지

합격증서의 수여 또는 성적증명서의 교부를 보류하고 졸업하지 못하였을 경우에는 고시에 응시한 과목에 대하여 과목 합격으로 인정

합격취소

- 자격에 결격이 있는 자
- 제출 서류를 위조 또는 변조한 자
- 부정행위자
- 학력조회 결과 허위사실이 발견된 자

>>> 전 과목 합격자의 학력을 합격자 발표일부터 80일 이내에 조회 확인하고, 학력조회의 결과 학력과 관련하여 허위의 사실이 발견된 때에는 지체 없이 합격을 취소함

응시자 시험 당일 준비사항

준비물

수험표, 신분증, 컴퓨터용 수성사인펜, 아날로그 손목시계(선택), 점심도시락

수험표, 주민등록증 분실자 준비 사항

- 수험표 분실자 : 응시원서에 부착한 동일원판 사진 1매를 지참하고 시험 당일 08시 20분까지 해당 시험장 시험본부에서 수험표를 재교부 받기 바람
- 주민등록증 분실자 : 주민등록증 발급확인서(주민자치센터에서 발급) 지참하기 바람

기타

- 주민등록증 미발급 청소년 : 청소년증 또는 대한민국여권 지참(청소년증은 주소지 관할 주민자치센터에 신청, 15~20일 소요).
- 시험당일 시험장 운동장이 협소하므로 가급적 대중교통을 이용하기 바람

응시자 유의사항

구비 서류 미비

- 본인 신분 확인이 불가능할 경우에는 접수하지 않으며, 접수된 서류는 일체 반환하지 않음
- 사실과 다르게 기재한 서류, 응시원서의 기재사항 착오 등으로 발생된 모든 책임은 전적으로 응시자에게 있음

시험 중 퇴실 금지

- 수험자는 시험 중 시험시간이 끝날 때까지 퇴실할 수 없음
  다만, 긴급한 사유 등으로 불가피한 경우에는 퇴실할 수 있으나, 퇴실 후 재 입실이 불가능하며 소지
  물품(문제지 포함) 없이 별도의 장소에서 대기하여야 함
- 퇴실 시에는 휴대전화 등 무선통신기기나 물품 등을 소지할 수 없으며 지정된 별도의 장소에서 시험
  종료 시까지 대기하여야 함
- 퇴실 시 감독관의 조치 및 지시에 불응하거나 휴대전화, 전자 담배 등 무선통신 기기 등을 소지한 경
  우 부정행위로 간주함
- 시험장 내에는 수험생 이외 가족, 친지, 친구, 학원 관계자 등은 출입할 수 없음

부정행위

시험장에서 다음과 같은 행위는 부정행위로 간주하고, 부정행위를 한 자는 「초 · 중등교육법」 시행규칙
제40조에 의거 고시를 정지하고 처분일로부터 응시자격 제한기간 동안 응시를 제한할 수 있으며, 교육
부 및 전국 시 · 도교육청에 그 명단을 통보함
- 다른 수험생의 답안지를 보거나 보여주는 행위
- 다른 수험생과 손동작, 소리 등으로 서로 신호를 하는 행위
- 대리로 시험을 보는 행위
- 시험시간 중 휴대전화 등 무선통신기기를 소지하거나 사용하는 행위
- 다른 수험생에게 답을 보여주기를 강요하거나 폭력으로 위협하는 행위
- 시험 감독관의 지시에 불응하는 행위
- 기타 시험 감독관이 부정행위로 판단하는 행위

기타

- 공고문에 명시되지 않거나 내용의 해석에 관한 사항, 연락불능 등으로 인하여 발생된 불이익은 수험
  생의 귀책사유이며 그에 따른 결과 처리는 교육청별 검정고시위원회의 결정에 따라야 함
- 과목합격자는 별도 대기실에서 대기함
- 검정고시 응시자가 퇴학자일 경우 퇴학자는 응시일로부터 대략 8개월 이전에 학교를 그만둔 상태여야 함
- 교육기관 입학상담 시 최종학력증명서 확인 후 교육 실시
- 학적 정정 신청 : 출신 학교에서 증명, 통 · 폐합된 경우는 교육지원청에서 문의 · 발급

*상기 자료는 서울특별시 교육청의 안내 자료와 한국교육과정평가원(www.kice.re.kr)과 국가평생교육진흥원의 공고를
 기준으로 하고 있습니다.
*시험일정 및 기타 사항은 변경될 수 있으므로 시험 전 반드시 각 시 · 도 교육청의 홈페이지 공고를 참조하여 접수하시
 기 바랍니다.

고졸 검정고시 Q&A

Q1 고졸 검정고시의 출제 범위는 어떻게 되나요?

2021년도 제1회 검정고시부터 2015 개정 교육과정에서 출제됩니다.

〈고졸 검정고시 출제 범위 비교〉

구분		이전 고졸 검정고시 출제 범위	현재 고졸 검정고시 출제 범위
필수	국어	국어Ⅰ, 국어Ⅱ	국어
	수학	수학Ⅰ, 수학Ⅱ	수학
	영어	실용영어Ⅰ	영어
	사회	사회	통합사회
	과학	과학	통합과학
	한국사	한국사(2009 개정 교육과정)	한국사
선택	도덕	생활과 윤리	생활과 윤리

Q2 출제 기준은 무엇인가요?

각 교과의 검정(또는 인정)교과서를 활용하는 출제 방식입니다.
– 가급적 최소 3종 이상의 교과서에서 공통으로 다루고 있는 내용으로 출제합니다. (단, 국어와 영어 지문의 경우 공통으로 다루고 있는 교과서 종수와 관계없으며, 교과서 외 지문도 활용 가능)

Q3 과목별로 공부방법은 어떻게 해야 하나요?

- 국어와 영어는 교과서 외의 지문과 작품이 활용 가능하므로, 폭넓게 공부해야 합니다.
- 수학은 2009 개정 교육과정에서 2015 개정 교육과정으로 바뀌면서 '수열', '지수와 로그' 단원이 사라지고 '경우의 수' 단원이 들어오므로, 사라지거나 변경된 개념 및 내용은 한 번 더 꼼꼼히 봐야 합니다.
- 사회 출제 범위 교과서는 2015 개정 교육과정에서 '통합사회'에서 출제되므로, 새로운 개념 및 내용을 숙지해야 합니다.
- 과학은 '통합과학'에서 전 영역이 출제되는데, 대체로 기본 지식 내용을 묻는 문제가 출제되므로, 기본 내용을 충실히 다져놓는 것이 좋습니다.
- 한국사 출제 범위 교과서는 2009 개정 교육과정 고시 이후 개발된 '한국사' 교과서입니다.
- 도덕은 '생활과 윤리' 문제가 출제되므로 새로운 개념 및 내용을 숙지해야 합니다.

검정고시 시험 출제 범위 교과서

국 어
- 출제 교과서 : 국어(교육부 검정(2017. 09. 08))

수 학
- 출제 교과서 : 수학(교육부 검정(2017. 09. 08))

영 어
- 출제 교과서 : 영어(교육부 검정(2017. 09. 08))

사 회
- 출제 교과서 : 통합사회(교육부 검정(2017. 09. 08))

과 학
- 출제 교과서 : 통합과학(교육부 검정(2017. 09. 08))

한국사
- 출제 교과서 : 한국사(교육부 검정(2013. 08. 30))
※ 2009 개정 교육과정에 근거한 교과서

도 덕
- 출제 교과서 : 생활과 윤리(교육부 검정(2017. 09. 08))

>>> 검정고시 출제 범위 및 출제 범위 교과서는 시험 전 반드시 한국교육과정평가원 또는 각 시 · 도 교육청의 홈페이지 공고를 참조하여 주시기 바랍니다.

이 책의 구성과 특징

1. 기본문제

과목별로 시험에 출제될 가능성이 높은 기본문제들로 구성되어 있습니다.

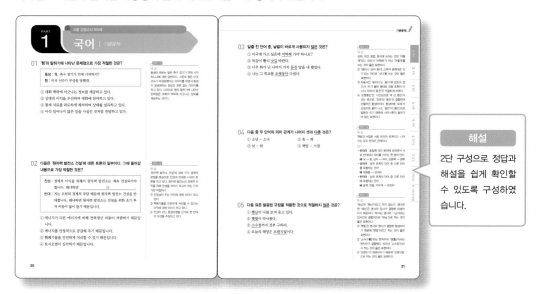

해설

2단 구성으로 정답과 해설을 쉽게 확인할 수 있도록 구성하였습니다.

2. 응용문제

기본문제보다 좀 더 난이도 있는 문제들로 구성되어 심화학습이 가능하도록 하였습니다.

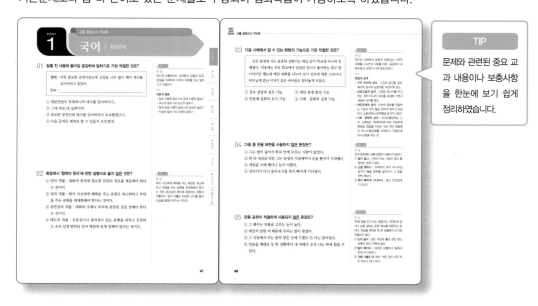

TIP

문제와 관련된 중요 교과 내용이나 보충사항을 한눈에 보기 쉽게 정리하였습니다.

3. 모의고사

최신 기출문제를 분석 · 연구하여 만든 실전 대비 모의고사를 수록하여 시험 직전 자신의 실력을 최종 점검할 수 있도록 하였습니다.

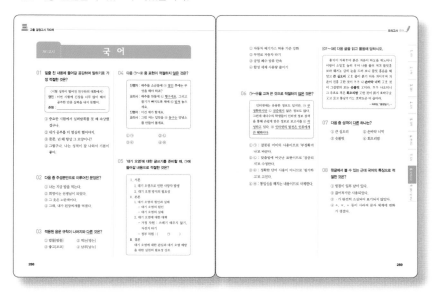

4. 정답 및 해설

상세한 해설과 풍부한 학습 TIP으로 꼼꼼한 학습이 가능하도록 하였습니다.

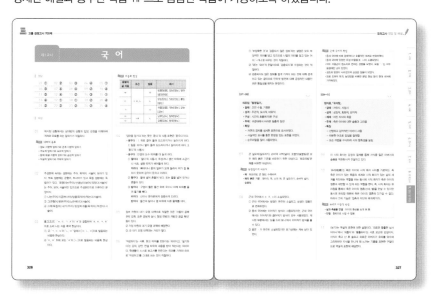

Contents

고졸 검정고시 700제 문제집

35일 만에 검정고시 정복하기 PLAN

과 목	국 어				
날 짜	1	2	3	4	5
Check	☐	☐	☐	☐	☐

과 목	수 학				
날 짜	6	7	8	9	10
Check	☐	☐	☐	☐	☐

과 목	영 어				
날 짜	11	12	13	14	15
Check	☐	☐	☐	☐	☐

과 목	사 회				
날 짜	16	17	18	19	20
Check	☐	☐	☐	☐	☐

과 목	과 학				
날 짜	21	22	23	24	25
Check	☐	☐	☐	☐	☐

과 목	한 국 사				
날 짜	26	27	28	29	30
Check	☐	☐	☐	☐	☐

과 목	도 덕				
날 짜	1	2	3	4	5
Check	☐	☐	☐	☐	☐

Special Information Service Company
SISCOM

PART 1

국어

PART 1

국어 | 기본문제

01 '형'의 말하기에 나타난 문제점으로 가장 적절한 것은?

> 동생 : 형, 축구 경기가 언제 시작하지?
>
> 형 : 미국 선수가 부상을 당했대.

① 대화 맥락에 어긋나는 정보를 제공하고 있다.

② 상대의 이익을 우선하며 대화에 참여하고 있다.

③ 통계 자료를 과도하게 해석하며 상대를 설득하고 있다.

④ 아직 일어나지 않은 일을 사실인 것처럼 전달하고 있다.

02 다음은 '원자력 발전소 건설'에 대한 토론의 일부이다. ㉠에 들어갈 내용으로 가장 적절한 것은?

> 찬성 : 경제적 이익을 위해서 원자력 발전소는 계속 건설되어야 합니다. 왜냐하면 _____㉠_____.
>
> 반대 : 저는 오히려 경제적 부담 때문에 원자력 발전소 건설을 반대합니다. 왜냐하면 원자력 발전소는 건설을 위한 초기 투자 비용이 많이 들기 때문입니다.

① 에너지가 다른 에너지에 비해 전력생산 비용이 저렴하기 때문입니다.

② 에너지를 안정적으로 공급해 주기 때문입니다.

③ 핵폐기물을 안전하게 처리할 수 있기 때문입니다.

④ 토지오염이 심각하기 때문입니다.

03 밑줄 친 단어 중, 낱말이 바르게 사용되지 않은 것은?

① 미국에 가고 싶은데 <u>어떡해</u> 가야 하나요?

② 독감이 빨리 <u>낫길</u> 바란다.

③ 너무 화가 난 나머지 가치 <u>돋친</u> 말을 내 뱉었다.

④ 나는 그 학교를 <u>오랫동안</u> 다녔다.

04 다음 중 두 단어의 의미 관계가 나머지 셋과 다른 것은?

① 소년 – 소녀 ② 흑 – 백

③ 낮 – 밤 ④ 책방 – 서점

05 다음 표준 발음법 규정을 적용한 것으로 적절하지 않은 것은?

① <u>햇님</u>이 나를 보며 웃고 있다.

② <u>햇빛</u>이 따사롭다.

③ <u>소수점</u>까지 전부 구하라.

④ 오늘의 태양은 <u>오렌지빛</u>이다.

정답 | ①

해 설

상태, 의견, 방법, 방식에 쓰이는 것은 '어떻게'이다. 따라서 '어떡해'가 아닌 '어떻게'를 쓰는 것이 옳은 표현이다.

② '(병이나 상처 등이) 고쳐져 본래대로 되다'라는 의미로 '낫다'를 쓰는 것이 옳은 표현이다.

③ 자동사인 '돋치다'는 '돋다'에 강조의 접미사 '치'가 붙은 형태로 피동 표현이 아니다. 따라서 '돋친'은 적절하게 쓰였다.

④ '오랫동안'은 '시간상으로 썩 긴 동안'이라는 뜻으로, '오래'와 '동안'이 결합하여 만들어진 합성어이다. 합성어에 '오래'가 모음으로 끝이 나고, '동안'이 [똥안]으로 발음이 되기 때문에 사이시옷이 들어가야 맞는 표현이다.

정답 | ④

해 설

책방과 서점은 서로 유의어 관계이다. 나머지는 모두 반의어 관계이다.

TIP

• 반의어 : 동일한 의미 분야에 속하면서 서로 반대되는 의미를 가지는 한 쌍의 단어

예 낮 ↔ 밤, 남자 ↔ 여자, 오른쪽 ↔ 왼쪽

• 상의어 : 상하 관계의 단어 중 다른 단어를 포함하는 단어

예 학용품 → 상의어

• 하의어 : 상하 관계의 단어 중 다른 단어에 포함되는 단어

예 공책, 연필, 지우개 → 하의어

정답 | ①

해 설

'해님'은 '햇님'이라고 적지 않는다. 왜냐하면 '해님'은 명사와 접사가 결합한 파생어이기 때문이다. '해'라는 명사와 '–님'이라는 접사간의 결합이므로 '해님'으로 적는 것이 옳은 표현이다.

② '햇빛'은 명사와 명사가 결합한 합성어이기 때문에 '햇빛'이라고 적는 것이 옳은 표현이다.

③ '소수(小數)'라는 한자어와 '점(點)'이라는 한자어가 결합했다. 따라서 '소수점'이라고 적는 것이 옳은 표현이다.

④ '오렌지'가 외래어이기 때문에 '오렌지빛'으로 적는 것이 옳은 표현이다.

06 다음 중, 밑줄 친 문장 성분만으로 이루어진 문장은?

> 국어의 문장 성분은 크게 <u>주성분</u>, 부속 성분, 독립 성분으로 나눌 수 있다.

① 휴우, 정말 힘든 날이군.
② 동생이 티비를 보고 있다.
③ 그 사람이 쥬스를 마셨다.
④ 동생이 드디어 의사가 되었다.

07 ㉠에 들어갈 내용으로 적절하지 않은 것은?

> 주제 : 흡연을 줄이자!
> Ⅰ. 서론 : 우리 국민의 과도한 흡연량
> Ⅱ. 본론
>   1. 우리 국민의 흡연량이 많은 이유
>   가. 과도한 흡연으로 인한 부작용에 대한 인식 부족
>   나. 중독성이 강한 담배를 선호하는 습관
>   다. 금연을 위한 국가적 제도 부족
>   2. 과도한 흡연을 줄이기 위한 방안
> | ㉠ |
> |---|
> Ⅲ. 결론 : 과도한 흡연을 줄여 우리 국민의 건강을 지키자.

① 과도한 흡연으로 인한 위험성 홍보 포스터 게시
② 중독성이 강한 담배를 선호하는 습관 개선을 위한 캠페인 실시
③ 담배 가격 인하
④ 금연을 위한 국가적 차원 광고 배포

08 ⊙~ⓔ을 고쳐 쓴 것으로 적절하지 <u>않은</u> 것은?

> 저는 피아노 연주회에서 심사위원의 자격이 ⊙ <u>돼어</u> 연주회에 참여했습니다. 그곳에서 연주회의 상황을 정확히 파악하고 ⓒ <u>그에게</u> 맞는 판단을 신속하게 내렸습니다. 그래서 심사를 무사히 ⓒ <u>끊냈습니다.</u> ⓔ 자기 중심적 사고를 하는 일을 반성해야겠습니다.

① ⊙ : 맞춤법에 어긋난 표현이므로 '되어'로 수정한다.
② ⓒ : 잘못된 조사 사용이므로 '그에서'로 바꾼다.
③ ⓒ : 맞춤법에 어긋난 표현이므로 '끝냈습니다'로 고친다.
④ ⓔ : 통일성을 해치는 내용이므로 삭제한다.

해 설
심사위원으로서 연주회에서 그 상황에 맞는 판단을 신속하게 내렸다는 내용이므로 ⓒ 은 '어떤 행동이 미치는 대상을 나타내는 격 조사'인 '에게'를 써서 원문 그대로 '그에게' 라고 쓰거나 조사 '에'를 써서 '그에'로 고쳐 쓰는 것이 적절하다.
① 맞춤법에 어긋난 표현이므로 '돼어'가 아 닌 '되어'로 수정해야 한다.
③ '끊냈습니다.'가 아닌 '끝냈습니다'로 수 정해야 옳은 표현이다.
④ 본문과 맞지 않는 통일성을 해치는 내용이 므로 삭제하는 것이 적절하다.

09 ⊙~ⓔ을 고쳐 쓴 것으로 적절하지 <u>않은</u> 것은?

> 나는 어제 영화를 ⊙ <u>봤었는대</u>, 친구는 시험을 준비하느라 함께 보지 못했다. 평소 ⓒ <u>짖궂은</u> 친구라서 응원하고 싶지 ⓒ <u>안았지 만</u> 친구의 합격하고 싶은 ⓔ <u>바람</u>이 꼭 이루어지길 기도했다.

① ⊙ : 맞춤법에 어긋난 표현이므로 '봤었는데'로 수정한다.
② ⓒ : '짓궂은'으로 수정해야 옳은 표현이다.
③ ⓒ : '아니 하'의 준말로 '않았지만'으로 수정해야 옳은 표현이다.
④ ⓔ : 어떤 일이나 상태가 이루어지기를 뜻하므로 '바램'으로 수정해야 옳은 표현이다.

해 설
시험에 합격하고 싶은 친구의 바람이 이루 어지기를 기도했다고 하였으니 어떤 일이나 상태가 이루어지기를 생각할 때에는 '바람' 이라고 쓰는 것이 적절하다. '바램'은 본래 가지고 있던 색이 옅어지고 희미해질 때 쓰 이는 표현이다.

1. 국어 2. 수학 3. 영어 4. 사회 5. 과학 6. 한국사 7. 도덕 8. 모의고사 9. 정답 및 해설

10 다음 중, 밑줄 친 문장 성분만으로 이루어진 문장은?

> 국어의 문장 성분은 크게 <u>주성분</u>, 부속 성분, 독립 성분으로 나눌 수 있다.

① 여보, 이것 보시오.
② 친구가 학교에 갔다.
③ 영희가 과자를 허겁지겁 먹는다.
④ 그 남자는 새 과일을 먹었다.

11 다음 대화에서 영철이의 말하기에 대한 설명으로 적절한 것은?

> 민지 : 이 옷 나한테 안 어울리지 않아? 정말 속상하다.
> 영철 : 옷이 어울리지 않아서 많이 속상했구나. 하지만 내가 보기에는 정말 잘 어울리는 걸?

① 상대방을 비난하며 평가하고 있다.
② 자신을 낮추어 겸손하게 말하고 있다.
③ 대화 맥락에서 벗어난 내용을 말하고 있다.
④ 상대방의 기분을 고려하여 칭찬을 하고 있다.

12 다음 대화에서 형의 말하기의 문제점으로 적절한 것은?

> 동생 : 오늘 점심 정말 맛있었어. 그렇지 않니?
> 형 : 벼는 익을수록 고개를 숙인다더니.

① 생소한 지역 방언을 사용하였다.
② 직접 언급하기 꺼려하는 말을 사용하였다.
③ 맥락에 맞지 않는 관용 표현을 사용하였다.
④ 상대방이 이해하기 어려운 줄임말을 사용하였다.

13 밑줄 친 부분이 한글 맞춤법에 적절하지 않은 것은?

① 우리 <u>있다가</u> 세시에 만날까?

② 퍼즐을 <u>맞추다.</u>

③ 지난 <u>며칠</u> 동안 바빴잖아.

④ 옆집 고양이가 새끼를 <u>낳았다.</u>

해 설

'있다가'는 동사로 사람이나 동물이 어느 공간에 머무르고 있을 때 사용된다. '이따가'는 부사로 시간이 조금 지난 뒤에를 뜻한다. 따라서 시간이 지난 뒤 세시를 기약하는 문장이므로 '이따가'가 옳은 표현이다.

14~15 다음 글을 읽고 물음에 답하시오.

넓은 벌 동쪽 끝으로
옛이야기 지줄대는 실개천이 회돌아 나가고,
얼룩백이 황소가
해설피 ㉮ <u>금빛 게으른 울음을 우는 곳,</u>

– 그곳이 차마 꿈엔들 잊힐 리야.

질화로에 재가 식어지면
비인 밭에 밤바람 소리 말을 달리고,
엷은 졸음에 겨운 늙으신 아버지가
짚베개를 돌아 고이시는 곳,

– 그곳이 차마 꿈엔들 잊힐 리야.

흙에서 자란 내 마음
파아란 하늘빛이 그리워
함부로 쏜 화살을 찾으려
풀섶 이슬에 함추름 휘적시던 곳,

– 그곳이 차마 꿈엔들 잊힐 리야.

정지용, 「향수」

• 갈래 : 자유시, 서정시
• 성격 : 감각적, 묘사적, 향토적
• 제재 : 고향의 정경
• 주제 : 고향에 대한 그리움과 추억
• 특징
    – 후렴구를 반복하여 주제의식을 표출하고 통일성과 리듬감을 부여함
    – 토속적 시어로 향토적 정감을 표현함
    – 선명한 감각적 이미지를 사용하여 고향을 생생히 묘사함

전설(傳說) 바다에 춤추는 밤물결 같은
검은 귀밑머리 날리는 어린 누이와
아무렇지도 않고 예쁠 것도 없는
사철 발 벗은 아내가
따가운 햇살을 등에 지고 이삭 줍던 곳,

― 그곳이 차마 꿈엔들 잊힐 리야.

하늘에는 성근 별
알 수도 없는 모래성으로 발을 옮기고,
서리 까마귀 우지짖고 지나가는 초라한 지붕,
흐릿한 불빛에 돌아앉아 도란도란거리는 곳,

― 그곳이 차마 꿈엔들 잊힐 리야.

― 정지용, 「향수」 ―

14 윗글에 대한 설명으로 적절하지 <u>않은</u> 것은?

① 후렴구를 반복하여 운율을 형성하고 있다.
② 향토적 소재를 활용하여 토속적인 분위기를 드러내고 있다.
③ 감각적 이미지를 사용하여 고향을 생생히 묘사한다.
④ 고향에 대한 화자의 부정적인 정서가 드러난다.

15 ㉮에 사용된 감각적 이미지와 가장 가까운 것은?

① 분수처럼 흩어지는 푸른 종소리
② 맑은 종소리를 들으며
③ 향기로운 꽃향기에 이끌려
④ 부드러운 잔디위에 앉아

정답 | ④

해 설

이 작품은 평화로운 고향의 모습을 추억하며 고향을 그리워하고 있는 작품이다. 따라서 고향에 대한 부정적인 정서가 드러나는 것은 적절하지 않다.
① 연이 끝날 때마다 '그곳이 차마 꿈엔들 잊힐 리야'라는 후렴구를 반복하여 운율을 형성하고 있다.
② 실개천, 얼룩백이 황소, 질화로, 짚베개와 같은 향토적 소재를 활용하여 토속적 분위기를 드러내고 있다.
③ 선명한 감각적 이미지를 사용하여 고향을 생생하게 묘사하고 있다.

정답 | ①

해 설

㉮에서는 청각적 대상인 황소의 울음을 금빛이라는 시각적 방법으로 나타내어, 청각의 시각화라는 공감각적 이미지를 사용하였다. ① 역시 '분수처럼 흩어지는 푸른 종소리'라는 청각의 시각화를 사용하고 있다.
② 청각적 이미지
③ 후각적 이미지
④ 촉각적 이미지

16 ㉠에 들어갈 내용으로 가장 적절한 것은?

> • 논제 : 동물을 대상으로 한 실험은 정당하다.
> • 찬성 측 근거
>   – 동물실험을 통해 신약의 부작용을 사전에 파악할 수 있다.
>   – (㉠   )
> • 반대 측 근거
>   – 모든 생명체는 그 자체로 존엄성을 갖는다.
>   – 동물에게는 부작용이 없는 신약이라도 사람에게 부작용이 나타날 수 있다.

① 동물실험을 대체할 수단이 존재한다.
② 동물실험은 윤리적인 문제를 야기한다.
③ 동물실험을 하는 것이 시간, 비용의 측면에서 가장 효율적이다.
④ 동물실험이 동물학대로 이어질 수 있다.

해 설
㉠에는 동물을 대상으로 한 실험에 찬성하는 측의 논거가 들어가야 한다. 따라서 '동물실험을 하는 것이 시간, 비용의 측면에서 가장 효율적이다.'가 적절하다.

17 ㉠에 들어갈 내용으로 가장 적절한 것은?

> 주제 : 학교에 옥상 쉼터를 조성하자.
> Ⅰ. 서론 : 학교 휴식 공간의 실태
> Ⅱ. 본론
>   1. 쉼터 조성의 필요성
>   가. 휴식 및 친교 기능의 공간 요구
>   나. 자연 친화적 성격의 공간 요구
>   2. 쉼터 조성의 장애 요인
>   가. 학교 휴식 공간에 대한 사회적 무관심
>   나. 재원 확보의 어려움
>   3. 해결 방안
>   가. [㉠   ]
>   나. 지역 공동체와의 협력을 통한 재원 확보
> Ⅲ. 결론 : 정서적 · 환경적 가치가 높은 옥상 쉼터의 조성 제안

해 설
개요는 단순한 항목의 나열에 그치는 것이 아니라 계층적이어야 하며 항목 간의 배열도 유기적이어야 한다. 주어진 개요를 유기적으로 완성하기 위해 ㉠에 들어갈 내용은 Ⅱ–2–가의 '학교 휴식 공간에 대한 사회적 무관심'과 관련된 해결 방안이어야 한다. 학교 쉼터 필요성에 대한 거리 캠페인은 학교 휴식 공간에 대한 사회적 무관심을 해결할 수 있는 방안으로 적절하다.

① 학교 쉼터의 필요성에 대한 거리 캠페인 실시
② 친환경 소재를 이용한 공간 활용의 이점
③ 옥상 공간 이용 시 안전성 확보의 어려움
④ 낙후된 교실 환경에 대한 사회적 관심 촉구

18 다음 글을 고쳐 쓰기 위한 방안으로 적절하지 않은 것은?

> 우리는 '젊어서 고생은 사서도 한다.'는 속담을 자주 듣는다. ㉠ 하지만 고생과 실패의 가치를 중요하게 여기는 교육관은 많은 문제점을 안고 있다. 실패의 가치를 강조하는 기성세대들의 시대에는 대개 고난과의 투쟁만이 성공을 가져다주었다. ㉡ 실패와 성공은 인생에서 비슷한 비율로 생겨난다고 한다. 기성의 가치관으로 지금의 청소년을 가르치려는 것은 변화된 환경을 고려하지 않은 기성세대의 ㉢ 기대에서 기인한 것이다.
>
> 인생 경험이 많은 기성세대는 실패를 통해 더욱 강인해질 수 있겠지만 자라나는 청소년들은 실패의 경험으로 자칫 좌절에 빠질 수 있다. 또 많은 사람들이 실패보다는 성공을 통해 성장하고, 가치 있는 삶을 운영한다. ㉣ 그런데 이제는 실패보다는 성공을 강조하는 교육관이 필요한 때이다.

① ㉠은 앞뒤 문장의 연결 관계를 고려하여 '그래서'로 고쳐 쓴다.
② ㉡은 글의 흐름에서 벗어나 통일성을 해치는 문장이므로 삭제한다.
③ ㉢은 맥락에 맞지 않는 표현이므로 '편견'으로 고쳐 쓴다.
④ ㉣은 앞의 내용에 대한 결과를 제시하는 부분이므로 '그러므로'로 고쳐 쓴다.

정답 | ①

해 설
제시문의 첫 번째 문장에서 우리는 '젊어서 고생은 사서도 한다.'는 속담을 자주 듣는다고 하였으나 그 다음 문장에서 고생과 실패의 가치를 중요하게 여기는 교육관은 많은 문제점을 안고 있다고 지적하였기 때문에 ㉠에는 상반된 사실을 이어주는 접속 부사 '하지만'이 들어가야 한다.

19 다음 중 중세 국어의 특징으로 옳지 않은 것은?

① 성조 표시를 위한 방점을 사용하였다.

② 어두 자음군이 사용되었다.

③ 이전 시기에 비해 한자어의 쓰임이 증가하였다.

④ 된소리가 차츰 사라지기 시작하였다.

정답 | ④

해 설
전기 중세 국어 시기에 된소리가 등장하기 시작하였다.

TIP
중세 국어의 특징
• 전기 중세 국어 시기에 된소리 계열과 마찰음 ㅿ, ㅸ이 등장하였다.
• 소리의 높이로 단어의 뜻을 구별하는 성조가 있었으며 글자 왼쪽에 방점을 찍어 표시하였다.
• 중세 특유의 주체 높임법, 객체 높임법, 상대 높임법 등이 있었다.
• 어두에는 자음군이 올 수 있었다.
• 앞 시기에 비해서 한자어의 쓰임이 증가하였다.

의유당, 「동명일기」
• **갈래** : 고전 수필, 기행문
• **성격** : 주관적, 묘사적, 비유적
• **구성** : 시간의 흐름에 따른 구성
• **주제** : 귀경대에서 바라본 일출의 장관
• **특징**
　－ 자연의 경치를 섬세한 표현으로 묘사하였다.
　－ 사실적인 묘사를 통한 현장감 있는 표현을 하였다.
　－ 순우리말을 많이 사용하였다.

[20~21] 다음 글을 읽고 물음에 답하시오.

> 홍식이 거룩ᄒ야 븕은 긔운이 하ᄂᆞᆯ을 ⊙ 쒸노더니 이랑이 소릴롤 놉히 ᄒ야 나를 불러 져긔 믈밋츨 보라 ⓒ 웨거늘 급히 눈을 드러 보니 믈밋 홍운을 헤앗고 큰 실오리 ᄀᆞᆺ흔 줄이 븕기 더옥 긔이ᄒ며 긔운이 진홍 ᄀᆞᆺ한 것이 ᄎᆞᄎᆞ 나 손바닥 너빅 ᄀᆞᆺ흔 것이 그믐밤의 보는 숫불빗 ᄀᆞᆺ더라. ᄎᆞᄎᆞ 나오더니 그 ⓒ 우흐로 젹은 회오리밤 ᄀᆞᆺ한 것이 븕기 호박구슬 ᄀᆞᆺ고 묽고 통낭ᄒ기ᄂᆞᆫ ⓔ 호박도곤 더 곱더라.
>
> – 의유당, 「동명일기」 –

20 윗글에 대한 설명으로 옳지 않은 것은?

① 필자의 주관적 감정이 나타나 있다.

② 생활 속에서 발견되는 사물에 빗대어 표현하고 있다.

③ 떠오르는 해의 모습을 객관적으로 설명하고 있다.

④ 우리말을 사용하여 대상을 섬세하고 다양하게 묘사하고 있다.

정답 | ③

해 설
'동명일기'는 동해 귀경대에 올라 본 일출의 장관에 대해 서술한 글로 해와 해의 기운을 다양한 사물에 빗대어 감각적이고 섬세하게 표현한 글이다. 따라서 ③의 객관적으로 설명하고 있다는 것은 적절하지 않다.

21 다음 ⊙~ⓔ 중 현대어 풀이가 틀린 것은?

① ⊙ : 뛰놀더니　　② ⓒ : 외치거늘

③ ⓒ : 위로　　④ ⓔ : 호박처럼

정답 | ④

해 설
ⓔ에서 '도곤'은 비교부사격 조사 '보다'와 같다. 따라서 '호박도곤 더 곱더라'는 '호박보다 더 곱더라'라는 의미이다.

22~23 다음 글을 읽고 물음에 답하시오.

살어리 살어리랏다 청산(靑山)애 살어리랏다.
멀위랑 두래랑 먹고 청산(靑山)애 살어리랏다.
얄리얄리 얄랑셩 얄라리 얄라

우러라 우러라 ㉠ 새여 자고 니러 우러라 새여.
널라와¹⁾ 시름 한²⁾ 나도 자고 니러 우니노라.
얄리얄리 얄라셩 얄라리 얄라

가던 새 가던 새 본다 믈 아래 가던 새 본다.
잉 무든 장글란³⁾ 가지고 믈 아래 가던 새 본다.
얄리얄리 얄라셩 얄라리 얄라

이링공 뎌링공 ᄒᆞ야 나즈란 디내와손뎌.
오리도 가리도 업슨 바므란 또 엇디 호리라.
얄리얄리 얄라셩 얄라리 얄라

– 작자 미상, 「청산별곡」 –

1) 널라와 : 너보다
2) 한 : 많은
3) 장글란 : 쟁기를

22 윗글에 대한 설명으로 적절하지 <u>않은</u> 것은?

① 'ㄹ'과 'ㅇ'이 반복되어 리듬감이 나타난다.
② 계절의 변화를 알 수 있다.
③ 삶에 대한 비애가 담겨 있다.
④ 속세에 대한 미련이 남아 있다.

작자 미상, 「청산별곡」
• 갈래 : 고려 가요
• 성격 : 현실 도피적, 애상적
• 제재 : 청산, 바다
• 주제 : 삶의 고뇌와 비애에서 벗어나고자
  하는 욕구
• 특징
  – 평민들의 진솔한 생활 감정을 다양한
    비유를 통해 함축적으로 표현
  – 'ㄹ, ㅇ' 음을 반복 사용하여 리듬감이
    드러남
  – 후렴구를 배치하여 흥을 돋움

정답 | ②

해 설
이 작품은 다양한 표현법을 사용하고 자연
물에 감정이입을 하며 자연에서 살고자 하
는 화자의 정서를 노래하고 있다. 계절의 변
화를 알 수 있는 부분이 있지는 않다.
① '살어리랏다'와 '얄리얄리 얄라셩 얄라리
  얄라'가 반복되어 운율을 형성하는데, 이
  구절에 계속 나타나는 'ㄹ'과 'ㅇ'이 리듬
  감을 더하고 있다.
③ 2연과 4연에서 삶의 고독과 비애를 느낄
  수 있다.
④ 3연에서 믈 아래, 즉 속세를 반복해서 보
  는 것으로 보아 속세에 대한 미련이 남
  아 있음을 알 수 있다.

23 다음 밑줄 친 부분 중 ㉠과 같은 역할을 하는 대상은?

① 진두강 가람 가에 살던 <u>누나</u>는 / 진두강 앞 마을에 / 와서 웁니다.

— 김소월, 「접동새」 —

② 분분한 <u>낙화</u> / 결별이 이룩하는 축복에 싸여 / 지금은 가야할 때

— 이형기, 「낙화」 —

③ 펄펄 나는 저 <u>꾀꼬리</u>는 / 쌍쌍이 즐기는데 / 외로워라, 이 내 몸은 / 뉘와 함께 돌아가리

— 유리왕, 「황조가」 —

④ <u>산꿩</u>도 섧게 울은 슬픈 날이 있었다.

— 백석, 「여승」 —

정답 | ④

해 설
㉠의 '새'는 화자가 느끼고 있는 삶의 고독과 비애의 감정이 투사된 화자의 분신으로 '감정이입'의 대상이다. ④에서도 마찬가지로 '산꿩'의 울음소리가 실제로 별다른 의미가 없지만 그것에 화자의 서글픈 감정을 이입시켜 '섧게 운다'고 표현하고 있다.
③의 '꾀꼬리'는 화자의 상황과 대조되는 소재로 화자의 심정을 자극하여 감정을 간접적으로 드러내는 '객관적 상관물'이긴 하나, ㉠의 '새'처럼 감정이입이 된 것은 아니다.

24~26 다음 글을 읽고 물음에 답하시오.

말뚝이 : (벙거지를 쓰고 채찍을 들었다. 굿거리 장단에 맞추어 양반 삼 형제를 인도하여 등장)

양반 삼형제 : (말뚝이 뒤를 따라 굿거리 장단에 맞추어 점잖을 피우나, 어색하게 춤을 추며 등장. 양반 삼 형제 맏이는 샌님[生員], 둘째는 서방님[書房], 끝은 도련님[道令]이다. 샌님과 서방님은 흰 창옷에 관을 썼다. 도련님은 남색 쾌자에 복건을 썼다. 샌님과 서방님은 언청이이며(샌님은 언청이가 두 줄, 서방님은 한 줄이다.) 부채와 장죽을 가지고 있고, 도련님은 입이 삐뚤어졌고, 부채만 가졌다. 도련님은 일절 대사는 없으며, 형들과 동작을 같이하면서 형들의 면상을 부채로 때리며 방정맞게 군다.)

말뚝이 : ┌ (가운데쯤에 나와서) ㉠ 쉬이. (음악과 춤 멈춘다.) 양반 나오신다아! 양반이라고 하니까 노론(老論), 소론(少論), 호조(戶曹), 병조(兵曹), 옥당(玉堂)을 다 지내고 삼 정승
[A] (三政丞), 육 판서(六判書)를 다 지낸 퇴로 재상(退老宰相)으로 계신 양반인 줄 아지 마시오. 개잘량이라는 '양'자에 개다리 소반이라는 '반'자 쓰는 양반이 나오신단 말
└ 이오.

양반들 : 야아, 이놈, 뭐야아!

작자 미상, 「봉산탈춤」
• 갈래 : 민속극(탈춤, 가면극)의 대본, 희곡
• 배경 : 조선 후기(18세기 무렵)
• 제재 : 양반과 말뚝이의 다툼
• 주제 : 무능하고 탐욕스러운 양반 계층에 대한 풍자와 조롱

> 말뚝이 : ─ 아, 이 양반들, 어찌 듣는지 모르갔소. 노론, 소론, 호조,
> ┌ 병조, 옥당을 다 지내고 삼 정승, 육 판서 다 지내고 퇴로
> [B]
> └ 재상으로 계신 이 생원네 삼 형제분이 나오신다고 그리
> ─ 하였소.
> 양반들 : (합창) 이 생원이라네. (굿거리 장단으로 모두 춤을 춘다. 도
> 령은 때때로 형들의 면상을 치며 논다. 끝까지 그런 행동을
> 한다.)
>
> ─ 작자 미상, 「봉산탈춤」 ─

24 윗글에 대한 설명으로 적절하지 <u>않은</u> 것은?

① 풍자와 해학이 번득이는 골계미가 있다.

② 각 과장의 내용이 연속적으로 이어진다.

③ 재담과 춤과 노래가 어우러진 종합적인 예술이다.

④ 서민적 언어를 사용하여 당시의 생활상이 잘 드러난다.

25 ㉠의 기능으로 적절하지 <u>않은</u> 것은?

① 관객의 시선을 집중시킨다.

② 갈등을 완전하게 해소시킨다.

③ 극의 흐름을 전환한다.

④ 각 재담 사이의 경계를 짓는다.

26 [A]와 [B]를 통해 알 수 있는 말뚝이의 언행과 가장 잘 어울리는 속담은?

① 병 주고 약 준다

② 불난 데 부채질한다

③ 발 없는 말이 천 리 간다

④ 달면 삼키고 쓰면 뱉는다

정답 | ②

해 설
「봉산탈춤」은 각 과장이 독립된 별개의 내용으로 이루어져 있다. 즉, 하나의 주제를 가지고 독립된 여러 개의 이야기를 늘어놓는 '옴니버스식 구성'에 해당한다.

정답 | ②

해 설
'쉬이'는 등장인물(배우)이 관객과 악공에게 하는 말로, 관객의 주의를 집중시키고 악공의 극중 참여를 유도한다. 이로 인해 관객과 악공의 극중 현실 개입이 훨씬 쉬워진다.

정답 | ①

해 설
말뚝이는 [A]에서는 양반을 비하했다가 [B]에서는 다시 추켜세우고 있다. 따라서 '남을 해치고 나서 약을 주며 구원하는 체한다'는 뜻의 속담 '병 주고 약 준다'가 말뚝이의 언행과 가장 잘 어울리는 속담이다.

② 불난 데 부채질한다 : 엎친 데 덮치는 격으로 불운한 사람을 더 불운하게 만들거나 노한 사람을 더 노하게 한다는 말이다.

③ 발 없는 말이 천 리 간다 : 말은 한 번 하기만 하면 얼마든지 저절로 퍼지기 마련이라는 말이다.

④ 달면 삼키고 쓰면 뱉는다 : 자기에게 이로우면 잘 사귀어 쓰나 필요치 않게 되면 배척한다는 말이다.

1. 국어

2. 수학

3. 영어

4. 사회

5. 과학

6. 한국사

7. 토목

8. 모의고사

9. 정답 및 해설

27~29 다음 글을 읽고 물음에 답하시오.

운봉이 반겨 듣고 필연(筆硯)을 내어 주니, 좌중이 다 못하여 글 두 귀를 지었으되, 민정(民情)을 생각하고 본관 정체(政體)를 생각하여 지었것다.

㉠ "금준미주(金樽美酒)는 천인혈(千人血)이요, 옥반가효(玉盤佳肴)는 만성고(萬姓膏)라. 촉루낙시(燭淚落時) 민루락(民淚落)이요, 가성고처(歌聲高處) 원성고(怨聲高)라!"

이 글 뜻은, '금동이의 아름다운 술은 일만 백성의 피요, 옥소반의 아름다운 안주는 일만 백성의 기름이라. 촛불 눈물 떨어질 때 백성의 눈물 떨어지고, 노랫소리 높은 곳에 원망 소리 높았더라!'

이렇듯이 지었으되, 본관은 몰라보고 운봉이 이 글을 보며 내념(內念)에

'아뿔싸, 일이 났다.'

좌수, 별감 넋을 잃고, 이방, 호방 실혼(失魂)하고, 삼색 나졸(三色羅卒) 분주하네.

모든 수령 도망할 제 거동 보소. 인궤(印櫃) 잃고 과줄 들고, 병부(兵符) 잃고 송편 들고, 탕건(宕巾) 잃고 용수 쓰고, 갓 잃고 소반(小盤) 쓰고, 칼집 쥐고 오줌 누기. 부서지니 거문고요, 깨지느니 북, 장고라.

본관이 똥을 싸고 멍석 구멍 새앙쥐 눈 뜨듯 하고 내아(內衙)로 들어가서

"어 추워라, 문 들어온다, 바람 닫아라. 물 마른다, 목 들여라."

관청색은 상을 잃고 문짝 이고 내달으니, 서리, 역졸 달려들어 후닥딱

"애고, 나 죽네!"

– 작자 미상, 「춘향전(春香傳)」 –

27 위 작품에 대한 설명으로 적절하지 <u>않은</u> 것은?

① 해학적인 표현이 사용되었다.

② 양반의 언어와 평민의 언어가 함께 나타난다.

③ 운율이 느껴지는 문체를 사용하였다.

④ 서술자가 등장인물을 객관적으로 관찰한다.

작자 미상, 「춘향전」

• 갈래 : 판소리계 소설, 고전 소설

• 성격 : 서사적, 해학적, 풍자적

• 주제 : 신분을 초월한 남녀 간의 사랑과 좌절

• 특징
  – 판소리의 영향으로 4·4조의 운문체와 산문체가 섞여 있다.
  – 서술자가 인물과 사건에 개입하여 편집자적 논평을 한다.
  – 비속어, 일상어, 한시 등 다양한 계층의 언어가 혼합되어 있다.

정답 | ④

해 설

'민정을 생각하고 본관 정체를 생각하여 지었것다.', '모든 수령 도망할 제 거동 보소'와 같은 부분은 서술자가 작품 안에 직접 개입하여 자신의 생각을 서술한 부분으로 등장인물을 객관적으로 관찰하고 있다고 보기 어렵다.

① 해학은 익살스러운 언행을 통해 웃음을 유발하는 것으로 어사 출두 장면에서 정신을 못차리는 수령들의 모습을 통해 알수 있다.

② 한시에서는 고상한 양반의 언어가 나타나고, 수령들이 도망하는 모습을 묘사하는 부분에서는 평민의 언어가 나타난다.

③ '운봉이 / 반겨 듣고 / 필연(筆硯)을 / 내어 주니'와 같이 4·4조 운문체가 나타난다.

28 ㉠에 제시된 한시의 내용과 관련된 한자성어는?

① 가렴주구(苛斂誅求)　　② 태평성대(太平聖代)

③ 강구연월(康衢煙月)　　④ 맥수지탄(麥秀之歎)

해 설

㉠에 제시된 한시의 내용은 백성들을 착취하여 화려한 생일 잔치를 하는 사또에 대한 비판이므로, '가혹하게 세금을 거두거나 백성들의 재물을 억지로 빼앗음'을 의미하는 '가렴주구(苛斂誅求)'의 상황과 관련이 있다.

② 태평성대(太平聖代) : 어질고 착한 임금이 다스리는 태평한 세상을 이르는 말이다.

③ 강구연월(康衢煙月) : '강구'는 사통오달의 큰길로서 사람의 왕래가 많은 거리, '연월'은 연기가 나고 달빛이 비친다는 뜻으로, 태평한 세상의 평화로운 풍경을 이른다.

④ 맥수지탄(麥秀之歎) : '보리만 무성하게 자란 것을 탄식함'이라는 뜻으로, 고국의 멸망을 탄식함을 이른다.

29 위와 같은 판소리계 소설이 <u>아닌</u> 것은?

① 심청전　　　　　　② 흥부전

③ 토끼전　　　　　　④ 홍길동전

해 설

「홍길동전」은 판소리계 소설이 아니다.

TIP

판소리계 소설

• 판소리로 불렸던 소설을 포함하여 판소리와 밀접하게 관련을 맺고 있는 소설을 부르는 명칭

　– 작가를 알 수 없다.

　– 입에서 입으로 전해져 이본이 많다.

　– 판소리의 영향으로 4 · 4조의 운문체와 산문체가 결합되어 있다.

　– 평민의 언어와 양반의 언어가 혼합되어 있다.

• **주요 판소리계 소설** : 「춘향전(春香傳)」 「심청전(沈淸傳)」 「흥부전(興夫傳)」 「토끼전」

30~32 다음 글을 읽고 물음에 답하시오.

산모퉁이를 돌아 논가 외딴 ㉠ <u>우물</u>을 홀로 찾아가선 가만히 들여다봅니다.

우물 속에는 달이 밝고 구름이 흐르고 하늘이 펼치고 파아란 바람이 불고 가을이 있습니다.

그리고 한 사나이가 있습니다.
어쩐지 그 사나이가 미워져 돌아갑니다.

돌아가다 생각하니 그 사나이가 가엾어집니다. 도로 가 들여다보니 사나이는 그대로 있습니다.

다시 그 사나이가 미워져 돌아갑니다.
돌아가다 생각하니 그 사나이가 그리워집니다.

우물 속에는 달이 밝고 구름이 흐르고 하늘이 펼치고 파아란 바람이 불고 가을이 있고 추억처럼 사나이가 있습니다.

– 윤동주, 「자화상」 –

윤동주, 「자화상」

• **갈래** : 자유시, 서정시

• **성격** : 성찰적, 고백적

• **제재** : 우물에 비친 자신의 모습

• **주제** : 자아 성찰과 자신에 대한 애증

• **특징**

　– '–ㅂ니다'로 끝나는 구어체의 산문적 표현

　– 시상 전개에 따른 화자의 심리 변화가 분명히 보임

30 위 시에 대한 설명으로 적절하지 않은 것은?

① 구어체를 사용하여 산문적으로 표현하였다.

② 통사 구조의 반복으로 운율감을 느낄 수 있다.

③ 성찰적, 고백적 어조를 통해 속세와 단절하고자 하는 화자의 의지를 보이고 있다.

④ 변형된 수미상관을 통해 안정감과 균형감을 획득하고 있다.

정답 | ③

해설
성찰적, 고백적 어조를 통해 부끄러움의 정서를 드러내고는 있지만, 속세와 단절하고자 하는 화자의 의지가 나타난 부분은 찾아볼 수 없다.

31 위 시의 밑줄 친 ㉠의 역할로 가장 적절한 것은?

① 화자가 자아를 성찰하는 상징적 공간이다.

② 화자가 현실을 극복하고자 하는 의지를 보이는 공간이다.

③ 화자가 절망하며 과거를 체념하는 공간이다.

④ 화자가 사명을 완수한 것에 대해 자랑스러워하는 공간이다.

정답 | ①

해설
우물은 시적 화자가 자아를 성찰하는 매개체로 우물을 들여다보는 '나'와 우물 속의 '사나이' 사이에서 자아의 갈등과 애증이 반복된다.

32 위 시의 시적 화자의 심리 변화 과정으로 적절하지 않은 것은?

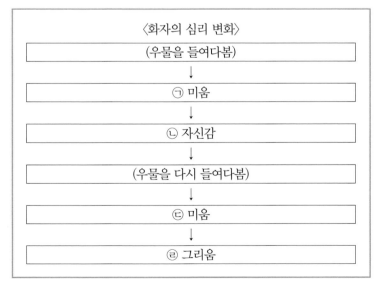

① ㉠   ② ㉡

③ ㉢   ④ ㉣

정답 | ②

해설
4연에서 사나이가 가엾어진다고 했으므로 자신감의 심리는 옳지 않다.

33~35 다음 글을 읽고 물음에 답하시오.

> "장인님! 인제 저……"
> 내가 이렇게 뒤통수를 긁고, 나이가 찼으니 ⑤ 성례를 시켜줘야 하지 않겠느냐고 하면 대답이 늘,
> "이 자식아! 성례구 뭐구 미처 자라야지!"
> 하고 만다.
> 이 자라야 한다는 것은 내가 아니라 내 아내가 될 점순이의 키 말이다.
> 내가 여기에 와서 돈 한푼 안 받고 일하기를 삼 년하고 꼬박이 일곱 달 동안을 했다. 그런데도 미처 못 자랐다니까 이 키는 언제야 자라는 겐지 ⑥ 짜장 영문 모른다. 일을 좀 더 잘해야 한다든지, 혹은 밥을 (많이 먹는다고 ⑥ 노상 걱정이니까) 좀 덜 먹어야 한다든지 하면 나도 얼마든지 할 말이 많다. 하지만 점순이가 아직 어리니까 더 자라야 한다는 여기에는 어쩨 볼 수 없이 그만 벙벙하고 만다.
> 이래서 나는 애최 계약이 잘못된 걸 알았다. 이태면 이태, 삼 년이면 삼 년, 기한을 딱 작정하고 일을 해야 원, 할 것이다. 덮어놓고 딸이 자라는 대로 성례를 시켜 주마, 했으니 누가 늘 지키고 섰는 것도 아니고, 그 키가 언제 자라는지 알 수 있는가. 그리고 난 사람의 키가 무럭무럭 자라는 줄만 알았지 붙박이 키에 ⑥ 모로만 벌어지는 몸도 있는 것을 누가 알았으랴.
>
> — 김유정, 「봄봄」 —

33 윗글의 서술상 특징으로 가장 적절하지 <u>않은</u> 것은?

① 주인공의 심리가 간접적으로 드러나 있다.
② 서술자와 독자 사이의 거리가 매우 가깝다.
③ 향토성이 짙은 문체를 사용해 토속적 느낌을 준다.
④ 주인공이 처한 상황을 해학적으로 표현하고 있다.

김유정, 「봄봄」
• **갈래** : 단편소설, 농촌소설
• **성격** : 해학적, 토속적, 향토적
• **시점** : 1인칭 주인공시점
• **배경** : 1930년대 봄, 강원도 산골 마을
• **주제** : 교활한 장인과 우직한 데릴사위 사이의 해학적 갈등과 대립

정답 | ①

해 설
'나'가 자신의 속마음을 직접 설명하고 있기 때문에 주인공의 심리가 직접 드러나 있다.

34 ㉠~㉣의 뜻풀이로 적절하지 <u>않은</u> 것은?

① ㉠ 성례 : 혼인의 예식을 지냄
② ㉡ 짜장 : 과연 정말로
③ ㉢ 노상 : 언제나 변함없이 줄곧
④ ㉣ 모로만 : 앞뒤로만

35 윗글을 읽고 떠올릴 수 있는 장면으로 적절하지 <u>않은</u> 것은?

① 장인이 데릴사위를 조건으로 '나'에게 농사일을 부탁하는 장면
② '나'가 장인에게 점순이와 혼례를 시켜 달라고 말하는 장면
③ 점순이가 다른 사람에게 시집가고 싶다는 걸 장인이 달래는 장면
④ '나'가 점순이의 키를 눈짐작으로 재보면서 한숨을 쉬는 장면

[36~38] 다음 글을 읽고 물음에 답하시오.

그를 우연히 만난 것은 그가 상처하고 나서도 이삼년 후 엉뚱하게도 정신대 할머니를 돕기 위한 모임에서였다. 뜻밖이었지만, 생전의 그의 아내로부터 귀에 못이 박이게 주입된 선입관이 있는지라 그가 그 모임에 나타난 것도 곱단이하고 연결지어서 생각되는 걸 어쩔 수가 없었다. 모임이 끝난 후 그가 보이지 않자 나는 마치 범인을 뒤쫓듯이 허겁지겁 행사장을 빠져나와 저만치 어깨를 축 늘어뜨리고 걸어가는 그를 불러세웠다. 그리고 다짜고짜 따지듯이 재취장가를 들었느냐고 물었다. 그는 아니라고 말하고 나서 앞으로도 할 생각이 없다고, 묻지도 않은 말까지 덧붙이는 것이었다.

왜요? 곱단이를 못 잊어서요? 여긴 왜 왔어요? 정신대에 그렇게 한이 맺혔어요? 고작 한 여자 때문에. 정신대만 아니었으면 둘이서 혼인했을 텐데 하구요? ㉠ 참 대단하십니다.

내 퍼붓는 말에 그는 대답 대신 앞장서서 근처 찻집으로 갔다. 그 나이에 아직도 싱그러움이 남아 있는 노인을 나는 마치 순애의 넋이 썬

것처럼 꼬부장한 마음으로 바라다보았다. 그가 나직나직 말했다.

　내가 곱단이를 아직도 잊지 못한다는 건 순전히 우리집 사람이 지어낸 생각이에요. 난 지금 곱단이 얼굴도 생각이 안 나요. 우리집 사람이 줄기차게 이르집어주지 않았으면 아마 이름도 잊어버렸을 거예요. 내가 곱단이를 그리워했다면 그건 아마 누구에게나 있을 수 있는 젊은 날에 대한 아련한 향수였겠지요.

(중략)

　비록 곱단이의 얼굴은 생각나지 않지만 나는 지금도 생생하게 느낄 수가 있어요. 곱단이가 딴데로 시집가면서 느꼈을 분하고 억울하고 절망적인 심정을요. 나는 정신대 할머니처럼 직접 당한 사람들의 원한에다 그걸 면한 사람들의 한까지 보태고 싶었어요. 당한 사람이나 면한 사람이나 똑같이 그 제국주의적 폭력의 희생자였다고 생각해요. 면하긴 했지만 면하기 위해 어떻게들 했나요? 강도의 폭력을 피하기 위해 얼떨결에 십층에서 뛰어내려 죽었다고 강도는 죄가 없고 자살이 되나요? 삼천리 강산 방방곡곡에서 사랑의 기쁨, 그 향기로운 숨결을 모조리 질식시켜버리니 그 천인공노할 범죄를 잊어버린다면 우리는 사람도 아니죠. 당한 자의 한에다가 면한 자의 분노까지 보태고 싶은 내 마음 알겠어요?

　ⓛ 장만득씨의 눈에 눈물이 그렁해졌다.

– 박완서, 「그 여자네 집」 –

36 윗글을 통해 알 수 <u>없는</u> 것은?

① 장만득 씨와 '나'는 정신대 할머니를 돕는 모임에서 우연히 만났다.

② 만득의 아내는 '나'에게 만득이가 곱단이를 잊지 못한다고 거짓말을 하였다.

③ '나'는 만득의 아내로부터 들은 얘기 때문에 만득이에 대한 선입관을 가지고 있다.

④ 만득이가 정신대 할머니를 돕는 모임에 나온 이유는 민족적 비극에 대한 아픔 때문이다.

37 ㉠과 유사한 표현 방식은?

① 청춘! 이 얼마나 아름다운가?
② 죽느냐 사느냐 그것이 문제로다.
③ 10분이나 지각하다니, 참 빨리도 오는구나.
④ 낮말은 새가 듣고 밤말은 쥐가 듣는 법이야.

해 설

'나'는 정신대 할머니를 돕는 모임에서 장만득을 보았을 때 그가 오랜 세월이 지나서도 곱단이를 잊지 못해 이 모임에 참석한 것으로 생각했다. ㉠은 그를 비웃는 의도에서 한 말로 반어적 표현에 해당한다.

38 ㉡에서 장만득 씨의 감정으로 볼 수 없는 것은?

① 분노　　　　　　② 슬픔
③ 화해　　　　　　④ 원한

해 설

장만득 씨는 정신대 할머니들이 느꼈을 분하고 억울한 심정을 함께 느낄 수 있으며, 이같은 제국주의적 폭력의 희생자들의 원한과 분노를 보태고 싶은 마음에 정신대 할머니를 돕는 모임에 참석한다고 밝히고 있다. 따라서 ㉡에 나타나는 장만득 씨의 눈물은 한과 분노, 슬픔에 따른 것이다.

39~41 다음 글을 읽고 물음에 답하시오.

먹을 만큼 살게 되면 지난날의 가난을 잊어버리는 것이 인지상정(人之常情)인가 보다. 가난은 결코 환영할 것이 못 되니, 빨리 잊을수록 좋은 것일지도 모른다. 그러나 가난하고 어려웠던 생활에도 아침 이슬같이 반짝이는 아름다운 회상이 있다.

여기에 적는 세 쌍의 가난한 부부 이야기는, 이미 지나간 옛날이야기지만, 내게 언제나 새로운 감동을 안겨다주는 실화(實話)들이다.

그들은 가난한 신혼 부부였다. 보통의 경우라면, 남편이 직장으로 나가고 아내는 집에서 살림을 하겠지만, 그들은 반대였다. 남편은 실직으로 집 안에 있고, 아내는 집에서 가까운 어느 회사에 다니고 있었다.

어느 날 아침, 쌀이 떨어져서 아내는 아침을 굶고 출근을 했다.

"어떻게든지 변통을 해서 점심을 지어 놓을 테니, 그 때까지만 참으오."

출근하는 아내에게 남편은 이렇게 말했다. 마침내 점심 시간이 되어서 아내가 집에 돌아와 보니, 남편은 보이지 않고, 방안에는 신문지로 덮인 밥상이 놓여 있었다. 아내는 조용히 신문지를 걷었다. 따뜻한 밥 한 그릇과 간장 한 종지— 쌀은 어떻게 구했지만, 찬까지는 마련할 수

TIP

수필의 특성

* **자기 고백적** : 작가의 실제 경험을 바탕으로 자신의 생각이나 정서를 솔직하게 표현한다.
* **무형식의 형식** : 표현 방식 및 구성에 제한이 없으며, 어떠한 형식으로든 주제를 형상화한다.
* **제재의 다양성** : 작가가 체험하거나 생각한 모든 것에 개성적 안목과 비판적 관점을 반영한다.
* **개성의 문학** : 작가의 체험이나 생각을 표현하는 주관적 문학이다.
* **감동과 교훈** : 작가의 인생관과 가치관이 그대로 전해지는데 이를 통하여 은은한 감동과 함께 자신의 삶을 되돌아볼 수 있게 하는 교훈을 제공한다.

없었던 모양이다. 아내는 수저를 들려고 하다가 문득 상 위에 놓인 쪽지를 보았다.

"왕후(王后)의 밥, 걸인(乞人)의 찬—이걸로 우선 시장기만 속여 두오."

낯익은 남편의 글씨였다. 순간, 아내는 눈물이 핑 돌았다. 왕후가 된 것보다도 행복했다. 만금(萬金)을 주고도 살 수 없는 행복감에 가슴이 부풀었다.

(중략)

지난날의 가난은 잊지 않는 게 좋겠다. 더구나 그 속에 빛나던 사랑만은 잊지 말아야겠다.

"㉠ 행복은 반드시 부(富)와 일치(一致)하진 않는다."는 말은 결코 진부한 일 편(篇)의 경구(警句)만은 아니다.

– 김소운, 「가난한 날의 행복」 –

39 윗글에 대한 설명으로 옳지 <u>않은</u> 것은?

① 생활에서 느낀 감정을 솔직하게 드러내고 있다.
② 구체적 사실에 입각하여 세태를 비판하고 있다.
③ 구체적 실화를 소개하여 호소력을 높이고 있다.
④ 담담하고 부드러운 필체로 삶의 깨달음을 제시하고 있다.

정답 | ②

해 설
윗글은 가난한 부부의 이야기를 통해 가난 속에서 느끼는 행복감이라는 주제를 효과적으로 드러내고 있다. 따라서 윗글은 세태를 비판하기보다는 생활에서 깨달은 교훈을 제시하고 있는 것으로 보아야 한다.

40 윗글의 '남편'에 대해 적절하게 추리한 것은?

① 비록 가난하지만 가족에 대해 세심한 배려를 아끼지 않고 있다.
② 물질적 궁핍에서 벗어나기 위해 눈물겹게 부를 추구하고 있다.
③ 가진 것은 없지만 부의 축적에 대해서 헛된 일이라고 여기고 있다.
④ 과거의 풍족함과 부요를 회상하며 그때의 마음을 잃지 않으려 하고 있다.

정답 | ①

해 설
'남편'은 비록 실직 상태에 있고 끼닛거리조차 없는 상황이지만, 그 아내를 위해 쌀을 마련해 따뜻한 밥을 짓고 '왕후의 밥, 걸인의 찬'이라는 재치 넘치는 한 마디로 아내를 위로하여 행복감을 심어 주고 있다. 따라서 '남편'은 비록 가난하지만 가족에 대해 세심한 배려를 아끼지 않고 있다고 볼 수 있다.

41 ㉠이 뜻하는 바와 거리가 먼 것은?

① 가난 속에서도 행복이 있다.

② 행복의 조건은 정신적 가치에 있다.

③ 가난하다고 해서 불행한 것은 아니다.

④ 물질적 궁핍이 오히려 행복을 불러온다.

[42~44] 다음 글을 읽고 물음에 답하시오.

> 어서, 차라리 어두워 버리기나 했으면 좋겠는데—벽촌의 여름날은 지리해서 죽겠을 만치 길다. 동에 팔봉산. 곡선은 왜 저리도 굴곡이 없이 단조로운고? 서를 보아도 벌판, 남을 보아도 벌판, 북을 보아도 벌판, 아―이 벌판은 어쩌라고 이렇게 한이 없이 늘어 놓았을꼬? 어쩌자고 저렇게까지 똑같이 초록색 하나로 돼먹었노?
>
> 농가가 가운데 길 하나를 두고 좌우로 한 십여 호씩 있다. ㉠ 휘청거린 소나무 기둥, ㉡ 흙을 주물러 바른 벽, 강낭대로 둘러싼 울타리, ㉢ 울타리를 덮은 호박 넝쿨, 모두가 그게 그것같이 똑같다.
>
> 어제 보던 대싸리나무, 오늘도 보는 김서방, 내일도 보아야 할 흰둥이, 검둥이. 해는 백 도 가까운 볕을 지붕에도, 벌판에도, 뽕나무에도 ㉣ 암탉 꼬랑지에도 내려쪼인다. 아침이나 저녁이나 뜨거워서 견딜 수가 없는 염서(炎暑) 계속이다.
>
> 나는 아침을 먹었다. 그러나 무작정 널따란 백지 같은 〈오늘〉이라는 것이 내 앞에 펼쳐져 있으면서, 무슨 기사라도 좋으니 강요한다. 나는 무엇이고 하지 않으면 안 된다. 무엇을 해야 할 것인가 연구해야 된다. 그럼—나는 최서방네 집 사랑 툇마루로 장기나 두러 갈까? 그것 좋다.
>
> 최서방은 들에 나갔다. 최서방네 사랑에는 아무도 없나보다. 최서방네 조카가 낮잠을 잔다. 아하 내가 아침을 먹은 것은 열 시 지난 후니까, 최서방의 조카로서는 낮잠 잘 시간에 틀림없다.
>
> 나는 최서방의 조카를 깨워 가지고 장기를 한판 벌이기로 한다. 최서방의 조카와 열 번 두면 열 번 내가 이긴다. 최서방의 조카로서는,

정답 | ④

해설

㉠은 물질적으로 부유한 사람이라고 해서 반드시 행복한 것은 아니라는 뜻이다. 부를 누리고 있다고 해서 반드시 행복한 것도 아니고, 가난하다고 해서 반드시 불행한 것도 아니라는 행복의 조건에 대한 내용과 행복을 결정짓는 요인은 외면적(물질적)인 것이라기보다는 내면적(정신적)인 것이라는 내용이 담겨 있다. 그러나 ④처럼 ㉠을 '가난을 행복의 충분조건'으로 해석하는 것은 논리적인 비약이다.

이상, 「권태」
• 갈래 : 경수필
• 성격 : 초현실주의적, 사념적
• 제재 : 벽촌에서의 여름 생활
• 주제 : 단조로운 일상생활에서 느끼는 권태로움
• 특징
 – 심리묘사를 통해 의식의 흐름을 표현
 – 자연을 통해 글쓴이의 내면세계를 보여줌
 – 주관적이고 개성적 관점에서 대상을 바라봄
 – 현재형 시제를 통해 현장감과 생동감을 줌

그러니까 나와 장기 둔다는 것 그것부터가 권태다. 밤낮 두어야 마찬 가질 바에는 안 두는 것이 차라리 낫지—그러나, 안 두면 또 무엇을 하나? 둘밖에 없다.

지는 것도 권태여늘 이기는 것이 어찌 권태 아닐 수 있으랴? 열 번 두어서 열 번 내리 이기는 장난이란 열 번 지는 이상으로 싱거운 장난 이다. 나는 참 싱거워서 견딜 수 없다.

한 번쯤 져 주리라. 나는 한참 생각하는 체하다가 슬그머니 위험한 자리에 장기 조각을 갖다 놓는다. 서방의 조카는 하품을 쓱 하더니, 이 윽고 둔다는 것이 딴전이다. 의례히 질 것이니까, 골치 아프게 수를 보고 어쩌고 하기도 싫다는 사상이리라. 아무렇게나 생각나는 대로 장기 를 갖다 놓고, 그저 얼른얼른 끝을 내어 져 줄 만큼 져 주면 이 상승장 군은 이 압도적 권태를 이기지 못해 제출물에 가버리겠지 하는 사상이 리라. 가고나면 또 낮잠이나 잘 작정이리라.

나는 부득이 또 이긴다. 인제 그만 두잔다. 물론, 그만 두는 수밖에 없다.

일부러 져준다는 것조차가 어려운 일이다. 나는 왜 저 최서방의 조 카처럼 아주 영영 방심 상태가 되어 버릴 수가 없나? 이 질식할 것 같 은 권태 속에서도 사세(些細)한 승부에 구속을 받나? 아주 바보가 되 는 수는 없나?

– 이상, 「권태」 –

42 윗글에 대한 설명으로 적절하지 <u>않은</u> 것은?

① 현재형 시제를 활용하여 서술하고 있다.
② 글쓴이가 직접 보고 느낀 것을 독백적 어조로 표현하고 있다.
③ 글쓴이는 내면에 떠오르는 여러 생각들을 드러내고 있다.
④ 일상생활에서 얻은 깨달음을 일반화하여 여러 상황에 적용하고 있다.

43 ㉠~㉣ 중 글쓴이의 심리적 태도가 반영되어 있지 <u>않은</u> 것은?

① ㉠
② ㉡
③ ㉢
④ ㉣

44 윗글에서 두드러지게 나타난 작가의 개성 창출 요인은?

① 풍자와 해학
② 논리적 전개
③ 과정과 반복
④ 대상을 대하는 관점

정답 | ④

해설
글쓴이는 주관적이면서 사소한 체험을 바탕으로 자신의 심경을 제시하고 있다. 그것을 드러나게 하는 가장 중요한 요인은 글쓴이의 날카로운 관찰력과 개성적 인식이다. 즉 제시된 작품에서 작가의 개성은 대상을 대하는 관점(주관적 사물 인식)에서 두드러진다.

[45~47] 다음 글을 읽고 물음에 답하시오.

장면 1 약수터(이른 아침)

㉠ 운동하고 있는 사람들, 약수 뜨고 있는 사람들로 활기찬 약수터 풍경인데, 그 위로 쩌렁쩌렁하게 들리는,

흥 수 : (E.) 세상에 이런 법이 어딨어요!

사람들이 하던 일들 멈추고 돌아보면, 언덕 끝에서 이제 막 도착하고 있는 흥수와 광도의 모습.

광도 가볍게 맨손 체조하며 오고 있고, 그 옆에 흥수 '이건 말도 안 된다.'는 표정으로 항의하며 따라오고 있다.

흥 수 : 이건 말도 안 돼요, 진짜. 저번 주에도, 저—번 주에도 제가 대신 했었잖아요?

광 도 : (옆의 학생에게) 학생, 거 물컵 좀 빌립시다.

남학생 : (모자 써서 얼굴 잘 안 보이는) 네, 여기. (컵 건네주고 한쪽으로 가서 몸풀며 운동하는)

흥 수 : 이건 직무 유기에 책임 회피라구요! 전 분명히 저번 주에 식사 당번 끝냈고, 이번 주는 분명히 아버지가 당번이시잖아요? 근데 그걸 왜 또 제가 대신…… (하며 광도 보면)

광 도 : (노려보고 있다) 그래서?

흥 수 : (그 눈빛에) 아, 아니, 그러니까 제 말은, 저도 이제 곧 수험생이 되는데 허구한 날 집안 살림만 붙잡고 있을 수는 없지 않느냐…….

광 도 : 그래서—.

흥 수 : (ⓐ) 아, 아니 해, 해요. 하긴 하는데…….

광 도 : 자식, 진작에 그렇게 말할 것이지. 힘들어도 이번 주만 좀 봐줘. 내가 일이 많아 그래. 밀린 서류며 공문 처리해야지, 일본

진수완, 「어느 날 심장이 말했다」
• 갈래 : 시나리오(TV 드라마 대본)
• 성격 : 극적, 교훈적, 상징적
• 배경 : 약수터, 학교, 집 등
• 주제 : 부자간의 갈등과 화해를 통한 가족의 소중함 확인
• 특징
 – 구어체 대화, 통신어 사용
 – 비언어적 표현(행동, 표정)을 통해 인물의 심리를 표현함

자매 결연 학교 애들 오늘 마지막 날이라 환송해 줘야지…….

흥 수 : (입이 한 자는 나와서) 알았어요. 한다잖아요.

광 도 : 알았으면 입 좀 집어넣어, 임마. (픽 웃고는 약수통 들고 물가
　　　　쪽으로 가는)

흥 수 : …… (멀어지는 아버지 봤다가) …… (발끝으로 괜히 돌부리 툭
　　　　툭 차며 혼잣소리처럼) 에잇, 나도 고 3인데. 어유, 내 팔자야.

(중략)

장면6 광도의 거실(밤)

흥 수 : (순간 본다. 눈빛에 반항심이 생긴다.)

광 도 : 너, 오늘부터 수능 보는 날까지 컴퓨터 만질 생각하지 마. 알았어?
　　　　(다시 들고 나가려는데)

흥 수 : 언제부터 저한테 그렇게 관심을 갖기 시작하셨어요?

광 도 : 뭐?

흥 수 : 언제나, 뭐든지 혼자 결정하게 내버려 두셨잖아요. 그렇게 팽
　　　　개쳐 둘 때는 언제고, 언제부터 나한테 열렬한 관심을 갖기 시
　　　　작하셨냐고요.

– 진수완, 「어느 날 심장이 말했다」 –

45 윗글의 갈래 상 특징으로 적절하지 않은 것은?

① 드라마나 영화를 상영하기 위한 대본이다.

② 대화나 행동을 통해 인물의 성격이 드러난다.

③ 카메라의 이동에 따라 장면 전환이 자유롭다.

④ 희곡에 비해 시간과 공간의 이동이 제한적이다.

46 괄호 안의 ⓐ에 어울리는 지문으로 가장 적절한 것은?

① 마지못해서　　　　② 기막힌 듯이

③ 화가 나서　　　　　④ 기쁜 듯이

47 다음 중 밑줄 친 ㉠에 어울리는 배경 음악으로 가장 적절한 것은?

① 엄숙하고 장중한 음악

② 밝고 경쾌한 음악

③ 경건하고 은은한 음악

④ 웅장하고 화려한 음악

정답 | ②

해 설

이른 아침에 약수터에서 동네 사람들이 모여 운동을 하거나 약숫물을 뜨면서 활기차게 하루를 시작하는 장면이다. 따라서 이른 아침의 활기찬 분위기에 맞게 밝고 경쾌한 음악이 가장 어울린다.

48~50 다음 글을 읽고 물음에 답하시오.

근대 산업 문명은 사람들의 정신을 병들게 하고, 끊임없이 이기심을 자극하며, 금전과 물건의 노예로 타락시킬 뿐만 아니라, 내면적인 평화와 명상의 생활을 불가능하게 만든다. 그로 인하여 유럽의 노동 계급과 빈민에게 사회는 지옥이 되고, 비서구 지역의 수많은 민중은 제국주의의 침탈 밑에서 허덕이게 되었다. 여기에서, 간디사상에 물레의 상징이 갖는 의미가 드러난다. 간디는 모든 인도 사람들이 매일 한두 시간만이라도 물레질을 할 것을 권유하였다. 물레질의 가치는 경제적 필요 이상의 것이라고 생각한 것이다.

[A] 물레는 무엇보다 인간의 노역에 도움을 주면서 결코 인간을 소외시키지 않는 인간적 규모의 기계의 전형이다. 간디는 기계 자체에 대해 반대한 적은 없지만, 거대 기계에는 필연적으로 복잡하고 위계적인 사회 조직, 지배와 피지배의 구조, 도시화, 낭비적 소비가 수반된다는 것을 주목했다. 생산 수단이 민중 자신의 손에 있을 때 비로소 착취 구조가 종식된다고 할 때, 복잡하고 거대한 기계는 그 자체로 비인간화와 억압의 구조를 강화하기 쉬운 것이다.

간디는 산업화의 확대, 또는 경제 성장이 참다운 인간의 행복에 기여한다고는 결코 생각할 수 없었다. 간디가 구상했던 이상적인 사회는 자기 충족적인 소농촌 공동체를 기본 단위로 하면서 궁극적으로는 중앙 집권적인 국가 기구의 소멸과 더불어 마을 민주주의에 의한 자치가 실현되는 공간이다. 거기에서는 인간을 도외시한 이윤을 위한 이윤 추구도, 물건과 권력에 대한 맹목적인 탐욕도 있을 수가 없다. 이것은 비폭력과 사랑과 유대 속에 어울려 살 때에 사람은 가장 행복하고 자

1. 국어
2. 수학
3. 영어
4. 사회
5. 과학
6. 한국사
7. 도덕
8. 모의고사
9. 정답 및 해설

기 완성이 가능하다고 믿는 사상에 매우 적합한 정치 공동체라 할 수 있다.

물레는 간디에게 그러한 공동체의 건설에 필요한 인간 심성 교육에 알맞은 수단이기도 하였다. 물레질과 같은 단순하지만 생산적인 작업의 경험은 정신 노동과 육체 노동의 분리 위에 기초하는 모든 불평등 사상의 문화적·심리적 토대의 소멸에 기여할 것이다. 뿐만 아니라, '자기 먹을 빵을 손수 마련해 먹는 창조적 노동'에의 참여와 거기서 얻는 기쁨은 ㉠ 소박한 삶의 가치를 진정으로 긍정할 수 있게 하는 토대를 제공해 줄 것이라고 간디는 생각하였다.

– 김종철, 「간디의 물레」 –

48 윗글의 내용과 일치하지 <u>않는</u> 것을 고르면?

① 간디가 모든 기계를 반대하는 것은 아니다.
② 거대 기계는 비인간화와 억압의 구조를 강화하기 쉽다.
③ 물레는 노역에 도움을 주면서 인간을 소외시키지 않는다.
④ 근대 산업 문명이 발달함에 따라 물레질의 가치는 하락하였다.

49 [A]의 서술방식에 대한 설명으로 적절한 것은?

① 특정 대상의 사전적 의미를 제시하고 있다.
② 두 대상의 차이점을 부각하여 설명하고 있다.
③ 다양한 사례를 바탕으로 주장을 뒷받침하고 있다.
④ 시간의 흐름에 따른 대상의 변화과정을 제시하고 있다.

50 ㉠과 가장 관계 없는 사자성어를 고르면?

① 단사표음(簞食瓢飮)　　② 무위도식(無爲徒食)
③ 안빈낙도(安貧樂道)　　④ 안분지족(安分知足)

PART
1

고졸 검정고시 700제

국어 | 응용문제

1. 국어
2. 수학
3. 영어
4. 사회
5. 과학
6. 한국사
7. 도덕
8. 문제 및 해설
9. 정답 및 해설

01 밑줄 친 내용에 들어갈 공감하며 말하기로 가장 적절한 것은?

> 영재 : 어제 중요한 공연이었는데 긴장을 너무 많이 해서 대사를 잊어버리고 말았어.
>
> 민수 : _____

① 대본연습이 부족하니까 대사를 잊어버리지.
② 그게 바로 네 실력이야.
③ 중요한 공연인데 대사를 잊어버려서 속상했겠구나.
④ 다음 공연은 제대로 할 수 있을지 모르겠네.

해 설
제시된 상황에서는 상대방의 상황과 입장, 감정을 이해하며 격려와 위로를 하는 말하기가 적절하다.

TIP
대화의 종류
• 정보 지향적 말하기와 관계 지향적 말하기
• 주도적 말하기와 보조적 말하기
• 문제 해결 지향적 말하기와 공감적 말하기
• 직설적 말하기와 우회적 말하기

02 화법에서 '협력의 원리'에 관한 설명으로 옳지 <u>않은</u> 것은?

① 양의 격률 : 대화의 목적에 필요한 만큼의 정보를 제공해야 한다는 것이다.
② 질의 격률 : 화자 자신에게 혜택을 주는 표현은 최소화하고 부담을 주는 표현을 최대화해야 한다는 것이다.
③ 관련성의 격률 : 대화의 주제나 목적에 관련된 것을 말해야 한다는 것이다.
④ 태도의 격률 : 모호성이나 중의성이 있는 표현을 피하고 간결하고 조리 있게 말하되 언어 예절에 맞게 말해야 된다는 것이다.

해 설
화자 자신에게 혜택을 주는 표현은 최소화하고 부담을 주는 표현을 최대화해야 한다는 것은 공손성의 원리에 해당하는 관용의 격률이다. 질의 격률은 타당한 근거를 들어 진실을 말해야 한다는 것이다.

03 다음 사례에서 알 수 있는 화법의 기능으로 가장 적절한 것은?

> 같은 동네에 사는 윤호와 상현이는 매일 같이 학교에 다니며 친해졌다. 처음에는 주로 학교에서 있었던 일이나 좋아하는 축구 팀 이야기만 했는데 매일 대화를 나누다 보니 진로에 대한 고민이나 부모님께 혼난 이야기 같은 속마음도 털어놓게 되었다.

① 정보 전달과 설득 기능
② 대인 관계 발전 기능
③ 공동체 문화의 유지 기능
④ 사회 · 문화적 실천 기능

04 다음 중 관용 표현을 사용하지 않은 문장은?

① 그는 발이 넓어서 학교 안에 모르는 사람이 없었다.
② 한 번 성공을 맛본 그는 동생의 사업에까지 손을 뻗치기 시작했다.
③ 게임을 오래 했더니 눈이 아팠다.
④ 강아지가 다시 돌아오기를 목이 빠지게 기다렸다.

05 관용 표현이 적절하게 사용되지 않은 문장은?

① 그 배우는 작품을 고르는 눈이 높다.
② 예상치 못한 비 때문에 우리는 발이 묶였다.
③ 그 식당에서 주는 밥의 양은 간에 기별도 안 가는 양이었다.
④ 연습을 제대로 못 한 상황에서 내 차례가 오자 나는 목에 힘을 주었다.

06 밑줄 친 낱말이 바르게 사용된 문장은?

① 이 자리를 빌려 사과드리다.
② 학생 수를 늘이다.
③ 달걀 껍질을 깨뜨리다.
④ 다리미로 옷을 달이다.

정답 | ①

해 설
물건이나 돈 따위를 나중에 돌려주거나 대가를 갚기로 하고 얼마 동안 쓰는 것은 '빌리다'이다. 자리나 기회를 빌려 사과를 드리는 것이므로 '빌려'는 바르게 쓰인 표현이다.
• 이 자리를 빌어 사과드리다(×) → '빌어'는 '바라는 바를 이루게 하여 달라고 신이나 사람, 사물 따위에 간청하다. 잘못을 용서하여 달라고 호소하다'라는 뜻이다.
② 늘이다 → 늘리다
③ 껍질 → 껍데기
④ 달이다 → 다리다

07 띄어쓰기가 바르지 않은 것은?

① 먹을만큼 먹어라.
② 나는 아는 이를 만났다.
③ 그가 떠난 지가 오래다.
④ 나는 신발 두 켤레를 샀다.

정답 | ①

해 설
먹을∨만큼 먹어라. : '만큼'은 앞의 내용에 상당하는 수량이나 정도를 나타내는 의존명사로 앞말과 띄어 써야 한다.
TIP
의존명사 '만큼'과 조사 '만큼'
• 의존명사 '만큼' : 1. (어미 −은/는 뒤에 쓰여) 앞의 내용에 상당하는 수량이나 정도임을 나타내는 말 예 주는 만큼 받아 오다. 2. 뒤에 나오는 내용의 원인이나 근거가 됨을 나타내는 말 예 까다롭게 검사하는 만큼 철저히 준비해야 한다.
• 조사 '만큼' : 앞말과 비슷한 정도나 한도임을 나타내는 격조사 예 나도 당신만큼 잘 할 수 있다.

08 한글 맞춤법에 맞는 문장은?

① 너, 선생님이 빨리 오시래.
② 아버님, 올해도 건강하세요.
③ 이 문은 열려지지 않는다.
④ 리보솜과 리소좀은 서로 다른 거야.

정답 | ④

해 설
'리보솜과 리소좀이라는 두 대상이 서로 같지 않다.'는 뜻이므로 '다르다'를 쓰는 것이 적절하다.
① 선생님이 빨리 오시래 → 선생님께서 빨리 오라고 하셔(오라셔) : 높임의 주체는 선생님이므로 '하시−'를 사용해야 한다.
② 올해도 건강하세요 → 올해도 건강하시길 바랍니다 : '건강하다'는 형용사로, '−세요'와 같은 명령형 어미가 붙을 수 없는 말이다.
③ 열려지지 않는다 → 열리지 않는다 : 피동사인 '열리다'에 통사적 피동인 '−어지다'를 더하여 이중 피동이 되었다.

09 다음에서 설명하는 표준 발음법 규정에 해당하는 예가 아닌 것은?

> 제18항 받침 'ㄱ(ㄲ, ㅋ, ㄳ, ㄺ), ㄷ(ㅅ, ㅆ, ㅈ, ㅊ, ㅌ, ㅎ), ㅂ(ㅍ, ㄼ, ㄿ, ㅄ)'은 'ㄴ, ㅁ' 앞에서 [ㅇ, ㄴ, ㅁ]으로 발음한다.

① 국물　　　　　　　　② 옷맵시
③ 맏이　　　　　　　　④ 앞마당

10 다음 중 〈보기〉의 밑줄 친 낱말과 같은 음운 변동이 일어난 것은?

> ─── 〈보기〉 ───
> 　한 송이의 국화꽃을 피우기 위해 봄부터 소쩍새는 그렇게 울었나 보다.

① 손끝에 잡히는 너의 모습, 멀리 구름 뒤로 흐르네.
② 애수는 백로처럼 날개를 폈다.
③ 나는 온몸에 햇살을 받고, 푸른 하늘 푸른 들이 맞붙은 곳으로……
④ 시의 가슴에 살포시 젖은 물결같이

11 불필요한 성분이 없는 문장은?

① 친구와 역전 앞에서 만났다.
② 나는 가족들과 낚시를 즐긴다.
③ 사후 수습은 제가 처리하겠습니다.
④ 공기를 자주 환기해야 감기에 안 걸리는 거야.

정답 | ③

해 설
'맏이[마지]'는 음절 끝소리 자음 'ㄷ, ㅌ'이 'ㅣ' 모음으로 시작되는 조사나 접미사를 만나 'ㅈ, ㅊ'로 바뀌는 구개음화 현상이다.
① 국물 → [궁물]
② 옷맵시 → 옫맵시 → [온맵씨]
④ 앞마당 → 압마당 → [암마당]

정답 | ①

해 설
〈보기〉의 '국화'는 두 음운이 합쳐져 하나의 음운이 되는 '음운 축약'의 예이다. '잡히는'은 'ㅂ'과 'ㅎ'이 'ㅍ'으로 축약되어 [자피는]으로 발음된다.
② 백로 → 백노 → [뱅노] : 비음화 현상
③ 햇살 ← 해 + 살 : 사잇소리 현상
④ 같이 → [가치] : 구개음화 현상

TIP
음운 변동
• 음절의 끝소리 규칙 : 우리말에서 'ㄱ, ㄴ, ㄷ, ㄹ, ㅁ, ㅂ, ㅇ'의 7개의 자음만이 음절의 끝소리로 발음되는 현상
• 자음동화 : 자음과 자음이 만날 때 서로 영향을 주고받아 한쪽이나 양쪽 모두 비슷하거나 같은 소리로 바뀌는 현상
－ 비음화 : 비음의 영향으로 비음이 아닌 자음이 비음으로 바뀌는 현상
－ 유음화 : 'ㄴ'이 유음을 만나 유음으로 바뀌는 현상
• 구개음화 : 구개음이 아닌 자음이 모음 'ㅣ'의 영향을 받아 구개음으로 변하는 현상
• 축약 : 두 음운이 합쳐져서 하나의 음운으로 줄어 소리 나는 현상
• 탈락 : 두 음운이 만났을 때 그중 한 음운이 사라져 소리 나지 않는 현상

정답 | ②

해 설
① 역전 앞에서 → 역 앞에서 : '역전(驛前)' 안에 '앞'이라는 의미가 포함되어 있다.
③ 제가 처리하겠습니다. → 제가 하겠습니다. : '수습'과 '처리'는 유사한 의미의 낱말이므로 하나를 삭제해도 된다.
④ 공기를 자주 환기해야 → 자주 환기해야 : '환기(換氣)'는 '탁한 공기를 맑은 공기로 바꿈'이라는 의미이므로 '공기'라는 낱말이 중복된다.

12 다음 글에서 ㉠에서 활용할 반언어적 표현으로 가장 적절한 것은?

> 서율 : 넌 꿈이 뭐니?
>
> 하율 : 응, 내 꿈은 자동차 엔지니어야.
>
> 서율 : 그래? 자동차 수리하는 것을 말하는 거야?
>
> 하율 : 일반적으로 그렇게 생각하지만, 난 자동차 배기음 튜닝에 관심이 있어.
>
> 서율 : 그렇지. 난 배기음이 큰 게 좋더라.
>
> 하율 : 배기음의 크기만 문제가 아니라, 이상적인 배기음을 만들기 위해서 엔진 출력과 거기에 적합한 소음기를 디자인하는 일이야.
>
> 서율 : 그래, 엔진도 좋아야 하지. 그런데 소음기는 뭐지?
>
> 하율 : 그런 게 있어. 아직 한국에서 만들어지는 자동차들은 배기음이나 소음에 대해서는 둔감한 듯 해.
>
> 서율 : 그렇구나! 자동차 분야에도 뭐… 그런 게 있겠지.
>
> 하율 : 그렇지. ㉠ 그런데 너 왜 이렇게 대답에 성의가 없지?
>
> 서율 : 아니, 그냥. 난 그런 부분에는 별 흥미도 안 생기고……
>
> 하율 : 나한테 관심이 없어진 건 아니고?

① 화가 난 것을 표현하기 위해 인상을 찌푸린다.

② 상대와의 물리적 거리를 좁힘으로써 대답을 종용한다.

③ 대화 상대와 적절하게 시선을 마주쳐 집중을 유도한다.

④ 억양에 더 힘을 주어 강하게 표현함으로써 감정을 드러낸다.

정답 | ④

해설

반언어적 표현에서 소리를 높게 내는 것은 흥분, 긴장, 경고, 분노, 열망 등의 표시인데, ㉠과 같은 표현에서 억양에 더 힘을 주어 강하게 표현함으로써 감정을 드러낼 수 있다.

① 인상을 찌푸리는 것은 비언어적 표현이다.

② 상대와의 거리를 좁히는 것은 반언어적 표현이 아니다.

③ 대화 상대와 적절하게 시선을 마주쳐 집중을 유도하는 것은 비언어적 표현이다.

TIP

반언어적 표현과 비언어적 표현

• **반언어적 표현** : 어조, 음색, 고저, 장단, 강약 등을 달리함으로써 전달하고자 하는 의미를 좀 더 분명하게 나타내는 것

• **비언어적 표현** : 얼굴표정, 몸짓, 눈 맞춤, 의상 등과 같이 직접적으로 언어와 관련된 것은 아니지만, 이런 것을 통해 언어적 의미를 강조하거나 부가적인 의미를 나타내는 것

13 다음의 문장과 그 짜임새가 같은 문장은?

> 그가 범인임이 밝혀졌다.

① 기린은 목이 길다.

② 큰일 없이 하루가 지나갔다.

③ 나는 공부하기가 무척 싫다.

④ 철수가 다녔던 학교는 우리 집 근처에 있다.

정답 | ③

해설

'그가 범인임이 밝혀졌다.'에서 '그가 범인임이'는 명사절이므로 명사절을 안은 문장에 해당한다. '나는 공부하기가 무척 싫다.'에서 '공부하기가'는 명사절이므로 명사절을 안은 문장이다.

① 기린은 목이 길다. → 서술절을 안은 문장

② 큰일 없이 하루가 지나갔다. → 부사절을 안은 문장

④ 철수가 다녔던 학교는 우리 집 근처에 있다. → 관형절을 안은 문장

1. 국어
2. 수학
3. 영어
4. 사회
5. 과학
6. 한국사
7. 도덕
8. 모의고사
9. 정답 및 해설

14 다음 중 피동 표현이 사용된 문장은?

① 현관문을 열다.

② 철수가 영희를 괴롭히다.

③ 나무가 바람에 흔들리다.

④ 동생에게 밥을 먹이다.

정답 | ③

해 설

피동 표현은 주체가 다른 대상에 의해 어떤 동작을 당하는 것을 나타낸 표현이다. '나무가 바람에 흔들리다.'에서 주체인 '나무'는 스스로 행동을 한 것이 아니라 바람에 의해 '흔들리는' 동작을 당한 것이므로 피동 표현이다.

① '열다'는 능동 표현이다.

② '괴롭히다'는 능동 표현이다.

④ '먹이다'는 사동 표현이다.

15 다음 중 〈보기〉에서 나타난 관계가 드러나지 않는 것은?

① 봄 : 여름, 가을, 겨울

② 색깔 : 빨강, 파랑, 노랑

③ 요일 : 월요일, 화요일, 수요일

④ 꽃 : 장미, 튤립, 목화

정답 | ①

해 설

〈보기〉는 단어의 상하 관계를 나타내고 있다. 봄, 여름, 가을, 겨울은 어느 하나에 포함되는 관계가 아닌, 대등한 단어이고 이들은 '계절'이라는 상의어에 하의어로 포함될 수 있다. ②, ③, ④ 모두 색깔, 요일, 꽃이라는 상의어와 각각에 포함되어 있는 하의어를 적절하게 나타내었다.

TIP

단어의 의미 관계

• **상의어** : 상하 관계의 단어 중 다른 단어를 포함하는 단어 예 학용품

• **하의어** : 상하 관계의 단어 중 다른 단어에 포함되는 단어 예 공책, 연필, 지우개

16 다음은 수업 시간 발표를 하기 위한 사고 과정이다. 이를 반영하여 내용을 생성하고 표현하는 방법으로 적절하지 <u>않은</u> 것은?

• 주제
  - 화가 김홍도의 화풍
• 제시 내용 및 전달 방식
  - 다양한 매체 자료를 활용하여 설명하자.
  - 발표자의 경험과 작품을 연계하여 표현하자.
  - 시대적 특징과 관련된 화풍의 특징을 발표하자.

정답 | ③

해 설

화가 김홍도를 소재로 한 매체를 활용하고, 발표자의 경험과 연계하며 그 시대의 특징과 화풍의 특징을 연결하는 방식을 사용하겠다는 것이 발표를 준비하는 과정에서 이루어진 사고 과정이다. 따라서 ③의 현대 미술과의 비교는 적절하지 않다.

① 제목을 주제에 따라 '해학으로 시대를 그려낸 김홍도의 작품 세계'로 구체화한다.

② 김홍도를 소재로 한 드라마의 장면과 신문 비평의 일부를 이용해 작품 세계를 드러낸다.

③ 현대 미술 작품과 김홍도의 작품을 비교하여 전통의 현대적 가치에 대하여 발표한다.

④ 김홍도의 '씨름'이라는 작품이 주는 재미와 교내 씨름 대회에서 느꼈던 즐거움을 관련지어 발표한다.

17 ㉠에 들어갈 내용으로 가장 적절한 것은?

> 주제 : 뇌사를 죽음으로 인정해야 하는가
>
> • 찬성 측 근거
>   – 뇌가 정지하면 이미 죽음과 다름없다.
>   – 뇌사자의 장기를 장기 이식에 활용할 수 있다.
> • 반대 측 근거
>   – 의료 기기를 이용하면 호흡과 심장 박동이 유지된다.
>   – (㉠   )

① 생명의 존엄성을 경시하는 태도이다.

② 의료 자원의 낭비이다.

③ 병원비에 대한 가족들의 경제적 부담이 막중하다.

④ 인간의 생명을 실용적 가치를 기준으로 평가해야 한다.

정답 | ①

해 설
㉠에는 뇌사를 죽음으로 인정하는 데에 반대하는 측의 논거가 들어가야 한다. 따라서 '생명의 존엄성을 경시하는 태도이다'가 가장 적절하다.

18 다음 중 근대 국어의 특징으로 옳지 <u>않은</u> 것은?

① 어두 자음군이 된소리로 변하기 시작한다.

② 성조와 방점이 사라졌다.

③ 'ㆍ'의 음가는 사라졌지만 표기상에는 계속 남아 있다.

④ ㆆ, ㅿ 등이 아직 남아 있다.

정답 | ④

해 설
중세 국어에서까지 사용되었던 'ㆆ, ㅿ' 등은 근대 국어에서 완전히 소멸되었다.

1. 국어 2. 수학 3. 영어 4. 사회 5. 과학 6. 한국사 7. 도덕 8. 모의고사 9. 정답 및 해설

19~20 다음 글을 읽고 물음에 답하시오.

世·솅 宗종 御·엉 製·졩 訓·훈民민正·정音흠

나·랏:말ᄊᆞ·미 中듕國·귁·에 달·아 文문字·ᄍᆞ·와·로 서르 ᄉᆞᄆᆞᆺ·디 아·니ᄒᆞᆯ·씨 ·이런 젼·ᄎᆞ·로 ㉠ 어 ·린 百·ᄇᆡᆨ 姓·셩·이 니르·고·져 ·홇 ·배 이·셔·도 ᄆᆞ·ᄎᆞᆷ:내 제 ·ᄠᅳ·들 시·러 펴·디 :몯 ᄒᆞᆯ ·노·미 ㉡ 하·니·라 ·내 ·이·ᄅᆞᆯ 爲·윙·ᄒᆞ·야 ㉢:어엿·비 너·겨 ·새·로 ·스·믈여·듧 字·ᄍᆞ·ᄅᆞᆯ 밍·ᄀᆞ노·니 :사ᄅᆞᆷ:마·다 :ᄒᆡ·ᅇᅧ ㉣:수·ᄫᅵ 니·겨 ·날·로 ·ᄡᅮ·메 便뻔安한·킈 ᄒᆞ·고·져 ᄒᆞᆯ ᄯᆞᄅᆞ·미니·라.

– 「세종 어제 훈민정음」 –

---

19 윗글에 나타난 중세 국어의 특징으로 적절한 것은?

① 어두 자음군이 사라졌다.

② 오늘날에는 쓰이지 않는 음운이 존재하였다.

③ 이어 적기 없이 모두 끊어 적었다.

④ 두음법칙이 지켜졌다.

20 ㉠~㉣ 중 단어의 뜻풀이가 옳은 것은?

① ㉠ : 나이가 적은   ② ㉡ : 많으니라

③ ㉢ : 예쁘게   ④ ㉣ : 모두

세종 어제 훈민정음(世宗御製訓民正音)
1446년(세종 28년)에 세종이 창제한 글자를 반포하기 위하여 만든 한문본 '훈민정음(訓民正音)'을 세종 사후에 언해(諺解)하여 「세종 어제 훈민정음」이라 하였다. 전자를 '해례본', 후자를 '언해본'이라 한다.

정답 | ②

해 설
오늘날에는 쓰이지 않는 'ㅸ(순경음 비읍)', 'ㆍ(아래아)' 등이 존재하였다.
① 'ㅳ', 'ㅵ' 등의 어두 자음군이 사용되었다.
③ '말ᄊᆞ·미(말씀이)'처럼 이어 적기가 사용되었다.
④ 두음법칙이란 일부 소리가 단어의 첫머리에 발음되는 것을 꺼려 나타나지 않거나 다른 소리로 발음되는 일이다. 중세 국어에서는 '니르고져'처럼 두음법칙이 지켜지지 않아 '니'를 '이'로 바꾸지 않고 그대로 발음하였다.

정답 | ②

해 설
① 어린 : 어리석은
③ 어엿비 : 불쌍히
④ 수비 : 쉽게

21~23 다음 글을 읽고 물음에 답하시오.

> 오백 년(五百年) 도읍지(都邑地)를 필마(匹馬)[1]로 도라드니
> 산천(山川)은 의구(依舊)ᄒ되 인걸(人傑)[2]은 간 듸 업다
> 어즈버 태평연월(太平烟月)이 ᄭᅮᆷ이런가 ᄒ노라
>
>   – 길재, 「오백 년 도읍지를」 –
>
> 1) 필마 : 한필의 말 – 벼슬이 없는 나그네 신세
> 2) 인걸 : 특히 뛰어난 인재

21 위 작품의 특징에 대한 설명으로 적절하지 <u>않은</u> 것은?

① 색채 대비를 통해 화자의 의지를 강조했다.
② 대구법이 사용되었다.
③ 나라가 멸망한 슬픔이 드러나 있다.
④ 자연과 인간사를 대비하여 무상감을 드러낸다.

22 위 작품에 대한 설명으로 옳지 <u>않은</u> 것은?

① '필마'는 화자의 외로운 신세를 보여주는 소재이다.
② 화자는 '산천은 의구하되'라며 자연마저 변해버린 것에 대해 탄식하고 있다.
③ 자연과 인간 세상을 서로 대조하고 있다.
④ 'ᄭᅮᆷ(꿈)'은 인생무상, 무상감을 드러내는 시어이다.

23 〈보기〉를 참고하여 위 작품에 나타난 작가의 처지를 이해한 내용으로 적절하지 <u>않은</u> 것은?

> ─────〈보기〉─────
> 작가의 삶에 대한 이해는 작품 감상의 폭을 넓혀준다. '오백 년 도읍지를'은 고려 왕조가 몰락하자 모친 봉양을 핑계로 고향에 은거한 작가가 도읍지였던 개성을 찾아 느끼는 감회를 읊고 있는 작품이다.

길재, 「오백 년 도읍지를」
• 갈래 : 평시조, 서정시
• 성격 : 감상적, 회고적
• 제재 : 고려의 옛 도읍지
• 주제 : 고려 왕조의 멸망에 대한 탄식과 인생무상
• 특징
  – 비유적 표현, 대구법, 대조법, 영탄법 등을 사용함
  – 망국에 대한 무상감을 다양한 자연물과 풍경을 활용하여 표현함
  – 감탄사 '어즈버'를 사용해 시상을 전환하며 화자의 정서를 집약하고 있음

정답 | ①

해설
작품 내에서 색채 대비를 한 부분과 화자의 의지를 강조한 부분은 찾아볼 수 없다.

정답 | ②

해설
'의구하되'는 옛모습과 다름없이 여전하다는 뜻으로, 자연은 그대로인데 인간 세상은 변했다며 자연과 인간 세상을 대조하고 있다.

정답 | ④

해설
3연에서 화자는 과거 왕성했던 고려 왕조가 꿈과 같이 몰락한 것에 대해 아쉬움과 인생무상을 느끼고 있는 상황이므로 고려 왕조를 되찾겠다는 의지는 찾아볼 수 없다.

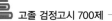

① 과거 고려 왕조의 도읍지를 돌아보며 과거 번영했던 고려 왕조에 대한 아쉬움을 표현하고 있군.

② 오백 년이라는 직접적인 시간을 제시하여 맥수지탄을 느끼고 있군.

③ 자연은 변함없는데 고려의 옛 인걸들을 찾을 수 없는 상황에서 인생무상을 느끼고 있군.

④ 태평성대가 꿈속에만 있겠느냐는 각성을 통해 고려 왕조를 되찾겠다는 의지를 보이고 있군.

24~26 다음 글을 읽고 물음에 답하시오.

나의 신세 박명(薄命)하여 슬하(膝下)에 한 자녀 없고, 인명(人命)이 흉완(凶頑)하여 일찍 죽지 못하고, 가산(家産)이 빈궁(貧窮)하여 침선(針線)에 마음을 붙여, 널로 하여 생애(生涯)를 도움이 적지 아니하더니, 오늘날 너를 영결(永訣)하니, 오호 통재(嗚呼痛哉)라, 이는 귀신이 시기하고 하늘이 미워하심이로다.

아깝다 바늘이여, 어여쁘다 바늘이여, 너는 미묘한 품질과 특별한 재치를 가졌으니, 물중(物中)의 명물이요, ⊙ 철중(鐵中)의 쟁쟁(錚錚)이라. 민첩(敏捷)하고 날래기는 백대(百代)의 협객(俠客)이요, 군세고 곧기는 만고의 충절이라. 추호 같은 부리는 말하는 듯하고 두렷한 귀는 소리를 듣는 듯한지라. 능라(綾羅)와 비단(緋緞)에 난봉(鸞鳳)과 공작을 수놓을 제, 그 민첩하고 신기함은 귀신이 돕는 듯하니, 어찌 인력(人力)이 미칠 바리요.

– 유씨 부인, 「조침문」 –

24 ⊙과 유사한 뜻의 한자성어는?

① 군계일학(群鷄一鶴)

② 구우일모(九牛一毛)

③ 각주구검(刻舟求劍)

④ 권토중래(捲土重來)

25 윗글에 대한 설명으로 적절하지 <u>않은</u> 것은?

① 제문(祭文)의 형식을 취하고 있다.

② 사물을 의인화시켜 표현하고 있다.

③ 글쓴이의 개성과 성품이 녹아 있다.

④ 바느질을 통해 인간 세태를 풍자하고 있다.

26 윗글의 서술자가 바늘에 대해 드러내는 감정이라 볼 수 <u>없는</u> 것은?

① 분노(憤怒)   ② 한탄(恨歎)

③ 애통(哀痛)   ④ 낙담(落膽)

27~29 다음 글을 읽고 물음에 답하시오.

시골에 살면서 과수원(果樹園)이나 남새밭을 가꾸지 않는다면 세상에서 버림받는 일이 될 것이다. 나는 지난번 국상이 나 바쁜 가운데서도 만송(蔓松) 열 그루와 전나무 한두 그루를 심어 둔 적이 있다. 내가 지금까지 집에 있었다면 뽕나무는 수백 그루, 접붙인 배 몇 그루, 옮겨 심은 능금나무 몇 그루 정도는 됐을 것이고, 닥나무는 지금쯤 이미 밭을 이루었을 것이다. 옻나무도 다른 밭 언덕으로 뻗어 나갔을 것이고, 석류도 여러 나무, 포도도 군데군데 줄을 타고 덩굴이 뻗어 있을 것이다. 파초도 네댓 개는 족히 가꾸었을 것이다. 불모지에는 버드나무도 대여섯 그루 심었을 거고, 유산(酉山)의 소나무도 이미 여러 자쯤 자랐을 것이다. ㉠ 너희는 이런 일을 하나라도 했는지 모르겠구나. 너희들이 국화를 심었다고 들었는데 국화 한 이랑은 가난한 선비의 몇 달 동안의 식량이 될 수도 있는 것이니 한낱 꽃구경에만 그치는 것이 아니다. 생지황, 끼무릇, 천궁(川芎)과 같은 것이나 쪽나무나 꼭두서니 등에도 모두 마음을 기울여 잘 가꾸어 보도록 하여라.

정답 | ④

해설
제시된 글에서 인간 세태에 대한 풍자는 찾아볼 수 없다.
① 죽은 사람에게 제사 지낼 때 쓰는 제문(祭文)의 형식을 빌려 바늘이 부러진 것에 대한 자신의 심정을 표현한 것은 그만큼 바늘을 부러뜨린 일이 안타깝고 애통하다는 것을 부각시키기 위한 의도이다.
② 바늘을 의인화하여 글쓴이에게 바늘이 단순한 사물이 아니라 마치 사람처럼 친숙하고 정겨운 대상이며, 또 기댈 수 있는 일종의 위안의 대상임을 표현하고 있다.
③ 이 작품은 수필로 자신이 쓰던 바늘이 부러짐을 슬퍼하고 안타까워하는 여성 특유의 섬세한 감정이 잘 나타나 있다.

정답 | ①

해설
아끼던 바늘이 부러진 것을 죽음이라는 이별의 상황으로 표현한 것을 통해 제시문의 주된 정서가 안타까움과 애통함임을 알 수 있다.

정약용, 「유배지에서 보낸 편지」
• 갈래 : 편지글
• 성격 : 논증적, 설득적
• 제재 : 과수원과 남새밭을 가꾸는 일
• 주제 : 유배지에서 아들에게 보내는 당부의 말
• 특징
  − 글쓴이의 경험을 제시하여 설득력 있는 주장을 펼침
  − 실용성을 중시한 실학자의 태도가 드러남
  − 곡진하면서도 강건한 사대부의 기풍을 느낄 수 있는 문체를 사용함

1. 국어
2. 수학
3. 영어
4. 사회
5. 과학
6. 한국사
7. 도덕
8. 모의고사
9. 정답 및 해설

(중략)

　절약하고 본농사에 힘쓰면서 부업으로 아름다운 결실을 얻을 수 있는 것이 이 남새밭 가꾸는 일이다.

－ 정약용, 「유배지에서 보낸 편지」－

27 윗글의 필자가 과수원이나 남새밭을 가꾸길 권장하는 이유는?

① 실용성　　　　　② 희귀성

③ 오락성　　　　　④ 장식성

정답 | ①

해 설

국화를 심었다고 한 아들들에게 필자는 국화가 한낱 꽃구경에만 그치는 것이 아니라 몇 달 동안의 식량을 지탱해줄 수 있는 것이라고 말하고 있다. 과수원과 남새밭 가꾸기를 통해 식량을 얻고자 하므로, 필자가 '실용성' 추구를 목적으로 한 것임을 알 수 있다.

28 ㉠의 의미로 적절한 것은?

① 어떤 작물을 심었는지 궁금하다.

② 작물 재배에 힘을 쏟기를 바란다.

③ 학문에 열중하여 벼슬에 오르길 바란다.

④ 아무 일도 안 하고 지내는 것이 걱정이다.

정답 | ②

해 설

과수원이나 남새밭 가꾸기를 중시하는 필자는 바쁜 가운데서도 자신이 여러 작물을 심었음을 밝히고 있다. ㉠의 '이런 일'이란 바로 작물 재배를 말하는 것으로 뒷 문장에 아들들이 국화를 심었다는 내용으로 볼 때, 작물 재배의 중요성을 강조하기 위해서 ㉠과 같은 말을 한 것임을 알 수 있다.

29 윗글에 대한 설명으로 적절하지 <u>않은</u> 것은?

① 특정한 대상에게 보내기 위한 글이다.

② 조언과 당부의 말을 전하고 있다.

③ 자신이 직접 경험한 일을 전달하고 있다.

④ 필자의 낙천적이고 풍류적인 면모를 볼 수 있다.

정답 | ④

해 설

필자는 자신이 직접 넝쿨소나무와 향나무를 심었던 경험을 바탕으로 자식들에게 과수원이나 남새밭을 가꾸기를 권유, 당부하고 있다. 유유자적하며 자연을 벗하는 풍류적인 삶을 노래하는 글이 아니므로 낙천적이고 풍류적인 면모를 볼 수 있다는 설명은 적절하지 않다.

1. 국어
2. 수학
3. 영어
4. 사회
5. 과학
6. 한국사
7. 도덕
8. 모의고사
9. 정답 및 해설

30~32 다음 글을 읽고 물음에 답하시오.

> 막차는 좀처럼 오지 않았다.
> 대합실 밖에는 밤새 송이눈이 쌓이고
> 흰 보라 수수꽃 ⊙ 눈시린 유리창마다
> ⓒ 톱밥난로가 지펴지고 있었다.
> 그믐처럼 몇은 졸고
> 몇은 감기에 쿨럭이고
> 그리웠던 순간들을 생각하며 나는
> 한줌의 톱밥을 불빛 속에 던져 주었다.
> 내면 깊숙히 할 말들은 가득해도
> ⓒ 청색의 손바닥을 불빛 속에 적셔두고
> 모두들 아무 말도 하지 않았다.
> 산다는 것이 때론 술에 취한 듯
> 한 두릅의 굴비 한 광주리의 사과를
> 만지작거리며 귀향하는 기분으로
> 침묵해야 한다는 것을
> 모두들 알고 있었다.
> 오래 앓은 기침소리와
> 쓴 약 같은 입술 ⓔ 담배 연기 속에서
> 싸륵싸륵 눈꽃은 쌓이고
> 그래 지금은 모두들
> 눈꽃의 화음에 귀를 적신다.
> 자정 넘으면
> 낯설음도 뼈아픔도 다 설원인데
> 단풍잎 같은 몇 잎의 차창을 달고
> 밤열차는 또 어디로 흘러가는지
> 그리웠던 순간들을 호명하며 나는
> 한줌의 눈물을 불빛 속에 던져 주었다.
>
> — 곽재구, 「사평역에서」 —

곽재구, 「사평역에서」
• 갈래 : 자유시, 서정시
• 성격 : 서정적, 애상적
• 제재 : 막차를 기다리는 사람들과 대합실의 정경
• 주제 : 가난하고 소외된 사람들의 삶의 애환
• 특징
 – 간결하고 절제된 어조로 표현함
 – 차가움과 따뜻함의 이미지 대조를 통해 시적 대상을 표현함
 – 다양한 감각적 이미지를 통해 고단한 삶의 모습 형상화

30 이 시에 대한 설명으로 옳지 <u>않은</u> 것은?

① 서정적이고 애상적인 어조를 지니고 있다.

② 시적 화자는 시적 대상을 동정의 눈으로 바라보고 있다.

③ 배경 공간과 인물들 간의 조화가 주제 구현에 기여하고 있다.

④ 가난한 삶의 비극성을 드러내면서 허무주의적 태도를 보여 주고 있다.

정답 | ④

해 설

시적 화자는 힘겹고 고달픈 삶의 형상들을 바라보며 애정과 연민 어린 감정을 느끼고 있다. 허무주의적 태도와는 거리가 멀다.

31 ㉠~㉣ 중 가난한 사람들의 삶을 위로하는 기능을 하는 시어는?

① ㉠   ② ㉡

③ ㉢   ④ ㉣

정답 | ②

해 설

'톱밥난로'는 가난한 사람들을 위로하는 기능을 하며 대합실 안의 따뜻하고 포근한 이미지를 형성한다.

32 이 시의 표현상의 특징으로 옳은 것은?

① 다양한 감각적 이미지를 활용하여 시의 전체적인 분위기를 조성한다.

② 점층적 구성을 통해 화자의 의식 변화를 나타내고 있다.

③ 의문형 종결 어미를 활용하여 상황에 대한 화자의 의구심을 드러내고 있다.

④ 역설과 반어를 통해 삶에 대한 화자의 깨달음을 강조하고 있다.

정답 | ①

해 설

'눈시린 유리창', '톱밥난로', '청색의 손바닥', '눈꽃' 등의 감각적 이미지로 서정적인 분위기를 드러내며 동시에 화자의 정서를 효과적으로 전달한다.

33~35 다음 글을 읽고 물음에 답하시오.

여승(女僧)은 합장(合掌) 하고 절을 했다.
가지취의 내음새가 났다.
쓸쓸한 낯이 옛날같이 늙었다.
나는 불경(佛經)처럼 서러워졌다.

평안도(平安道)의 어느 산(山) 깊은 금점판
나는 파리한 여인(女人)에게서 옥수수를 샀다.
여인(女人)은 나 어린 딸아이를 때리며 가을밤같이 차게 울었다.

섶벌같이 나아간 지아비 기다려 십 년(十年)이 갔다.
지아비는 돌아오지 않고
어린 딸은 도라지꽃이 좋아 돌무덤으로 갔다.

㉠ 산(山)꿩도 섧게 울은 슬픈 날이 있었다.
산(山) 절의 마당귀에 연인(女人)의 머리오리가 눈물방울과 같이 떨어진 날이 있었다.

– 백석, 「여승」 –

백석, 「여승」
• 갈래 : 자유시, 서정시
• 성격 : 서사적, 애상적, 회상적, 감각적
• 제재 : 한 여인의 일생
• 주제 : 여승이 된 한 여인의 비극적인 삶
• 특징
 – 역순행적 구성으로 여승의 삶을 드러냄
 – 화자를 관찰자로 설정하여 여승의 삶을 사실적으로 전달
 – 감각적인 어휘와 적절한 비유를 통해 비극적인 여인의 삶을 형상화

33 이 시의 사건을 시간 순서에 맞게 재구성할 때 가장 나중에 일어난 일은?

① 여인에게서 옥수수를 샀다.
② 여인이 머리를 깎고 스님이 되었다.
③ 여승이 합장하고 절을 했다.
④ 딸아이가 죽었다.

정답 | ③
해 설
이 시는 역순행적 구성으로, 사건을 순서대로 나열하면 ①–④–②–③이다.

34 이 시에 대한 설명으로 적절하지 않은 것은?

① 감각적인 어휘를 구사하고 있다.
② 절제된 시어와 비유를 사용하고 있다.

정답 | ④
해 설
이 시는 화자가 바라보는 시적 대상인 여승의 삶과 현재 모습을 통해 한 여인의 비극적인 삶을 그리고 있다.

③ 이야기 형식의 서사적 구성 방법을 사용하였다.

④ 화자의 삶을 사실적으로 그리고 있다.

35 ㉠과 같은 표현 기법을 사용한 것은?

① 이도령인지 삼도령인지 걸인하나 내려왔다.

② 아! 님은 갔지만은 나는 님을 보내지 아니하였습니다.

③ 먼 훗날 당신이 찾으시면 그 때에 내 말이 잊었노라.

④ 우러라 우러라 새여 자고 니러 우러라 새여.

[정답 | ④]

해 설

㉠에서 '산꿩'은 화자의 서글픈 감정이 투영된 감정 이입의 대상이다. ④의 경우에도 '새'에 화자의 감정이 이입되어 있다.

① 언어유희에 해당한다.

② 역설법에 해당한다.

③ 반어법에 해당한다.

TIP

시의 표현 기법

• **객관적 상관물** : 화자의 감정을 어떤 사물이나 자연물을 통해 간접적으로 표현하는 방식 또는 이때 동원되는 사물이나 자연물을 의미함

• **감정이입** : 시적 대상에 시적 화자의 감정을 옮겨 넣어 대상과 화자가 같은 감정을 느끼는 듯이 표현한 것을 의미함

• 객관적 상관물이 감정이입을 포함하는 상위 개념이다.

[36~39] 다음 글을 읽고 물음에 답하시오.

㉠ <u>하늘은 아직도 흐렸다.</u> 오랜만에 햇빛을 볼 수 있을지 모른다고 기대했던 날씨가 아무래도 신통치 않았다. 그러나 서녘 하늘 한 귀퉁이가 배꼼히 열려 있었고, 구름을 몰아가는 서늘한 바람이 불었다. 다시 비가 내릴 기미 같은 건 어디에도 안 보였다. 그것만도 우리에겐 참으로 다행스런 일이었다. 우리뿐만 아니라 모든 사람이 다 그러했다. 이른 아침부터 우리 집에 찾아오는 동네 사람들이 내미는 첫 마디가 한결같이 날씨에 관한 얘기였다. 그리고 그 다음 차례가 삼촌 얘기였다. 그들은 날씨부터 시작해 가지고 아주 자연스럽게 아버지한테 접근했으며 아낙네들은 부엌을 무시로 드나들었다. 우리 집은 완전히 잔칫집답게 동네 사람들로 북적거렸고, 저마다 연줄을 찾아 말을 걸어 보려는 사람들 때문에 식구들은 도무지 정신을 못 차릴 정도였다. 그들이 가장 궁금해 하는 것은 우리 식구들이 어느 정도 미신을 믿고 있는가였다. 물론 그들은 미신이란 말은 입 밖에 비치지도 않았다. 점쟁이의 말 한 마디가 이만큼 일을 크게 벌여 놓을 수 있었던 데 대해 놀라움을 표시하면서도 속셈이 빤히 보일 만큼 노골적이지는 않았다. 이야기 끝에 그들은, 가족들 정성에 끌려서라도 삼촌이 틀림없이 돌아올 거라는 격려의 말을 잊지 않았다. 아버지는 그저 웃고만 있었다. 그

윤흥길, 「장마」

• **갈래** : 중편소설

• **성격** : 샤머니즘적

• **배경** : 6.25 동란 중의 어느 농촌

• **시점** : 1인칭 관찰자 시점

• **주제** : 전쟁 중에 빚어진 한 가정의 비극과 극복

1. 국어
2. 수학
3. 영어
4. 사회
5. 과학
6. 한국사
7. 도덕
8. 모의고사
9. 정답 및 해설

런 말을 하는 몇 사람의 태도에서 아버지는 그들이 우리 일을 가지고 자기네 나름으로 한창 즐기고 있다는 사실을 충분히 눈치챘을 것이다. 마치 죽어 가는 환자 앞에서 금방 나을 병이니 아무 염려 말라고 위로하는 의사와 흡사한 태도를 취하는 사람이 더러 있었기 때문이다. 시간이 진시에 점점 가까워질수록 사람이 늘어 우리 집은 더욱 더 붐볐다. 마을 안에서 성한 발을 가진 사람은 하나도 안 빠지고 다 모인 성싶었다. 혼자 진구네 집 마루에 앉아 담배를 피우는 낯선 사내의 모습도 보였다. 장터처럼 북적거리는 속에서 우리는 아직 아침밥도 먹지 못했다. 삼촌이 오면 같이 먹는다고 할머니가 상을 못 차리게 했던 것이다. 아주 굶는 건 아니니까 진득이 참는 도리밖에 없지만, 그러자니 배가 굉장히 고팠다.

마침내 진시였다. 진시가 시작되는 여덟 시였다. 모두들 흥분에 싸여 초조하게 기다리는 가운데 자꾸만 시간이 흘렀다. 아홉 시가 지나고 어느덧 열 시가 다 되었다. 그런데도 우리 집엔 아무 일도 일어나지 않았다.

– 윤흥길, 「장마」 –

36 윗글의 내용과 일치하지 <u>않는</u> 것은?

① 할머니는 점쟁이에 대한 믿음이 강하다.
② 할머니는 자식의 무사 귀환에 대한 절대적 확신을 가지고 있다.
③ 마을 사람들은 삼촌이 살아 돌아올 것이라고 믿고 있다.
④ 점쟁이의 말과 달리 삼촌은 진시가 넘어도 돌아오지 않았다.

37 밑줄 친 ㉠의 역할로 적절한 것은?

① 갈등의 해소
② 인물 간의 다툼
③ 작품의 분위기 전환
④ 인물이 처해 있는 상황 암시

정답 | ③
해설
마을 사람들은 삼촌의 무사 귀환을 미신으로만 생각하고 있다.

정답 | ④
해설
이 작품에서 '장마'는 한 가족에 드리운 불행을 의미한다. 그런데 아직까지 날씨가 흐리다는 것은 그러한 비극적 사건이 마무리되지 않았다는 것을 의미한다. 따라서 밑줄 친 부분은 삼촌이 돌아오지 않을 것이라는 점, 새로운 사건이 예고되고 있다는 점 등 인물이 처해 있는 상황을 암시해 주는 역할을 한다.

38 윗글에 나타난 마을 사람들의 심리로 적절한 것은?

① 불안감　　　　　　② 자신감

③ 호기심　　　　　　④ 기대감

39 이 글로 미루어 짐작할 수 있는 할머니의 성격은?

① 낙천적　　　　　　② 독단적

③ 이타적　　　　　　④ 이성적

40~42 다음 글을 읽고 물음에 답하시오.

(가) 겨울 마당은 황량하고 땅은 딱딱하게 얼어붙었다. 그러나 걸어보면 그 안에서 꼼지락거리는 씨와 뿌리들의 소요가 분명하게 느껴질 정도의 탄력을 지녔다. 오늘 아침에는 우리 마당에서 느긋하게 겨울 휴식을 취하고 있는 나무들과 화초가 몇 가지나 되나 세어보면서 걸어 다녔다. 놀랍게도 백 가지가 넘었다. 물론 헤아려 보는 사이에 부풀리고 싶은 욕심까지 생겨 제비꽃이나 할미꽃, 구절초처럼 심은 바 없이 절로 번식하는 들꽃까지도 계산에 넣긴 했지만 그 다양한 종류가 생각할수록 신기했다.

(나) 마당이 있는 집에 산다고 하면 다들 채소를 심어 먹을 수 있어서 좋겠다고 부러워한다. 나도 첫해에는 열무하고 고추를 심었다. 그러나 매일 하루 두 번씩 오는 채소 장수 아저씨가 단골이 되면서 채소 농사가 시들해졌고 작년부터는 아예 안 하게 되었다. 트럭에다 각종 야채와 과일을 싣고 다니는 순박하고 건강한 아저씨는 싱싱한 채소를 아주 싸게 판다. 멀리서 그 아저씨가 트럭에 싣고 온 온갖 채소 이름을 외치는 소리가 들리면 뭐라도 좀 팔아 주어야 할 것 같아서 마음보다 먼저 엉덩이가 들썩들썩한다. 그를 기다렸다가 뭐라도 팔아 주고 싶어 하는 내 마음을 아는지 아저씨도 ㉠ 손이 크다. 너무 많이 줘서, ㉡ "왜 이렇게 싸요?" 소리

가 절로 나올 때도 있다. 그러면 아저씨는 물건을 사면서 싸다고 하는 사람은 처음 봤다고 웃는다. 내가 싸다는 건 딴 물가에 비해 그렇다는 소리지 얼마가 적당한 값인지 알고 하는 소리는 물론 아니다.

— 박완서, 「트럭 아저씨」 —

박완서, 「트럭 아저씨」
- 갈래 : 경수필
- 성격 : 교훈적
- 제재 : 트럭 아저씨
- 주제 : 소박한 일상에서 느끼는 기쁨, 자연과 사람에 대한 애정

40 (가)에 드러난 정서와 가장 유사한 것은?

① 이런들 어떠하며 저런들 어떠하리. / 만수산 드렁칡이 얽혀진들 어떠하리. / 우리도 이같이 얽히어 백년까지 누리리라.

② 이화우(梨花雨) 흩뿌릴 제 울며 잡고 이별한 님 / 추풍낙엽(秋風落葉)에 저도 날 생각난가. / 천 리에 외로운 꿈만 오락가락 하노매.

③ 떠나가노라 삼각산이여! 다시 보자 한강물이여! / 고국 산천을 내가 떠나가고 싶어 하랴마는 / 시절이 하도 어지러우니 다시 올동 말동 하구나.

④ 십 년(十年)을 경영(經營)하여 초려삼간(草廬三間) 지어내니 / 나 한 간 달 한 간에 청풍(淸風) 한 간 맡겨 두고 / 강산(江山)은 들일 데 없으니 둘러 두고 보리라.

정답 | ④

해설

(가) 부분에서 글쓴이는 자연에 대한 애정을 통해 삶의 소중한 가치(자연친화적인 정서)를 일깨우고 있다. 이와 유사한 정서를 드러낸 것은 안분지족(安分知足)적 생활 태도로 자연과 하나가 되어 살아가는 모습을 그린 송순의 시조이다.

① 이방원의 시조로 고려의 충신인 정몽주를 회유하기 위해 지은 작품이다.

② 계랑의 시조로 이별한 임에 대한 강한 그리움이 주된 정서이다.

③ 김상헌의 시조로 우국지사(憂國之士)의 비분강개한 심경을 드러내고 있다.

41 밑줄 친 ㉠의 의미와 유사한 것은?

① 후하다   ② 박하다

③ 인색하다   ④ 거대하다

정답 | ①

해설

밑줄 친 '㉠ 손이 크다'는 '씀씀이가 후하고 크다.'라는 뜻의 관용어이다. 이와 유사한 의미를 가진 단어는 '마음 씀씀이나 태도가 너그럽다.'라는 뜻의 '후(厚)하다'이다.

② 박하다 : 1. 마음 씀씀이나 태도가 너그럽지 못하고 쌀쌀맞다. 2. 이익이나 소득이 보잘것없이 적다. 3. 두께가 매우 얇다. 4. 맛이나 품질 따위가 변변치 못하다.

③ 인색하다 : 1. 재물을 아끼는 태도가 몹시 지나치다. 2. 어떤 일을 하는 데 대하여 지나치게 박하다.

④ 거대하다 : 엄청나게 크다.

42 ㉡에 담겨 있는 심리로 가장 적절한 것은?

① 경계심   ② 놀라움

③ 실망감   ④ 불쾌함

정답 | ②

해설

㉡ "왜 이렇게 싸요?"는 트럭 아저씨가 채소를 많이 주는 것에 대한 서술자의 반응으로 채소 가격이 싸다는 사실에 놀라고 있음을 알 수 있다.

43~45 다음 글을 읽고 물음에 답하시오.

(가) 나무는 덕을 지녔다. 나무는 주어진 분수에 만족할 줄을 안다. 나무로 태어난 것을 탓하지 아니하고, 왜 여기 놓이고 저기 놓이지 않았는가를 말하지 아니한다. 등성이에 서면 햇살이 따사로울까, 골짜기에 내려서면 물이 좋을까 하여, 새로운 자리를 엿보는 일도 없다. 물과 흙과 태양의 아들로 물과 흙과 태양이 주는 대로 받고, 후박(厚薄)과 불만족을 말하지 아니한다. 이웃 친구의 처지에 눈 떠 보는 일도 없다. 소나무는 진달래를 내려다보되 깔보는 일이 없고, 진달래는 소나무를 우러러보되 부러워하는 일이 없다. 소나무는 소나무대로 스스로 족하고, 진달래는 진달래대로 스스로 족하다.

(나) 나무는 고독하다. 나무는 모든 고독을 안다. 안개에 잠긴 아침의 고독을 알고, 구름에 덮인 저녁의 고독을 안다. 부슬비 내리는 가을 저녁의 고독도 알고, 함박눈 펄펄 날리는 겨울 아침의 고독도 안다. 나무는 파리 움쭉 않는 한여름 대낮의 고독도 알고, 별 얼고 돌 우는 동짓날 한밤의 고독도 안다. 그러나 나무는 어디까지든지 고독에 견디고 고독을 이기고 또 고독을 즐긴다.

— 이양하, 「나무」 —

43 (가)에 나타난 나무의 모습을 가장 잘 표현하는 말은?

① 타산지석(他山之石) ② 간담상조(肝膽相照)

③ 안분지족(安分知足) ④ 연목구어(緣木求魚)

44 (나)에 드러나는 표현상의 특징으로 옳지 않은 것은?

① 나무를 의인화하여 사람처럼 대하고 있다.

② 호흡이 긴 만연체의 문장을 사용하고 있다.

③ 대등한 단어들을 나열하는 열거법을 활용하고 있다.

④ '나무는 ~다'와 같은 문장 구조를 반복하고 있다.

이양하, 「나무」
- **갈래** : 수필(경수필)
- **성격** : 주지적, 사색적, 예찬적
- **제재** : 나무
- **주제** : 나무가 지닌 덕에 대한 예찬
- **특징**
  – 나무를 의인화 하여 인간의 모습과 대비
  – 사실적 묘사를 통한 인생의 교훈 전달
  – '나무는 ~다'의 문장 구조 반복

정답 | ③

해설
나무는 자기 분수에 만족할 줄 아는 '안분지족'의 태도를 지닌다.
① 타산지석(他山之石) : 다른 사람의 하찮은 언행이라도 자기의 지덕을 닦는 데 도움이 됨을 이르는 말
② 간담상조(肝膽相照) : 서로 마음을 터놓고 친밀히 사귄다는 것을 뜻하는 말
④ 연목구어(緣木求魚) : 목적이나 수단이 일치하지 않아 불가능한 일을 굳이 하려 함을 이르는 말

정답 | ②

해설
호흡이 짧은 간결체의 문장을 사용하여 나무가 지닌 특성을 효과적으로 드러내고 있다.

45 중심소재에 대하여 윗글의 글쓴이와 유사한 태도를 지니고 있는 것은?

① 보라, 청춘을! 그들의 몸이 얼마나 튼튼하며, 그들의 피부가 얼마나 생생하며, 그들의 눈에 무엇이 타오르고 있는가? 우리 눈이 그것을 보는 때에, 우리의 귀는 생의 찬미를 듣는다. 뼈 끝에 스며들어가는 열락의 소리다.   — 민태원, 「청춘예찬」 —

② 나는 이 겨울을 누워 지냈다. / 사랑하는 사람을 잃어버려 / 염주처럼 윤나게 굴리던 / 독백도 끝이 나고 / 바람도 불지 않아 / 이 겨울 누워서 편히 지냈다.   — 문정희, 「겨울 일기」 —

③ 나는 나룻배 / 당신은 행인(行人) // 당신은 흙발로 나를 짓밟습니다. / 나는 당신을 안고 물을 건너갑니다. / 나는 당신을 안으면 깊으나 얕으나 급한 여울이나 건너갑니다.

          — 한용운, 「나룻배와 행인」 —

④ 만 리 밖에서 기다리는 그대여 / 저 불 지난 뒤에 / 흐르는 물로 만나자. / 푸시시 푸시시 불 꺼지는 소리로 말하면서 / 올 때는 인적 그친 / 넓고 깨끗한 하늘로 오라.

          — 강은교, 「우리가 물이 되어」 —

정답 | ①

해 설

윗글의 글쓴이는 중심소재인 나무에 대하여 예찬적인 태도를 보이고 있다. 이와 같이 대상에 대하여 예찬적인 태도를 보이는 것은 '청춘'을 예찬하고 있는 ①이다.
② 절망적 태도
③ 헌신적 태도
④ 의지적 태도

46~47 다음 글을 읽고 물음에 답하시오.

12세기 이전까지 유럽에서의 독서는 신앙심을 고취하기 위하여 주로 성경이나 주석서를 천천히 반복해서 읽는 방식으로 이루어졌다. 그런데 12세기 들어 그리스 고전이 이슬람 세계로부터 대거 유입되고 학문적 저술의 양이 폭발적으로 늘어나게 되자 독서 문화에도 변화가 일어나기 시작했다.

이 시기의 독서는 폭넓고 풍부한 지식의 습득을 목적으로 삼게 되었다. 하지만 방대한 양의 저서를 두루 구해 읽는다는 것은 시간적으로나 경제적으로나 불가능한 일이었다. 이에 책의 중요한 내용을 뽑아 간략하게 정리한 요약집, 백과사전 같은 다양한 참고 도서의 발행이 성행하였다. 이러한 책들은 텍스트가 장, 절로 나누어져 있고 중요한 구절 표시가 있는가 하면, 차례나 찾아보기 같은 보조 장치가 마련되어 있는 등 이전과 다른 새로운 방식으로 편집되었다. 이를 활용하여 독자들은 다양한 정보와 해석을 편리하고 빠르게 찾고, 이렇게 얻은 지식들은 논증의 도구로 활용할 수 있게 되었다.

그러나 이와 같은 참고 도서를 위주로 한 독서가 유행하면서 사람들은 점차 원전 독서를 등한시하여 원전이 담고 있는 풍부함을 맛볼 수 없게 되었다. 주요 부분을 발췌하여 읽는 것은 텍스트의 의미를 효율적으로 파악하게 하는 이점은 있었지만 그 속에 담긴 깊은 뜻을 이해하는 데에는 방해가 되었다.

46 윗글의 내용 전개상 특징으로 가장 적절한 것은?

① 독서의 개념을 정의하고 그 유형을 제시하고 있다.
② 독서문화의 변천 과정을 유사한 사례에 빗대어 기술하고 있다.
③ 올바른 독서문화 정착을 위한 정부의 노력을 기술하고 있다.
④ 독서문화의 변화에 따른 문제점을 밝히고 있다.

정답 | ④

해 설
12세기 이전 유럽의 독서 문화부터 참고 도서를 위주로 한 독서까지, 독서문화의 변화와 그에 따른 문제점을 서술하고 있다.

47 윗글의 내용과 일치하지 <u>않는</u> 것은?

① 12세기 이후 유럽에는 편집되지 않은 참고 도서가 성행하였다.
② 그리스 고전의 유입은 유럽의 독서문화의 판도를 바꾸었다.
③ 참고 도서의 경우 텍스트가 장, 절로 나누어져 있다.
④ 백과사전의 경우 텍스트에 담긴 깊은 뜻을 이해하는 데 도움이 되지 않는다.

정답 | ①

해 설
12세기 이후 유럽은 그리스 고전이 이슬람 세계로부터 대거 유입되면서 요약집, 백과사전과 같은 다양한 참고 도서의 발행이 성행하였다.

48~50 다음 글을 읽고 물음에 답하시오.

한국의 민속악이나 민속춤에서는 '장단을 먹어 주는' 대목이 많이 나온다. 바로 이러한 대목이야말로 불필요한 것이나 잡다한 에피소드를 없애는 순간이다. 그것은 곧 동양 회화에서의 여백에 해당되고 한국 음악에서 음과 음 사이의 빈 시간, 공간을 채워 주는 농현(弄絃)에 해당된다.

텅 비워 놓은 시, 공간적 여백은 단순히 물리적 시, 공간으로서는 아무것도 없는 것에 지나지 않지만, 그러나 그것은 하나로 집중된 선, 집중된 음, 집중된 동작이 불러일으키는 파문으로 가득 채워진 생동하는 미적 시, 공간이다. 그것은 마치 연못에 던져진 하나의 돌의 파문이 동심원을 그리며 그윽하게 물결쳐 번지는 것과 같고, 겉으로는 빙산의 일각만 보이면서 속으로 그 크기를 알 수 없는 덩어리를 숨기고 있는 것과 같은 ㉠ 고요한 역동성이다.

이러한 동양적 정신은 궁중악이나 궁중춤의 경우에는 다소간 엄격한 규율의 정신적 절제에서 비롯되는 것이지만, 민속악이나 민속춤의 경우에는 일상생활의 삶의 예지로서 다가오는 한결 현실적으로 자유로운 생활 감정에서 우러난 것이다.

이와 같이 고요한 파문을 일으키는 '장단을 먹어 주는' 대목은 맺힌 것을 풀어 주는 이완일 경우도 있고 풀린 것을 맺어 주는 긴장일 경우도 있다. 모든 예술이 다 그렇긴 하지만, 긴장과 이완을 적절히 배합하여 맺고 풀고 어르고 당기는 데에 한국춤의 묘미가 있다. 장단을 먹어 가며 보일 듯 말 듯, 어깨짓이나 고개 놀림으로 우쭐거리는 '허튼 춤' 같은 데에서 더욱 그러한 맛을 느낀다.

그런데 이렇게 맺고 푸는 연결점의 고리 역할을 더 철저히 하면서도 더 자유 분방한 경우가 있는데, ㉡ '엇박을 타는' 대목이 그러하다. '엇박을 타는' 대목은 평범한 순차적인 진행 구조에 한 가닥의 파란을 일으킨다. 딱딱하고 일률적인 시, 공간적 구조를 일그러뜨리는 엄정한 절제 속에서의 일탈이며, 평상적인 흐름에 대한 파격이다. 이러한 파격이나 일탈은 일상성을 파괴하고 전도시킨다. 그러나 그렇다고 해서 있는 것 모두를 격렬한 파괴로써 온통 뒤집어엎는 것이 아니라, 있는 것을 있는 것 그대로 놓아두면서 그 있는 것을 한꺼번에 들어 올렸다가 딴 자리로 옮겨 모양을 바꾸어 내는 이를테면 가장 지속적이고 은근한 뒤흔듦이다.

1. 국어
2. 수학
3. 영어
4. 사회
5. 과학
6. 한국사
7. 도덕
8. 모의고사
9. 정답 및 해설

이렇게 해서 일상성은 새로운 국면을 맞이하고 새로운 활기를 부여 받는다. 그러나 그것은 어디까지나 순리적이고 동시에 우호적이어서 저항감보다는 오히려 친근감을 더해 준다. 꾸밈은 꾸밈이되 인위적임 을 거부하는 꾸밈 속에서 새로운 일상성으로 되돌아오는 것이다. 이러 한 자연스러운 파격에서부터 한국적 해학은 비롯되고, 이러한 '푸근한 웃음'은 한국 예술 전반에 걸쳐 두루 나타난다.

48 윗글로 미루어 알 수 없는 것은?

① 한국춤의 여백은 정중동(靜中動)의 긴장일 수 있다.
② 궁중 음악은 대체로 엄정한 절제를 미덕으로 하고 있다.
③ '허튼 춤'에서 긴장과 이완의 적절한 배합을 볼 수 있다.
④ 한국적 해학은 대상의 의미를 새롭게 부여하는 낯설음에 있다.

정답 | ④

해 설
한국적 해학은 일상성을 파괴하여 낯설게 하지만 여기서 끝나지 않고 다시 새로운 일 상성으로 돌아옴으로써 친근감과 푸근한 웃 음을 보여 주는 것이 그 특징이다.

49 문맥에 비추어 볼 때, ㉠이 가장 잘 형상화된 문장은?

① 고오운 상좌 아이도 잠이 들었다.
② 한 송이의 국화꽃을 피우기 위해 봄부터 소쩍새는 그렇게 울었나 보다.
③ 고요히 떨어지는 오동잎은 누구의 발자취입니까?
④ 폭포는 곧은 소리를 내며 떨어진다.

정답 | ③

해 설
'고요한 역동성'은 바로 앞에 설명된 것처 럼 연못에 던져진 돌의 파문이 그윽하게 번 지는 것과 같고 빙산의 일각만 보이지만 큰 덩어리를 숨기고 있는 것과 같다고 하였다. 즉 표면적으로는 잔잔한 또는 고요한 움직 임으로 나타나지만 내면적으로는 커다란 힘 을 숨기고 있음을 표현한 말이다. ③은 고요 히 떨어지는 오동잎을 임의 발자취로서 커 다란 힘으로 인식했다는 점에서 동일한 발 상에서 나온 형상화이다.

50 ㉡을 우리 생활 속에서 찾아볼 때, 적절하지 못한 사례는?

① 현란하고 뛰어난 고난도의 묘기를 보여 주어 관중의 손에 땀을 쥐게 하는 공중 그네
② 필요 이상으로 길게 늘어진 한복의 옷고름
③ 갓을 약간 비껴쓰고 말에 비스듬히 앉은 선비
④ 가지런히 달려있는 꽃잎 중 하나만이 약간 꼬부라진 연꽃 모양의 청자 연적

정답 | ①

해 설
'엇박을 타는' 것은 평범한 순차적 진행에 파란을 일으키는 것이며 절제 속의 일탈이 고 평상적 흐름에 대한 파격이다. 즉, 일상 성의 파괴이며 뒤엎음이다. 그런데 ①은 손 에 땀을 쥐게 할 정도의 지속적인 긴장을 유지하게 한다는 점에서 거리가 멀다.

PART **2**

수학

STEP1. 기본문제
STEP2. 응용문제

01 두 다항식 $A = x^2 + x$, $B = -2x + 7$에 대하여 $A + B$는?

① $x + 7$

② $x^2 + 7$

③ $x^2 + x + 7$

④ $x^2 - x + 7$

정답 | ④

해 설

$$A + B = (x^2 + x) + (-2x + 7)$$
$$= x^2 + x - 2x + 7$$
$$= x^2 - x + 7$$

02 두 다항식 $A = x^2 - 2x$, $B = 2x^2 + 4x + 5$에 대하여 $A + B$는?

① $x^2 + 5$

② $2x^2 + x + 5$

③ $3x^2 + 5$

④ $3x^2 + 2x + 5$

정답 | ④

해 설

$$A + B = (x^2 - 2x) + (2x^2 + 4x + 5)$$
$$= x^2 - 2x + 2x^2 + 4x + 5$$
$$= 3x^2 + 2x + 5$$

03 다항식 $x^2 - ax + 4$가 $x - 1$로 나누어떨어질 때, 상수 a의 값은?

① 1

② 3

③ 5

④ 7

정답 | ③

해 설

주어진 다항식이 $x - 1$로 나누어떨어지므로 $f(x) = x^2 - ax + 4$라 할 때, $f(1) = 0$을 만족한다.
따라서 $f(1) = 1 - a + 4 = 5 - a = 0$
$\therefore a = 5$

04 등식 $(4 + 3i) + (1 - 2i) = a - bi$를 만족하는 두 실수 a, b에 대하여 $a + b$의 값은? (단, $i = \sqrt{-1}$)

① -6

② -4

③ 4

④ 6

정답 | ③

해 설

$$(4 + 3i) + (1 - 2i) = a - bi$$
$$(4 + 1) + (3i - 2i) = a - bi$$
$5 + i = a - bi$이므로 $a = 5$, $b = -1$
$\therefore a + b = 4$

1. 국어

2. 수학

3. 영어

4. 사회

5. 과학

6. 한국사

7. 도덕

8. 모의고사

9. 정답 및 해설

05 다항식 x^2-2x+k를 $x-3$으로 나눈 나머지가 4일 때, k의 값은?

① 1 　　　　　　② 3

③ 5 　　　　　　④ 7

정답 | ①

해 설

다항식 x^2-2x+k를 $x-3$으로 나눈 나머지는 다항식에 $x=3$을 대입하면 구할 수 있다.

$3^2-6+k=4$, $9-6+k=4$

∴ $k=1$

TIP

함수의 나머지

다항식 $f(x)$에 대하여, 일차식으로 이루어진 $ax+b$로 나눈 나머지는 $f\left(-\dfrac{b}{a}\right)$의 값과 일치한다.

06 $(7+4i)-(2-i)=5+ai$일 때, 실수 a의 값은?(단, $i=\sqrt{-1}$)

① -5 　　　　　② -3

③ 3 　　　　　　④ 5

정답 | ④

해 설

주어진 식의 좌변을 정리하면

$7+4i-2+i=5+ai$

$5+5i=5+ai$

∴ $a=5$

07 이차방정식 $x^2-ax+16=0$의 두 근이 2, 8일 때, 실수 a의 값은?

① 7 　　　　　　② 8

③ 9 　　　　　　④ 10

정답 | ④

해 설

이차방정식 $x^2-ax+16=0$의 두 근이 2, 8이므로

$x^2-ax+16=(x-2)(x-8)$
$=x^2-10x+16$

∴ $a=10$

08 이차방정식 $x^2-10x-5=0$의 두 근을 α, β라고 할 때, $(\alpha-\beta)^2$의 값은?

① 100 　　　　　② 110

③ 120 　　　　　④ 130

정답 | ③

해 설

$x^2-10x-5=0$의 두 근이 α, β이므로

$\alpha+\beta=10$, $\alpha\beta=-5$

$(\alpha-\beta)^2=(\alpha+\beta)^2-4\alpha\beta$
$=10^2-4\times(-5)$
$=100+20$
$=120$

09 이차방정식 $2x^2+4x+m-1=0$이 중근을 가질 때, 실수 m의 값은?

① 1   ② 2

③ 3   ④ 4

해 설

이차방정식이 중근을 가질 조건은 판별식 $D=0$이다.

따라서 이차방정식 $2x^2+4x+m-1=0$의 판별식

$D=0$
$=16-4\times2\times(m-1)$
$=16-8m+8$
$=24-8m$
$24=8m$
$m=3$
$\therefore 3$

TIP

이차방정식의 판별식

이차방정식 $ax^2+bx+c=0(a\neq0)$에 대해 판별식 $D=b^2-4ac$라고 할 때,

• $D>0$일 때, 이차방정식은 서로 다른 두 실근을 갖는다.
• $D=0$일 때, 이차방정식은 실수인 중근을 갖는다.
• $D<0$일 때, 이차방정식은 서로 다른 두 허근을 갖는다.

10 정의역이 $\{x\,|\,0\leq x\leq3\}$인 이차함수 $y=(x-2)^2-1$의 최댓값을 M, 최솟값을 m이라고 할 때, 곱 Mm의 값은?

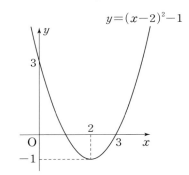

① -1 ② -2

③ -3 ④ -4

해 설

정의역이 $\{x\,|\,0\leq x\leq3\}$일 때, $f(0)=3$, $f(2)=-1$, $f(3)=0$이므로 최댓값 $M=3$, 최솟값 $m=-1$

$\therefore Mm=-3$

11 정의역이 $\{x\,|\,-3<x\leq5\}$ 일 때, 이차함수 $y=x^2+2x-5$의 최댓값을 M, 최솟값을 m이라고 하면, $M+m$의 값은?

① 36   ② 32

③ 24   ④ 18

해 설

$y=x^2+2x-5=(x+1)^2-6$

따라서 $x=-1$일 때 최솟값 -6을 가진다.

정의역이 $-3<x\leq5$이므로

$x=-3$일 때, $y=(-2)^2-6=-2$

$x=5$일 때, $y=6^2-6=30$

그러므로 $x=5$일 때 최댓값은 30이다.

$\therefore M+m=30+(-6)=24$

12 연립방정식 $\begin{cases} 5x-y=6 \\ 5x+y=4 \end{cases}$ 을 만족하는 두 실수 x, y에 대하여, xy의 값은?

① -3 ② -2

③ -1 ④ 0

13 부등식 $|x-1| \le 4$의 해를 수직선 위에 나타낸 것은?

①

②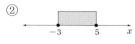

③

④

14 부등식 $|x-2| \ge 4+x$를 만족하는 정수 x의 최댓값은?

① -1 ② -2

③ -3 ④ -4

15 이차부등식 $x^2-13x+36<0$의 해가 $a<x<9$일 때, 실수 a의 값은?

① 3 ② 4

③ 5 ④ 6

정답 | ③

해 설

$5x-y=6$ … ㉠

$5x+y=4$ … ㉡

㉠−㉡을 하면

$-2y=2$

$y=-1$

㉠의 y에 -1을 대입하면 $x=1$

∴ $xy=-1$

정답 | ②

해 설

$|x-1| \le 4$에서 $-4 \le x-1 \le 4$이므로 $-3 \le x \le 5$이다. 이를 수직선 위에 나타낸 것은 ②이다.

TIP

절댓값 기호를 포함한 일차부등식의 풀이

• $|x| < a(a>0)$의 해 : $-a<x<a$
  원점으로부터의 거리가 a보다 작은 x의 값들의 모임

• $|x| > a(a>0)$의 해 : $x<-a$ 또는 $x>a$
  원점으로부터의 거리가 a보다 큰 x의 값들의 모임

• $a<|x|<b(0<a<b)$의 해 :
  $-b<x<-a$ 또는 $a<x<b$
  원점으로부터의 거리가 a보다 크고 b보다 작은 x의 값들의 모임

정답 | ①

해 설

$|x-2| \ge 4+x$에서

(i) $x<2$일 때

$-(x-2) \ge 4+x$

$-2 \ge 2x$

∴ $x \le -1$

(ii) $x \ge 2$일 때

$x-2 \ge 4+x$

$-2 \ge 4$

∴ 해가 없다.

(i), (ii)의 조건에 따라서 $x \le -1$

∴ 정수 x의 최댓값 : -1

정답 | ②

해 설

$x^2-13x+36<0$의 식을 인수분해하면 $(x-4)(x-9)<0$이므로 해의 범위는

$4<x<9$

∴ $a=4$

16 이차부등식 $x^2+ax+b<0$의 해가 $1<x<2$일 때, $a+b$의 값은?

① -3 ② -2

③ -1 ④ 1

정답 | ③

해 설
이차부등식 $x^2+ax+b<0$의 해가
$1<x<2$이므로
$(x-1)(x-2)<0$
$x^2-3x+2<0$
$a=-3$, $b=2$이므로
$\therefore a+b=-3+2=-1$

17 부등식 $|2x-1|\geq7$의 해의 범위는?

① $x\leq-3$ 또는 $x\geq4$

② $-3\leq x\leq4$

③ $x\geq-3$

④ $x\leq4$

정답 | ①

해 설
$|2x-1|\geq7$에서 $2x-1\leq-7$ 또는
$2x-1\geq7$이다.
$2x-1\leq-7$, $x\leq-3$ … ㉠
$2x-1\geq7$, $x\geq4$ … ㉡
㉠, ㉡에서 부등식의 해의 범위는 $x\leq-3$
또는 $x\geq4$이다.

18 두 점 $O(0, 0)$, $A(1, 5)$ 사이의 거리는?

① 5 ② $\sqrt{26}$

③ $3\sqrt{3}$ ④ $2\sqrt{7}$

정답 | ②

해 설
두 점 $O(0, 0)$, $A(1, 5)$ 사이의 거리 d는
$d=\sqrt{(0-1)^2+(0-5)^2}$
$=\sqrt{1+25}$
$=\sqrt{26}$
$\therefore \sqrt{26}$

TIP
두 점 사이의 거리
두 점 $A=(a, b)$, $B=(a', b')$일 때, 두
점 사이의 거리
$d=\sqrt{(a'-a)^2+(b'-b)^2}$이다.

19 점 $(-6, 2)$에서 직선 $x+y-1=0$까지의 거리는?

① $\dfrac{5\sqrt{2}}{2}$ ② $\dfrac{\sqrt{10}}{2}$

③ $\dfrac{\sqrt{15}}{2}$ ④ $\dfrac{7\sqrt{5}}{2}$

정답 | ①

해 설
점과 직선 사이의 거리 d는
$d=\dfrac{|-6+2-1|}{\sqrt{1^2+1^2}}=\dfrac{5}{\sqrt{2}}=\dfrac{5\sqrt{2}}{2}$

TIP
점과 직선 사이의 거리
점 (x_0, y_0)과 직선 $ax+by+c=0$ 사이
의 거리 d는
$d=\dfrac{|ax_0+by_0+c|}{\sqrt{a^2+b^2}}$

20 다음 두 직선 $5x-y+8=0$, $5x-y-9=0$의 위치 관계는?

① 평행
② 일치
③ 수직
④ 교차

1. 국어

2. 수학

정답 | ①

해설

$\dfrac{5}{5}=\dfrac{-1}{-1}\neq\dfrac{8}{-9}$이므로

두 직선은 평행하다.

TIP
두 직선의 위치 관계
두 직선 $y=mx+n$, $y=m'x+n'$에 대하여

• 한 점에서 만난다. $\Leftrightarrow m\neq m'$
• 평행하다. $\Leftrightarrow m=m'$, $n\neq n'$(연립방정식의 해가 없다.)
• 일치한다. $\Leftrightarrow m=m'$, $n=n'$
• 수직으로 만난다. $\Leftrightarrow mm'=-1$

3. 영어

21 점 $(-4, 1)$을 대칭이동한 점의 좌표로 연결로 옳지 <u>않은</u> 것은?

① x축에 대칭 : $(-4, -1)$
② y축에 대칭 : $(4, 1)$
③ 원점에 대칭 : $(-1, 4)$
④ 직선 $y=x$에 대칭 : $(1, -4)$

정답 | ③

해설
좌표평면 위의 점 (x, y)를 원점에 대하여 대칭이동한 점은 $(-x, -y)$이다. 따라서 ③은 $(4, -1)$이 되어야 한다.

4. 사회

5. 과학

6. 한국사

22 점 $A(-3, 2)$를 x축에 대하여 대칭이동한 후, 다시 y축에 대하여 대칭이동한 점 B의 좌표는?

① $(-2, -3)$
② $(2, -3)$
③ $(3, -2)$
④ $(3, 2)$

정답 | ③

해설
x축 대칭이동 : $(x, y) \rightarrow (x, -y)$
y축 대칭이동 : $(x, y) \rightarrow (-x, y)$
$A(-3, 2) \rightarrow (-3, -2) \rightarrow B(3, -2)$

TIP
점의 대칭이동
임의의 점 $P(x, y)$에 대하여

• x축 대칭이동 : $(x, y) \rightarrow (x, -y)$
• y축 대칭이동 : $(x, y) \rightarrow (-x, y)$
• $y=x$에 대하여 대칭이동 :
　$(x, y) \rightarrow (y, x)$
• $y=-x$에 대하여 대칭이동 :
　$(x, y) \rightarrow (-y, -x)$
• 원점에 대하여 대칭이동 :
　$(x, y) \rightarrow (-x, -y)$

7. 도덕

8. 모의고사

9. 정답 및 해설

23 점 $(11, 12)$을 직선 $y=x$에 대하여 대칭이동한 점의 좌표는?

① $(-11, -12)$
② $(-11, 12)$
③ $(12, -11)$
④ $(12, 11)$

정답 | ④

해설
점 $(11, 12)$을 직선 $y=x$에 대하여 대칭이동하면 x대신 y, y대신 x를 대입해야 하므로 점의 좌표는 $(12, 11)$이다.

24 원 $(x-2)^2+(y-8)^2=25$의 반지름의 길이는?

① 2   ② 3

③ 4   ④ 5

25 원 $(x-a)^2+(y-b)^2=r^2$과 원 $(x-1)^2+(y-3)^2=9$에 대하여 중심의 좌표와 반지름의 길이가 각각 같을 때, $a+b+r$의 값은?

① −2   ② 0

③ 7   ④ 12

26 중심의 좌표가 $(1, 2)$이고 x축에 접하는 원의 방정식은?

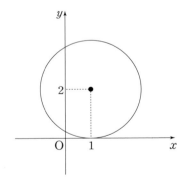

① $x^2+y^2-2x-y+4=0$

② $x^2+y^2-2x-y+1=0$

③ $x^2+y^2-2x-4y+4=0$

④ $x^2+y^2-2x-4y+1=0$

27 다음 중 집합이 <u>아닌</u> 것은?

① 제곱하여 16이 되는 유리수의 모임

② 8보다 큰 자연수의 모임

③ 혈액형이 B형인 사람들의 모임

④ 예쁘고 잘생긴 사람들의 모임

정답 | ④

해 설
집합이란 어떤 조건에 의하여 그 대상이 분명한 것들의 모임으로, 주관적이거나 추상적인 조건으로는 집합이 될 수 없다.

28 두 집합 $A = \{x \mid x$는 6의 배수$\}$, $B = \{x \mid x$는 3의 배수$\}$의 포함관계를 기호를 사용하여 나타내면?

① $A \ni B$
② $A \in B$
③ $A \supset B$
④ $A \subset B$

정답 | ④

해 설
집합 A, B를 원소나열법으로 바꾸면
$A = \{6, 12, 18, 24, \cdots\}$, $B = \{3, 6, 9, 12, 15, 18, \cdots\}$ 이므로 $A \subset B$이다.

TIP
부분집합
두 집합 A, B에서 A의 모든 원소가 B의 원소일 때, A를 B의 부분집합이라 하고, 기호로 $A \subset B$ 또는 $B \supset A$와 같이 나타낸다.

29 전체집합 $U = \{x \mid x$는 12의 약수$\}$의 두 부분집합 $A = \{1, 2, 3, 6\}$, $B = \{x \mid x$는 6의 배수$\}$에 대하여 $A \cap B^C$는?

① $\{1, 2, 3\}$
② $\{1, 4, 6\}$
③ $\{1, 2, 6\}$
④ $\{1, 6, 12\}$

정답 | ①

해 설
$A \cap B^C$는 A와 B의 여집합의 교집합이므로 $A - B$로 바꿀 수 있다. 따라서 A의 원소 중 6의 배수가 아닌 것을 고르면 $\{1, 2, 3\}$이다.

30 다음 중 참인 명제는?

① 6은 2의 약수이다.

② $x^2 = 9$이면, $x = 3$이다.

③ $2 + 4 > 5$이다.

④ $2x + 3 = 13$이다.

정답 | ③

해 설
$2 + 4 > 5$는 $6 > 5$이므로 참인 명제다.
① 6은 2의 약수가 아니므로 거짓 명제다.
② $x^2 = 9$이면, $x = 3$, -3이므로 거짓 명제다.
④ $2x + 3 = 13$은 명제가 아니다.

TIP
명제의 역과 대우
명제 $p \rightarrow q$에 대하여
· 역 : $q \rightarrow p$
· 대우 : $\sim q \rightarrow \sim p$

1. 국어
2. 수학
3. 영어
4. 사회
5. 과학
6. 한국사
7. 도덕
8. 모의고사
9. 정답 및 해설

31 명제 '$p \rightarrow \sim q$'의 역이 참일 때, 반드시 참인 것은?

① $p \rightarrow q$ ② $q \rightarrow p$

③ $\sim p \rightarrow q$ ④ $\sim q \rightarrow \sim p$

해 설

$p \rightarrow \sim q$의 역이 참이라고 했으므로 $\sim q \rightarrow p$는 참이다.

어떤 명제가 참이면 그 대우도 항상 참이므로 $\sim q \rightarrow p$의 대우인 $\sim p \rightarrow q$도 반드시 참이다.

32 다음 중 거짓인 명제는?

① x가 4의 배수이면 x는 2의 배수이다.

② $x=1$이면 $x^2=1$이다.

③ 정삼각형은 이등변삼각형이다.

④ $|5| < |-3|$이다.

해 설

절댓값을 씌웠으므로 $5<3$은 거짓이다. 참이 되려면 $|5| > |-3|$가 되어야 한다.

① x가 4의 배수이면 x는 2의 배수이므로 참인 명제다.

② $x=1$이면 $x^2=1$이므로 참인 명제다.

③ 정삼각형은 이등변삼각형이므로 참인 명제다.

33 명제 '$a=b$이면 $a^2=b^2$이다.'의 역과 대우의 참, 거짓을 차례로 판별하면?

① 참, 참 ② 참, 거짓

③ 거짓, 참 ④ 거짓, 거짓

해 설

주어진 명제의 역은 '$a^2=b^2$이면 $a=b$이다.'인데 $a=-2$, $b=2$일 때 $a^2=b^2$은 성립하지만 $a \neq b$이므로 역은 거짓이다.

주어진 명제의 대우는 '$a^2 \neq b^2$이면 $a \neq b$이다.'이므로 대우는 참이다.

34 두 함수 $f(x)=6x-1$, $g(x)=x^2+1$의 합성함수 $(f \circ g)(x)$에 대하여, $(f \circ g)(1)$의 값은?

① 11 ② 12

③ 13 ④ 14

해 설

합성함수의 성질에 따라 함수 g에 대한 연산을 먼저 하고 함수 f에 대한 연산을 한다.

$(f \circ g)(1)=f(g(1))$

$g(x)=x^2+1$이므로, $g(1)=1^2+1=2$

$f(x)=6x-1$이므로,

$f(2)=6 \times 2-1=11$

$\therefore (f \circ g)(1)=11$

기본문제

1. 국어

2. 수학

3. 영어

4. 사회

5. 과학

6. 한국사

7. 도덕

8. 모의고사

9. 정답 및 해설

35 두 함수 $f(x)=x+1$, $g(x)=5x$에 대한 합성함수 $(f \circ g)(x)$에 대하여 $(f \circ g)(3)$의 값은?

① 16

② 17

③ 18

④ 19

정답 | ①

해 설

$(f \circ g)(3)=f(g(3))$

$g(x)=5x$이므로, $g(3)=15$

$f(x)=x+1$이므로, $f(15)=16$

36 유리식 $\dfrac{x^2}{x-1}-\dfrac{1}{x-1}$을 간단히 하면? (단, $x \neq 1$)

① $x-1$

② $x+1$

③ $2x-1$

④ $2x+1$

정답 | ②

해 설

주어진 유리식을 풀어보면

$\dfrac{x^2}{x-1}-\dfrac{1}{x-1}=\dfrac{x^2-1}{x-1}$

$=\dfrac{(x-1)(x+1)}{x-1}$이므로

분자, 분모에서 공통인수인 $(x-1)$을 약분하면 $x+1$이다.

$\therefore x+1$

37 함수 $y=\dfrac{3}{x}$의 그래프를 x축으로 -12, y축으로 5만큼 평행이동한 식을 고르면?

① $y=\dfrac{3}{x-12}-5$

② $y=\dfrac{3}{x+12}-5$

③ $y=\dfrac{3}{x-12}+5$

④ $y=\dfrac{3}{x+12}+5$

정답 | ④

해 설

x축으로 -12, y축으로 5만큼 평행이동 했으므로 $y=\dfrac{3}{x+12}+5$이다.

38 무리함수 $y=\sqrt{x-4}+3$의 그래프는 $y=\sqrt{x}$의 그래프를 x축으로 a만큼, y축으로 b만큼 평행이동한 것이다. 이때, $a-b$의 값은?

① -2

② -1

③ 0

④ 1

정답 | ④

해 설

주어진 함수가 $y=\sqrt{x-4}+3$이므로

$y=\sqrt{x}$에서 x축으로 4만큼, y축으로 3만큼 이동했다. 따라서 $a=4$, $b=3$이다.

$\therefore a-b=4-3=1$

TIP

무리함수의 평행이동

무리함수 $y=\sqrt{ax}(a \neq 0)$의 그래프를 x축으로 p만큼, y축으로 q만큼 평행이동한 식은 $y=\sqrt{a(x-p)}+q$이다.

39 그림의 무리함수 $y=\sqrt{2x}$의 그래프와 $y=\sqrt{2x}$를 x축 방향으로 5만큼 평행이동한 $y=\sqrt{2x+a}$의 그래프이다. 상수 a의 값은?

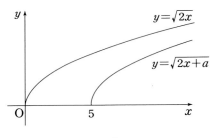

① -10 ② -5
③ 5 ④ 10

정답 | ①

해 설
주어진 $y=\sqrt{2x}$의 그래프가 x축의 방향으로 $(+5)$만큼 평행이동하면
$y=\sqrt{2(x-5)}=\sqrt{2x-10}$
$\therefore a=-10$

40 $y=\sqrt{6-2x}+2$의 그래프는 함수 $y=\sqrt{-2x}$의 그래프를 x축 방향으로 a만큼, y축 방향으로 b만큼 평행이동한 것이다. 이때 $a+b$의 값을 구하면?

① -5 ② -4
③ 5 ④ 8

정답 | ③

해 설
$y=\sqrt{6-2x}+2=\sqrt{-2(x-3)}+2$
x축 방향으로 3만큼, y축 방향으로 2만큼 평행이동한 것이다.
$\therefore a+b=5$

41 함수 $y=\dfrac{4}{x+1}+2$의 그래프가 점 $(1,\,k)$를 지날 때, 실수 k의 값은?

① 1 ② 2
③ 3 ④ 4

정답 | ④

해 설
점 $(1,\,k)$가 $y=\dfrac{4}{x+1}+2$ 위의 점이므로
각각 x와 y에 대입하면
$k=\dfrac{4}{1+1}+2=4$
$\therefore k=4$

42 함수 $y=\dfrac{2x+3}{x+4}$이 점 $(1,\,a)$를 지날 때 실수 a의 값은?

① -1 ② 0
③ 1 ④ 2

정답 | ③

해 설
점 $(1,\,a)$가 함수 $y=\dfrac{2x+3}{x+4}$ 위에 있으므로 대입하면,
$a=\dfrac{2+3}{1+4}=1$
$\therefore a=1$

43 함수 $y=\dfrac{2x+1}{x+a}$의 그래프의 점근선의 방정식이 $x=3$, $y=b$일 때, ab의 값을 구하면?

① -6 ② -1
③ 1 ④ 6

정답 | ①

해 설
$$y=\dfrac{2x+1}{x+a}=\dfrac{2(x+a)+1-2a}{x+a}$$
$$=\dfrac{1-2a}{x+a}+2$$
점근선의 방정식은 $x=-a$, $y=2$이므로
$a=-3$, $b=2$
$\therefore ab=-6$

44 A, B 두 개의 주사위를 동시에 던질 때, 주사위 A의 눈의 수는 홀수, 주사위 B의 눈의 수는 3의 배수가 나오는 경우의 수는?

① 3가지   ② 4가지
③ 5가지   ④ 6가지

정답 | ④

해 설
A, B 두 개의 주사위를 동시에 던진다.
→ 곱의 법칙
A : 홀수(1, 3, 5) → 3가지
B : 3의 배수(3, 6) → 2가지
따라서 경우의 수는 $3\times2=6$가지
$\therefore$ 6(가지)

TIP
경우의 수
• 합의 법칙 : 두 사건 A, B가 동시에 일어나지 않을 때, 사건 A가 일어나는 경우의 수가 m가지이고 사건 B가 일어나는 경우의 수가 n가지이면 사건 A 또는 사건 B가 일어나는 경우의 수는 $m+n$(가지)
• 곱의 법칙 : 한 사건 A가 일어나는 경우의 수가 m가지이고, 그 각각에 대하여 사건 B가 일어나는 경우의 수가 n가지이면 두 사건 A, B가 동시에 일어나는 경우의 수는 $m\times n$(가지)

45 1에서 6까지의 수가 하나씩 적혀있는 카드 6장이 있다. 이 중에서 2장을 뽑아 두 자리의 정수를 만들 때, 그 수가 짝수인 경우의 수는?

① 15가지   ② 20가지
③ 30가지   ④ 35가지

정답 | ①

해 설
짝수가 되려면 일의 자리 숫자가 짝수이어야 하므로 □2, □4, □6이 가능하다.
각각의 경우가 5가지이므로
$5+5+5=15$(가지)

46 남자 7명과 여자 5명 중 3명을 고르려고 한다. 3명 모두 남자인 경우는 몇 가지인가?

① 35가지   ② 40가지
③ 44가지   ④ 50가지

정답 | ①

해 설
남자 7명 중 3명을 고르는 것이므로
$_7C_3=\dfrac{7\times6\times5}{3\times2\times1}=35$(가지)

47 5개의 문자 A, B, C, D, E에서 4개를 택하여 일렬로 나열할 때, D를 맨 앞에 나열하는 방법의 수는?

① 18가지　　　　　　② 20가지

③ 22가지　　　　　　④ 24가지

해 설
구하는 방법의 수는 D를 제외한 나머지 4개 중 3개를 택하는 순열의 수와 같으므로
$_4\mathrm{P}_3 = 24$(가지)

48 9명의 선수가 출전하는 야구경기에서 4명의 타자는 이미 타순이 결정되었다. 나머지 타자들의 순서를 결정하는 방법은?

① 60가지　　　　　　② 120가지

③ 180가지　　　　　④ 240가지

해 설
9명의 선수 중 5명의 타순만 결정하면 되므로, 서로 다른 5개에서 5개를 뽑는 순열과 같다.
$\therefore 5! = 5 \times 4 \times 3 \times 2 \times 1 = 120$(가지)

49 일본, 중국, 필리핀, 미얀마의 관광지를 여행하려고 한다. 이 중 3곳만 여행하려고 할 때, 여행 순서까지 생각한다면 여행하는 방법의 수는?

① 12가지　　　　　　② 24가지

③ 28가지　　　　　　④ 36가지

해 설
여행순서까지 생각한다고 하였으므로
$_4\mathrm{P}_3 = 24$(가지)

50 방정식 $x + 2y + z = 8$을 만족시키는 자연수의 해 (x, y, z)의 개수는?

① 6개　　　　　　　② 7개

③ 8개　　　　　　　④ 9개

해 설
$y = 1$일 때,
(x, z)는 $(1, 5), (2, 4), (3, 3), (4, 2), (5, 1)$: 5개
$y = 2$일 때,
(x, z)는 $(1, 3), (2, 2), (3, 1)$: 3개
$y = 3$일 때,
(x, z)는 $(1, 1)$: 1개
따라서 $5 + 3 + 1 = 9$개

PART 2 수학 | 응용문제

1. 국어

2. 수학

3. 영어

4. 사회

5. 과학

6. 한국사

7. 도덕

8. 모의고사

9. 정답 및 해설

01 두 다항식 $A=x^2+3x-7$, $B=x^2-2x+3$에 대하여 $A-B$는?

① $-5x-4$

② $-5x-10$

③ $5x-10$

④ $5x+10$

정답 | ③

해설

$A-B=(x^2+3x-7)-(x^2-2x+3)$
$\quad=x^2-x^2+3x+2x-7-3$
$\quad=5x-10$

02 두 다항식 $A=2x+1$, $B=x^2-x-3$에 대하여 $AB=ax^3+bx^2+cx+d$일 때, $a+b+c+d$의 값은? (단, a, b, c, d는 상수)

① -12

② -9

③ 1

④ 6

정답 | ②

해설

$A=2x+1$, $B=x^2-x-3$에 대하여
$AB=(2x+1)(x^2-x-3)$
$\quad=2x^3-2x^2-6x+x^2-x-3$
$\quad=2x^3-x^2-7x-3$
$\quad=ax^3+bx^2+cx+d$
$a=2$, $b=-1$, $c=-7$, $d=-3$
$\therefore a+b+c+d=-9$

03 다항식 x^2+3x-1을 $x-2$로 나눈 나머지는?

① 6

② 9

③ 12

④ 14

정답 | ②

해설

다항식 x^2+3x-1을 $x-2$로 나눈 나머지는 다항식에 $x=2$를 대입하면 구할 수 있다.
$4+6-1=9$

04 등식 $x^3+ax+b=(x-2)(x^2+cx+2)$가 x에 대한 항등식일 때, 세 상수 a, b, c의 곱 abc의 값은?

① 12

② 14

③ 16

④ 18

정답 | ③

해설

$x=0$을 대입하면
$b=-2\times2=-4$ ⋯ ㉠
$x=2$를 대입하면
$8+2a+b=0$, $2a+b=-8$ ⋯ ㉡
$x=1$을 대입하면
$1+a+b=-(1+c+2)$,
$a+b+c=-4$ ⋯ ㉢
㉠, ㉡, ㉢을 연립하여 풀면
$a=-2$, $b=-4$, $c=2$
$\therefore abc=16$

05

x의 값에 관계없이 등식 $(x+1)^2+(a+2)x-b=cx^2+3$이 항상 성립할 때, 상수 a, b, c에 대하여 $a+b+c$의 값은?

① -5 ② -4
③ -3 ④ -2

해 설
등식 $(x+1)^2+(a+2)x-b=cx^2+3$
의 좌변을 전개한 후
x에 대하여 정리하면
$x^2+(a+4)x+1-b=cx^2+3$
항등식의 성질을 이용하여 양변의 계수를 비교하면
$c=1, a+4=0, 1-b=3$
따라서 $a=-4, b=-2, c=1$이므로
$\therefore a+b+c=-5$

06

$4x^2+5x+3=a(x+1)^2+b(x+1)+c$가 x에 대한 항등식이 되도록 하는 세 상수 a, b, c에 대하여 $2a+b+c$의 값은?

① 7 ② 8
③ 9 ④ 10

해 설
주어진 식의 양변에 $x=-1$을 대입하면
$4-5+3=c, c=2$
주어진 식의 양변에 $x=0$을 대입하면
$3=a+b+2$
$a+b=1 \cdots ㉠$
주어진 식의 양변에 $x=1$을 대입하면
$4+5+3=4a+2b+2, 4a+2b=10$
$2a+b=5 \cdots ㉡$
㉠, ㉡을 연립하여 계산하면 $a=4, b=-3$
$2a+b+c=8+(-3)+2=7$
$\therefore 7$

07

다항식 $P(x)=x^3-x^2+ax-3$이 $x-3$으로 나누어떨어질 때, 상수 a의 값은?

① -5 ② -3
③ 3 ④ 5

해 설
주어진 다항식이 $x-3$으로 나누어떨어지므로
$P(x)=x^3-x^2+ax-3$이라 할 때,
$P(3)=0$을 만족한다.
따라서 $P(3)=27-9+3a-3=0$
$3a=3+9-27$
$=12-27$
$=-15$
$a=-5$
$\therefore -5$

08

등식 $2x+(y-1)i=6+7i$를 만족하는 실수 x, y에 대하여 $x+y$의 값은? (단, $i=\sqrt{-1}$)

① 3 ② 5
③ 8 ④ 11

해 설
$2x+(y-1)i=6+7i$에서 복소수가 서로 같을 조건에 의하여
$2x=6, y-1=7$이므로
$x=3, y=8$
$\therefore x+y=3+8=11$

09 두 실수 x, y에 대하여 $(x-y)+(2x+y)i=2+i$가 성립할 때, $x+y$의 값은? (단, $i=\sqrt{-1}$)

① 6
② 4
③ 2
④ 0

정답 | ④

해설
$(x-y)+(2x+y)i=2+i$이므로
$x-y=2$, $2x+y=1$이고, 두 식을 연립하면 $x=1$, $y=-1$이다.
$\therefore x+y=1+(-1)=0$

10 다음 다항식 중 $x-2$로 나누어 떨어지지 <u>않는</u> 것은?

① $x-2$
② x^2-4
③ $2x-2$
④ x^3-8

정답 | ③

해설
x의 다항식 $f(x)$에 대하여
$f(\alpha)=0 \Leftrightarrow f(x)$는 $x-\alpha$로 나누어 떨어진다.
즉 $x=2$를 대입하여 0이 나오지 않는 식을 찾는다.
따라서 나누어 떨어지지 않는 것은 ③이다.

11 $(3+2)(3^2+2^2)$을 간단히 나타낸 것은?

① 3^3-2^3
② 3^4-2^4
③ 3^5-2^5
④ 3^6-2^6

정답 | ②

해설
$(3+2)(3^2+2^2)$
$=(3-2)(3+2)(3^2+2^2)$
$=(3^2-2^2)(3^2+2^2)$
$=3^4-2^4$

12 이차방정식 $x^2-2x+3=0$의 두 근을 α, β라 할 때, $\dfrac{\alpha^2+\beta^2}{\alpha\beta}$의 값은?

① $-\dfrac{2}{3}$
② 0
③ 1
④ $\dfrac{2}{3}$

정답 | ①

해설
이차방정식 $x^2-2x+3=0$의 근과 계수의 관계에 의하여
$\alpha+\beta=2$, $\alpha\beta=3$이다.
$\therefore \dfrac{\alpha^2+\beta^2}{\alpha\beta}=\dfrac{(\alpha+\beta)^2-2\alpha\beta}{\alpha\beta}$
$=\dfrac{2^2-2\times3}{3}$
$=-\dfrac{2}{3}$

13 이차방정식 $x^2+2x+3k=0$의 두 근의 차가 4일 때, 상수 k의 값은?

① -5 ② -1

③ 3 ④ 7

정답 | ②

해설
두 근의 차가 4이므로 두 근은 a, $a+4$이다.
두 근의 합은 $a+(a+4)=-2$이므로
$a=-3$
두 근의 곱은 $a(a+4)=3k$이므로
$(-3)\times1=3k$
∴ $k=-1$

14 이차방정식 $x^2-4x+3=0$의 두 실근을 α, β라 할 때, $\alpha+\beta+\alpha\beta$의 값은?

① 5 ② 6

③ 7 ④ 8

정답 | ③

해설
$ax^2+bx+c=0$의 두 근을 α, β라 하면
$\alpha+\beta=-\dfrac{b}{a}$, $\alpha\beta=\dfrac{c}{a}$
따라서 $x^2-4x+3=0$의 두 실근을 α, β라 하면
$\alpha+\beta=4$, $\alpha\beta=3$
∴ $\alpha+\beta+\alpha\beta=7$

15 이차함수 $y=-x^2+3x+4$의 정의역이 $\{x|0\leq x\leq5\}$일 때 최댓값을 M, 최솟값을 m이라 하자. 이 때, $M+m$의 값은?

① -2 ② 0

③ $\dfrac{1}{4}$ ④ $\dfrac{3}{4}$

정답 | ③

해설
$y=-x^2+3x+4$
$=-(x^2-3x)+4$
$=-\left(x^2-3x+\dfrac{9}{4}-\dfrac{9}{4}\right)+4$
$=-\left(x-\dfrac{3}{2}\right)^2+\dfrac{25}{4}$
정의역이 $\{x|0\leq x\leq5\}$일 때,
$f(0)=4$, $f(5)=-6$이므로
최댓값$(M)=\dfrac{25}{4}$, 최솟값$(m)=-6$
∴ $M+m=\dfrac{25}{4}+(-6)=\dfrac{1}{4}$

16 이차함수 $y=x^2-6x+a$의 그래프가 x축과 서로 다른 두 점에서 만나도록 하는 실수 a의 값의 범위는?

① $a<0$ ② $a>9$

③ $a>0$ ④ $a<9$

정답 | ④

해설
이차방정식 $y=x^2-6x+a$의 판별식을 D라고 하면 x축과 서로 다른 두 점에서 만나기 위해서는 $D>0$이어야 하므로
$D=6^2-4a>0$
$36-4a>0$
$4a<36$
∴ $a<9$

17 $x+\dfrac{1}{x}=4$일 때, $x^2+\dfrac{1}{x^2}$의 값은?

① 12   ② 13

③ 14   ④ 15

정답 | ③

해설

$$x^2+\frac{1}{x^2}=\left(x+\frac{1}{x}\right)^2-2$$
$$=16-2$$
$$=14$$

18 $|x|\leq5$의 해를 수직선 위에 나타낸 것은?

①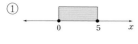

②

③

④

정답 | ③

해설

$|x|\leq5$, $-5\leq x\leq5$이므로 이를 수직선 위에 나타낸 것은 ③이다.

19 그림은 이차부등식 $(x-a)(x-b)\geq0$의 해를 수직선 위에 나타낸 것이다. 두 상수 a, b에 대하여 $a+b$의 값은? (단, $a>b$)

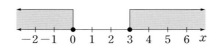

① 6   ② 5

③ 4   ④ 3

정답 | ④

해설

이차부등식 $(x-a)(x-b)\geq0$에서
$a>b$이므로 $x\leq b$, $x\geq a$
주어진 그래프에서 해는 $x\leq0$, $x\geq3$이므로
$a=3$, $b=0$
$\therefore a+b=3$

TIP

이차부등식의 해

이차방정식 $ax^2+bx+c=0(a>0)$의 두 근을 a, b $(a<b)$라고 할 때

· $ax^2+bx+c>0(a>0)$의 해 :
  $x<a$ 또는 $x>b$
· $ax^2+bx+c<0(a>0)$의 해 :
  $a<x<b$

1. 국어

2. 수학

3. 영어

4. 사회

5. 과학

6. 한국사

7. 도덕

8. 모의고사

9. 정답 및 해설

20 연립부등식 $\begin{cases} 6x-12>0 \\ (x-1)(x-5)<0 \end{cases}$ 의 해가 $\alpha<x<\beta$일 때, $\alpha+\beta$

의 값은?

① 4

② 5

③ 6

④ 7

해 설

$6x-12>0$

$x>2 \cdots$ ㉠

$(x-1)(x-5)<0$

$1<x<5 \cdots$ ㉡

㉠과 ㉡을 연립하면 $2<x<5$

따라서 $\alpha=2,\ \beta=5$

$\therefore\ \alpha+\beta=7$

21 이차부등식 $x^2-5x-4\leq2$를 만족하는 자연수 x의 개수는?

① 6

② 8

③ 10

④ 12

해 설

이차부등식을 정리하면

$x^2-5x-4\leq2$

$x^2-5x-4-2\leq0$

$x^2-5x-6\leq0$

$(x-6)(x+1)\leq0,\ -1\leq x\leq6$

따라서 이를 만족하는 자연수 $x=1,\ 2,\ 3,$ $4,\ 5,\ 6$이므로 총 6개이다.

22 그림에서 두 점 $A(-4,\ 1)$, $B(-1,\ 5)$ 사이의 거리는?

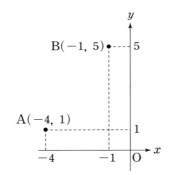

① $3\sqrt{2}$

② 4

③ $4\sqrt{2}$

④ 5

해 설

두 점 $A(-4,\ 1)$, $B(-1,\ 5)$ 사이의 거리

$d=\sqrt{(-1+4)^2+(5-1)^2}$

$\quad=\sqrt{9+16}$

$\quad=\sqrt{25}$

$\quad=5$

$\therefore\ 5$

23 좌표평면 위에 두 점 $A(3, 5)$, $B(-2, 6)$가 있다. 점 A를 x축에 대하여 대칭이동한 점을 C라 할 때, 선분 BC의 길이는?

① 13

② $\sqrt{146}$

③ 14

④ $2\sqrt{39}$

해 설

점 $A(3, 5)$를 x축에 대하여 대칭이동한 점 C는 $(3, -5)$이다. 따라서 선분 BC의 길이를 구하면

$\sqrt{(-2-3)^2+(6+5)^2}$

$=\sqrt{(-5)^2+11^2}$

$=\sqrt{146}$

24 점 $(2, a)$와 직선 $y=-3x+1$ 사이의 거리가 $\sqrt{10}$일 때, 양수 a의 값을 구하면?

① 2

② 3

③ 4

④ 5

해 설

점 $(2, a)$와 직선 $3x+y-1=0$ 사이의 거리가 $\sqrt{10}$이므로

$\dfrac{|3\times2+a-1|}{\sqrt{(-3)^2+1^2}}=\sqrt{10}$

$\dfrac{|5+a|}{\sqrt{10}}=\sqrt{10}$

$|5+a|=10$

$5+a=\pm10$

∴ a는 양수라 했으므로 $a=5$

TIP

점과 직선 사이의 거리

점 (x_0, y_0)과 직선 $ax+by+c=0$ 사이의 거리 d는

$d=\dfrac{|ax_0+by_0+c|}{\sqrt{a^2+b^2}}$

25 그림과 같이 두 점 $A(-1, 2)$, $B(2, 3)$에서 같은 거리에 있고, y축 위에 있는 점 P의 좌표는?

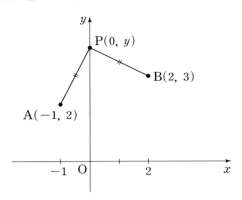

① $(0, 7)$

② $(0, 6)$

③ $(0, 5)$

④ $(0, 4)$

해 설

구하는 점을 $P(0, y)$라 하면,

$\overline{AP}=\overline{BP}$이므로

$\sqrt{1^2+(y-2)^2}=\sqrt{(-2)^2+(y-3)^2}$

양변을 제곱하면

$y^2-4y+5=y^2-6y+13$

$2y=8$

$y=4$

∴ 구하는 점의 좌표는 $(0, 4)$

1. 국어
2. 수학
3. 영어
4. 사회
5. 과학
6. 한국사
7. 도덕
8. 모의고사
9. 정답 및 해설

26 아래 그림과 같이 어떤 도시의 공원을 이용하는 시민들을 위해 호수 위의 정자까지 다리를 놓기로 했다. 호수의 경계는 직선의 방정식 $y = -\dfrac{3}{4}x$로 나타나고, 좌표축 도면에서 정자의 위치는 P(6, 8)이다. 정자(점 P)에서 공원까지의 최소거리는?

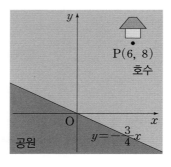

① 12
② 10
③ 8
④ 6

정답 | ②

해 설
정자(점 P)에서 공원까지 거리는
$y = -\dfrac{3}{4}x$에서 P(6, 8)까지의 거리와 같다.

$y = -\dfrac{3}{4}x, \ \dfrac{3}{4}x + y = 0$

$d = \dfrac{\left| \dfrac{3}{4} \times 6 + 8 \right|}{\sqrt{\left(\dfrac{3}{4} \right)^2 + 1}} = \dfrac{\left| \dfrac{25}{2} \right|}{\sqrt{\dfrac{25}{16}}} = \dfrac{\dfrac{25}{2}}{\dfrac{5}{4}}$

$\quad = 10$

∴ 최소거리는 10이다.

27 좌표평면 위의 점 $(2, -5)$를 지나고 $y = 2x - 3$에 수직인 직선의 방정식은?

① $y = -x - 2$
② $y = -\dfrac{1}{2}(x+8)$
③ $y = 2x - 9$
④ $y = x + 2$

정답 | ②

해 설
구하고자 하는 직선의 방정식은 $y = 2x - 3$에 수직이므로 직선의 기울기는 $-\dfrac{1}{2}$이며,
점 $(2, -5)$를 지나므로
$y + 5 = -\dfrac{1}{2}(x - 2)$

$y = -\dfrac{1}{2}x - 4$

∴ $y = -\dfrac{1}{2}(x+8)$

28 좌표평면에서 두 점 $A(-2, 0)$, $B(1, 5)$를 지나는 직선의 방정식은?

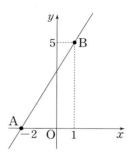

① $5x - 3y + 10 = 0$ ② $5x + 3y + 10 = 0$

③ $3x - 5y + 10 = 0$ ④ $3x + 5y + 10 = 0$

1. 국어
2. 수학
3. 영어
4. 사회
5. 과학
6. 한국사
7. 도덕
8. 모의고사
9. 정답 및 해설

정답 | ①

해설

두 점 $A(-2, 0)$, $B(1, 5)$를 지나는 직선의 방정식의 기울기는

$$\frac{5-0}{1-(-2)} = \frac{5}{3}$$

$y = \frac{5}{3}x + a$ (a는 실수)라 하고

$(-2, 0)$을 대입하면

$$0 = \frac{5}{3} \times (-2) + a$$

$$a = \frac{10}{3}$$

따라서 직선의 방정식은

$y = \frac{5}{3}x + \frac{10}{3}$이므로

$$\therefore 5x - 3y + 10 = 0$$

---

29 직선 $y = 3x + 1$에 평행하고, 점 $(0, 4)$를 지나는 직선의 방정식은?

① $y = 3x + 4$ ② $y = 3x - 4$

③ $y = -\frac{1}{3}x + 4$ ④ $y = -\frac{1}{3}x - 4$

정답 | ①

해설

두 직선이 평행일 때 기울기는 같다. 따라서 직선 $y = 3x + 1$에 평행인 직선의 기울기는 3이고 점 $(0, 4)$를 지난다고 하였으므로 구하는 직선의 방정식은 $y = 3x + 4$이다.

$$\therefore y = 3x + 4$$

---

30 두 직선 $x + 4y - 12 = 0$, $y = mx - 1$이 서로 수직으로 만날 때, 상수 m의 값은?

① -4 ② $-\frac{1}{4}$

③ 2 ④ 4

정답 | ④

해설

$x + 4y - 12 = 0$(일반형),

$y = mx - 1$(표준형)

$x + 4y - 12 = 0$을 표준형으로 바꾸면

$$4y = -x + 12$$

$$y = -\frac{1}{4}x + 3$$

두 직선 $y = -\frac{1}{4}x + 3$, $y = mx - 1$이

수직이므로 기울기의 곱은 -1이다.

$$\therefore m = 4$$

31 두 점 A$(-1, 7)$, B$(5, -1)$을 지름으로 하는 원의 방정식을 구하면?

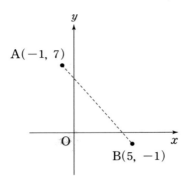

① $(x-2)^2+(y-3)^2=5$

② $(x-2)^2+(y-3)^2=10$

③ $(x-2)^2+(y-3)^2=25$

④ $(x+2)^2+(y+3)^2=25$

정답 | ③

해 설

A$(-1, 7)$, B$(5, -1)$을 지름으로 하는 원의 방정식을 구하기 위해서는, A와 B 사이의 중점과 선분 AB의 길이를 구하면 된다.

A와 B 사이의 중점 M :

$\left(\dfrac{-1+5}{2}, \dfrac{7-1}{2}\right)=(2, 3)$

$\overline{AB}=\sqrt{(5-(-1))^2+(-1-7)^2}$

$\qquad =\sqrt{36+64}$

$\qquad =10$

따라서 반지름은 5

$\therefore (x-2)^2+(y-3)^2=25$

32 중심이 $(-3, -2)$이고, x축에 접하는 원의 방정식은?

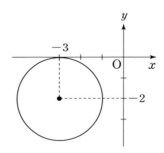

① $(x+3)^2+(y+2)^2=4$

② $(x-3)^2+(y-2)^2=4$

③ $(x-3)^2+(y+2)^2=9$

④ $(x+3)^2+(y+2)^2=9$

정답 | ①

해 설

중심이 $(-3, -2)$이고, x축에 접하는 원의 반지름은 원의 중심의 y좌표의 절댓값인 2이다.

$\therefore$ 원의 방정식 $(x+3)^2+(y+2)^2=4$

33 두 점 $(2, 2)$, $(4, -6)$을 지나는 원의 중심이 직선 $y = -x$ 위에 있을 때 원의 중심의 좌표는?

① $\left(\dfrac{11}{5}, -\dfrac{11}{5} \right)$ ② $(3, -3)$

③ $\left(\dfrac{13}{5}, -\dfrac{13}{5} \right)$ ④ $(4, -4)$

1. 국어
2. 수학
3. 영어

정답 | ①

해설
원의 중심을 $(a, -a)$라고 놓으면
$(2-a)^2 + (2+a)^2$
$= (4-a)^2 + (-6+a)^2$이 성립한다.
식을 풀어 계산하면
$a^2 - 4a + 4 + a^2 + 4a + 4$
$= a^2 - 8a + 16 + a^2 - 12a + 36$
$8 = -20a + 52$
$20a = 44$
$\therefore a = \dfrac{11}{5}$

34 직선 $x - y + 8 = 0$을 x축의 방향으로 2만큼, y축의 방향으로 -1만큼 평행이동한 것은?

① $2x - y - 5 = 0$ ② $x - y + 5 = 0$

③ $2x + y + 5 = 0$ ④ $x + y - 5 = 0$

정답 | ②

해설
$x - y + 8 = 0$의 x에 $x - 2$를 대입하고,
y에 $y + 1$을 대입하면
$(x-2) - (y+1) + 8 = 0$
$x - 2 - y - 1 + 8 = 0$
$\therefore x - y + 5 = 0$

4. 사회
5. 과학

35 두 집합 A, B에 대하여 $A \cap B \neq \varnothing$인 것은?

① $A = \{1, 3, 5\}$, $B = \{x \mid x$는 6의 약수$\}$

② $A = \{3, 6\}$, $B = \{2, 4, 5\}$

③ $A = \{x \mid x$는 3의 배수$\}$, $B = \{2, 5\}$

④ $A = \{5, 7, 8\}$, $B = \{x \mid x$는 12의 약수$\}$

6. 한국사
7. 도덕

정답 | ①

해설
$A \cap B \neq \varnothing$는 집합 A와 집합 B의 공통된 원소가 하나라도 있다는 뜻이다.
보기의 집합에서 $A \cap B$의 원소를 살펴보면
① $A = \{1, 3, 5\}$, $B = \{1, 2, 3, 6\}$
   $\rightarrow A \cap B = \{1, 3\}$
② $A = \{3, 6\}$, $B = \{2, 4, 5\}$
   $\rightarrow A \cap B = \varnothing$
③ $A = \{3, 6, 9, \cdots\}$, $B = \{2, 5\}$
   $\rightarrow A \cap B = \varnothing$
④ $A = \{5, 7, 8\}$, $B = \{1, 2, 3, 4, 6, 12\}$
   $\rightarrow A \cap B = \varnothing$
따라서 정답은 ①이다.

8. 모의고사
9. 정답 및 해설

36 전체집합 $U = \{x \mid x$는 10이하의 자연수$\}$의 두 부분집합 $A = \{x \mid x$는 3의 배수$\}$, $B = \{x \mid x$는 짝수$\}$에 대하여 $(A \cup B)^C = \{1, a, 7\}$일 때, 상수 a의 값은?

① 2   ② 3

③ 4   ④ 5

정답 | ④

해설
$A = \{3, 6, 9\}$,
$B = \{2, 4, 6, 8, 10\}$에 대하여
$(A \cup B) = \{2, 3, 4, 6, 8, 9, 10\}$
$(A \cup B)^C = U - (A \cup B)$
$= \{1, 5, 7\}$
$= \{1, a, 7\}$
$\therefore a = 5$

37 명제 '$ak=bk$이면 $a=b$이다.'의 대우는? (단, a, b, k는 실수)

① $ak \neq bk$이면 $a \neq b$이다.

② $a \neq b$이면 $ak \neq bk$이다.

③ $ak = bk$이면 $a \neq b$이다.

④ $a \neq b$이면 $ak = bk$이다.

해 설

명제 '$p \rightarrow q$'의 대우는 '$\sim q \rightarrow \sim p$'이다.
따라서 '$ak=bk$이면 $a=b$이다.'의 대우는
'$a \neq b$이면 $ak \neq bk$이다.'이다.

38 다음 (　　　)안에 알맞은 것은?

$x=4$는 $x^2=16$이기 위한 (　　　)이다.

① 부정　　　　　② 충분조건

③ 필요조건　　　④ 필요충분조건

해 설

$x^2=16$이 될 수 있는 x는 4와 -4이다. 따라서 $x=4$는 $x^2=16$이기 위한 '충분조건'이다.

39 a, b가 실수일 때, 명제 'a, b 모두 양수가 아니면 $a+b \leq 0$이다.'의 대우는?

① $a+b \leq 0$이면, a, b중 적어도 하나는 양수이다.

② $a+b \leq 0$이면, a, b 모두 양수가 아니다.

③ a, b 모두 양수가 아니면 $a+b > 0$이다.

④ $a+b > 0$이면 a, b중 적어도 하나는 양수이다.

해 설

'a는 양수가 아니고 b도 양수가 아니다.'의 부정은 'a, b중 적어도 하나는 양수이다.'이므로 대우는 '$a+b>0$이면 a, b중 적어도 하나는 양수이다.'이다.

40 함수 $f(x)=\dfrac{4x-1}{3}$에 대하여 $f^{-1}(1)$의 값은?

① 0　　　　　② 1

③ 2　　　　　④ 3

해 설

$f^{-1}(1)=k$(k는 실수)로 하면,
$f(k)=1$이다.
$f(k)=\dfrac{4k-1}{3}=1$
$4k-1=3$
$4k=4$, $k=1$
$\therefore f^{-1}(1)=1$

41 두 함수 $f(x)=2x-3$, $g(x)=ax+1$에 대하여 $(f\circ g)(x)=(g\circ f)(x)$가 성립한다고 할 때, 상수 a의 값은?

① $\dfrac{2}{3}$

② 1

③ $\dfrac{4}{3}$

④ $\dfrac{5}{3}$

정답 | ①

해 설

$(f\circ g)(x)=(g\circ f)(x)$가 성립하므로 다음과 같이 정리할 수 있다.

$$(f\circ g)(x)=f(g(x))=f(ax+1)$$
$$=2(ax+1)-3$$
$$=2ax-1 \cdots \text{㉠}$$
$$(g\circ f)(x)=g(f(x))=g(2x-3)$$
$$=a(2x-3)+1$$
$$=2ax-3a+1 \cdots \text{㉡}$$

㉠=㉡이므로

$$2ax-1=2ax-3a+1,\ -1=-3a+1$$

$$\therefore a=\frac{2}{3}$$

42 두 함수 $f(x)=x-1$, $g(x)=x^3+1$의 합성함수 $(g\circ f)(x)$에 대하여 $(g\circ f)(1)$의 값은?

① 1

② 2

③ 3

④ 4

정답 | ①

해 설

합성함수의 성질에 따라 함수 f에 대한 연산을 먼저 하고, 함수 g에 대한 연산을 한다.

$(g\circ f)(1)=g(f(1))$

$f(x)=x-1$이므로 $f(1)=1-1=0$

$g(x)=x^3+1$이므로 $g(0)=0^3+1=1$

$\therefore (g\circ f)(1)=1$

43 함수 $y=\dfrac{5}{x}$의 그래프를 평행이동하여 함수 $y=\dfrac{x-a}{x-6}$의 그래프와 겹치도록 만들 때, 상수 a의 값은?

① -2

② -1

③ 0

④ 1

정답 | ④

해 설

$$y=\frac{x-a}{x-6}=\frac{x-6+6-a}{x-6}=1+\frac{6-a}{x-6}$$

함수 $y=\dfrac{5}{x}$의 그래프를 평행이동한 그래프가 $y=\dfrac{6-a}{x-6}+1$의 그래프와 겹치므로, x축의 방향으로 6만큼, y축의 방향으로 1만큼 평행이동했음을 알 수 있다.

$6-a=5$

$\therefore a=1$

1. 국어

2. 수학

3. 영어

4. 사회

5. 과학

6. 한국사

7. 도덕

8. 모의고사

9. 정답 및 해설

44 함수 $y=\dfrac{ax+b}{x+c}$의 그래프가 다음 그림과 같다고 할 때, $a+b-c$의 값을 구하면?

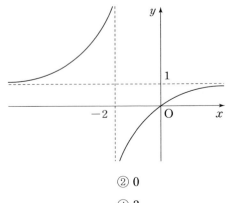

① -1　　　　　② 0
③ 1　　　　　④ 3

해 설
주어진 그래프에서 점근선의 방정식이
$x=-2$, $y=1$이므로
$y=\dfrac{k}{x+2}+1$과 같이 식을 세울 수 있다.
이때, 그래프가 원점을 지나므로
$0=\dfrac{k}{2}+1$, $k=-2 \rightarrow y=\dfrac{-2}{x+2}+1$
$y=\dfrac{-2}{x+2}+1$을 $y=\dfrac{ax+b}{x+c}$의 형태로
고치면
$y=\dfrac{-2}{x+2}+1=\dfrac{x}{x+2}$
$a=1$, $b=0$, $c=2$
$\therefore a+b-c=1-2=-1$

45 0, 1, 2, 3, 4의 숫자가 적힌 5장의 카드에서 3장을 뽑아 만들 수 있는 세 자리 정수의 경우의 수는?

① 30가지　　　　　② 45가지
③ 48가지　　　　　④ 60가지

해 설
백의 자리에 올 수 있는 숫자는 0을 뺀 나머지 숫자이므로 4가지
십의 자리에 올 수 있는 숫자는 백의 자리에 온 숫자를 제외한 경우이므로 4가지
일의 자리에 올 수 있는 숫자는 백의 자리와 십의 자리에 온 숫자를 제외해야 하므로 3가지
따라서 구하는 총 경우의 수는
$4 \times 4 \times 3 = 48$(가지)

46 어느 빌딩에는 출입구가 5개 있다. 그 중 한 출입구로 들어가서 들어간 입구와 다른 출입구로 나온다고 할 때, 가능한 모든 경우의 수는?

① 18가지　　　　　② 20가지
③ 24가지　　　　　④ 32가지

해 설
들어가는 출입구는 5개이고 나오는 출입구는 5개 중에서 들어간 출입구를 제외해야 하므로 4개이다. 따라서 가능한 모든 경우의 수는 $5 \times 4 = 20$(가지)이다.

47 반별 달리기 시합을 위해 1반에서 선수를 선발하고자 한다. 남학생 희망자 8명 중에 선수로 나갈 3명과 여학생 희망자 5명 중에 선수로 나갈 2명을 뽑는 방법의 수는?

① 140가지   ② 280가지
③ 560가지   ④ 720가지

정답 | ③

해설

$$_8C_3 \times _5C_2 = \frac{8!}{3!5!} \times \frac{5!}{2!3!} = 56 \times 10$$
$$= 560(가지)$$

TIP
조합의 수
서로 다른 n개에서 r개를 택하는 조합의 수
$$_nC_r = \frac{_nP_r}{r!} = \frac{n(n-1)\cdots(n-r+1)}{r!}$$
$$= \frac{n!}{r!(n-r)!} \ (단, 0 \leq r \leq n)$$

48 서로 다른 사탕 6개를 일렬로 나열하려고 한다. 사탕 6개 중에서 2개는 동일한 회사의 제품일 때, 동일한 회사의 사탕 2개를 서로 이웃하게 나열하는 모든 경우의 수는?

① 120가지   ② 240가지
③ 360가지   ④ 480가지

정답 | ②

해설
동일한 회사의 사탕 2개를 묶어서 1개로 생각한다.
따라서 사탕 5개를 일렬로 나열하는 경우의 수는 $5! = 5 \times 4 \times 3 \times 2 \times 1 = 120$가지
동일한 회사의 사탕 2개를 서로 자리를 바꾸어 나열하는 경우의 수는
$2! = 2 \times 1 = 2$가지
따라서 $120 \times 2 = 240$가지

49 사진관에서 5명의 가족이 단체사진을 찍을 때 앞줄에 2명, 뒷줄에 3명이 서는 방법의 수는?

① 100가지   ② 110가지
③ 120가지   ④ 130가지

정답 | ③

해설
5명 중에 앞줄에 2명을 뽑아 세우는 방법은,
$$_5P_2 \times _3P_3 = \frac{5!}{(5-2)!} \times \frac{3!}{(3-3)!}$$
$$= \frac{5!}{3!} \times \frac{3!}{1}$$
$$= 5!$$
$$= 120(가지)$$

50 50원짜리 동전 2개, 100원짜리 동전 3개, 500원짜리 동전 2개, 1000원짜리 지폐 2장이 있다. 이 동전과 지폐의 일부 또는 전부를 사용하여 지불할 수 있는 방법의 수는? (단, 0원을 지불하는 경우는 제외한다.)

① 23가지   ② 24가지
③ 107가지   ④ 108가지

정답 | ③

해설
50원짜리 동전을 지불하는 방법의 수는 0, 1, 2 → 3가지
100원짜리 동전을 지불하는 방법의 수는 0, 1, 2, 3 → 4가지
500원짜리 동전을 지불하는 방법의 수는 0, 1, 2 → 3가지
1000원짜리 지폐를 지불하는 방법의 수는 0, 1, 2 → 3가지
아무 것도 지불하지 않는 경우는 1가지이므로
∴ $3 \times 4 \times 3 \times 3 - 1 = 107(가지)$

TRANSPORT

Eurotu

By Astrid Wendlandt

Eurotunnel   wa
yesterday it would not
enough cash this year
all the interest due
£6.3bn ($10.6bn) deb
tain.

The operator of
Channel link be
d northern
d many
tay at
t
gish
Rich

TRAN

P

PART 3

영어

STEP1. 기본문제
STEP2. 응용문제

01~06 밑줄 친 부분의 뜻으로 가장 적절한 것을 고르시오.

01

Anyone can make <u>mistakes</u>.

① 실수　　　　② 명령
③ 약속　　　　④ 계약

해 설
'mistake'는 '실수, 잘못'이라는 의미이다.

해 석
누구나 실수를 할 수 있다.

어휘와 표현
anyone 누구나
can ~ 할 수 있다

02

He would not listen to my <u>advice</u>.

① 진실　　　　② 실패
③ 목적　　　　④ 충고

해 설
'advice'는 '조언, 충고'라는 의미이다.

해 석
그는 내 충고를 들으려 하지 않았다.

어휘와 표현
not ~아니다
listen 듣다

03

He said that he had <u>arrived</u> there a week before.

① 도착하다　　　② 출발하다
③ 예약하다　　　④ 탈출하다

해 설
'arrive'는 '도착하다'라는 의미이다.

해 석
그는 일주일 전에 거기에 도착했다고 말했다.

어휘와 표현
week 일주일
before 전에

04

His hobby is to <u>collect</u> stamps.

① 버리다　　　② 수집하다
③ 반품하다　　④ 나눠주다

해 설
'collect'는 '모으다, 수집하다'라는 의미이다.

해 석
그의 취미는 우표 수집이다.

어휘와 표현
hobby 취미

05

> The news proved to be <u>false</u>.

① 진실 ② 비밀

③ 기회 ④ 거짓

해 설
'false'은 '거짓, 틀린'이라는 의미이다.

해 석
그 뉴스는 거짓임이 판명되었다.

어휘와 표현
proved 판명된

06

> He is <u>afraid</u> of being scolded.

① 기대하다 ② 두려워하다

③ 소망하다 ④ 거부하다

해 설
'afraid'는 '두려워하는, 겁내는'이라는 의미이다.

해 석
그는 꾸중들을 것을 두려워하고 있다.

어휘와 표현
scold 야단치다

07~08 다음 중 두 단어의 의미 관계가 나머지 셋과 <u>다른</u> 것을 고르시오.

07

① accept − reject ② begin − finish

③ safe − dangerous ④ cause − reason

해 설
④는 유의 관계이고, ①, ②, ③은 반의 관계이다.
④ 원인 − 이유
① 수락하다 − 거부하다
② 시작하다 − 끝내다
③ 안전하다 − 위험하다

08

① fast − speedy ② steady − stable

③ accept − receive ④ faith − suspicion

해 설
④는 반의 관계, ①, ②, ③은 유의 관계이다.
④ 신뢰 − 불신
① 빠른
② 안정된
③ 받아들이다

09 다음 안내문에서 언급되지 <u>않은</u> 것은?

> **Cherry blossom festival**
> - When : 2019.4.5.~2019.4.13.
> - Where : Seokchon Lake
> - Hosting : Songpa-gu
> - Rate : Free

① 장소   ② 주최
③ 주차   ④ 요금

정답 | ③

해 설
안내문에서 장소, 주최, 요금에 대한 정보는 나와 있으나 주차에 대해서는 언급되지 않았다.

해 석
벚꽃축제
- 언제 : 2019.4.5.~2019.4.13.
- 어디서 : 석촌호수
- 주최 : 송파구
- 요금 : 무료

어휘와 표현
cherry blossom 벚꽃
hosting 주최, 주인
rate 요금

10 다음 포스터에서 알 수 <u>없는</u> 것은?

>
> **Korean Cooking Contest**
> - Date : March 3rd, 09:00~12:00
> - Place : aT Center in Seoul
> - Entry fee : Free
> - The age limit for contest is over 20 years old.
> - Call 02-123-4567

① 대회 날짜   ② 대회 장소
③ 대회 상금   ④ 참가 자격 제한

정답 | ③

해 설
포스터에서 대회 상금에 대한 내용은 찾을 수 없다.

해 석
한국 요리 대회
- 날짜 : 3월 3일 09:00~12:00
- 장소 : 서울 aT 센터
- 참가비 : 무료
- 대회 연령 제한은 20세 이상입니다.
- 02-123-4567로 전화하세요.

어휘와 표현
limit 한계, 제한
entry fee 참가비

11~16 빈칸에 공통으로 들어갈 말로 알맞은 것을 고르시오.

11

> - She studied very _____ last night.
> - The cookies are too _____ to eat.

① hard   ② soft
③ cold   ④ different

정답 | ①

해 설
첫 번째 문장에서는 '열심히'라는 뜻으로, 두 번째 문장에서는 '딱딱한'이라는 뜻으로 사용되었다. 따라서 빈칸에 공통으로 들어갈 말은 hard이다.

해 석
- 그녀는 어젯밤 매우 열심히 공부했다.
- 그 쿠키는 먹기에 너무 딱딱하다.

어휘와 표현
last night 어젯밤
cookies 쿠키

12

- He kick the _____ into the goal.
- Romeo and Juliet met at a masked _____.

① bank　　　　　　② ball
③ box　　　　　　④ balloon

13

- This morning I got up earlier _____ yesterday.
- My brother is younger _____ me.

① than　　　　　　② that
③ what　　　　　　④ which

14

- She exercises everyday _____ be healthy.
- I was too sick _____ go to school yesterday.

① to　　　　　　② in
③ of　　　　　　④ for

15

- I go to academy _____ school.
- She needs someone to look _____ her baby.

① on　　　　　　② after
③ over　　　　　　④ up

정답 | ②

해 설
첫 번째 문장에서는 '공'이라는 뜻으로, 두 번째 문장에서는 '무도회'라는 뜻으로 사용되었다. 따라서 빈칸에 공통으로 들어갈 말은 ball이다.

해 석
- 그는 <u>공</u>을 차서 골인시켰다.
- 로미오와 줄리엣은 가면 <u>무도회</u>에서 만났다.

어휘와 표현
masked ball 가면 무도회

정답 | ①

해 설
'early'의 비교급인 'earlier'와 'young'의 비교급인 'younger'가 쓰였으므로 빈칸에 공통으로 들어갈 말은 than이다.

해 석
- 오늘 아침 나는 어제<u>보다</u> 일찍 일어났다.
- 내 동생은 나<u>보다</u> 어리다.

어휘와 표현
get up 일어나다

정답 | ①

해 설
'~하기 위해서'라는 의미와 to 부정사의 부사적 용법인 'too ~ to' 용법으로 사용되었으므로 빈칸에 공통으로 들어갈 말은 to이다.

해 석
- 그녀는 건강해지기 <u>위해서</u> 매일 운동한다.
- 나는 어제 너무 아파서 <u>학교에 갈 수 없</u>었다.

어휘와 표현
exercise 운동을 하다, 운동

정답 | ②

해 설
첫 번째 문장에서는 '~이후에'라는 뜻으로, 두 번째 문장에서는 '돌보다'라는 뜻으로 사용되었다. 따라서 빈칸에 공통으로 들어갈 말은 after이다.

해 석
- 나는 방과 <u>후</u>에 학원을 간다.
- 그녀는 그녀의 아기를 <u>돌봐줄</u> 누군가가 필요하다.

어휘와 표현
academy 학원
after school 방과 후
look after 돌보다

1. 국어
2. 수학
3. 영어
4. 사회
5. 과학
6. 한국사
7. 도덕
8. 모의고사
9. 정답 및 해설

16

> • _____ were you during your working hours?
>
> • _____ is the nearest park around here?

① Who
② Why
③ Where
④ There

17~18 다음 중 밑줄 친 표현의 의미로 가장 적절한 것을 고르시오.

17

> A : My sister went on a trip but she can't get in touch. So I'm worried.
>
> B : No news is good news. Don't worry about it.

① 무소식이 희소식이다.
② 피는 물보다 진하다.
③ 시간은 금이다.
④ 펜은 칼보다 강하다.

18

> A : Do you think honesty is the best policy?
>
> B : Yes, of course. Why?
>
> A : Well, I think sometimes honesty is not the best policy.

① 이미 엎질러진 물이다.
② 급한 마음이 일을 망친다.
③ 정직이 최선의 정책이다.
④ 목적은 수단을 정당화시킨다.

19 대화에서 알 수 있는 B의 심정으로 가장 적절한 것은?

A : What's up? You look depressed.
B : I have my final exam next week. I'm so worried about it.

① angry
② nervous
③ glad
④ surprised

20 Jane의 심정으로 알맞은 것은?

Jane had a speech contest today. When it was her turn, she went on stage and started her speech. But then she forgot the words. "I am… Um, I am…." She couldn't remember anything.

① 지루함
② 즐거움
③ 평온함
④ 당황스러움

21~23 다음 중 대화가 이루어지는 장소로 가장 적절한 것을 고르시오.

21

A : What's the problem?
B : My finger is bleeding.
A : Oh, let me see it.

① 마트
② 병원
③ 학교
④ 은행

정답 | ②

해설
A가 B에게 우울해 보이는 이유를 묻자 B는 다음 주에 보는 기말고사가 걱정된다고 대답하고 있다. 따라서 B의 심정은 긴장될 것이라 추측할 수 있다.
① 화난
③ 기쁜
④ 놀란

해석
A : 무슨 일이니? 우울해 보여.
B : 다음 주에 기말 시험이 있어. 너무 걱정이 돼.

어휘와 표현
depressed 우울한
final exam 기말 시험

정답 | ④

해설
말하기 대회에 참가한 Jane이 말할 내용을 잊고 당황하는 모습을 묘사하고 있으므로 Jane의 심정으로 적절한 것은 당황스러움이다.

해석
Jane은 오늘 말하기 대회에 참가했다. 그녀의 차례가 되었을 때, 그녀는 무대에 올라가 연설을 시작했다. 그러나 그때 그녀는 연설 내용을 잊어버렸다. "저는… 음, 저는…." 그녀는 아무 것도 기억하지 못 했다.

어휘와 표현
speech contest 말하기 대회
stage 무대
forget 잊다, 잊어버리다
remember 기억하다

정답 | ②

해설
B가 손에 피가 난다고 했으므로 병원에 치료를 받으러 간 것으로 볼 수 있다. 따라서 두 사람의 대화가 이루어지는 장소는 병원이다.

해석
A : 무슨 일이죠?
B : 손가락에서 피가 나요.
A : 어디 봅시다.

어휘와 표현
bleed 피를 흘리다

22

A : How can I help you?

B : I'd like to reserve a ticket for the movie.

A : What time would you like your reservation made?

B : 5:00 p.m.

① 영화관   ② 미용실

③ 도서관   ④ 경찰서

정답 | ①

해 설

B가 영화 티켓을 예매하려 하고 있으므로 대화가 이루어지는 장소는 영화관이다.

해 석

A : 무엇을 도와드릴까요?

B : 영화 티켓을 예매하고 싶은데요.

A : 몇 시 영화로 예매하시겠습니까?

B : 오후 5시요.

어휘와 표현

reservation 예약

23

A : Hello. What can I do for you?

B : I'm looking for comfortable black sneakers.

A : How about this one?

B : Oh, I like it. Do you have size 36?

A : Yes, please wait here for a minute.

① 신발가게   ② 우체국

③ 호텔   ④ 식당

정답 | ①

해 설

B가 검은색 운동화를 찾고 있고, A가 이를 도와주고 있는 상황이므로 대화가 이루어지는 장소로 ①이 적절하다.

해 석

A : 어서 오세요. 무엇을 도와드릴까요?

B : 저는 편한 검은색 운동화를 찾고 있어요.

A : 이건 어떠세요?

B : 오, 맘에 들어요. 36 사이즈 있나요?

A : 네. 여기서 잠깐만 기다려주세요.

어휘와 표현

be looking for 찾다

comfortable 편한

sneakers 운동화

24~25 다음 중 밑줄 친 It(Its)이 가리키는 것으로 가장 적절한 것을 고르시오.

24

My favorite building is the older houses that are built in a traditional Korean style. It has scientific designs and is made mostly from wood. It really makes me think about the past and history and I would love to own of those houses.

① 한옥   ② 호텔

③ 지붕   ④ 한복

정답 | ①

해 설

전통적인 한국 양식으로 지어진 건물이고, 역사를 생각하게 해주는 집은 한옥이다.

해 석

제가 제일 좋아하는 건물은 전통적인 한국 양식으로 지은 것입니다. 이것은 과학적인 디자인에, 대부분 나무로 지어졌습니다. 이것은 과거와 역사에 대해 생각하게 해주는 데 저는 이런 집을 하나 갖고 싶습니다.

어휘와 표현

traditional 전통적인

scientific 과학적인

mostly 주로 일반적으로

past 지나간, 과거

25

It is one of the fruits. Its color is red and shape is circle. It appears in fairy tale "Snow White". It is known that it was the important key when Newton discovered the law of universal gravitation.

① banana   ② apple
③ strawberry   ④ grape

[26~29] 다음 대화의 빈칸에 들어갈 말로 가장 적절한 것을 고르시오.

26

A : Hello? Is Sujin there?
B : _____

① No, she isn't here now.   ② No, thanks.
③ Yes, four please.   ④ Where is she?

27

A : Do you know _____ ?
B : Yes, she is a newcomer to this area.

① who is she   ② who she is
③ who does she   ④ who she does

정답 | ②

해 설
동화 "백설공주"와 뉴턴의 만유인력 법칙과도 관련이 있으면서 빨갛고 동그란 과일은 사과이다.
① 바나나
③ 딸기
④ 포도

해 석
그것은 과일 중 하나이다. 색깔은 빨간색이고 모양은 동그랗다. 그것은 동화 "백설공주"에 등장한다. 그것은 뉴턴이 만유인력의 법칙을 발견했을 때 중요한 열쇠였던 것으로 알려져있다.

어휘와 표현
discover 발견하다
law of universal gravitation 만유인력의 법칙

정답 | ①

해 설
Sujin이 있냐는 질문에 대한 답이므로 빈칸에는 'No, she isn't here now.(아니요, 그녀는 지금 없어요).'가 오는 것이 가장 적절하다.
② 아니요, 감사합니다.
③ 네, 4개 부탁드립니다.
④ 그녀는 어디 있니?

해 석
A : 여보세요? Sujin 있나요?
B : 아니요, 그녀는 지금 없어요.

정답 | ②

해 설
의문문에서 who, when, where, why, what 등이 들어가는 경우에는 '의문사 + 주어 + 동사'의 어순을 따라야 한다. 이에 따라 ①, ③은 오답이며, B가 be동사로 답하고 있으므로 ④ 또한 오답이다.

해 석
A : 너는 그녀가 누구인지 아니?
B : 응, 그녀는 이 지역에 새로 이사 온 사람이야.

어휘와 표현
newcomer 새로 온 사람, 신입자
area 지역

1. 국어
2. 수학
3. 영어
4. 사회
5. 과학
6. 한국사
7. 도덕
8. 모의고사
9. 정답 및 해설

28

> A : What about having lunch together tomorrow?
> B : _____
> A : What do you like to eat?
> B : Why don't we go to the new restaurant in town?

① That's not fair.

② Don't mention it.

③ That's a good idea.

④ I think it's my fault.

29

> A : _____ ?
> B : Not yet. Do you have any good plan?
> A : Why don't we go swimming? I have two free tickets.
> B : That sounds great.

① Can I try on this bikini

② Do you have any plans for this weekend

③ Did you finish your homework

④ What's wrong with you

30~31 다음 글을 쓴 목적으로 가장 적절한 것을 고르시오.

30

> Attention, please. We are sorry to inform you that the train will be delayed for 10 minutes due to an electrical problem. Please use other means of transportation if you're in a hurry.

① 감사하기

② 안내하기

③ 문의하기

④ 항의하기

정답 | ③

해 설

'What about~'은 '~는 어때?'와 같이 제안하는 말이므로, 밑줄에는 제안에 대한 동의 혹은 거절의 답이 와야 한다.
① 그것은 공평하지 않아.
② (고맙다는 말에 대해) 별말씀을요.
④ 그것은 내 잘못이라고 생각해.

해 석

A : 내일 점심 같이하는 거 어때?
B : 좋은 생각이야.
A : 뭐 먹고 싶어?
B : 시내에 새로 생긴 식당에 가볼까?

정답 | ②

해 설

아직 계획이 없다며 좋은 계획이 있냐고 묻는 B에게 A가 수영하러 가자고 제안하고 있으므로 빈칸에는 'Do you have any plans for this weekend(이번 주말에 어떤 계획이 있니)?'가 오는 것이 가장 적절하다.
① 이 비키니를 입어 봐도 되나요?
③ 네 숙제를 다 끝냈니?
④ 무슨 일이야?

해 석

A : 이번 주말에 어떤 계획이 있니?
B : 아직. 너 좋은 계획이 있니?
A : 우리 수영하러 가지 않을래? 나 무료 입장권이 2개 있어.
B : 좋은 생각이야.

어휘와 표현

not yet 아직
free ticket 무료 입장권

정답 | ②

해 설

제시문은 열차 지연을 알리는 안내 방송이다.

해 석

주목해 주십시오. 전기 결함 때문에 열차가 10분 정도 지연될 예정입니다. 급하신 일이 있으시다면 다른 교통수단을 이용해 주시기 바랍니다.

어휘와 표현

inform 알리다
delay 지연시키다, 연기하다
due to ~때문에
means 수단, 방법
transportation 교통, 운송

31

Dear Timmy

Hi, do you have time this Saturday? This Saturday is my birthday so I'm going to have a party to celebrate my 20th birthday. If you can come, please notify me. I'll reserve the most famous restaurant in our town. After lunch, we'll go to private pool. I hope you'd be able to come and congratulate me.

from Cathy

① 사과하기 ② 초대하기
③ 항의하기 ④ 칭찬하기

해 설
이번 주 토요일에 있을 자신의 20번째 생일 파티에 초대하는 내용의 편지이다.

해 석
친애하는 Timmy에게
안녕, 이번 주 토요일에 시간 있니? 이번 주 토요일이 내 생일이라서 20번째 생일을 축하하는 파티를 하려고 해. 올 수 있으면 나에게 알려 줘. 나는 우리 마을에서 가장 유명한 식당을 예약할 거야. 점심 식사 후에 우리는 개인 수영장에 갈 거야. 네가 와서 축하해 줬으면 좋겠어.
Cathy로부터

어휘와 표현
celebrate 축하하다, 기념하다
notify 알리다
reserve 예약하다
famous 유명한
private pool 개인 수영장
be able to ~할 수 있다

32~33 주어진 말에 이어질 두 사람의 대화를 〈보기〉에서 찾아 순서대로 가장 적절하게 배열한 것을 고르시오.

32

May I help you?

〈보기〉
(A) They're 5 dollars.
(B) How much are these red socks?
(C) OK. I'll take two pairs.

① (A) - (B) - (C) ② (A) - (C) - (B)
③ (B) - (A) - (C) ④ (C) - (B) - (A)

해 설
양말을 판매하는 점원과 손님의 대화이므로 대화의 자연스러운 순서는 (B) - (A) - (C)이다.

해 석
도와드릴까요?
(B) 이 빨간 양말은 얼마예요?
(A) 5달러입니다.
(C) 네. 그럼 두 켤레를 살게요.

어휘와 표현
socks 양말
pair 한 쌍, 한 켤레

33

> You look happy. How was your class today?

〈보기〉

(A) What did you learn?

(B) I learned how to deal with emergency.

(C) Yeah, I really enjoyed my class today. I learned a lot.

① (A) − (C) − (B) ② (B) − (C) − (A)
③ (C) − (A) − (B) ④ (C) − (B) − (A)

정답 | ③

해 설
오늘 수업이 어땠느냐는 질문에 대한 대화 이므로 자연스러운 순서는 (C) − (A) − (B) 이다.

해 석
행복해 보이네. 오늘 수업 어땠어?
(C) 아, 오늘 수업이 정말 즐거웠어. 많은 것 을 배웠거든.
(A) 무엇을 배웠는데?
(B) 비상시에 대처하는 법을 배웠어.

어휘와 표현
deal with ~을 다루다
emergency 비상(사태)

34 다음 중 나무에 대한 글의 내용과 일치하지 <u>않는</u> 것은?

> Trees not only make life possible, but also make the air clean. Humans and animals breathe in oxygen and breathe out carbon dioxide. Trees do the opposite. In this way they help to keep the air clean and fresh.

① 나무는 공기를 정화시킨다.
② 인간은 산소를 들이마신다.
③ 나무는 이산화탄소를 내뱉는다.
④ 나무는 생명들을 살아갈 수 있게 한다.

정답 | ③

해 설
나무는 인간(동물)과 반대로 이산화탄소를 들이마시고 산소를 내뱉는다.

해 석
나무는 생명들을 살아갈 수 있게 할 뿐만 아니라 공기도 맑게 한다. 인간과 동물은 산 소를 들이쉬고 이산화탄소를 내뱉는다. 나 무는 반대되는 일을 한다. 그런 방법으로 그 들은 공기를 깨끗하고 신선하게 유지한다.

어휘와 표현
breathe in[out] 숨을 들이쉬다[내쉬다]
oxygen 산소
carbon dioxide 이산화탄소
opposite 다른 쪽, 반대의

35

다음 중 놀이동산 이용에 관한 안내문의 내용과 일치하지 <u>않는</u> 것은?

△△ Amusement park

- Admission fee
  - children : $15
  - adult : $20
- Open hours
  - weekdays : 10:00 a.m. to 18:30 p.m.
  - weekend : 10:00 a.m. to 21:00 p.m.
- Parking fee
  - car : 2 dollars an hour
  - Large car : 5 dollars an hour
- Food and drinks are allowed.

---

① 어린이와 어른의 요금 차이는 5달러이다.
② 주말에는 오전 10시부터 오후 6시 반까지 개방한다.
③ 대형차 요금은 1시간에 5달러이다.
④ 음식과 음료는 반입이 가능하다.

해 설
놀이공원 이용에 관한 안내문의 내용 중 주말에는 오전 10시부터 오후 9시까지 개방한다고 쓰여 있다.

해 석
△△놀이공원
- 입장료
  - 어린이 : 15달러
  - 어른 : 20달러
- 개방 시간
  - 주중 : 오전 10시부터 오후 6시 30분까지
  - 주말 : 오전 10시부터 오후 9시까지
- 주차비
  - 승용차 : 1시간에 2달러
  - 대형차 : 1시간에 5달러
- 음식과 음료는 반입 가능하다.

어휘와 표현
amusement park 놀이공원
admission 입장
adult 어른
weekend 주말
allow 허락하다

36

다음 중 Weeds(잡초)에 관한 설명에서 언급되지 <u>않은</u> 것은?

Weeds are disliked because they grow in places for flowers. But weeds are important. Some weeds have seeds that birds eat. The leaves of other weeds are eaten by insects, rabbits, and so on. Many weeds protect the soil from wind and rain.

---

① 잡초가 자라는 자리
② 잡초와 꽃의 차이점
③ 잡초를 먹이로 하는 생물
④ 잡초가 토양에 하는 역할

해 설
잡초는 꽃을 위한 자리에서 자라며 새, 곤충, 토끼 등의 먹이가 되고 바람과 비로부터 토양을 보호한다고 나와 있다. 잡초와 꽃에 대한 차이점은 언급되지 않았다.

해 석
잡초는 꽃을 위한 자리에서 자라 미움을 받는다. 그러나 잡초는 중요하다. 몇몇 잡초는 새가 먹는 씨앗을 가지고 있다. 잡초의 잎은 곤충이나 토끼 등의 먹이가 된다. 많은 잡초들은 바람과 비로부터 토양을 보호한다.

어휘와 표현
dislike 싫어하다
insect 곤충
protect 보호하다

1. 국어
2. 수학
3. 영어
4. 사회
5. 과학
6. 한국사
7. 도덕
8. 모의고사
9. 정답 및 해설

37~38 다음 글의 주제로 가장 적절한 것을 고르시오.

37

> Using the Internet can be bad for us. People send spam mail to others. Children can download bad games. Also, they play online games too much. Some people write bad words on others's SNS or websites.

① 인터넷의 발달　　② 인터넷의 양면성
③ 인터넷 사용의 유용함　　④ 인터넷 사용의 유해함

38

> Collection activity can open new worlds for children. For example, collecting stamps shows them cultures of a country. Collecting plants teaches them about the natural world. Collection activity also gives children opportunities to learn skills that can be used every day.

① 수집 활동의 어려움　　② 수집 물품의 선정 방법
③ 수집 활동의 교육적 장점　　④ 수집 활동 시 알아야 할 점

39~42 다음 중 글의 빈칸에 들어갈 말로 가장 적절한 것을 고르시오.

39

> I'm _____ that our club has got some new members.

① excite　　② excited
③ exciting　　④ to excite

40

> My family went to Damyang last weekend. We went to a 5 day market. There were many _____ products. My mother bought a hat made of bamboo. We had a great time.

① local   ② fearful
③ romantic   ④ urgent

1. 국어
2. 수학
3. 영어
4. 사회
5. 과학
6. 한국사
7. 도덕
8. 모의고사
9. 정답 및 해설

정답 | ①

해 설

가족들과 담양 5일장을 방문했고, 그곳에는 대나무로 만든 모자 등 지역 상품들이 많이 있었을 것이다. 따라서 빈칸에 들어가는 단어는 local이다.

② 걱정하는
③ 로맨틱한
④ 긴급한

해 석

우리 가족은 지난주에 담양에 갔다. 우리는 5일장에 갔다. 그곳에는 많은 지역 상품들이 있었다. 어머니는 대나무로 만든 모자를 사셨다. 우리는 좋은 시간을 보냈다.

어휘와 표현

weekend 주말
product 상품
bamboo 대나무

41

> Thank you for sending your poems to this publishing house. I have had the opportunity to look them over, and I feel that they show _____ possibility, despite your youth and lack of experience in this genre.

① terrible   ② brave
③ considerable   ④ exhausted

정답 | ③

해 설

글 전체에서 보내준 시에 대한 고마움과 가능성을 이야기하고 있다. 따라서 빈칸에 들어가는 단어는 considerable이다.

① 끔찍한
② 용감한
④ 지친

해 석

당신의 시들을 출판사에 보내주셔서 감사합니다. 제가 기회가 되어 살펴보았는데, 당신의 젊음과 이 장르에서의 경험의 부족에도 불구하고 그 시들이 상당한 가능성을 보여준다고 느끼고 있습니다.

어휘와 표현

publishing house 출판사
opportunity 기회
look over 검토하다
possibility 가능성
despite 그럼에도 불구하고

42

Tom has an exam tomorrow. He is going to study all night. We often see students who study like him. They think it is a good way to study. _____, many doctors don't agree. They say that sleep is important for good memory.

① However ② For example
③ Similarly ④ In other words

정답 | ①

해 설
밤을 새워 공부하는 학생들과 의사들의 의견이 다르므로 빈칸에 들어갈 단어는 역접의 접속어 However이다.
② 예를 들어
③ 비슷하게
④ 다시 말해서

해 석
Tom은 내일 시험을 본다. 그는 밤을 새워 공부할 예정이다. 우리는 그처럼 공부하는 학생들을 종종 본다. 그들은 그것이 공부하는 좋은 방법이라고 생각한다. 그러나 많은 의사들은 동의하지 않는다. 그들은 잠이 좋은 기억력에 중요하다고 이야기한다.

어휘와 표현
all night 철야의, 밤새도록

43 대화 후 A가 할 행동으로 알맞은 것은?

A : Excuse me. Where's the nearest photo studio?
B : I'm a stranger here myself. Why don't you ask him?
A : Thank you. I will.

① 올바른 방향으로 간다.
② 현재 위치를 알려준다.
③ 다른 행인에게 길을 물어본다.
④ 길을 잘못 들어왔음을 알려준다.

정답 | ③

해 설
길을 묻는 A에게 B 또한 초행길이기에 저 남자에게 물어보라고 제안하였으므로 A는 그 남자에게 다시 길을 물어볼 것이다.

해 석
A : 가장 가까운 사진관이 어디에 있습니까?
B : 저도 여기가 처음이에요. 저 남자에게 물어보는 게 어때요?
A : 고마워요. 그렇게 할게요.

어휘와 표현
I'm a stranger here myself 초행길이다

44 다음 글의 바로 뒤에 이어질 내용으로 가장 알맞은 것은?

To 'prioritize' is to put things in the order of their importance. Making a list of things to do might help you prioritize your life. For example, if there are five things that you must finish by tomorrow, prioritize them like this.

① 내일 할 일의 우선순위 목록 ② 우선순위의 중요성
③ 인생 버킷리스트 작성 ④ 어제 했던 일들의 목록

정답 | ①

해 설
우선순위를 매기는 방법에 대해 설명하면서 내일까지 마쳐야 하는 일이 있다면 우선순위를 매겨보라고 하였으므로 이 뒤에 이어질 내용은 내일 할 일의 우선순위 목록이다.

해 석
'우선순위를 선정한다'라는 것은, 어떤 것들을 그들의 중요성에 따라 순서를 매긴다는 것이다. 해야 할 일의 목록 만들기는 당신의 인생에 우선순위를 매기는 것을 도울 수 있다. 예를 들어, 내일까지 당신이 마쳐야 하는 일이 다섯 가지가 있다면, 이렇게 우선순위를 두어라.

어휘와 표현
prioritize 우선순위를 매기다, 우선적으로
importance 중요성

45~46 글의 흐름으로 보아, 다음 문장이 들어가기에 가장 적절한 곳을 고르시오.

45

> However, most newspaper reporters have boring lives.

Almost everyone believes that newspaper reporters must be a nice job. (①) They think we spend most of time interviewing actor and singer. (②) Of course, we meet famous people sometimes. (③) The average young reporter spends most of his or her day at a desk. (④)

46

> It proved to be a successful event.

In the past most people did not enjoy watching women's soccer games. (①) Many people didn't think women's soccer games would be successful. (②) The first women's international game was played in the people's republic of china in november, 1991. (③) This is how the Women's World Cup was born. (④)

47~48 다음 글을 읽고 물음에 답하시오.

> When you are thirsty, what do you usually drink? I'm sure you love drinking soda. _____ you should stop drinking it! It is bad for your health. Drink healthy drinks instead. Here are some recipes to make healthy drinks.

47 빈칸에 들어갈 말로 적절한 것은?

① And   ② But

③ Or   ④ So

48 윗글의 바로 뒤에 올 내용으로 가장 알맞은 것은?

① 탄산음료의 유해함

② 건강음료를 만드는 방법

③ 하루에 요구되는 물 권장량

④ 갈증이 인체에 미치는 영향

49~50 다음 글을 읽고 물음에 답하시오.

> People interested in physical fitness need not spend hundreds of dollars on fancy exercise equipment or health club membership. Anyone can get into good shape simply by climbing stairs. Stair-climbing helps in weight loss; just walking up and down two floors of stairs a day instead of riding an elevator will take off six pounds a year. _____, climbing stairs is good for the heart and can prevent heart attacks.

해석

갈증을 느낄 때, 당신은 보통 무엇을 마시는가? 나는 당신이 탄산음료를 마시는 것을 좋아할 것이라고 확신한다. 그러나 탄산음료를 마시는 것을 멈춰야 한다. 그것은 건강에 해롭다. 대신 건강음료를 마셔라. 여기 건강음료를 만드는 방법 몇 가지가 있다.

어휘와 표현

thirsty 목이 마르는, 갈증이 난
soda 탄산, 소다, 소다수
instead 대신에
recipe 요리법, 레시피

정답 | ②

해설

빈칸의 앞에는 탄산음료를 좋아할 것이라는 내용이, 빈칸의 뒤에는 탄산음료를 마시는 것을 중단하라는 상반된 내용이 제시되고 있으므로 빈칸에는 'But(그러나)'이 들어가는 것이 적절하다.

정답 | ②

해설

'Here are some recipes to make healthy drinks.'라는 마지막 문장을 통해 '건강음료를 만드는 방법'이 이어질 것임을 짐작할 수 있다.

해석

신체 건강을 유지하는 데 관심이 있는 사람들은 비싼 운동 기구나 헬스장의 회원권을 사는 데 수백 달러를 들일 필요가 없다. 계단 걷기만으로도 충분히 건강을 유지할 수 있다. 계단 걷기는 체중을 줄이는 데 도움이 된다. 즉 승강기를 타는 대신에 하루에 두 층을 오르내리면 1년에 6파운드를 줄일 수 있다. 계단 걷기는 심장에 좋을 뿐만 아니라 심장마비를 예방할 수 있다.

어휘와 표현

physical 육체의
fancy 값비싼
equipment 기구
membership 회원권
instead of 대신에
prevent 예방하다
heart attack 심장마비

49 윗글의 빈칸에 들어갈 말로 가장 적절한 것은?

① However
② Besides
③ In contrast
④ Fortunately

정답 | ②

해 설

빈칸의 앞 문장은 계단 걷기는 몸무게를 줄일 수 있다고 했고, 뒷 문장은 심장마비를 예방할 수 있다고 했으므로 빈칸에 들어갈 말은 'Besides(뿐만 아니라)'이다.

50 윗글의 주제로 가장 적절한 것은?

① 계단 걷기로 건강을 유지하는 방법
② 운동할 때 같이 먹으면 좋은 음식
③ 좋은 헬스장의 조건
④ 심장 건강에 좋은 음식

정답 | ①

해 설

윗글은 비싼 운동기구나 헬스장의 회원권을 사는 데 돈을 쓰는 대신 계단 걷기만으로 충분히 건강을 유지할 수 있다며 효과를 알려주고 있다. 따라서 이 글의 주제는 '계단 걷기로 건강을 유지하는 방법'이다.

01~06 밑줄 친 부분의 뜻으로 가장 적절한 것을 고르시오.

01

His <u>appearance</u> changed in all these years.

① 나이　　　　　　② 외모
③ 습관　　　　　　④ 발음

정답 | ②

해 설
'appearance'는 '모습, 외모, 출현'이라는 의미이다.

해 석
그의 외모는 이만큼의 세월을 거쳐 변했다.

02

Music has a strong <u>influence</u> on our emotions.

① 지위　　　　　　② 소개
③ 노력　　　　　　④ 영향

정답 | ④

해 설
'influence'는 '영향'이라는 의미이다.

해 석
음악은 우리 정서에 강한 영향을 미친다.

어휘와 표현
emotion 정서

03

Where do I <u>sign up for</u> the photography course?

① 기다리다　　　　② 개설하다
③ 버리다　　　　　④ 신청하다

정답 | ④

해 설
'sign up for'은 '~을 신청(가입)하다'라는 의미이다.

해 석
사진 강좌를 신청하고 싶은데 어디서 하면 되죠?

어휘와 표현
sign up for 신청하다
photography 사진
course 강좌

04

Jisu will <u>get rid of</u> his old car next week.

① 처분하다　　　　② 생각나다
③ 구입하다　　　　④ 관람하다

정답 | ①

해 설
'get rid of'는 '처리하다, 없애다'라는 의미이다.

해 석
Jisu는 다음 주 그의 오래된 차를 처분할 것이다.

어휘와 표현
old car 오래된 자동차
next week 다음 주

05

Let's eat out tonight instead of cooking a meal at home.

① 주문하다　　　　　② 배달하다
③ 놀러가다　　　　　④ 외식하다

1. 국어
2. 수학
3. 영어
4. 사회
5. 과학
6. 한국사
7. 도덕
8. 모의고사
9. 정답 및 해설

정답 | ④

해 설
'eat out'은 '외식하다'라는 의미이다.

해 석
오늘 밤은 집에서 요리하는 대신에 외식하자.

어휘와 표현
tonight 오늘 밤
instead of ～대신에
meal 식사

06

The player was sure of himself at the game.

① 반성하다　　　　　② 생각나다
③ 자신하다　　　　　④ 관람하다

정답 | ③

해 설
'be sure of'는 '자신하다, 확신하다'라는 의미이다.

해 석
경기에서 그 선수는 자신만만했다.

어휘와 표현
player 선수
himself 자신 스스로

07~08 다음 중 두 단어의 의미 관계가 나머지 셋과 다른 것을 고르시오.

07
① quality – quantity　　② purchase – buy
③ export – import　　　④ safety – danger

정답 | ②

해 설
②는 동의 관계이고, ①, ③, ④는 반의 관계이다.
② 구매하다
① 질 – 양
③ 수출 – 수입
④ 안전 – 위험

08
① bitter – sweet　　　② fat – lean
③ sharp – dull　　　　④ smart – clever

정답 | ④

해 설
④는 동의 관계이고, ①, ②, ③은 반의 관계이다.
④ 영리한
① 쓴 – 달콤한
② 뚱뚱한 – 여윈
③ 날카로운 – 둔한

09 다음 메모에서 알 수 없는 것은?

> ### Telephone Message
>
> • For : Min-Su
> • From : Tom
> • Date : June 20, 2020   Time : 12:30 p.m.
> • About : English homework
> • Message : Please call back 6 p.m.
> • Phone : 555-1234

① 전화를 한 사람
② 전화를 받은 사람
③ 전화를 받은 시간
④ 전화를 한 이유

10 Diane Mason에 관한 다음 글에서 언급되지 않은 것은?

> Sculptor Diane Mason grew up in rural Illinois. Mason recalls that she didn't care much for dolls as a little girl, but that she was fond of dressing up her favorite chickens in miniature clothes. Mason majored in ethology*, the study of animal behavior. Today, her fascination with animals plays a major role in her artistic life. She combines her knowledge about animals with humor in her bronze sculpture.
>
> *ethology : 행동학

① Illinois의 시골에서 자랐다.
② 인형에 옷 입히기를 좋아했다.
③ 대학에서 동물 행동학을 전공했다.
④ 동물에 대한 지식을 조각에 반영한다.

11~16 빈칸에 공통으로 들어갈 말로 알맞은 것을 고르시오.

11

- Go straight and turn _____ at the corner.
- Did you write the answer _____?

① down   ② left
③ wrong   ④ right

정답 | ④

해 설
첫 번째 문장에서는 '오른쪽'이라는 뜻으로, 두 번째 문장에서는 '정확한'이라는 뜻으로 사용되었다. 따라서 빈칸에 공통으로 들어갈 말은 right이다.

해 석
• 쭉 직진한 후 모퉁이에서 오른쪽으로 도세요.
• 당신은 답을 정확히 적었나요?

어휘와 표현
straight 똑바로(일직선으로), 곧장
corner 모서리, 모퉁이
answer 대답, 답

12

- She is very _____ and diligent person.
- What _____ of movies do you like?

① cool   ② bad
③ kind   ④ class

정답 | ③

해 설
첫 번째 문장에서는 '친절한'이라는 뜻으로, 두 번째 문장에서는 '종류'라는 뜻으로 사용되었다. 따라서 빈칸에 공통으로 들어갈 말은 kind이다.

해 석
• 그녀는 매우 친절하고 성실한 사람이다.
• 어떤 종류의 영화를 좋아하니?

어휘와 표현
diligent 근면한, 성실한

13

- Can you check _____ some books for me?
- Can you take _____ the garbage, please?

① for   ② out
③ after   ④ with

정답 | ②

해 설
'check out a book'은 '책을 대여하다'라는 의미이고, 'take out'은 '~을 내가다'라는 의미이다. 따라서 빈칸에 공통으로 들어갈 말은 out이다.

해 석
• 나를 위해 책 몇 권을 대여해 주겠니?
• 쓰레기를 내다 버려 주겠니?

어휘와 표현
garbage 쓰레기, 찌꺼기

1. 국어
2. 수학
3. 영어
4. 사회
5. 과학
6. 한국사
7. 도덕
8. 모의고사
9. 정답 및 해설

14

- He decided to concentrate _____ his study.
- Put it down _____ the table.

① on   ② by
③ at   ④ in

정답 | ①

해 설
'concentrate on'은 '~에 집중하다'라는 의미이고, 두 번째 문장에서는 'on'이 '~위에'라는 의미이다. 따라서 빈칸에 공통으로 들어갈 말은 on이다.

해 석
- 그는 공부에 집중하기로 결심했다.
- 그것은 탁자 위에 내려놓아라.

어휘와 표현
decide 결심하다
concentrate 집중하다

15

- I have found a book _____ cover is red.
- Those books _____ my friend lent me were really easy to understand.

① who   ② how
③ which   ④ what

정답 | ③

해 설
첫 번째 문장과 두 번째 문장 모두 선행사로 사물을 받고 있으므로 관계대명사 which가 공통으로 들어가야 한다.

해 석
- 나는 덮개가 빨간색인 책을 발견했다.
- 내 친구가 빌려준 책들은 정말 이해하기 쉽다.

어휘와 표현
cover 덮개, 커버
lend 빌려주다
understand 이해하다

16

- _____ makes me happy is you.
- I don't know _____ he is implying.

① that   ② what
③ how   ④ which

정답 | ②

해 설
첫 번째 문장은 관계대명사 what으로, 두 번째 문장에서는 의문사 what으로 쓰였다. 빈칸에 공통으로 들어갈 말은 what이다.

해 석
- 나를 행복하게 만드는 것은 너야.
- 나는 그가 무엇을 암시하는지 모르겠다.

어휘와 표현
imply 암시하다

17~18 다음 중 밑줄 친 표현의 의미로 가장 적절한 것을 고르시오.

17

> A : I'll walk to school for my health and saving money.
>
> B : Great idea! It's to kill two birds with one stone.

① 시작이 반이다.

② 어려울 때의 친구가 진정한 친구다.

③ 쇠뿔도 단김에 빼라.

④ 한 번에 두 가지 이득을 얻는다.

해 설

걸어감으로 두 가지의 좋은 점(건강, 돈 절약)을 얻을 수 있으므로, 밑줄 친 표현의 의미는 '일석이조(一石二鳥)'이다.

해 석

A : 나의 건강을 지키고, 돈을 절약하기 위해서 나는 학교에 걸어 다닐 거야.

B : 좋은 생각이야! 하나의 돌로 두 마리의 새를 잡는 거구나(일석이조).

어휘와 표현

health 건강

save 모으다, 절약하다

stone 돌

18

> A : When is the piano competition?
>
> B : It's this Friday. I think I'm going to win.
>
> A : Don't count the chickens before they are hatched. Don't be conceited and practice hard till the end.
>
> B : Okay. You're coming to cheer me up, right?
>
> A : Of course.

① 오늘 할 일을 내일로 미루지 말라.

② 쥐구멍에도 볕 들 날이 있다.

③ 뛰는 놈 위에 나는 놈 있다.

④ 김칫국부터 마시지 말라.

해 설

금요일에 있을 피아노 대회에서 우승할 것 같다는 B의 말에 자만하지 말고 끝까지 열심히 연습하라고 하고 있으므로 밑줄 친 표현의 의미는 '김칫국부터 마시지 말라'이다.

해 석

A : 피아노 대회가 언제니?

B : 이번주 금요일. 나 내가 우승할 것 같아.

A : 김칫국부터 마시지 마. 자만하지 말고 끝까지 열심히 연습해.

B : 알겠어. 너 응원하러 와 줄 거지?

A : 물론이지.

어휘와 표현

competition 경연, 대회

be going to ~할 셈이다

hatch 부화하다

conceited 자만하는

practice 연습하다

19 다음 대화에서 알 수 있는 A의 심정으로 가장 알맞은 것은?

> A : I'm sick and tired of my job. I have to sit all day at the front desk and answer calls from customers.
>
> B : I know your job is pretty tough. So, are you going to quit?
>
> A : I'm thinking of it. I want to get some rest.

① angry   ② scared

③ delighted   ④ depressed

정답 | ④

해 설

A는 자신의 힘든 일 때문에 지친 상황으로, 휴식을 원하고 있다. 따라서 A의 현재 심정은 우울할 것이라 추측할 수 있다.

① 화난

② 두려운

③ 기쁜

해 석

A : 나는 내 일이 지겨워. 나는 하루 종일 프론트에 앉아서 고객들 전화에 답해야 해.

B : 너의 일이 많이 힘들다는 걸 알아. 그래서 너 그만둘 거니?

A : 생각 중이야. 좀 쉬고 싶어.

어휘와 표현

sick and tired 아주 싫어진

customer 손님, 고객

tough 힘든, 어려운

quit 그만두다

get some rest 약간의 휴식을 취하다

20 다음 글을 읽고 Nadia에 대한 필자의 감정으로 가장 적절한 것은?

> When I was ten, Nadia was in my class. She was always clean, smart, and popular. I went to school mostly to see her. When I played the drums in school and when I broke race records, it was for Nadia. Now when I hear a cheer from the audience after I sing, I wish Nadia could hear it, too.

① love   ② sadness

③ anger   ④ disappointment

정답 | ①

해 설

Nadia를 보기 위해 학교에 가고, Nadia를 위해 드럼을 치고 경주 기록을 깨려 노력하는 등으로 보아 Nadia에 대한 필자의 감정으로 가장 적절한 것은 사랑이다.

② 슬픔

③ 분노

④ 실망

해 석

내가 10살이었을 때, Nadia는 우리 반에 있었다. 그녀는 항상 깨끗하고 똑똑하며 인기가 있었다. 나는 거의 그녀를 보기 위해 학교에 갔다. 내가 학교에서 드럼을 쳤을 때, 그리고 내가 경주 기록을 깼을 때, 그것은 Nadia를 위한 것이었다. 이제 내가 노래를 부르고 나서 청중들로부터 환호를 들을 때, Nadia도 그 소리를 들었으면 좋겠다.

어휘와 표현

popular 인기 있는

mostly 대부분

break 깨어지다, 부서지다

record 기록

cheer 환호

audience 청중

21~23 다음 중 대화가 이루어지는 장소로 가장 적절한 것을 고르시오.

21

A : Welcome. What are you looking for?

B : Yes, I want to buy a table and a chair.

A : Then, how about this furniture?

B : That's good. I'll buy.

① 가구점　　　　　　② 은행
③ 병원　　　　　　　④ 도서관

22

A : What's wrong?

B : I have fever and a runny nose.

A : Let me check.

B : I have a headache, too.

A : You have a cold, so drink lots of water and get some rest.

① 경찰서　　　　　　② 병원
③ 시청　　　　　　　④ 시장

23

A : May I help you?

B : When is the earliest flight for Sydney?

A : It's at 5:50.

B : Then I'd like a ticket to Sydney.

A : Which class would you like?

B : Economy please.

① 공항　　　　　　　② 수영장
③ 학교　　　　　　　④ 영화관

정답 | ①

해 설
손님이 의자와 책상을 구매하려는 상황이므로 대화가 이루어지는 장소는 가구점이다.

해 석
A : 어서 오십시오. 무엇을 찾고 계십니까?
B : 네, 저는 탁자와 의자를 사고 싶어요.
A : 그럼 이 가구는 어떠신가요?
B : 좋네요. 그걸로 할게요.

어휘와 표현
look for 찾다
chair 의자
furniture 가구

정답 | ②

해 설
B의 증상을 듣고 A가 처방을 내리는 상황이므로 대화가 이루어지는 장소는 병원이다.

해 석
A : 어디가 안 좋으신가요?
B : 열이 있고 콧물이 나요.
A : 확인해 볼게요.
B : 두통도 있어요.
A : 감기에 걸리셨군요. 그러니 물을 많이 마시고 푹 쉬도록 하세요.

어휘와 표현
fever 열, 고열
have a runny nose 콧물이 나다
headache 두통
have a cold 감기에 걸리다
get some rest 약간의 휴식을 취하다

정답 | ①

해 설
시드니로 가는 비행편을 예매하는 상황이므로 대화가 이루어지는 장소는 공항이다.

해 석
A : 도와드릴까요?
B : 시드니로 가는 가장 빠른 비행편이 언제인가요?
A : 5시 50분입니다.
B : 그럼 한 장 주세요.
A : 좌석 등급은 무엇으로 하시겠어요?
B : 이코노미로 주세요.

어휘와 표현
flight 비행, 항공편
class 항공 좌석 등급, 수업[강좌]

1. 국어
2. 수학
3. 영어
4. 사회
5. 과학
6. 한국사
7. 도덕
8. 모의고사
9. 정답 및 해설

24 다음 중 밑줄 친 It(it)이 가리키는 것으로 가장 적절한 것은?

> It was created in the 15th century by King Sejong. It is very easy to learn. People say that it is the simplest and most wonderful set of letters in the world. We Koreans are very proud of it.

① 한글
② 거북선
③ 자격루
④ 금속활자

25 다음 중 밑줄 친 They가 가리키는 것으로 가장 적절한 것은?

> They are the largest land animal and they're really heavy. They have four legs, two big ears and long nose. They are vegetarians. They can live up to 70 years or more.

① turtles
② rabbits
③ donkeys
④ elephants

26~29 다음 대화의 빈칸에 들어갈 말로 가장 적절한 것을 고르시오.

26

> A : Hey, Shannon! How do I look?
> B : Wow! That's your new glasses. _____

① Maybe next time.
② That's a good idea.
③ This is very becoming on you.
④ Can you give me a hand?

27

A : What are you doing?

B : I'm writing a report about K-pop. It's not easy.

A : _____. It's not easy for me, either.

① Don't mention it

② I agree with you

③ You can't miss it

④ That's not funny

1. 국어
2. 수학
3. 영어
4. 사회
5. 과학
6. 한국사
7. 도덕
8. 모의고사
9. 정답 및 해설

정답 | ②

해 설

'either'는 부정문에서 '~도 역시(그렇다)'라는 의미로 사용된다. 따라서 빈칸에는 앞서 B가 'It's not easy.'라고 한 데 대한 동의의 표현인 'I agree with you(너의 의견에 동의한다).'가 들어가는 것이 적절하다.

① (고맙다는 말에 대해) 별 말씀을요.

③ 금방 알 수 있어.

④ 하나도 안 웃겨.

해 석

A : 뭐 하고 있니?

B : K-pop에 관한 리포트를 쓰고 있어. (그런데) 쉽지 않아.

A : 나도 그렇게 생각해. 나에게도 역시 쉽지 않아.

28

A : How was your summer holiday?

B : _____

A : What did you do during the holiday?

B : I went to a beach with my family.

① Sound great!

② It was good time for me.

③ I love my new sunglasses.

④ How about you?

정답 | ②

해 설

휴가가 어땠냐는 물음에 대해서 'It was good time for me(나에게는 좋은 시간이었어).'라고 대답하는 것이 가장 적절하다.

① 그러자!

③ 나는 내 새로운 선글라스가 맘에 들어.

④ 너는 어때?

해 석

A : 여름 휴가 어땠니?

B : 나에게는 좋은 시간이었어.

A : 휴가 동안 무얼 했는데?

B : 가족들과 함께 해변에 다녀왔어.

29

A : May I help you?

B : I made the reservation.

A : _____?

B : Su-mi. And my reservation number is 007816.

① Why did you reserve here

② When did you go there

③ What name is it under

④ Where are you from

정답 | ③

해 설

예약을 하고 왔다는 B가 A의 질문 후에 이름을 말하였으므로 빈칸에는 'What name is it under(예약한 이름이 무엇입니까)?'가 와야 한다.

① 왜 여기를 예약하셨나요?

② 언제 거기를 가셨나요?

④ 어디서 오셨나요?

해 석

A : 무엇을 도와드릴까요?

B : 저 예약을 하고 왔는데요.

A : 어느 분 성함으로 예약하셨나요?

B : Su-mi요. 그리고 제 예약 번호는 007816입니다.

어휘와 표현

reservation number 예약 번호

30~31 다음 글을 쓴 목적으로 가장 적절한 것을 고르시오.

30

Hello, Jimmy. This is John. My father requires surgery on his knee tomorrow and I have to take care of him. So I can't meet you at 10 o'lock. But I can see at 12 o'lock next Sunday. I hope that's OK with you. I'll call again.

① 위로하기 위해 　　　　② 안부를 전하기 위해
③ 약속을 바꾸기 위해 　　④ 사과하기 위해

정답 | ③

해 설
마지막 두 문장을 통해 약속을 바꾸기 위해 쓴 글임을 알 수 있다.

해 석
안녕 Jimmy. 나 John이야. 내일 아버지께서 무릎 수술을 받으셔서 내가 돌봐드려야 해. 그래서 나는 10시에 너를 볼 수 없을 거 같아. 하지만 다음 주 일요일 12시에는 만날 수 있어. 네가 이해해주길 바라. 다시 전화 할게.

어휘와 표현
require 필요하다, 요구하다
surgery 수술
take care of 돌보다

31

Before you all leave, I'd like to remind everyone that your final exam is next Wednesday. As you are studying, keep in mind that there will be 50 multiple choice questions, 20 short-answer questions and 5 short essay questions. If you have any questions, feel free to e-mail me or visit me during my office hours.

① 요구하기 위해서 　　　② 거절하기 위해서
③ 감사함을 전하려고 　　④ 알리기 위해서

정답 | ④

해 설
제시된 글은 다음 주 수요일에 있을 기말고사에 대한 세부적인 안내 사항이다.

해 석
여러분 모두가 떠나기 전에, 기말고사가 다음 주 수요일이라는 것을 다시 한 번 알려줄게요. 여러분이 공부하고 있는 바와 같이 50개의 선다형 문제와 20개의 단답형 문제, 그리고 5개의 짧은 논술형 문제가 있을 것이라는 걸 기억하세요. 만약 질문이 있으면, 나에게 이메일을 보내도 괜찮고, 혹은 내가 사무실에 있는 동안 방문해도 좋습니다.

어휘와 표현
remind 다시 한 번 알려주다
Wednesday 수요일
keep in mind 명심하다
multiple 다수의
question 질문

32~33 주어진 말에 이어질 두 사람의 대화를 〈보기〉에서 찾아 순서대로 가장 적절하게 배열한 것을 고르시오.

32

> Good evening, Sir. What can I do for you?

> (A) What's wrong with the air conditioning?
> (B) There's a problem with the air conditioning.
> (C) It doesn't work at all. The room is too hot.

① (A) − (B) − (C)   ② (B) − (A) − (C)
③ (C) − (A) − (B)   ④ (C) − (B) − (A)

정답 | ②

해 설
에어컨 문제에 대한 직원과 손님의 대화이므로 자연스러운 순서는 (B) − (A) − (C)이다.

해 석
안녕하세요, 손님. 무엇을 도와드릴까요?
(B) 에어컨에 문제가 있어요.
(A) 에어컨에 어떤 문제가 있나요?
(C) 작동이 전혀 안 돼요. 방이 너무 덥네요.

어휘와 표현
air conditioning 에어컨

33

> Are you free after school today?

> (A) Sure. I heard the movie Iron Man is pretty good.
> (B) Yeah, why do you ask?
> (C) Do you want to go and see a movie?

① (A) − (B) − (C)   ② (A) − (C) − (B)
③ (B) − (C) − (A)   ④ (C) − (A) − (B)

정답 | ③

해 설
방과 후에 한가하냐고 묻는 질문에 대한 대화이므로 자연스러운 순서는 (B) − (C) − (A)이다.

해 석
너 오늘 방과 후에 한가하니?
(B) 응, 왜 물어봐?
(C) 나랑 영화 볼래?
(A) 물론이지. 영화 Iron Man이 아주 재미있다고 들었어.

어휘와 표현
free 다른 계획(약속)이 없는, 한가한
after school 방과 후에
pretty 매우, 아주

34 다음 중 글의 내용과 일치하지 <u>않는</u> 것은?

> For most of human history, people thought the world was flat. That is, they thought that if you traveled far enough in one direction, you would eventually come to the end of the world. Then, about two thousand years ago, people started to think that the earth was round. Nowadays, most people know that the earth is round.

① 대부분의 역사에서 사람들은 세계가 평평하다고 생각했다.
② 사람들은 한쪽 방향으로만 여행하면 세계의 끝을 볼 수 있다고 생각했다.
③ 사람들이 지구가 둥글다고 생각하기 시작한 것은 2천 년 전부터이다.
④ 지금도 소수의 사람들만이 지구가 둥글다는 것을 안다.

35 Auschwitz Birkenau에 관한 내용과 일치하지 <u>않는</u> 것은?

> Auschwitz Birkenau was German Nazi's concentration camp established to exterminate the Jewish people in Europe. The gas chambers and burning ovens show the conditions which the Jewish people were tortured and killed. The Auschwitz camp was made a World Cultural Heritage Site in 1979. While most World Heritage Sites show natural values or human accomplishments, the camp is rather a symbol of man's cruelty to man.

① 고문, 살해된 상태를 보여준다.
② 세계문화유산으로 지정되었다.
③ 자연적 가치나 인간의 업적을 보여준다.
④ 독일 나치와 관련있다.

정답 | ④

해 설
요즘에는 대부분의 사람들이 지구가 둥글다는 것을 안다고 하였다.

해 석
인류 역사의 대부분에 있어서 사람들은 세계가 평평하다고 생각했었다. 즉, 그들은 만약 당신이 한 방향으로 충분히 멀리 계속 간다면 당신은 결국 세계의 끝에 도달하게 될 것이라 생각했었다. 그러고 나서 약 2천 년 전에 사람들은 지구가 둥글다고 생각하기 시작했다. 요즘에는 대부분의 사람들이 지구가 둥글다는 것을 안다.

어휘와 표현
flat 평평하다
direction 방향
eventually 결국
nowadays 요즘에는

정답 | ③

해 설
대부분의 세계문화유산들은 자연적 가치나 인간의 업적을 보여주는 반면, Auschwitz Birkenau는 오히려 인간에 대한 잔인함의 상징이라고 하였다.

해 석
Auschwitz Birkenau는 유럽의 유대인들을 말살하기 위해 세워진 독일 나치의 강제 수용소였다. 가스실과 불타는 오븐은 유태인들이 고문, 살해된 상태를 보여준다. Auschwitz 캠프는 1979년에 세계문화유산으로 지정되었다. 대부분의 세계문화유산들은 자연적 가치나 인간의 업적을 보여 주는 반면, 이 캠프는 오히려 인간에 대한 잔인함의 상징이다.

어휘와 표현
concentration camp 강제 수용소
establish 설립하다
Jewish 유대인
gas chamber (사람·동물을 죽이는) 가스실
torture 고문
World Cultural Heritage Site 세계문화유산
accomplishment 업적
cruelty 잔인함

1. 국어

2. 수학

3. 영어

4. 사회

5. 과학

6. 한국사

7. 도덕

8. 모의고사

9. 정답 및 해설

36~38 다음 글의 주제로 가장 적절한 것을 고르시오.

36

You may think that gold is just for rings and necklaces, but it is used for many other things. It is used in TV sets and computers. It is used in many machines in the hospital. It is in your cell phone, too.

① 금의 기원
② 금의 유용함
③ 금의 위험성
④ 금의 제조법

정답 | ②

해설
금이 장신구뿐만 아니라 가전 제품이나 의학 기계 등 다양한 분야에서 사용된다는 내용이다.

해석
당신은 금이 단지 반지나 목걸이를 만드는 데만 사용된다고 생각할지 모르지만 그것은 다른 많은 것에도 사용된다. 금은 TV나 컴퓨터에도 사용된다. 병원에 있는 많은 기계들에도 사용된다. 금은 당신의 휴대전화에도 있다.

어휘와 표현
necklace 목걸이
machine 기계

37

Our eyes give us away when we are not telling the truth. One way to know if someone is lying is to watch the pupils of his eyes. When the person is preparing the lie, the black part of the eye will get small. On the contrary, while the person is actually telling the truth, the pupils will get large.

① 말조심을 해야 하는 이유
② 화자의 자신감을 보여주는 시선 처리
③ 거짓말을 잘하는 사람의 말투
④ 말의 진실성과 눈동자

정답 | ④

해설
눈동자의 크기 변화를 통해 거짓말을 하는지 아닌지를 판단할 수 있다는 내용이다.

해석
우리가 진실을 말하지 않을 때 우리의 눈에 드러난다. 만약 어떤 사람이 거짓말을 한다면 그의 눈동자를 보는 것이 한 방법이다. 사람은 거짓말을 준비 중일 때 눈의 까만 부분이 작아질 것이다. 반대로 진실을 말하는 동안 동공은 커질 것이다.

어휘와 표현
give away 드러내다, 누설하다
pupil 동공, 눈동자
prepare 준비하다

38

Tea was invented about 4,700 years ago. A Chinese emperor, Shen Nung was boiling water under a tree when a few leaves fell into his drink. He tasted it, and at that moment, tea became a drink.

① 차의 기원
② 차의 다양한 종류
③ 물을 끓이는 방법
④ 독특한 중국 음식

정답 | ①

해설
차가 어떻게 발명이 되었는지에 대한 글이다.

해석
차는 약 4,700년 전에 발명되었다. 중국의 Shen Nung 황제가 나무 아래에서 물을 끓이고 있을 때, 나뭇잎 몇 개가 그 물에 떨어졌다. 그는 그것을 음미했다. 그때부터 차는 하나의 음료가 되었다.

어휘와 표현
invent 발명하다, 개발하다
emperor 황제
boil 끓이다
fall into ~에 빠져들다, 빠지다

39~42 다음 중 글의 빈칸에 들어갈 말로 가장 적절한 것을 고르시오.

39

While I was traveling in Australia, I _____ an amazing steak. I can't forget that taste.

① ate　　　　　　② wasted
③ sat　　　　　　④ drank

40

There are several reasons for the sudden popularity of _____. The cost of fuel for cars is one reason. Another is the need to keep the air clean. The third reason is for exercise.

① taxi　　　　　　② bicycle
③ car　　　　　　④ bus

41

In every spring, Korea greets uninvited guest. It is "Yellow dust". Yellow dust comes from the deserts of northern China. When it comes to Korea, the air becomes dirty and people are hard to go out _____ masks. Also it cause sore throat and eye irritation.

① without　　　　② into
③ for　　　　　　④ what

정답 | ①

해 설
스테이크의 맛을 잊을 수 없다 하였으므로 먹었다는 의미의 ate가 와야 한다.

해 석
호주 여행을 하는 동안, 나는 놀라운 스테이크를 먹었다. 나는 그 맛을 잊을 수 없다.

정답 | ②

해 설
자동차보다 연료비용이 적고, 운동이 되며 공기를 깨끗하게 보전하는 것은 bicycle이다.

해 석
자전거가 갑자기 인기를 끄는 몇 가지 이유가 있다. 자동차의 연료비용이 한 가지 이유이다. 다른 이유는 공기를 깨끗하게 보전해야 할 필요성 때문이다. 세 번째 이유는 운동 때문이다.

어휘와 표현
several 몇 가지
sudden 갑자기
popularity 인기
fuel 연료

정답 | ①

해 설
황사가 오면 공기가 더러워지고 인후염을 유발한다고 하였으므로 사람들은 마스크 없이 밖에 나가기 힘들다는 의미의 without이 와야 한다.

해 석
매년 봄이면 한국은 불청객을 맞이한다. 바로 "황사"이다. 황사는 중국 북부의 사막에서부터 온다. 황사가 한국에 오면, 공기는 더러워지고 사람들은 마스크 없이 밖에 나가기 힘들다. 또한 황사는 인후염과 눈의 자극을 유발한다.

어휘와 표현
greet 맞다, 받아들이다
uninvited guest 불청객
Yellow dust 황사
desert 사막
hard to ~하기 어렵다
cause ~을 야기하다
sore throat 인후염
eye irritation 눈의 자극

42

Suppose your friend said to you, "I am went to your house." What did she mean? Is she going to go to your house, or did she already go? When we talk to each other, we have to use words in ways that the other person understands. That's not hard when we talk inside our families. At home we know how to understand each other. But when we write or talk to people outside our homes, we need to be sure that everyone is using the same rules for speaking and writing. We have to study _____ to learn these rules.

① grammar
② behavior
③ families
④ thought

1. 국어
2. 수학
3. 영어
4. 사회
5. 과학
6. 한국사
7. 도덕
8. 무엇고사
9. 정답 및 해설

정답 | ①

해 설
이야기할 때는 모든 사람이 이해할 수 있는 방법인 규칙 즉, '문법'을 지켜가며 말을 해야 한다는 글이므로 빈칸에 들어갈 알맞은 말은 grammar이다.

해 석
당신의 친구가 당신에게 "I am went to your house"라고 말했다고 가정하자. 그녀가 무슨 뜻으로 말한 것인가? 그녀가 당신의 집으로 갈 것이라는 말인가? 아니면 이미 갔다는 말인가? 서로 이야기할 때 우리는 다른 사람이 이해하는 방법으로 말을 사용해야 한다. 우리가 우리의 가정에서 이야기할 때 그것은 어렵지 않다. 집에서 우리는 서로를 이해하는 법을 안다. 그러나 우리가 집 밖에서 사람들에게 편지를 쓰거나 말을 할 때 우리는 모든 사람들이 말을 하고 글을 쓰는 데 똑같은 규칙을 사용하고 있다는 것을 분명히 할 필요가 있다. 우리는 이러한 규칙들을 배우기 위해 문법을 공부해야 한다.

어휘와 표현
have to ~해야 한다
in ways ~한 방식으로

43~44 다음 글의 바로 뒤에 이어질 내용으로 가장 알맞은 것을 고르시오.

43

Are you interested in trying extreme sports? How about aggressive inline skating or BMX bike riding? Joining a club can be a good way to get into extreme sports. That way you can get advice from others and maybe borrow any special equipment that you need. Let me introduce you to some famous clubs.

① 익스트림 스포츠의 종류
② 익스트림 스포츠 클럽의 종류
③ BMX 자전거의 종류
④ 유명한 인라인 스케이트 대회의 종류

정답 | ②

해 설
익스트림 스포츠를 즐기는 방법에 대해 설명한 후 몇 가지 유명한 익스트림 스포츠 클럽을 소개해주겠다고 하였다.

해 석
당신은 익스트림 스포츠를 하는 것에 관심이 있는가? 공격적인 인라인 스케이트나 BMX 자전거 타기는 어떤가? 클럽에 가입하는 것은 익스트림 스포츠를 즐기는 좋은 방법이 될 수 있다. 그런 식으로 당신은 다른 사람들로부터 조언을 얻을 수 있고 당신이 필요로 하는 특별한 장비도 빌릴 수 있다. 몇 가지 유명한 클럽을 소개해주겠다.

어휘와 표현
extreme sports 익스트림 스포츠
aggressive 공격적인
club 클럽, 동호회
equipment 장비, 용품

44

Humans have changed the land by removing forests for many centuries. This is called deforestation. Timber is used as a resource in many ways. It is used for building, furniture and paper. Today, most deforestation is taking place in the tropics. About 11 million hectares of forest is cut down every year. This is equal to about half the total area of Korea. The cutting down of these forests has very serious effects on the tropical forest ecosystem and may also affect the whole world ecosystem.

① 숲의 감소로 인한 다양한 목재의 쓰임새
② 숲의 감소가 생태계에 미치는 영향
③ 숲이 삶에 미치는 영향
④ 전 세계 숲의 종류

정답 | ②

해 설
숲의 감소로 인해 전 세계 생태계에 매우 심각한 영향을 끼친다고 하였으므로 그 뒤로는 그 영향에 대해 자세히 설명하는 것이 적절하다.

해 석
인간은 수세기 동안 숲을 제거함으로써 땅을 바꾸었다. 이것은 삼림 벌채라고 한다. 목재들은 여러 면에서 자원으로 사용된다. 건축, 가구, 종이를 만드는 데 사용된다. 오늘날 대부분의 삼림 벌채는 열대 지방에서 일어나고 있다. 매년 약 1,100만 헥타르의 숲이 줄어든다. 이것은 한국 전체 면적의 약 절반에 해당한다. 이러한 숲의 감소는 열대 우림 생태계에 매우 심각한 영향을 미치며 전 세계 생태계에 영향을 미칠 수도 있다.

어휘와 표현
remove 제거하다
century 세기
deforestation 삼림 벌채
furniture 가구
tropics 열대
hectare 헥타르

[45~46] 글의 흐름으로 보아, 다음 문장이 들어가기에 가장 적절한 곳을 고르시오.

45

However, like any other medicine, aspirin can be harmful.

(①) People are used to taking aspirin whenever they feel pain. (②) It is true that aspirin is an effective painkiller – for example, in case of headache. (③) Any unregulated use may result in damage to the lining of the stomach, liver damage and so on. (④)

정답 | ③

해 설
③의 앞뒤로 글의 흐름이 반대로 바뀌므로 제시된 문장이 들어가기에 가장 적절하다.

해 석

> 그러나 다른 약과 마찬가지로 아스피린도 해로울 수 있다.

(①) 사람들은 고통을 느낄 때 아스피린을 사용한다. (②) 아스피린이 두통과 같은 통증에 효과적인 진통제인 것은 사실이다. (③) 규제되지 않은 사용은 위장 내벽의 손상, 간의 손상 등을 가져올 수 있다. (④)

어휘와 표현
aspirin 아스피린
pain 통증
effective 효과적인
in case of ～의 경우
painkiller 진통제
unregulated 규제되지 않은
liver damage 간 손상
and so on 등등

46

For example, they practice a lot so that they can stay safe.

(①) Many people imagine that extreme sports players love danger, but this is not always true. (②) Most extreme sports players are very careful. (③) They also learn about all the possible dangers and plan how to avoid them. (④)

47~48 다음 글을 읽고 물음에 답하시오.

People think that ants are "not strong." But ants have amazing strength for their size. They're tireless and strong. _____, those who study ants tell us they can carry up to fifty times their own weight!

47 윗글의 빈칸에 들어갈 말로 가장 적절한 것은?

① In fact

② However

③ Otherwise

④ By the way

정답 | ③

해 설
익스트림 스포츠 선수들이 매우 조심스럽다는 것을 보여주는 예이므로 ③에 들어가는 것이 가장 적절하다.

해 석

> 예를 들어, 그들은 많은 연습을 하여 안전할 수 있도록 한다.

(①) 많은 사람들은 익스트림 스포츠 선수들이 위험을 사랑한다고 생각하지만, 항상 그렇지는 않다. (②) 대부분의 익스트림 스포츠 선수들은 매우 조심스럽다. (③) 그들은 또한 가능한 모든 위험에 대해 배우고 그것들을 피하는 방법을 계획한다. (④)

어휘와 표현
practice 연습하다
imagine 상상하다, 생각하다[여기다]
extreme sports 익스트림[극한] 스포츠
avoid 방지하다, 막다, 피하다

해 석
사람들은 개미가 "힘이 세지 않다."라고 생각한다. 하지만 개미는 그들의 크기에 비해 굉장한 힘을 갖고 있다. 그들은 지치지도 않고 힘도 세다. 사실상 개미를 연구하는 사람들은 개미가 자기 몸무게의 50배까지 옮길 수 있다고 이야기한다.

어휘와 표현
amazing 놀라운, 멋진
strength 힘, 강점
tireless 지칠 줄 모르는, 피로를 모르는
weight 무게, 체중

정답 | ①

해 설
빈칸에는 앞의 내용을 부연 설명하는 연결어 'In fact(사실상)'가 들어가는 것이 적절하다.
② 그러나
③ 그렇지 않으면
④ 그런데

48 윗글의 주제로 가장 알맞은 것은?

① 개미의 습성   ② 곤충의 성장 과정
③ 곤충의 먹이사슬   ④ 개미의 놀라운 능력

해설
개미가 자기 무게의 50배 이상인 무게를 옮길 수 있다는 내용을 통해 글의 주제가 '개미의 놀라운 능력'임을 파악할 수 있다.

49~50 다음 글을 읽고 물음에 답하시오.

> The process of aging includes several _____ in our bodies. Our hair becomes thinner and wrinkles in the skin increase. Further, blood pressure tends to go up, the brain loses cells and internal organs tend to work slowly. Finally, hearing and eyesight gradually weaken.

해석
나이를 먹는 과정은 우리 몸에 여러 가지 변화를 가지고 옵니다. 우리의 머리카락은 얇아지고 피부 주름은 늘어납니다. 또한, 혈압이 높아지고 뇌는 세포를 잃어가며 장기들은 더디게 기능하는 경향이 있습니다. 마지막으로 청력과 시력이 점차 약해집니다.

어휘와 표현
process 과정, 공정
further 게다가, 뿐만 아니라
pressure 압력
tend to ~하는 경향이 있다
internal organs 내장, 내부기관
gradually 서서히
growth 성장

49 빈칸에 들어갈 말로 적절한 것은?

① stops   ② changes
③ growths   ④ efforts

해설
나이 드는 과정에서 나타나는 여러 현상을 포괄적으로 설명할 수 있는 단어는 'changes(변화)'이다.

50 윗글에서 나이가 들어감에 따라 나타나는 현상으로 언급되지 <u>않은</u> 것은?

① 머리카락이 하얘진다.
② 피부 주름이 늘어난다.
③ 뇌세포 수가 줄어든다.
④ 시력이 약해진다.

해설
'Our hair becomes thinner~(머리카락이 더 얇아진다)'라고 할 뿐, 머리카락의 색에 대해서는 언급하지 않았다.

PART 4

사회

STEP1. 기본문제
STEP2. 응용문제

01 다음에서 설명하는 관점으로 가장 적절한 것은?

> 사회 현상을 시대적 배경과 맥락에 초점을 두고 살펴보는 것

① 시간적 관점　　　　② 공간적 관점
③ 윤리적 관점　　　　④ 사회적 관점

정답 | ①

해 설
시간적 관점에 대한 설명이다. 오늘날 사회 현상이 일어나는 이유와 그 결과를 추론해 볼 수 있다.

02 ㉠에 들어갈 것은?

> • 칸트는 자신의 복지와 처지에 관한 만족을 (㉠)(으)로 여긴 다고 하였다.
> • 벤담은 쾌락의 충족을 (㉠)(이)라고 여기고, 최대 다수의 최 대 (㉠)(을)를 가져다 주는 행위를 할 것을 강조했다.

① 봉사　　　　② 배려
③ 행복　　　　④ 복지

정답 | ③

해 설
㉠에 공통적으로 들어갈 말은 행복이다. 칸 트는 자신의 복지와 처지에 관한 만족을 '행 복'이라고 여겼고, 벤담은 쾌락의 충족을 '행복'이라고 여기며, 최대 다수의 최대 '행 복'을 강조했다.

03 열대 기후에 대한 설명으로 적절하지 않은 것은?

① 옷차림이 얇고 가볍다.
② 향신료를 이용한다.
③ 지면에서 띄운 고상 가옥 형태로 집을 짓는다.
④ 육류를 주로 먹는다.

정답 | ④

해 설
육류를 주로 먹는 것은 한대 기후 음식의 특 징이다. 한대 기후는 옷차림이 두껍고 무거 우며, 저장음식 형태로 육류를 주로 먹는다. 가옥은 주로 눈과 얼음으로 집을 짓는다.

04 다음에서 설명하는 자연재해로 적절한 것은?

> 지구 내부의 에너지가 지표로 나와 땅이 갈라지며 흔들리는 현상

① 지진 ② 화산
③ 쓰나미 ④ 홍수

1. 국어
2. 수학
3. 영어
4. 사회
5. 과학
6. 한국사
7. 도덕
8. 모의고사
9. 정답 및 해설

정답 | ①

해 설
지구 내부의 에너지가 지표로 나와 땅이 갈라지며 흔들리는 현상은 지진에 대한 설명이다.

TIP
지진의 피해
각종 시설이 분리, 파손, 지진해일, 산사태 등을 동반하여 인명, 재산 피해

05 인간 중심주의에 대한 설명으로 옳지 않은 것은?

① 인간을 가장 가치 있는 존재로 여기고, 인간과 자연의 관계에서 인간의 이익이나 행복을 먼저 고려하는 관점이다.
② 자연을 인간보다 우월한 존재로 인식한다.
③ 자연의 도구적 가치를 강조한다.
④ 인간을 자연의 한 부분이 아니라 자연으로부터 독립된 존재로 본다.

정답 | ②

해 설
인간 중심주의는 인간을 자연보다 우월한 존재로 인식한다. 그러므로 인간 중심주의에 대한 설명으로 옳지 않은 것은 ②이다.

06 다음에서 설명하는 환경 문제의 종류로 적절한 것은?

> 공장 매연, 자동차 배기가스의 증가로 나타나는 현상

① 지구 온난화 ② 사막화
③ 오존층 파괴 ④ 산성비

정답 | ④

해 설
공장 매연, 자동차 배기가스의 증가로 나타나는 환경 문제는 산성비이다.
① **지구 온난화** : 화석 에너지의 소비 증가로 인해 지구의 평균 기온이 상승하는 현상
② **사막화** : 극심한 가뭄, 인간의 과도한 개발 등으로 나타나는 현상
③ **오존층 파괴** : 염화 플루오린화 탄소의 사용 증가로 나타나는 현상

07 다음 〈보기〉에서 지형적 요인에 의해 발생하는 자연재해를 모두 고른 것은?

─────〈보기〉─────
ㄱ. 지진   ㄴ. 홍수
ㄷ. 가뭄   ㄹ. 화산
────────────────

① ㄱ, ㄴ   ② ㄱ, ㄹ
③ ㄴ, ㄷ   ④ ㄷ, ㄹ

정답 | ②

해 설
지형적 요인에 의해 발생하는 자연 재해는 지진(ㄱ)과 화산(ㄹ)이다. 홍수(ㄴ)와 가뭄(ㄷ)은 기후적 요인에 의해 발생하는 자연 재해이다.

TIP
자연 재해의 유형
• **지형적 요인에 의한 자연 재해** : 지진, 화산, 산사태 등
• **기후적 요인에 의한 자연 재해** : 가뭄, 태풍, 홍수, 냉해, 설해 등

08 다음은 세계의 기후에 대한 설명이다. 적절하지 <u>않은</u> 것은?

① 열대 기후 : 적도 부근 지역의 기후로 연중 기온이 높고 강수량이 풍부하다.
② 건조 기후 : 겨울이 길고 추워 침엽수림이 넓게 분포한다.
③ 온대 기후 : 기온이 온화하고 강수량이 풍부하며, 사계절의 구분이 비교적 뚜렷하다.
④ 한대 기후 : 극지방에 분포하는 기후로 여름에도 기온이 낮아 나무가 자라지 못한다.

정답 | ②

해 설
겨울이 길고 추우며 침엽수림이 분포하는 것은 냉대 기후의 특징이다. 건조 기후는 강수량보다 증발량이 많아 물 부족이 심각한 사막 기후와 관련된다.

09 홍수에 대한 설명으로 옳지 <u>않은</u> 것은?

① 짧은 시간에, 많은 강수로 발생한다.
② 물에 잠긴 농작물로 인해 생산량이 줄어든다.
③ 인위적인 산지 사면 절단으로 인해 발생한다.
④ 인간의 생명과 생활 터전에 피해를 가져온다.

정답 | ③

해 설
③은 산사태의 원인이다.

TIP
산사태
• 많은 양의 바위, 흙 등이 경사면을 따라 흘러내리는 현상
• 집중 호우, 지진, 화산 폭발, 인위적인 산지 사면 절단으로 인해 발생
• 사방공사, 조림사업 등으로 산사태 예방 가능

10 다음 그림과 설명이 나타내는 환경 문제로 가장 옳은 것은?

- 극지방의 빙하 면적이 감소한다.
- 해수면 상승에 따라 저지대가 침수된다.

① 오존층 파괴 ② 지구 온난화
③ 산성비 ④ 사막화

정답 | ②

해 설

지구 온난화로 극지방의 빙하가 녹으면서 해양 환경 및 지구 생태계가 변화하고 있다.
① **오존층 파괴** : 염화 플루오린화 탄소의 사용 증가로 오존층이 파괴된다. 따라서 자외선 증가로 피부 및 눈 질환 발생률이 증가한다.
③ **산성비** : 공장 매연, 자동차 배기가스의 증가로 발생한다.
④ **사막화** : 극심한 가뭄, 과도한 경작과 방목 등으로 발생한다.

11 소비자의 환경 문제 해결을 위한 노력으로 가장 적절한 것을 〈보기〉에서 모두 고른 것은?

〈보기〉
ㄱ. 교복 물려주기
ㄴ. 쓰레기 분리배출
ㄷ. 일회용 컵 사용하기
ㄹ. 모든 가전제품의 플러그 꽂아두기

① ㄱ, ㄴ ② ㄴ, ㄷ
③ ㄷ, ㄹ ④ ㄱ, ㄹ

정답 | ①

해 설

ㄱ, ㄴ과 같이 재사용 및 재활용을 생활화해야 환경 문제 해결에 한 발자국 더 다가갈 수 있다.
ㄷ. 에너지 절약을 위해 일회용 컵 대신 개인 컵을 사용한다.
ㄹ. 사용하지 않는 가전제품의 플러그는 뽑아야 한다.

12 다음에서 설명하는 것은?

분업화, 기계화로 농업 중심의 사회가 공업 중심의 사회로 변하는 현상으로 삶의 풍요 증대, 여가 기회 확대 등의 긍정적 측면이 있지만, 도시 문제 발생 및 사회 계층 간의 갈등 등의 부정적 측면도 있다.

① 산업화 ② 역도시화
③ 개방화 ④ 국제화

정답 | ①

해 설

현대적 도시화와 산업화로 인해 도시가 다양한 기능을 가진 지역으로 분화된 반면 인공 건축물 증가로 야생 동물의 터전이 감소하고, 자연재해가 증가하였다.
② **역도시화** : 도시화의 반대 개념으로 도시 인구 비율이 감소되는 현상
③ **개방화** : 금지하거나 경계하던 것을 멈추고 자유롭게 드나들거나 교류하는 것
④ **국제화** : 한 나라가 경제 · 환경 · 정치 · 문화적으로 다른 여러 나라와 교류하는 것

13 세계화 쟁점의 긍정적인 측면으로 옳은 것은?

① 선진국의 이해관계를 더욱 공고히 한다.

② 계층, 국가 간 빈부 격차가 확대 된다.

③ 국제 사회를 규율하는 국제법의 영향력이 확대된다.

④ 강대국의 문화 확산으로 문화 제국주의가 생길 수 있다.

해 설

세계화 쟁점의 긍정적인 측면은 국제 사회를 규율하는 국제법의 영향력이 확대되고, 경제 번영으로 민주주의가 발전하는 등 여러가지가 있다.

14 다음에서 설명하는 것은?

- 컴퓨터 등을 악용하여 가상 공간에서 행해지는 모든 범죄
- 사이버 폭력, 해킹, 프로그램 불법 복제 등이 해당

① 사이버 범죄　　　　　② 사생활 침해

③ 인터넷 중독　　　　　④ 계층 간의 정보 격차

해 설

사이버 범죄에 해당하는 설명이다. 가상 공간상의 익명성을 이용한 다양한 범죄가 발생하고 있다. 사이버 범죄를 예방하기 위한 정보 윤리 교육이 실시되어야 하며 사이버 범죄 관련 법령을 강화하는 것이 필요하다.

15 다음 글에 나타난 정보화 사회의 문제점으로 옳은 것은?

　사회적, 경제적, 지역적, 신체적 여건으로 인해 정보 통신 서비스에 접근하거나 이용할 수 있는 기회에 차이가 생기는 것을 말한다.

① 정보 격차　　　　　② 재산권 침해

③ 인터넷 중독　　　　　④ 개인 정보 유출

해 설

정보 격차에 대한 설명이다. 정보 격차는 정보에 접근할 수 있는 제도와 환경의 차이가 나타나기 때문에 발생한다. 이를 해결하기 위해서는 정보 소외 계층을 위한 사회 복지 제도 확충 등이 필요하다.

16 (가)~(라)를 지역 조사의 순서대로 옳게 배열한 것은?

> (가) 지역 조사 목적, 주제, 조사 지역을 선정한다.
> (나) 수집된 지리 정보를 정리하고 분석하여 보고서를 작성한다.
> (다) 조사 대상 지역의 지형도, 통계 자료 등을 활용하여 지리 정보를 수집한다.
> (라) 조사 대상 지역을 직접 답사하여 사진 촬영, 지역 주민 대상의 설문 조사를 실시한다.

① (가) – (나) – (다) – (라)
② (가) – (다) – (라) – (나)
③ (가) – (다) – (나) – (라)
④ (가) – (라) – (나) – (다)

정답 | ②

해 설
지역 조사는 '조사 목적, 조사 주제, 조사 지역 선정 → 실내 조사 → 야외 조사 → 지리 정보의 분석 → 조사 보고서 작성'의 순서로 진행 된다. (가)는 조사 목적, 조사 주제, 조사 지역 선정에 해당하고 (나)는 지리 정보의 분석 및 조사 보고서 작성, (다)는 실내 조사, (라)는 야외 조사에 해당한다. 따라서 지역 조사는 (가) – (다) – (라) – (나)의 순서로 진행 된다.

17 다음이 설명하는 내용으로 옳은 것은?

> 온라인 상에서 사람과 사람을 연결해 주어 인맥을 구축하고 정보를 공유하기 위해 제공되는 서비스

① 누리 소통망(SNS)
② 소호(SOHO) 사업
③ 지리 정보 시스템(GIS)
④ 위치 확인 시스템(GPS)

정답 | ①

해 설
누리 소통망(SNS)에 대한 설명이다.
② **소호(SOHO) 사업** : Small Office Home Office의 약자로 개인이 집이나 작은 사무실에서 사업을 하거나, 몇 명이 모여 소규모로 하는 자영업체를 말한다.

18 다음 설명에 해당하는 기본권은?

> 국민이 국가에 대해 적극적으로 특정한 행위를 요구하거나 국민의 기본권이 국가나 타인에 의해 침해당하였을 때 그 구제를 요청할 수 있는 권리

① 평등권
② 자유권
③ 청구권
④ 사회권

정답 | ③

해 설
청구권은 국민이 국가에 대해 적극적으로 행위를 요구할 수 있는 권리로 다른 기본권 보장을 위한 기본권이라는 성격을 갖고 있다.
① **평등권** : 모든 국민이 법 앞에 평등하고 성별 · 종교 또는 사회적 신분 등을 이유로 차별받지 않을 권리
② **자유권** : 개인이 국가나 타인으로부터 간섭이나 침해를 받지 않고 자유로운 생활을 영위할 권리
④ **사회권** : 인간다운 삶의 보장을 국가에 요구할 수 있는 권리

19 인권의 의미와 특징에 대한 설명으로 옳지 <u>않은</u> 것은?

① 하늘이 준 것이라는 의미로 천부성을 갖고 있다.

② 국가나 타인이 함부로 침해할 수 없는 불가침성을 갖고 있다.

③ 성별, 인종, 사회적 지위 등을 초월하여 모든 사람이 동등하게 누리는 권리이다.

④ 법으로 주어지기 이전에 자연적으로 주어지는 권리로서 원하는 경우에 따라 타인에게 양도할 수 있다.

정답 | ④

해 설

인권의 기본 속성에는 인간으로 태어나면서부터 갖게 되는 권리라는 의미의 천부성, 국가나 다른 사람이 침해할 수 없으며 남에게 양도할 수도 없다는 의미의 불가침성, 인종, 성별, 종교, 사회적 신분 등과 관계없이 누구에게나 보장되어야 한다는 보편성, 특정 기간에 박탈당하지 않고 영구히 보장된다는 항구성이 있다.

20 시민 참여의 사례로 옳지 <u>않은</u> 것은?

① 시 의회 의원을 뽑는 선거에 투표권을 행사한다.

② 여행 자금을 모으기 위해 주말 아르바이트를 한다.

③ 억울한 사연을 알리기 위해 아침 신문에 독자 투고를 한다.

④ 아동 학대를 방지하는 법률 제정을 촉구하는 청원 운동을 한다.

정답 | ②

해 설

시민 참여란 공동체의 의사 결정에 직·간접적으로 시민들이 참여하는 것이다. 시민 참여 방법으로는 선거, 국민 투표, 민원 제기, 청원 운동, 집회 참가, 1인 시위, 국가 기관이나 언론 및 인터넷 게시판 등에 의견을 표현하는 활동, 시민 불복종 등이 있다. 아르바이트를 해서 돈을 모으는 것은 개인의 이익을 위한 행위이므로 시민 참여에 해당하지 않는다.

21 사회적 소수자에 대한 설명으로 옳지 <u>않은</u> 것은?

① 집단 구성원들이 스스로 차별받는다고 느낀다.

② 신체적 또는 문화적 특징이 주류 집단과 다르다.

③ 단순히 수가 적은 사람들을 의미한다.

④ 일상생활 속에서 차별을 받거나 부당한 대우를 받는다.

정답 | ③

해 설

사회적 소수자란 한 사회에서 신체적 또는 문화적 특징 때문에 다른 구성원에게 차별을 받으며, 스스로 차별 받는 집단에 속해 있다는 의식을 가진 사람을 의미한다. 사회적 소수자는 단순히 수가 적은 사람들이 아니라 약자의 위치에 있는 사람들을 말한다.

22 다음 헌법 조항이 명시하는 기본권으로 적절한 것은?

> 헌법 제34조 ⑥ 국가는 재해를 예방하고 그 위험으로부터 국민을 보호해야 한다.

① 문화권
② 안전권
③ 연대권
④ 주거권

1. 국어 2. 수학 3. 영어 4. 사회 5. 과학 6. 한국사 7. 도덕 8. 모의고사 9. 정답 및 해설

정답 | ②

해설

헌법 제34조 ⑥항은 안전권의 근거가 된다. 안전권은 국민이 각종 위험으로부터 안전을 보호받을 권리를 뜻한다.

① **문화권** : 개인이 자유롭게 공동체의 문화 생활에 참여하고 예술을 감상하며 과학의 진전에 따른 혜택을 나눠 가질 권리
③ **연대권** : 자신이 소속되어 있는 공동체에서 더 나아가 국제적인 연대와 협력을 할 수 있는 권리
④ **주거권** : 쾌적하고 안정적인 주거 환경에서 인간다운 주거 생활을 할 권리

23 다음 대화에서 을이 강조하는 자산 관리의 기본 원칙은?

> 갑 : 나는 자산이 원금 손해 없이 안전하게 유지되는 게 좋아.
> 을 : 아 그러니? 난 그래도 자산을 이용해서 이윤을 얻을 수 있었으면 좋겠어.

① 안전성
② 수익성
③ 유동성
④ 변제성

정답 | ②

해설

갑은 안전성을, 을은 수익성을 강조하는 자산 관리를 하고 있다.

TIP

자산 관리의 기본 원칙

• **수익성** : 자산을 통해 이자 및 배당 등 이윤을 얻을 수 있는 정도
• **안전성** : 자산이 원금 손해 없이 안전하게 유지될 수 있는 정도
• **유동성** : 자산을 손실 없이 그와 같은 가치의 현금으로 바꾸기 쉬운 정도

24 다음 설명에 해당하는 자산은?

> 정부, 공공단체와 주식회사 등이 일반인으로부터 비교적 거액의 자금을 일시에 조달하기 위해 발행하는 차용증서이다. 상환기한이 정해져 있으며 이자 또한 확정되어 있어 안전성이 높다.

① 증권
② 어음
③ 채권
④ 예금

정답 | ③

해설

채권은 대체로 정부 등이 발행하는 차용증서로 안전성이 높고 이자에 따른 수익성이 있다.

① **증권** : 재산상의 권리와 의무에 관한 사항을 기재한 서면
② **어음** : 발행하는 사람이 일정한 금전의 지급을 약속하거나 또는 제3자에게 그 지급을 위탁하는 유가증권
④ **예금** : 목돈을 일정 기간 은행에 예치하여 만기일에 원금과 이자를 받는 금융상품

25 생애 주기의 단계와 이에 맞는 생애 설계로 옳게 짝지어지지 않은 것은?

① 아동기 – 학교 생활과 진로 탐색
② 청년기 – 자아 정체성 형성
③ 중 · 장년기 – 자녀 양육과 은퇴 자금 마련
④ 노년기 – 건강 관리, 생애 마지막 시간 준비

정답 | ②

해 설

청년기에는 경제적 독립을 위한 직업 준비, 취업 및 능력 계발, 결혼 등 가족 생활을 위한 준비 등이 적절한 생애 설계이다. 자아 정체성 형성은 아동기의 발달 과업으로 적절하다.

26 ㉠에 들어갈 말로 가장 적절한 것은?

> (㉠)은/는 사회를 구성하고 유지하는 공정하고 올바른 도리이고, 개인이나 사회가 추구해야 할 기본적이고 핵심적인 덕목이다. (㉠)은/는 사회 구성원들이 공정하게 자신의 몫을 분배받는 것이다.

① 배려   ② 감사
③ 정의   ④ 평등

정답 | ③

해 설

정의에 대한 설명이다. 정의는 사람들에게 옳은 일을 올바른 태도로 행하도록 하고 옳은 것을 원하게 하는 품성이다.

27 정의가 요청되는 이유로 적절하지 않은 것은?

① 사회 구성원의 기본권 보장
② 옳고 그름에 관한 판단 기준 제공
③ 사회 구성원의 상호 신뢰와 협력의 기반 조성
④ 절대적인 평등을 목표로 사회 갈등을 최소화

정답 | ④

해 설

정의는 개인선과 공동선을 조화롭게 유지시켜 사회 갈등을 최소화한다. 절대적인 평등이 목표라는 말은 적절하지 않다.

TIP
개인선과 공동선
• **개인선** : 개인의 행복 추구나 자아실현 등 개인에게 이익이 되거나 행복을 가져다주는 것
• **공동선** : 공동체가 추구하는 가치로 공동체 모두의 행복이나 발전을 가져다주는 것

28 다음이 설명하는 개념은?

> 일정 수준 이상의 소득이 있는 국민을 대상으로 보험에 의무 가입하게 하여 각종 사회적 위험을 사전 예방하는 제도

① 사회 보험   ② 공공 부조

③ 지방 분산   ④ 규제 완화

29 능력을 기준으로 분배하는 방식이 갖는 한계를 〈보기〉에서 모두 고른 것은?

> ─────── 〈보기〉 ───────
> ㄱ. 모든 사람의 욕구를 충족시키기 어렵다.
> ㄴ. 선천적 자질 등 우연적 요소의 영향을 받는다.
> ㄷ. 사회적 약자의 소외감을 유발한다.
> ㄹ. 개인의 기여도와 상관없이 분배가 이루어진다.

① ㄱ, ㄴ   ② ㄴ, ㄷ

③ ㄷ, ㄹ   ④ ㄱ, ㄹ

30 다음 중 정의와 관련한 내용으로 옳은 것을 〈보기〉에서 모두 고른 것은?

> ─────── 〈보기〉 ───────
> ㄱ. 필요에 따른 분배는 개인의 기여도에 비례하여 분배하는 것이다.
> ㄴ. 업적에 따른 분배는 노동 의욕을 향상시킨다.
> ㄷ. 정의는 사회 구성원의 상호 신뢰와 협력을 촉진시킨다.
> ㄹ. 정의는 사회 구성원들의 삶의 만족도를 향상시킨다.

① ㄱ, ㄴ, ㄷ   ② ㄴ, ㄷ, ㄹ

③ ㄱ, ㄷ, ㄹ   ④ ㄱ, ㄴ, ㄹ

1. 국어
2. 수학
3. 영어
4. 사회
5. 과학
6. 한국사
7. 도덕
8. 모의고사
9. 정답 및 해설

31 다음에 해당하는 문화 이해의 태도로 가장 알맞은 것은?

> 다른 문화의 배경이 되는 자연적 · 역사적 · 사회적 맥락을 알고 문화를 이해하는 태도

① 문화 사대주의
② 문화 상대주의
③ 자문화 중심주의
④ 극단적 문화 상대주의

32 다음 글에서 설명하고 있는 문화 현상은?

> • 한 사회의 문화가 다른 사회로 전해져서 그 사회의 문화에 정착되는 경우가 있다.
> • 아메리카를 발견한 이후 남아메리카 인디언들은 에스파냐어를 사용하고 가톨릭교를 믿는다.

① 문화 지체
② 문화 전파
③ 문화 사대주의
④ 문화 상대주의

33 다음에서 설명하는 특징과 관련된 문화권은?

> 외세의 영향으로 민족, 언어, 종교가 다양하게 분포하며 힌두교를 중심으로 이슬람교와 불교문화가 나타난다.

① 유럽 문화권
② 건조 문화권
③ 아프리카 문화권
④ 아시아 문화권

34 다문화 사회에 대한 설명으로 가장 옳지 <u>않은</u> 것은?

① 다문화 사회는 노동력 부족 문제를 해결해 주어 경제 성장에 기여한다.

② 다문화 사회에서 발생하는 갈등을 줄이기 위해서는 문화의 동질성을 인정해야 한다.

③ 다른 문화에 대한 이해의 부족으로 외국인 주민의 인권을 침해할 수 있다.

④ 우리나라는 국제결혼 이주민과 유학생 등이 증가하면서 다문화 사회로 접어들고 있다.

정답 | ②

해 설
다문화 사회에서 발생하는 갈등을 줄이기 위해서는 문화의 동질성이 아닌 다양성을 인정하고 존중해야 한다.

35 ㉠에 대한 설명으로 옳지 <u>않은</u> 것은?

(㉠)은/는 한 사회에서 과거에 형성되어 세대 간 전승을 통해 오늘날까지 사람들의 생활에 영향을 미치고 있는 고유한 문화이다.

① 전통문화를 의미한다.

② 문화 정체성을 유지하고 자긍심을 고취시킨다.

③ 대외적으로 국가 이미지를 개선시킬 수는 없다.

④ 구성원의 유대감을 강화하고 사회 유지와 통합에 기여한다.

정답 | ③

해 설
전통문화는 대외적으로 국가 이미지를 개선시키고 문화 산업 육성에 기여한다.

TIP
문화 정체성, 문화 산업
• **문화 정체성** : 다른 문화와 구별되는 한 문화의 고유한 특성
• **문화 산업** : 문화 예술의 상품화를 통해 부가가치를 창출해 내는 산업

36 세계의 다양한 문화권에 대한 설명으로 옳지 <u>않은</u> 것은?

① 유럽 문화권은 근대 산업과 자본주의 사상이 발달한 진원지이다.

② 건조 문화권의 주민들은 주로 이슬람교를 믿는다.

③ 아프리카 문화권에서는 열대 기후가 나타난다.

④ 오세아니아 문화권의 주민들은 종교의 영향으로 돼지고기를 먹지 않는다.

정답 | ④

해 설
④는 이슬람교 문화권에 대한 설명이다.

TIP
오세아니아 문화권
오스트레일리아, 뉴질랜드, 태평양 제도를 포함한 지역이다. 유럽 문화의 전파로 영어를 사용하고 상업적 농목업이 발달하였다. 오스트레일리아와 뉴질랜드는 세계적인 목축업 지역이며, 태평양 제도 지역은 관광업이 발달하였다.

1. 국어
2. 수학
3. 영어
4. 사회
5. 과학
6. 한국사
7. 도덕
8. 모의고사
9. 정답 및 해설

37 세계화에 대한 설명으로 옳지 않은 것은?

① 국가 간 교류가 활발해지는 현상이다.

② 근대화를 기점으로 나타나기 시작한 현상이다.

③ 전 세계의 시·공간적 거리가 줄어드는 현상이다.

④ 국제 사회에서 통용되는 국제 규범이 등장하는 현상이다.

정답 | ②

해 설

세계화는 근대화 이전부터 이미 진행되고 있었으며, 근대화 이후부터 변화의 속도가 가속화되고 있다.

38 다음이 설명하는 개념으로 가장 적절한 것은?

> 국가의 경계를 넘어 세계적인 중심지 역할을 수행하는 도시로 뉴욕, 런던, 도쿄 등이 있다.

① 공업 도시

② 관광 도시

③ 세계 도시

④ 대도시

정답 | ③

해 설

세계 도시는 도시의 규모와 기능 및 영향력에 따라 다양한 계층으로 구분된다. 최상위 세계 도시는 주로 전 세계에 영향력을 미치는 선진국에 위치하고, 하위 세계 도시는 선진국뿐만 아니라 개발 도상국에도 위치한다.

① 공업 도시 : 공장이 많이 모여 있는 도시

② 관광 도시 : 경치나 아름답거나 볼거리가 많아 사람들이 놀러 오는 도시

④ 대도시 : 행정, 상업, 공업 등 여러 가지가 골고루 발달한 도시

39 다국적 기업에 대한 설명으로 옳지 않은 것은?

① 연구소는 주로 쾌적한 연구 환경을 갖춘 곳에 입지한다.

② 생산 공장은 주로 저렴한 노동력이 풍부한 곳에 입지한다.

③ 다국적 기업이 진출한 국가는 고용이 증가하기도 한다.

④ 이러한 기업이 세계 무역에서 차지하는 비중이 낮아지고 있다.

정답 | ④

해 설

다국적 기업은 공간적 분업을 통해 본사와 연구소는 주로 선진국에, 생산 공장은 주로 개발 도상국에 입지한다. 다국적 기업이 진출한 국가는 일자리가 창출되어 경제가 활성화되고 있다.

TIP

다국적 기업, 공간적 분업

• **다국적 기업** : 국경을 넘어 세계적으로 생산과 판매 활동을 하는 기업

• **공간적 분업** : 기업 조직의 다양한 기능들의 입지에는 서로 다른 조건이 요구되므로 각 기능에 따라 지역별로 나누어 입지

40 다음에서 설명하는 용어로 가장 적절한 것은?

> • 직접적 폭력의 원인이 근본적으로 해결된 상태
> • 빈곤, 기아, 차별, 불평등과 같이 한 사회의 구조나 문화에 의해 발생하는 간접적 폭력까지 모두 제거된 상태

① 소극적 자유
② 소극적 평화
③ 적극적 자유
④ 적극적 평화

해 설
적극적 평화에 대한 설명이다. 적극적 평화의 상태에서는 개인이 물리적 폭력의 위협뿐 아니라 각종 차별과 억압에서 벗어나 인간의 존엄성을 보장받으며 안전하고 행복한 삶을 살 수 있다.

41 남북통일의 필요성에 대한 내용으로 옳지 않은 것은?

① 동북아시아 및 세계 평화에 기여할 수 있다.
② 민족 문화의 전통을 계승, 발전시킬 수 있다.
③ 분단에 따른 민족 구성원의 고통을 덜어줄 수 있다.
④ 소극적 평화를 포기하고 적극적 평화를 실현할 수 있다.

해 설
통일은 남북 간 전쟁의 위협을 제거하여 소극적 평화를 실현하게 하고, 이산가족의 고통을 덜어줄 수 있고, 북한 주민의 인권을 개선함으로써 적극적 평화의 실현까지도 가능하게 한다.

42 세계화를 옹호하는 사람의 입장으로 가장 적절한 것은?

① 선진국의 문화가 일방적으로 전달될 것이다.
② 소수 민족들의 문화적 전통이 확산될 것이다.
③ 국가 간 활발한 문화 교류를 할 수 있다.
④ 선진국과 개발 도상국 간의 빈부 격차가 생길 것이다.

해 설
세계화를 통해 국가 간 활발한 문화 교류로 서로에게 미치는 영향력이 증가하여 세계의 문화가 선진국의 문화를 중심으로 비슷해져 가는 현상이 나타난다.
①, ② 세계화는 문화의 획일화와 소멸의 문제를 가져올 수 있다.
④ 세계화는 국가 간 빈부 격차의 심화를 가져올 수 있다.

1. 국어
2. 수학
3. 영어
4. 사회
5. 과학
6. 한국사
7. 도덕
8. 모의고사
9. 정답 및 해설

43 ㉠에 대한 설명으로 적절한 것은?

> (㉠)은/는 일정한 영토와 국민을 바탕으로 주권을 행사하는 행위 주체이다.

① 각 국의 정부를 회원으로 한다.
② 외교를 통한 자국의 이익 실현을 목표로 한다.
③ 국제 비정부 기구를 의미한다.
④ 국가 간 분쟁을 중재한다.

44 다음 설명에 해당하는 사회 보장 제도로 옳은 것은?

> 경제적 능력이 없는 취약 계층의 최저 생활을 보장하기 위해 국가가 전액을 부담하며 사후 처방적 성격을 지닌다. 또한 사회 보장 제도 중 소득 재분배 효과가 가장 크다.

① 건강보험
② 산업재해보상보험
③ 국민기초생활보장제도
④ 복지시설 무료이용 기회 제공

45 고령화의 원인을 〈보기〉에서 모두 고른 것은?

> ─── 〈보기〉 ───
> ㄱ. 경제 활동을 하는 여성의 증가
> ㄴ. 경제 발전에 따른 삶의 질 향상
> ㄷ. 다양성을 존중하는 사회 분위기 조성
> ㄹ. 의학 기술의 발달로 인한 평균 수명 증가

① ㄱ, ㄷ   ② ㄱ, ㄹ
③ ㄴ, ㄹ   ④ ㄷ, ㄹ

46 다음 자료를 통해 예상할 수 있는 문제점이 <u>아닌</u> 것은?

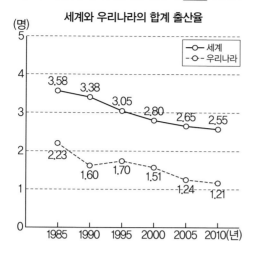

① 노인 부양 부담 가중
② 계층 간 양극화 발생
③ 생산성 저하 문제 발생
④ 노동력 부족 현상 발생

해 설
제시된 자료는 우리나라를 포함하여 세계적으로 출산율이 감소하고 있음을 보여 준다. 이러한 저출산 현상이 지속될 경우 청장년층의 노인 부양 부담이 증가되고, 경제 활동 인구가 감소함으로써 노동력이 감소하고 경제 규모가 축소되는 문제를 예상할 수 있다.

47 다음 중 과학 기술의 발달이 인간 생활에 미치는 부정적인 영향으로 옳은 것을 〈보기〉에서 모두 고른 것은?

─────〈보기〉─────
ㄱ. 무분별한 개발로 환경이 오염되고 생태계가 파괴된다.
ㄴ. 정보 통신의 발달로 개인 정보가 유출된다.
ㄷ. 의료 기술의 발달로 수명이 늘어난다.
ㄹ. 품종 개량으로 식량의 대량 생산이 가능해졌다.

① ㄱ, ㄴ   ② ㄱ, ㄷ
③ ㄴ, ㄷ   ④ ㄷ, ㄹ

해 설
과학 기술의 발달로 우리 생활에 미치는 영향이 많아졌다.
ㄱ. ㄴ. 부정적인 영향
ㄷ. ㄹ. 긍정적인 영향

48 (가)와 (나)에 관련된 인구 이동 유형으로 가장 옳은 것은?

> • (가) : 취업의 기회를 찾아 농촌을 떠나 도시로 이동
> • (나) : 전쟁이나 분쟁으로 인한 난민의 이동

<u>(가)</u>　　　　<u>(나)</u>
① 환경적 이동　　　정치적 이동
② 정치적 이동　　　환경적 이동
③ 경제적 이동　　　정치적 이동
④ 경제적 이동　　　환경적 이동

49 국제 거래의 확대가 국내 경제에 미치는 영향으로 옳지 <u>않은</u> 것은?

① 기업 간 경쟁이 활발해진다.
② 제품의 질이 향상될 수 있다.
③ 더 넓은 시장을 확보할 수 있다.
④ 자원의 편재성이 강화될 수 있다.

50 미래와 미래 예측에 대한 설명으로 옳지 <u>않은</u> 것은?

① 사회가 더욱 복잡해지고 변화 속도가 빨라진다.
② 미래 사회는 예측이 가능하기에 미래에 관한 불확실성은 매우 낮다.
③ 지구촌의 미래 사회의 모습은 긍정적 관점과 부정적 관점이 공존한다.
④ 미래는 결정된 것이 아니므로 지구촌의 노력에 따라 서로 다른 모습으로 변해간다.

PART 4

사회 | 응용문제

1. 국어

2. 수학

3. 영어

4. 사회

5. 과학

6. 한국사

7. 도덕

8. 모의고사

9. 정답 및 해설

01 지구온난화 문제를 탐구하는 관점에 대한 옳지 <u>않은</u> 설명은?

① 시간적 관점 : 과거부터 현재까지의 이산화탄소 증가율을 조사한다.

② 공간적 관점 : 지구온난화의 피해를 심하게 겪고 있는 지역의 사례를 조사한다.

③ 윤리적 관점 : 지구온난화의 해결을 위해 공청회와 같은 제도를 통해 사회 전반의 의견을 수렴한다.

④ 윤리적 관점 : 지구온난화의 원인 제공을 하지 않은 동·식물 또한 피해를 받는 것의 부당함에 대해 성찰한다.

정답 | ③

해 설
사회 제도를 통해 정책 대안을 마련하는 것은 사회적 관점에 해당한다. 따라서 ③은 사회적 관점에 해당한다.

02 다음 글과 관련하여 현대의 행복의 기준에 대한 옳은 설명을 〈보기〉에서 모두 고른 것은?

> 대기업에 다니던 박○○씨는 직장 생활 5년이 되는 해에 사직서를 내고 프랑스로 유학을 떠났다. 그는 파리에서 늘 배우고 싶어 하던 패션을 공부하고 있다. 박 씨는 "내가 정말 하고 싶은 일을 하고 있어 행복하다."고 말한다.

〈보기〉

ㄱ. 행복은 생존을 위해 위험을 피하는 것이다.

ㄴ. 행복의 기준은 과거보다 훨씬 복잡하고 다양하다.

ㄷ. 개인이 느끼는 주관적인 만족감이 기준이 되고 있다.

ㄹ. 행복은 우연한 기회에 운 좋게 주어진 것이다.

① ㄱ, ㄴ   ② ㄴ, ㄷ

③ ㄱ, ㄷ   ④ ㄴ, ㄹ

정답 | ②

해 설
오늘날의 행복은 물질적 풍요보다 스스로 행복을 느끼는 가치를 깨닫고 추구하는데 있다.

ㄱ. 생존을 위해 위험을 피하는 것은 선사 시대 행복의 기준이다.

ㄹ. 행복은 우연한 기회에 주어지는 것이 아니라 인간의 노력으로 이루어진다.

03 서양의 행복론에 대한 설명으로 옳지 <u>않은</u> 것은?

① 스토아학파는 정념에 방해받지 않는 초연한 태도로 자연의 질서에 따라 사는 것을 행복이라고 보았다.

② 칸트는 쾌락을 실천하는 사람이 행복을 누릴 자격이 있다고 보았다.

③ 에피쿠로스학파는 육체에 고통이 없고 마음에 불안이 없는 평온한 삶을 행복이라고 보았다.

④ 벤담은 최대 다수의 최대 행복을 가져다주는 행위를 할 것을 강조하였다.

04 삶의 목적과 행복에 대한 설명으로 옳은 것은?

① 사람들의 삶의 목적은 시대와 장소에 무관하게 동일하다.

② 행복의 기준은 사람마다 다르므로 인간의 모든 행위는 허용된다.

③ 행복의 실현을 위해서는 도덕적 가치를 배제하고 결정해도 된다.

④ 성찰의 자세는 자아실현을 위한 과정으로 행복의 실현에 기여한다.

05 다음은 행복에 대한 다양한 관점이다. (가), (나)가 옳게 짝지어진 것은?

(가)	'나'라는 의식을 벗어 버리기 위한 수행과 고통받는 중생을 구제하여 해탈의 경지에 이르는 것을 행복으로 봄
(나)	타고난 그대로의 본성에 따라 인위적인 것이 더해지지 않은 자연 그대로의 모습으로 살아가는 것을 행복으로 봄

	(가)	(나)		(가)	(나)
①	불교	유교	②	유교	불교
③	도가	불교	④	불교	도가

06 다음 설명의 전통 가옥이 발달하는 기후 지역에서 주로 볼 수 있는 생활 양식을 〈보기〉에서 모두 고른 것은?

> 고상 가옥 : 가옥의 바닥을 지면에서 띄워 짓는 가옥

〈보기〉
ㄱ. 가축의 가죽과 털을 이용한 의복을 입는다.
ㄴ. 해발 고도가 높고 급경사가 있다.
ㄷ. 기름에 볶는 요리가 발달하였다.
ㄹ. 간편하고 헐렁한 의복을 입는다.

① ㄱ, ㄴ
② ㄴ, ㄷ
③ ㄷ, ㄹ
④ ㄱ, ㄹ

정답 | ③

해설
고상 가옥은 열대 우림 기후 지역에서 주로 발달한다. 음식이 쉽게 상할 수 있어서 기름에 볶는 요리가 발달하였고, 열대 우림 기후 지역은 기온과 습도가 높아서 통풍 기능에 좋은 간편하고 헐렁한 의복이 발달하였다.
ㄱ은 한대 기후 지역에 대한 설명이다.
ㄴ은 산지 지역에 대한 설명이다.

07 세계 기후 지역의 생활 양식에 대한 설명으로 옳지 <u>않은</u> 것은?

① 건조 기후 지역은 강수량이 적기 때문에 흙을 이용한 가옥을 주로 짓는다.
② 최근에는 강수량의 차이에 따른 가옥의 지역 차이가 늘어나고 있다.
③ 한대 기후 지역은 비타민 및 고열량 음식 섭취를 위해 날고기와 날생선을 주로 먹는다.
④ 열대 기후 지역과 한대 기후 지역은 기온의 높고 낮음에 따른 생활양식의 차이를 보인다.

정답 | ②

해설
최근 변화로는 건축 기술의 발달, 재료의 발달로 강수량의 차이에 따른 가옥의 지역 차이는 줄어들고 있다.

08 다음은 세계 각국의 자연재해에 관한 글이다. (가)~(다)에 해당하는 자연 재해를 바르게 연결한 것은?

- 2005년 9월, 초대형 (　가　) '카트리나'가 최고 시속 280km의 강풍과 폭우를 동반하여 미국 남부지역을 강타하였다. 이로 인해 미 남부 산업시설이 마비되어 한동안 미국의 경제가 침체되었다.
- 이탈리아의 폼페이에는 오늘날에도 많은 관광객들이 79년 8월, 베수비오 (　나　)(으)로 인한 피해를 보기 위해 방문하고 있다.
- 2011년 3월, 일본 혼슈의 동북부 해안에서 발생한 강한 지진으로 약 10m나 되는 (　다　)(이)가 해안 지역 여러 곳을 휩쓸어 심각한 피해를 주었다.

	(가)	(나)	(다)
①	쓰나미	허리케인	화산 폭발
②	쓰나미	화산 폭발	허리케인
③	허리케인	화산 폭발	쓰나미
④	허리케인	쓰나미	화산 폭발

정답 ┃ ③

해 설
(가) : 허리케인은 북대서양, 동태평양 등 다양한 지역에서 발생한 열대성 저기압 또는 열대성 폭풍이다.
(나) : 폭발로 인해 화산에서 대기나 지표면으로 고체, 유체와 기체 형태의 물질이 분출되는 과정을 화산 폭발이라고 한다.
(다) : 쓰나미는 해저 지진이나 화산 폭발 등의 급격한 지각 변동으로 바닷물이 상하로 진동하고, 이것이 대규모 파동으로 성장하여 발생하는 해일을 말한다.

09 다음의 자연 재해에 대한 설명으로 옳은 것만을 〈보기〉에서 모두 고른 것은?

- 홍수   • 지진

〈보기〉

ㄱ. 홍수는 지형적 요인에 의한 자연 재해이다.
ㄴ. 홍수로 인한 피해를 줄이기 위해서 제방 및 배수 시설을 점검한다.
ㄷ. 지진은 지각 판의 경계에서 자주 발생한다.
ㄹ. 해저에서 지진이 발생할 경우 쓰나미가 발생할 수 있다.

---

① ㄱ, ㄴ　　　　　　　② ㄱ, ㄹ
③ ㄱ, ㄴ, ㄷ　　　　　④ ㄴ, ㄷ, ㄹ

정답 ┃ ④

해 설
홍수는 기후적 요인에 의한 자연 재해이다. 기후 요인에 의한 자연재해로는 홍수, 태풍, 강풍, 폭설, 가뭄 등이 있다.

10 다음이 설명하는 관점으로 가장 적절한 것은?

> • 인간을 가장 가치 있는 존재로 여기는 관점
> • 인간과 자연의 관계에서 인간의 이익이나 행복을 먼저 고려하는 관점

① 인간 중심주의　　　② 생태 중심주의

③ 과학 중심주의　　　④ 자연 중심주의

해 설

인간 중심주의는 인간을 다른 자연적 존재들보다 우월하고 귀한 존재로 파악한다. 인간을 자연으로부터 독립된 존재로 보고 자연을 자체로 가치 있는 존재가 아닌 인간의 생존과 복지를 위한 수단으로 여긴다.

② **생태 중심주의** : 모든 생명체가 자연의 일부이며 자연의 가치를 인정하고 존중하는 관점

11 그림은 시대별 주요 교통수단과 세계의 공간 거리를 나타낸 것이다. (가)시기와 비교한 (나)시기의 상대적 특징을 〈보기〉에서 모두 고르면?

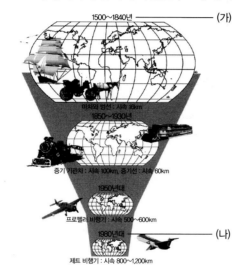

1500~1840년 ――― (가)

마차와 범선 : 시속 16km
1850~1930년

증기 기관차 : 시속 100km, 증기선 : 시속 60km

1950년대

프로펠러 비행기 : 시속 500~600km
1980년대 ――― (나)

제트 비행기 : 시속 800~1,200km

──〈보기〉──

ㄱ. 지역 간의 접근성이 향상되었다.

ㄴ. 지구의 상대적 크기가 확대되었다.

ㄷ. 국가 간 이주 노동자 수가 증가하였다.

ㄹ. 상품 수송에 소요되는 평균 기간이 짧아졌다.

ㅁ. 이동 범위가 짧아 인간의 생활공간이 축소된다.

ㅂ. 국가 간 무역량이 많아지고 자본 투자액이 적어진다.

① ㄱ, ㄴ, ㅂ　　　② ㄱ, ㄷ, ㄹ

③ ㄴ, ㅁ, ㄹ　　　④ ㄷ, ㅁ, ㅂ

해 설

ㄴ. 지구의 상대적 크기가 축소되었다.

ㅁ. 이동범위가 넓어 인간의 생활공간이 확대된다.

ㅂ. 국가 간 무역량이 많아지고 자본 투자액은 증가한다.

따라서 옳은 것은 ㄱ, ㄷ, ㄹ이다.

1. 국어
2. 수학
3. 영어
4. 사회
5. 과학
6. 한국사
7. 도덕
8. 모의고사
9. 정답 및 해설

12 다음 ㉠에 해당하는 내용으로 옳은 것은?

> (㉠)은/는 전체 인구 중에서 도시에 거주하는 인구의 비율이 증가하고 도시적 생활 양식이 확산되는 현상을 말한다.

① 산업화

② 도시화

③ 세계화

④ 역도시화

13 정보화에 따른 우리 생활의 변화 모습으로 보기 어려운 것은?

① 화상 회의, 원격 근무가 활성화되고 있다.

② 대면 접촉을 통한 인간관계가 더욱 활성화되었다.

③ 누리 소통망(SNS)을 통해 의견 표현 및 토론이 가능해졌다.

④ 인터넷이나 모바일 기기를 활용하여 교육이나 쇼핑을 할 수 있게 되었다.

14 다음과 같은 공간정보 기술을 활용한 사례로 적절한 것을 〈보기〉에서 모두 고른 것은?

> 공간 정보 자료를 수치화하여 컴퓨터에 입력·저장하고, 이를 사용자의 요구에 따라 분석·가동하여 각종 분야에 활용할 수 있는 정보 처리 시스템이다.

─────〈보기〉─────

ㄱ. 산불이 번지는 방향을 예측한다.
ㄴ. 산사태 발생 위험지역을 예측하고 관리한다.
ㄷ. 버스의 도착 안내 정보를 실시간으로 확인한다.
ㄹ. 비행기의 자동 항법 장치를 통해 위치를 파악한다.

① ㄱ, ㄴ　　　　　　　② ㄴ, ㄷ
③ ㄴ, ㄹ　　　　　　　④ ㄱ, ㄹ

15 다음은 도시에서 발생하는 문제점과 해결 방안을 정리한 내용이다. 밑줄 친 ㉠~㉣ 중 옳지 않은 것은?

> 1. 대도시
>   (1) 문제점 : 인구 과밀화로 각종 기반 시설 부족, ㉠ 도시 내 노후 공간의 증가에 따른 지역 주민의 삶의 질 하락 등
>   (2) 해결 방안 : 도시 내 기반 시설 확충, ㉡ 재개발을 최소화 등
> 2. 중소도시
>   (1) 문제점 : 일자리·문화 공간 등의 부족, ㉢ 대도시로의 인구 유출 등
>   (2) 해결 방안 : 지역 특성화 사업 추진, ㉣ 각종 서비스의 질 개선을 통한 자족 기능 확충 등

① ㉠　　　　　　　② ㉡
③ ㉢　　　　　　　④ ㉣

16 다음 그래프의 A, B에 들어갈 말을 〈보기〉에서 골라 바르게 나열한 것은?

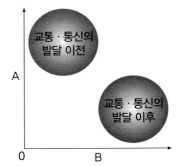

*0에서 멀어질수록 그 수나 정도가 많거나 증가함.

┌─────────────── 〈보기〉 ───────────────┐
│ ㄱ. 교통 혼잡 비용   ㄴ. 지역 간 접근성 │
│ ㄷ. 생태계의 연속성   ㄹ. 지역 문화의 고유성 │
└──────────────────────────────────────┘

	A	B
①	ㄱ, ㄴ	ㄷ, ㄹ
②	ㄷ, ㄹ	ㄱ, ㄴ
③	ㄱ, ㄹ	ㄴ, ㄷ
④	ㄴ, ㄷ	ㄱ, ㄹ

정답 | ②

해 설
교통·통신의 발달로 지역 간 접근성은 향상되고, 교통량이 증가하면서 교통 혼잡 비용이 증가하였다. 반면 교통·통신의 발달로 생태계의 연속성은 단절되었으며 문화의 확산 속도가 빨라져 지역 문화의 고유성은 약화되었다.

17 다음 헌법조항에 대한 의의로 가장 적절하지 않은 것은?

┌──────────────────────────────────────┐
│ 헌법 제 1조 ① 대한민국은 민주 공화국이다. │
│   ② 대한민국의 주권은 국민에게 있고, 모든 권력은 국 │
│   민으로부터 나온다. │
└──────────────────────────────────────┘

① 주권이 국민에게 있고, 모든 권력의 정당성은 국민으로부터 나온다는 것을 헌법에 명시한다.

② 헌법을 비롯한 모든 법령의 제정과 해석의 기준이 된다.

③ 권력 행사의 한계와 정책 결정의 방향을 제시한다.

④ 대통령의 권한으로 언론·출판·집회·결사의 자유를 제한할 수 있음을 보여준다.

정답 | ④

해 설
주어진 헌법조항은 국가 의사를 최종적으로 결정하는 주권이 국민에게 있다는 국민 주권주의에 관한 규정이다. 따라서 국민의 자유로운 정치적 의사 형성을 위해 언론·출판·집회·결사의 자유는 제한될 수 없다.

18 다음에서 보장받지 못하고 있는 기본권은?

> 프랑스 혁명 결과 우선적으로 선거권을 갖게 된 사람들은 전체 성인 남성의 3%에 불과하였다. 부유한 성인 남성만이 선거권을 행사할 수 있었다.

① 평등권   ② 자유권
③ 사회권   ④ 청구권

정답 | ①

해설
제시된 내용은 합리적인 이유 없이 차별받지 않을 권리인 평등권을 보장 받지 못한 사례이다.
② 자유권 : 국가 권력의 간섭이나 침해를 받지 않고 자유롭게 생활할 권리이다.
③ 사회권 : 국민이 국가에 대하여 인간다운 생활의 보장을 요구할 수 있는 권리이다.
④ 청구권 : 국민이 국가에 대하여 일정한 행위를 요구할 수 있는 권리이다.

19 준법 의식에 대한 옳은 설명을 〈보기〉에서 모두 고른 것은?

> ──〈보기〉──
> ㄱ. 법을 잘 준수하고자 하는 자세이다.
> ㄴ. 준법 의식 없이도 법치주의가 실현될 수 있다.
> ㄷ. 구성원 간의 충돌을 막아 사회를 유지시킨다.
> ㄹ. 인권보다 더 중요한 것은 준법 의식이다.

① ㄱ, ㄴ   ② ㄱ, ㄷ
③ ㄴ, ㄹ   ④ ㄷ, ㄹ

정답 | ②

해설
사회 구성원들이 준법 의식을 가짐으로써 구성원 간의 충돌을 막아 사회를 유지할 수 있으며, 개인의 자유와 권리도 보호할 수 있다.
ㄴ. 준법 의식 없이는 시민들의 인권을 보장하기 위한 법치주의가 실현될 수 없다.
ㄹ. 준법 의식은 궁극적으로는 인권이 보장되는 국가 공동체를 만드는 데 기여한다.

20 다음은 A군이 체결한 근로 계약서이다. ㉠~㉣ 중 옳지 <u>않은</u> 것은?

> 사업자 갑(50세)과 근로자 A(17세)는 다음과 같이 근로 계약을 체결한다.
> ㄱ. 계약 기간 : 2020. 10. 1. ~ 2020. 12. 31.
> ㄴ. 근무 장소 : 패스트푸드 프랜차이즈 ○○지점(주소 : △△시 ◎◎구 ☆☆로 ◇◇)
> ㄷ. 업무 내용 : 판매 보조, 재고 관리
> ㄹ. 근무일/휴일 : ㉠ 월~금/토~일
> ㅁ. 근로 시간 : ㉡ 오전 9시 ~ 오후 1시
> ㅂ. 임금 : ㉢ 성인 최저 임금의 80%
> ㅅ. 임금 지급일 : ㉣ 매월 말일

① ㉠
② ㉡
③ ㉢
④ ㉣

정답 | ③

해 설
청소년은 만 15세 이상 근로가 가능하며 청소년의 하루 근로 시간은 하루 7시간을 넘지 못한다. 청소년도 성인과 같은 최저 임금을 적용받으므로 ㉢의 내용은 옳지 않다.

21 다음 사례에서 나타나는 문제의 해결 방안으로 적절한 것은?

> • 캄보디아에서 온 이주 노동자 B씨는 하루 15시간씩 휴식 시간 없이 장시간 근로를 하고 있다.
> • 탈북 과정에서 정서적 불안을 겪은 북한 이탈 주민 A씨는 한국에 정착한 이후에도 사회에서 부당한 대우를 받거나 차별로 인해 적응하지 못하고 있다.

① 사회적 소수자에 편견을 가지고 대한다.
② 사회 구성원에 대한 이분법적 사고를 가진다.
③ 사회적 소수자를 위한 정책과 법률을 정비해야 한다.
④ 이주 노동자의 현황 파악을 위해 외국인 출입국 기준을 강화한다.

정답 | ③

해 설
사회적 소수자를 위한 지원·보호 센터를 설립하는 등의 정책과 법률을 정비해야 한다.
① 사회적 소수자에 대한 편견을 버리고 인간은 누구나 존엄한 존재라는 생각으로 그들을 대해야 한다.
② 사회 구성원에 대한 이분법적 사고는 옳지 않다.
④ 사회적 소수자의 해결 방안과 거리가 먼 설명이다.

22

다음 헌법 조항에서 중시하는 기본권의 성격에 해당하는 내용을 〈보기〉에서 모두 고른 것은?

〈독일 바이마르 헌법〉
제163조 2. 모든 국민에게는 노동할 기회가 부여된다. 적당한 노동의 기회를 가지지 못하는 자에 대하여는 필요한 생활비를 지급한다.

〈보기〉
ㄱ. 정치에 참여할 수 있는 권리이다.
ㄴ. 국가에 적극적으로 요구하는 권리이다.
ㄷ. 최소한의 인간다운 생활 수준을 보장하는 권리이다.
ㄹ. 개인이 자신의 자유로운 영역에 대해서 국가 권력에 의한 간섭이나 침해를 받지 않을 권리이다.

① ㄱ, ㄴ
② ㄱ, ㄷ
③ ㄴ, ㄷ
④ ㄴ, ㄹ

정답 | ③

해설
인간다운 생활의 보장을 국가에 요구할 수 있는 권리인 '사회권'과 관련한 내용이다. 근로의 권리, 교육을 받을 권리, 쾌적한 환경에서 살 권리 등이 있다.
ㄱ. 참정권에 대한 내용이다.
ㄹ. 자유권에 대한 내용이다.

23

다음에 해당하는 근로자의 권리는?

근로조건의 향상을 도모하기 위하여 근로자와 그 단체에게 부여된 단결의 조직 및 활동을 위시하여 단결체에 가입 및 단결체의 존립 보호를 위한 헌법상의 권리이다.

① 단결권
② 단체 교섭권
③ 단체 행동권
④ 노동조합

정답 | ①

해설
단결권 : 사용자와 협상할 수 있는 단체인 노동조합을 조직할 수 있는 권리
② 단체 교섭권 : 근로 조건의 개선을 위해 노동조합이 사용자와 협의할 수 있는 권리
③ 단체 행동권 : 사용자에게 압력을 행사하는 권리
④ 노동조합 : 노동자가 주체가 되어 근로조건의 유지, 개선 등을 목적으로 조직하는 단체

24 다음 글과 관련있는 자산 관리의 원칙은?

> 일상생활을 하다 보면 갑자기 현금이 필요한 경우가 생기는데, 현금으로 쉽게 바꿀 수 없는 자산이라면 이를 현금으로 바꾸기 위해서 일정한 손실을 감수해야 한다.

① 수익성   ② 안전성
③ 유동성   ④ 환금성

정답 | ③

해 설

유동성 : 자산을 현금으로 전환할 수 있는 정도
① **수익성** : 자산을 통해 이자 및 배당 등 이윤을 얻을 수 있는 정도
② **안전성** : 자산이 원금 손해 없이 안전하게 유지될 수 있는 정도
④ **환금성** : 자산의 완전한 가치를 현금화할 수 있는 가능성

25 다음에서 설명하는 개념은?

> 어떤 대안을 선택함으로써 포기하는 대안 가운데 가장 가치가 큰 것으로 명시적 비용과 암묵적 비용을 합한 값(단, 매몰 비용은 고려해서는 안 됨)

① 편익   ② 매몰 비용
③ 기회비용   ④ 회계적 비용

정답 | ③

해 설

합리적 선택을 위해서는 기회비용을 고려한다. 매몰 비용이란 이미 지불하여 회수할 수 없는 비용을 말한다.

TIP
명시적 비용, 암묵적 비용
• **명시적 비용** : 어떤 대안을 선택함으로써 실제로 지불하는 비용
• **암묵적 비용** : 실제로 지불한 것은 아니지만 어떤 대안을 선택함에 따라 얻을 수 있었으나 포기한 경제적 이익

26 다음 사례에 나타난 소비 행위를 설명하는 개념으로 옳은 것은?

> • 환경 친화적인 방식으로 닭을 길러 수확한 달걀만 구입한다.
> • 제3세계 노동자들에게 정당한 노동의 대가를 지급하고 생산된 커피를 구입한다.

① 과소비   ② 모방 소비
③ 합리적 소비   ④ 윤리적 소비

정답 | ④

해 설

제시된 사례에 나타난 소비 행위는 윤리적 소비이다. 윤리적 소비는 소비자의 소비 행위가 원료 재배, 생산, 유통 등의 전 과정과 연결되어 있다는 것을 인식하고, 친환경 상품이나 공정 무역 상품 등을 소비하는 것이다. 단지 순편익이 큰 대안을 선택하여 소비하는 것과 달리 윤리적 기준을 적용하여 소비하는 것이 윤리적 소비이다.

27 다음 A~D가 선택한 금융 자산에 관한 설명으로 옳지 <u>않은</u> 것은?

> A : 얘들아, 너희는 만약 여유 자금 1000만 원이 있다면 어떻게 관리할거야?
>
> B : 나는 필요할 때 언제든 돈을 바로 찾아 쓸 수 있도록 요구불 예금 통장을 만들거야.
>
> C : 나는 3년 만기로 정기 예금에 넣어 둘래.
>
> D : 얘들아, 주식이 최고야. 돈을 벌기 위해서는 주식이 최고란다.
>
> A : 내 생각은 달라. 난 주식보다는 채권에 투자하겠어.

① A가 선택한 금융 자산은 B가 선택한 금융 자산보다 안전성이 낮다.
② B가 선택한 금융 자산은 유동성이 높다.
③ C가 선택한 금융 자산은 요구불 예금에 비해 수익성이 높다.
④ A가 선택한 금융 자산은 D가 선택한 금융 자산보다 수익성이 높다.

1. 국어 2. 수학 3. 영어 4. 사회 5. 과학 6. 한국사 7. 도덕 8. 모의고사 9. 정답 및 해설

정답 | ④

해설
A가 선택한 채권은 D가 선택한 주식보다 수익성이 낮지만 안전성은 높은 편이다.
① A는 B가 선택한 예금보다는 안전성이 낮지만 수익성이 높은 채권이다.
② B가 선택한 요구불 예금은 자유롭게 입·출금을 할 수 있어 유동성이 높다.
③ C가 선택한 정기 예금은 일정 금액의 돈을 계약 기간 동안 맡겨두기 때문에 요구불 예금에 비해 수익성이 높다.

28 시장 경제 참여자의 바람직한 역할로 옳게 짝지어지지 <u>않은</u> 것은?

① 정부 – 빈부 격차를 개선하여 사회 안정을 도모
② 기업 – 불확실성에 도전하는 기업가 정신을 바탕으로 기술 혁신
③ 노동자 – 고용 창출, 윤리적 경영을 위한 노력
④ 소비자 – 합리적 소비를 넘어 윤리적 소비를 하기 위해 노력

정답 | ③

해설
고용 창출, 윤리적 경영을 위한 노력은 기업의 바람직한 역할이다. 노동자는 노동자로서의 권리를 스스로 추구하고 생산 활동에 적극 참여하고 기업과 동반자적 입장에 있음을 인식한다.

29 다음 대화에 나타난 정의의 실질적 기준에 대한 설명으로 옳은 것은?

> A : 이번에 장학금을 지급하려고 하는데 어떤 기준으로 장학금을 지급할까요?
>
> B : 학교 성적이 우수한 학생에게 장학금을 지급해야 합니다.
>
> C : 형편이 어려운 학생에게 장학금을 지급해야 한다고 생각합니다.

① B의 기준은 성취동기를 북돋을 수 없다.
② B의 기준은 서로 다른 업적도 비교하기 쉽다.
③ C는 필요를 기준으로 하는 정의를 강조한다.
④ C의 기준은 사회적 불평등을 심화시킨다.

정답 | ③

해설
B의 기준은 업적을 기준으로 하는 분배이고, C의 기준은 필요를 기준으로 하는 분배이다.
① B의 기준은 성취동기를 북돋을 수 있다. 개인의 업적만큼 보상하여 성취 의욕과 창의성을 높여주기 때문이다.
② B의 기준의 한계는 서로 다른 업적은 비교하기 어렵다는 것이다.
④ C의 기준은 사회 안전망을 마련하고 사회적 불평등을 완화시킨다.

30 다음 글과 같은 현상에 대한 옳은 설명은?

> 재산, 권력, 사회적 지위, 쾌적한 공간 등과 같은 사회적 자원이 불평등하게 분배되어 개인이나 집단 및 지역 등이 서열화 되어 있는 현상

① 사회적 약자는 구성원의 수와 관련이 있다.

② 불평등이 심화되면 중간 계층이 늘어난다.

③ 개인이나 집단의 생활양식, 기회 제공 등에까지 영향을 준다.

④ 개인의 능력이나 노력, 배경이 다르기 때문에 이러한 현상이 일어나는 것은 아니다.

31 다음 글을 읽고 '공유지의 비극'과 같은 문제가 발생한 이유로 가장 적절한 것은?

> 〈공유지의 비극(The Tragedy of the Commons)〉
> 어느 시골에 공동 목초지가 있었다. 농부들은 너도 나도 공유지에 소를 풀어놓았다. 풀이 자라는 속도보다 소들이 풀을 먹는 속도가 빠르고 공유지에 오물이 가득하게 되자, 공유지는 결국 황무지가 되고 말았다.

① 집단의 이익만을 중시했기 때문에

② 공유지를 지나치게 보호했기 때문에

③ 개인의 성취동기를 무시했기 때문에

④ 공동선을 고려하지 않고 개인의 이익만 추구했기 때문

32 다음은 정의로운 사회를 위한 사회 복지 제도에 대한 설명이다. (가)와 (나)에 해당하는 제도에 대한 내용을 〈보기〉에서 찾아 바르게 연결한 것은?

> • (가) : 사회 취약 계층에 대해 상담, 재활 돌봄 등의 다양한 서비스를 제공하는 제도
> • (나) : 일정 수준 이상의 소득이 있는 국민을 대상으로 의무 가입하게 하여 각종 사회적 위험을 사전에 예방하는 제도

> ───── 〈보기〉 ─────
> ㄱ. 개인과 기업, 정부가 보험료를 분담
> ㄴ. 노인 돌봄 서비스, 장애인 활동 지원
> ㄷ. 국민 연금, 고용보험, 노인 장기 요양 보험
> ㄹ. 비금전적 지원의 형태

	(가)	(나)
①	ㄱ, ㄷ	ㄴ, ㄹ
②	ㄴ, ㄷ	ㄱ, ㄹ
③	ㄴ, ㄹ	ㄱ, ㄷ
④	ㄱ, ㄹ	ㄴ, ㄷ

정답 | ③

해 설

(가)는 사회 서비스이다. 사회 서비스는 비금전적 지원이며 취약 계층에게 필요한 다양한 서비스를 제공한다. 노인 돌봄 서비스, 장애인 활동 지원 등이 있다. (나)는 개인과 기업, 정부가 보험료를 분담하여 사회적 위험을 사전에 예방하는 사회 보험이다.

33 ㉠에 해당하는 것을 〈보기〉에서 모두 고른 것은?

> (㉠)은/는 사회적 약자를 우대함으로써 실질적인 기회의 평등을 보장하는 정책이다.

> ───── 〈보기〉 ─────
> ㄱ. 기업에서 일정 비율 이상의 장애인을 고용
> ㄴ. 비례 대표 의원 후보자 추천 시 여성 의무 배정 기준을 준수
> ㄷ. 남성 근로자에게 육아 휴직 허용
> ㄹ. 저렴한 공공 임대 주택 공급

①	ㄱ, ㄴ	②	ㄴ, ㄷ
③	ㄷ, ㄹ	④	ㄱ, ㄹ

정답 | ①

해 설

㉠은 적극적 우대 조치이다. 역차별의 소지가 있으므로 혜택 정도가 과도하여 문제가 제기되지 않도록 주의해야 한다.
ㄷ. 양성 평등 및 일과 가정의 양립을 위해 지원하는 것이다.
ㄹ. 공간 불평등 완화 정책인 도시 내부 불평등 개선을 위한 것이다.

TIP

적극적 우대 조치의 필요성
사회적 약자에 대한 차별이 오랜 기간 지속되어 강력한 우대 조치 없이는 실질적 해결이 어려움

1. 국어
2. 수학
3. 영어
4. 사회
5. 과학
6. 한국사
7. 도덕
8. 모의고사
9. 정답 및 해설

34 다음 자료에 나타난 문화 이해 태도는?

> 티베트 사람들은 히말라야 산지의 험준한 지형 때문에 시신을 매장하기가 어려워 시신을 들판에 내다놓고 새들이 쪼아 먹게 하는 조장이라는 독특한 장례 문화가 형성되었다. 이는 시신으로 배를 채운 새가 하늘을 높이 날면 죽은 사람의 영혼도 하늘을 향한다고 생각하기 때문이다. 이와 같이 한 사회의 문화를 이해할 때 그 사회의 특수한 환경을 고려하는 것이 다양한 문화를 올바르게 이해하는 데 필요한 태도이다.

① 문화 상대주의　　　② 자문화 중심주의
③ 문화 사대주의　　　④ 극단적 상대주의

정답 | ①

해 설
문화 상대주의 : 다양한 문화를 존중하는 태도로 각 문화를 그 사회의 자연적 환경이나 역사적, 사회적 맥락에 비추어 이해하는 태도
② **자문화 중심주의** : 자문화가 다른 문화보다 우월하다고 보는 태도
③ **문화 사대주의** : 다른 문화가 자문화보다 우월하다고 보는 태도
④ **극단적 상대주의** : 보편적 가치 실현과 문화의 질적 발전을 저해할 수 있는 태도

35 다음과 관련된 문화의 개념은?

> 미국에서는 아프리카 음악과 유럽 음악의 요소가 결합하여 재즈가 등장했다.

① 문화 지체　　　② 문화 융합
③ 문화 동화　　　④ 문화 병존

정답 | ②

해 설
문화가 전파되면서 새로운 제3의 문화가 나타나는 '문화 융합'에 해당하는 사례이다.
① **문화 지체** : 물질 문화의 변동 속도를 비물질 문화가 따라가지 못해서 발생하는 부조화 현상이다.
③ **문화 동화** : 한 문화가 다른 문화에 흡수되어 고유의 성격을 잃어버리는 현상이다.
④ **문화 병존** : 새로운 문화 요소와 기존 문화 요소가 동시에 존재하는 현상이다.

36 다문화 사회의 문화갈등을 해결하기 위한 태도 및 해결책으로 바람직하지 <u>않은</u> 것은?

① 다른 문화를 이해하고 포용하려는 태도를 갖는다.
② 다문화 가정 자녀가 소속감을 느낄 수 있도록 돕는다.
③ 다른 문화를 존중하고 배려하며 공존하려는 태도를 함양한다.
④ 다른 문화를 문화 사대주의적 관점에서 이해한다.

정답 | ④

해 설
다문화 사회에서는 다른 문화를 문화 상대주의적 관점으로 이해하여야 한다.

TIP
다문화 사회로 인한 문제점 해결책
• 다문화 가정에 대한 정부의 사회보장 제도 확충 및 사회안전망 구축
• 다문화 사회에 대한 이해를 바탕으로 다른 문화를 존중하고 공존하려는 태도의 함양
• 사회 참여 확대를 통해 소속감과 일체감을 느낄 수 있도록 도움

37 다음 글을 쓴 글쓴이가 가지고 있는 문제점을 바르게 지적한 것은?

> 집안의 명예를 더럽혔다는 이유로 가족 구성원을 죽이는 명예 살인이라는 관습이 있다. 요르단 · 이집트 · 예멘 등 이슬람권에서 순결이나 정조를 잃은 여성 또는 간통한 여성들을 상대로 자행되어 온 관습이다. 이러한 명예 살인은 그 나라의 고유한 문화이고 나름대로의 이유가 있으니 인정해야 한다.

① 문화의 상대성을 인정해야 한다.
② 인류의 보편적 가치에 어긋난다.
③ 문화를 이해의 대상으로 바라보아야 한다.
④ 문화가 평가의 대상이 아님을 알아야 한다.

정답 | ②

해 설
명예 살인과 같이 구성원의 인권을 침해하고 생명을 해치는 문화는 시대와 장소를 초월하여 모든 사람이 존중하고 따라야 할 보편 윤리의 가치를 훼손하고 있다.

38 (가)와 (나)와 같은 종교 경관을 볼 수 있는 곳을 바르게 짝지은 것은?

> • (가) : 갠지스 강이 비슈누 신의 발뒤꿈치에서 흘러나온 물이라 생각하여 신성하게 생각한다. 갠지스 강에서 종교 의식으로 목욕을 한다. 소를 신성시하여 쇠고기를 먹지 않는다.
> • (나) : 돼지고기와 음주가 금지되고, 하루 다섯 차례 기도와 1개월에 이르는 단식을 한다.

	(가)	(나)
①	힌두교 문화권	이슬람교 문화권
②	이슬람교 문화권	크리스트교 문화권
③	힌두교 문화권	불교 문화권
④	이슬람교 문화권	힌두교 문화권

정답 | ①

해 설
(가)는 쇠고기를 먹지 않는 것으로 보아 힌두교 문화권이다. (나)는 이슬람교 문화권과 관련 있다.

TIP
할랄(Halal)
이슬람 율법에 제시되어 있는 이슬람교도에게 허용된 것을 뜻한다. 이슬람교도인 무슬림이 먹고 쓸 수 있는 제품을 총칭한다.

1. 국어
2. 수학
3. 영어
4. 사회
5. 과학
6. 한국사
7. 도덕
8. 모의고사
9. 정답 및 해설

173

39 다음 밑줄 친 부분에 들어갈 내용으로 가장 적절하지 <u>않은</u> 것은?

> 세계화는 국제 사회의 상호 의존성 증가로 세계가 하나로 통합되는 현상이다. 다른 나라에서 만든 물건을 쉽게 사서 쓸 수 있게 되고 유행이나 문화도 전보다 쉽게 퍼지게 되었지만 세계화가 좋은 점만 있는 것은 아니다. 예를 들면, _____

① 국가 간 빈부 격차의 심화
② 다국적 기업의 활동 범위 축소
③ 선진국의 문화로 획일화되는 현상
⑤ 약소국의 고유한 문화의 소멸

40 밑줄 친 ㉠~㉣의 내용 중 옳지 <u>않은</u> 것은?

> ㉠ 소극적 평화란 전쟁이나 테러와 같은 물리적 폭력이 없는 상태를 의미한다. ㉡ 소극적 평화를 실현하기 위해서는 전쟁, 범죄, 테러와 같은 직접적 폭력을 제거하는 것이 중요하다. ㉢ 적극적 평화란 직접적 폭력이 있더라도 빈곤, 기아, 각종 억압과 차별 및 불평등과 같이 한 사회의 구조나 문화에 의해 발생하는 간접적인 폭력은 제거된 상태를 의미한다. 따라서 ㉣ 적극적 평화가 실현되어야 우리는 진정한 의미에서의 평화를 누릴 수 있다.

① ㉠   ② ㉡
③ ㉢   ④ ㉣

41 다음 중 ㉠, ㉡에 해당하는 것으로 가장 옳은 것은?

- (㉠) : 분단으로 인한 대립과 갈등으로 발생하는 비용
- (㉡) : 통일 이후 남북한 체제가 통합하는 데 소요되는 비용

	㉠	㉡
①	분단 비용	통일 비용
②	분단 비용	평화 비용
③	통일 비용	분단 비용
④	통일 비용	평화 비용

정답 | ①

해 설

㉠에 해당하는 분단 비용은 분단 상태가 지속됨으로써 발생하는 경제적·경제외적 비용의 총체이다. 분단 기간 중 지속 발생하고 통일과 동시에 소멸한다. ㉡에 해당하는 통일 비용은 통일에 수반되는 경제적·경제외적 비용의 총체이다. 통일 후 일정 기간 한시적으로 발생한다.

42 동아시아 지역의 역사 갈등 및 영토 문제에 대한 설명으로 옳지 않은 것은?

① 일본의 야스쿠니 신사 참배 문제로 갈등이 발생하고 있다.

② 1993년에 발표된 고노 담화는 독도가 한국 땅이라는 공식 성명이다.

③ 중국은 동북 공정을 통해 고조선, 고구려, 발해의 역사를 중국의 지방사라고 주장하고 있다.

④ 일본의 일부 우익 세력은 식민지 지배와 침략 전쟁을 정당화하는 내용이 담긴 역사 교과서를 만들었다.

정답 | ②

해 설

1993년에 발표된 고노 담화는 일본군 '위안부'로 강제 동원된 피해자들에게 사과와 반성을 한 일본 정부의 공식 성명이다.

TIP

동북 공정

중국의 동북 3성 지역(헤이룽장 성, 지린 성, 랴오닝 성)의 역사와 문화를 체계적으로 연구하겠다는 중국 정부의 연구 작업

1. 국어
2. 수학
3. 영어
4. 사회
5. 과학
6. 한국사
7. 도덕
8. 모의고사
9. 정답 및 해설

43 다음은 ○○회사에 대한 설명이다. 이와 같은 유형의 기업에 대한 옳은 설명은?

> ○○회사의 생산 공장은 중국, 인도 등에 있고 전 세계 500개가 넘는 공장에서 100만여 명의 노동자들이 제품을 생산하여 전 세계의 소비자에게 상품을 판매하고 있다.

① 선진국에 설립된 공장에서 생산된 상품만을 판매한다.
② 개발 도상국으로만 상품을 판매한다.
③ 국경을 넘어 세계적으로 생산과 판매 활동을 한다.
④ 본사는 주로 저렴한 노동력이 풍부한 개발 도상국에 입지한다.

44 다음에 해당하는 에너지 자원은?

> 전 세계에 고루 분포되어 있어 매장량이 풍부하고 고체연료이므로 이동 및 저장이 쉽다.

① 석탄
② 석유
③ 천연가스
④ 원자력

45 인구 분포에 영향을 미치는 인문 환경 요소에 해당하는 것을 〈보기〉에서 모두 고른 것은?

> ── 〈보기〉 ──
> ㄱ. 기후가 온화한 지역은 인구가 많다.
> ㄴ. 교통이 편리한 대도시는 인구가 많다.
> ㄷ. 경제 수준이 높은 지역일수록 인구가 많다.
> ㄹ. 넓은 평야 지대는 농업에 유리하여 인구가 많다.

① ㄱ, ㄴ
② ㄱ, ㄹ
③ ㄴ, ㄷ
④ ㄷ, ㄹ

46 다음 중 과학의 발달이 우리 생활에 미치는 영향으로 옳지 <u>않은</u> 것은?

①	생명 공학 기술	인간의 건강 증진 및 수명 연장
②	정보 통신 기술	의사소통이 빨라지고 편리해짐
③	교통수단의 발달	풍부한 에너지 제공
④	문화 예술의 발달	3D 입체 영상 제작 기술 등의 발달

47 지도에 표시된 자원에 해당하는 설명은?

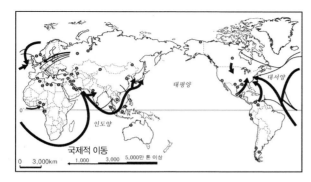

① 에너지 효율이 높고 오염물질의 배출량이 적다.

② 비교적 넓은 지역에 분포하여 국제적 이동이 적다.

③ 최근 액화 기술의 발달로 장거리 수송이 가능하다.

④ 편재성이 매우 크고, 사용량이 많아 국제적 이동이 많다.

48 선진국과 개발 도상국에 관한 내용 중 가장 옳은 것은?

① 선진국은 개발 도상국보다 고령화 문제가 심각하다.

② 인구 문제를 해결하기 위해 선진국에서는 출산 억제 정책이 실시된다.

③ 개발 도상국에서는 여성의 사회 활동 증가로 저출산 문제가 나타난다.

④ 개발 도상국은 선진국보다 노년 부양비가 증가하여 노년층을 위한 사회적 비용이 증가한다.

정답 | ③

해설
교통수단의 발달로 인간의 활동 영역이 증가한다.

TIP
과학을 대하는 우리의 자세
• 과학이 지구 환경의 보존과 인류 전체의 평화와 복지를 위해 사용될 수 있도록 항상 관심을 갖는다.
• 새로 개발될 과학 기술들의 성격과 활용 분야를 충분히 고려하고 검토하여 발생할 수 있는 부정적인 영향에 대비한다.

정답 | ④

해설
지도에 표시된 자원은 석유로 신생대 지층에 매장되어 있어 비교적 좁은 지역에 분포되어 있으며 편재성이 매우 크고, 사용량이 많아 국제적 이동이 많다.
①, ③은 천연가스, ②는 석탄이다.

정답 | ①

해설
고령화 문제는 선진국에서 주로 나타나는 인구 문제이다. 의학 발달과 생활 수준 향상에 따른 평균 수명 연장에 그 원인이 있다.
② 출산 장려 정책이 추진되고 있다.
③ 선진국에서는 여성의 사회 활동 증가로 저출산 문제가 나타난다.
④ 선진국은 개발 도상국보다 노년 부양비가 증가하여 노년층을 위한 사회적 비용이 증가한다.

49 에너지 자원에 대한 설명 중 가장 옳지 <u>않은</u> 것은?

① 석유는 화석 에너지 중에서 국제 이동량이 가장 많다.

② 석유는 석탄보다 수송용으로 사용되는 비중이 높다.

③ 천연가스는 석탄보다 연소 시 대기 오염의 물질의 배출량이 많다.

④ 전 세계 석유 매장량의 절반 정도가 서남아시아에 분포하는 것은 자원의 편재성에 해당한다.

정답 | ③

해 설

천연가스는 석탄과 석유에 비해 연소 시 대기 오염 물질의 배출량이 적다.

① 석유는 세계의 소비량이 많고 지역적인 편재성이 커서 국제 이동량이 많다.

② 석유는 주로 수송용 및 석유 화학 공업의 원료로 이용된다.

④ 석유는 서남아시아 지역의 수출량 비중이 높다. 편재성이란 대부분의 자원이 특정 지역에 편중되어 분포하는 성질을 뜻한다.

50 미래 사회를 긍정적으로 예측하는 관점에 해당하는 것을 〈보기〉에서 모두 고른 것은?

───〈보기〉───

ㄱ. 과학 기술의 발달로 난치병을 치료할 수 있는 가능성이 높아진다.

ㄴ. 특정 직업의 소멸로 인한 실업 문제가 발생할 수 있다.

ㄷ. 사물 인터넷 발달 등으로 생활의 편리성이 증대된다.

ㄹ. 국가 간 이해관계가 대립하면서 세계 여러 지역에서 다양한 갈등이 발생할 것이다.

① ㄱ, ㄴ

② ㄱ, ㄷ

③ ㄴ, ㄹ

④ ㄷ, ㄹ

정답 | ②

해 설

생명 공학이 발달하면 인간의 유전자 분석을 통해 개인의 맞춤형 치료도 가능하게 되어 난치병을 치료할 수 있는 가능성이 높아진다. 여러 과학 기술의 발달로 생활의 편리성이 높아질 것이다.

ㄴ. ㄹ. 부정적인 관점에 해당한다.

TIP

사물 인터넷(Internet of Things, IOT)

사물에 센서를 부착해 실시간으로 데이터를 인터넷으로 주고받는 기술이나 환경

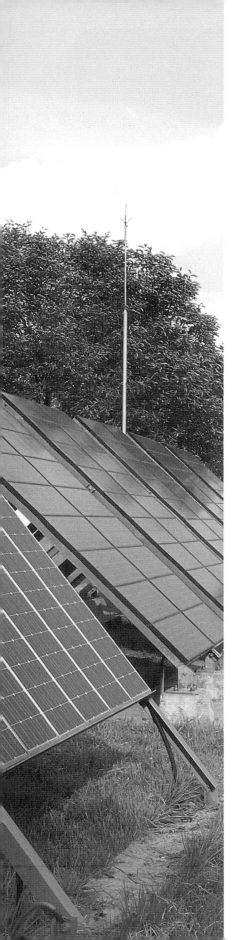

PART **5**

과학

STEP1. 기본문제
STEP2. 응용문제

PART 5 과학 | 기본문제

01 다음 설명에 해당하는 지구형 행성은 무엇인가?

- 주로 무거운 철과 니켈과 같은 금속 물질로 생성되었다.
- 태양 가까이에서 형성되어 표면 온도가 높다.
- 운석 구덩이 수가 매우 많다(생성 후 많은 운석과 충돌).
- 낮과 밤의 기온차가 매우 크다.

① 수성
② 금성
③ 지구
④ 화성

02 다음 설명에 해당하는 목성형 행성은 무엇인가?

- 푸른색을 띤다.
- 얼음 상태의 입자들이 대부분이며, 암석 성분의 입자들 일부와 적은 양의 수소와 헬륨으로 구성되었다.
- 남반구에 대기의 소용돌이인 대흑점이 있다.

① 목성
② 토성
③ 천왕성
④ 해왕성

1. 국어

2. 수학

3. 영어

4. 사회

5. 과학

6. 한국사

7. 도덕

8. 모의고사

9. 정답 및 해설

03 원핵세포에 대한 설명으로 옳지 <u>않은</u> 것은?

① 핵막이 없어 핵이 관찰이 안 된다.

② 유전 물질(DNA)은 원형으로 세포질에 있다.

③ 세포 소기관이 없다.

④ 세포 소기관이 있다.

> 정답 | ④
>
> **해 설**
>
> 원핵세포는 핵막이 없어 핵이 관찰이 안 되며, 유전 물질(DNA)은 원형으로 세포질에 있고, 세포 소기관이 없다. 세포 소기관이 있는 것은 진핵세포에 대한 설명이다.

04 다음 설명에 해당하는 세포 소기관은?

> 세포 호흡이 일어나 세포가 생명 활동을 하는 데 필요한 형태의 에너지 생산

① 미토콘드리아   ② 핵

③ 리보솜   ④ 소포체

> 정답 | ①
>
> **해 설**
>
> 세포 호흡이 일어나 세포가 생명 활동을 하는 데 필요한 형태의 에너지 생산하는 기능을 하는 것은 미토콘드리아이다.
>
> ② **핵** : 유전 물질인 DNA가 있어 세포의 구조와 기능을 결정, 생명 활동을 조절
>
> ③ **리보솜** : 작은 알갱이 모양의 세포 소기관으로 단백질을 합성
>
> ④ **소포체** : 리보솜에서 합성한 단백질을 골지체나 세포의 다른 곳으로 운반

05 산성의 특징으로 옳지 <u>않은</u> 것은?

① 이온화하여 수소 이온을 내놓고 전류를 흐르게 한다.

② 금속과 반응하여 수소 기체가 발생한다.

③ 탄산 칼슘과 반응하여 이산화탄소가 발생한다.

④ 비누, 베이킹 소다, 제산제 등이 있다.

> 정답 | ④
>
> **해 설**
>
> 비누, 베이킹 소다, 제산제는 염기성이다.
>
> **TIP**
>
> **염기성의 특징**
>
> • 이온화하여 수산화 이온을 내놓고 전류를 흐르게 함
>
> • 금속과 잘 반응하지 않음
>
> • 단백질을 녹이므로 만지면 미끌거림
>
> • 비누, 베이킹 소다, 제산제 등

06 다음은 지구계를 구성하는 두 권 사이의 상호작용의 예이다. 상호작용하는 두 권을 옳게 짝지은 것은?

> 식물의 뿌리가 암석을 부수고, 생물체는 죽어 분해되어 토양이 된다.

① 외권 – 수권
② 지권 – 기권
③ 수권 – 생물권
④ 생물권 – 지권

정답 | ④

해 설
식물의 뿌리가 암석을 부수는 것은 지권에 영향을 끼친 것이고, 생물체가 죽어 토양이 되는 것은 생물권에 영향을 끼친 것이다. 따라서 주어진 글은 생물권 – 지권의 상호작용이다.

07 다음 중 광합성에 대한 설명으로 옳지 <u>않은</u> 것은?

① 에너지가 방출되는 발열 반응이다.
② 식물 세포의 엽록체에서 일어난다.
③ 무기물을 유기물로 합성하는 과정이다.
④ 생물의 호흡에 필요한 산소를 만들어 낸다.

정답 | ①

해 설
광합성은 동화 작용에 속하므로 에너지를 흡수하는 흡열 반응이다.

TIP
광합성
식물의 엽록체에서 빛에너지를 이용하여 화학 에너지 형태로 에너지를 저장한다.

08 다음 설명하는 지질 시대는?

> • 전반적으로 온난 다습하고, 대서양과 인도양이 형성되었다.
> • 암모나이트, 파충류가 번성하였고, 시조새가 출현하였다.

① 선캄브리아대
② 고생대
③ 중생대
④ 신생대

정답 | ③

해 설
주어진 글은 중생대의 특징이다. 중생대는 생물이 살기에 적합한 온난한 환경이었고, 중생대에는 생물이 많이 살았으나 후기에 거대 운석의 충돌, 대규모 화산 분출로 인해 암모나이트와 공룡이 멸종했다.

09 다음 중 위치 에너지에 대한 설명으로 옳지 <u>않은</u> 것은?

① 높이가 같을 때 물체의 질량이 클수록 위치 에너지도 커진다.

② 물체의 질량이 같을 때 높이가 높을수록 위치 에너지는 작아진다.

③ 물체의 질량과 높이가 처음보다 각각 2배가 되면 위치 에너지는 4배가 된다.

④ 기준면에 있는 물체의 위치 에너지는 0이다.

정답 | ②

해설
물체의 질량이 같을 때 높이가 높을수록 위치 에너지도 커진다. 따라서 위치 에너지와 높이는 비례한다.

10 다음 중 초전도체에 대한 설명으로 옳지 <u>않은</u> 것은?

① 임계 온도보다 낮은 온도에서 전기 저항이 0이 되는 현상이다.

② 저항이 0이 되면 매우 작은 전압에 의해 센 전류가 흐르게 된다.

③ 도체와 부도체의 중간 정도에 해당하는 저항을 보이는 일부 물질이다.

④ 공명 장치, 입자 가속기, 자기 부상열차 등이 그 예이다.

정답 | ③

해설
도체와 부도체의 중간 정도에 해당하는 저항을 보이는 물질은 반도체이다.

11 지구의 지각을 구성하는 원소 중 가장 많은 부분을 차지하는 것은?

① 철

② 규소

③ 산소

④ 알루미늄

정답 | ③

해설
지각을 구성하는 8가지 원소의 분포는 산소 > 규소 > 알루미늄 > 철 > 칼슘 > 나트륨 > 칼륨 > 마그네슘 순이다.

12 다음 설명과 가장 관계가 깊은 것은?

> • 대기 중 온실 기체의 증가로 평균 기온이 상승하는 현상이다.
> • 해수면 상승, 사막화 현상, 기상 이변 등의 영향을 받는다.

① 자기 폭풍

② 지구 온난화

③ 사막화 현상

④ 오존층 파괴

정답 | ②

해설
제시된 내용은 '지구 온난화'에 대한 설명이다.

TIP
지구 온난화 방지
• 이산화탄소가 배출되지 않는 방식의 발전소 건설
• 대체 에너지 개발
• 화석 연료의 사용을 억제

13 질량이 **1kg, 2kg, 3kg**인 물체 **A~C**가 같은 높이 h에 있을 때, 각각의 물체에 작용하는 중력의 크기가 가장 작은 것은?

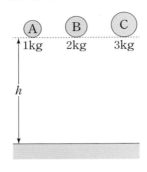

① A
② B
③ C
④ 알 수 없다.

해 설
중력은 1kg당 9.8N이 작용하므로 A, B, C 중 무게가 가장 적게 나가는 A의 중력의 크기가 가장 작다.

14 질량 **5kg**인 물체를 마찰이 없는 수평면 위에 놓고, 수평 방향으로 일정한 힘을 작용하였다. 이 물체의 가속도가 **2m/s²**일 때, 작용한 힘의 크기는?

① 4N
② 6N
③ 8N
④ 10N

해 설
가속도의 법칙을 이용하면 $F = ma$이므로
힘 $= 5kg \times 2m/s^2$
∴ 힘 $= 10N$

15 탄소 화합물에 대한 설명으로 옳지 않은 것은?

① 탄소 화합물은 생명체 내에서만 합성이 가능하다.
② 탄소 화합물이 연소되면 이산화탄소와 물이 생성된다.
③ 탄소와 탄소 사이에는 2중 결합과 3중 결합도 가능하다.
④ 탄소는 다른 탄소와 결합하여 다양한 탄소 골격을 형성할 수 있다.

해 설
화학 공업 기술이 발달하여 현재는 합성 섬유, 플라스틱, 약품 등 다양한 탄소 화합물이 생체 밖에서 인공적으로 합성되고 있다.

16 다음 중 뉴턴의 운동 법칙에 대한 설명으로 옳지 <u>않은</u> 것은?

① 작용과 반작용은 크기가 같고 방향은 반대이다.

② 행성이 태양 주위를 공전하는 것은 관성 때문이다.

③ 질량이 일정할 때 가속도는 작용한 힘의 크기에 비례한다.

④ 물체에 작용하는 힘의 합력이 0이면 운동 상태는 변하지 않는다.

정답 | ②

해 설

행성이 태양 주위를 공전하는 것은 태양과 행성 사이의 만유인력 때문이다.

17 다음의 에너지 변환 과정 중 옳지 <u>않은</u> 것은?

① 발전기 : 전기 에너지 → 운동 에너지

② 광합성 : 빛에너지 → 화학 에너지

③ 다리미 : 전기 에너지 → 열에너지

④ 전등 : 전기 에너지 → 빛에너지

정답 | ①

해 설

발전기는 터빈을 돌려 운동 에너지를 전기 에너지로 변환한다. 터빈을 돌리는 에너지 원에 따라 수력, 화력, 풍력, 태양열, 원자력 발전 등으로 나뉜다.

18 다음 설명에 해당하는 것은?

> • 물질이 빛이나 열 또는 불꽃을 내면서 빠르게 산소와 결합하는 반응이다.
>
> • 이 반응을 하기 위해서는 연료, 온도, 산소가 있어야 가능하다.

① 환원   ② 호흡

③ 광합성   ④ 연소

정답 | ④

해 설

주어진 글은 연소에 대한 설명이다.

① 환원 : 산소와의 분리, 수소와의 결합의 경우를 말한다.

② 호흡 : 산소를 들이마시고 이산화탄소를 내보내면서 에너지를 만드는 작용이다.

③ 광합성 : 생물이 빛에너지를 이용해 이산화탄소와 물로부터 유기물을 합성하는 작용이다.

19 영양소에 대한 설명으로 옳지 <u>않은</u> 것은?

① 무기 염류는 부영양소이다.

② 주영양소는 대장에서 주로 흡수된다.

③ 탄수화물 1g은 4kcal의 열량을 낸다.

④ 비타민이 부족하면 결핍증이 나타난다.

정답 | ②

해 설

영양소의 흡수는 소장 내벽의 융털돌기를 통해 이루어진다. 대장에서 흡수되는 것은 물이다.

1. 국어

2. 수학

3. 영어

4. 사회

5. 과학

6. 한국사

7. 도덕

8. 모의고사

9. 정답 및 해설

20 원자를 이루는 입자에 대한 설명으로 옳지 <u>않은</u> 것은?

① 전자는 (−)전하를 띤다.

② 원자핵은 양성자와 중성자로 이루어져 있다.

③ 원자핵은 전기적으로 중성이다.

④ 전자는 전기적인 인력으로 원자핵 주위를 돌고 있는 기본 입자이다.

정답 | ③

해 설
원자핵은 양성자와 중성자가 결합하여 이루어져 있는데, 양성자는 (+)전하를 띠고 중성자는 중성을 띠므로 원자핵 전체는 (+)전하를 띤다.

21 다음 중 태양과 태양 에너지에 대한 설명으로 적절하지 <u>않은</u> 것은?

① 태양은 수소 핵융합 반응으로 에너지를 생성한다.

② 태양은 중심부보다 표면 온도가 높다.

③ 태양은 핵, 복사층, 대류층으로 이루어져 있다.

④ 태양의 표면에는 쌀알무늬와 흑점이 관측된다.

정답 | ②

해 설
태양은 표면 온도보다 중심부의 온도가 높다.

22 다음에 해당하는 현상은?

- 자연계 내에서 탄소가 여러 형태로 생물계와 무생물계를 순환하는 일
- 화석연료 사용, 생물의 호흡, 화산활동으로 대기 중에 탄소가 증가함

① 탄소 순환　　　　② 대기의 순환

③ 자기 폭풍　　　　④ 사막화

정답 | ①

해 설
주어진 설명에 해당하는 현상은 탄소 순환이다. 탄소는 온실가스의 주성분으로 기후변화에 중요한 영향을 끼친다.

23 그림과 같이 막대자석을 코일 속에 넣었다 뺐다 하면 검류계의 바늘이 움직인다. 이와 같은 원리를 이용한 것이 <u>아닌</u> 것은?

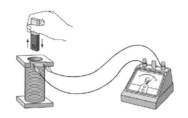

① 전화기
② 발전기
③ 수은 기압계
④ 변압기

해 설
막대자석을 코일 속에 넣었다 뺐다 하면 자기장의 방향이 주기장으로 바뀌어서 전류가 유도된다. 이와 같은 원리를 전자기 유도라 하며, 이를 이용한 것에는 발전기, 변압기, 전화기, 금속 탐지기, 마이크 등이 있다.

24 다음 중 지구에 관한 설명으로 적절하지 <u>않은</u> 것은?

① 지구 전체의 구성요소 중 가장 많은 원소는 철이다.
② 지구는 자석과 같이 자기력을 가진다.
③ 지구 전리층에서는 자기 폭풍에 의해 오로라 현상이 자주 발생한다.
④ 지구 맨틀의 대류에 의해 해양지각과 대륙지각이 분리되어 이동한다.

해 설
맨틀의 대류에 의해 이동하는 것은 지각이 아니라 판이다.

25 다음 설명에 해당하는 것은?

- 모든 생물의 세포 속에 들어있는 고분자 유기물이다.
- DNA와 RNA의 두 종류가 있다.
- 생명체의 정보를 저장하고 자손에게 정보를 전달한다.

① 핵산
② 뉴런
③ ATP
④ 호르몬

해 설
핵산은 생물체의 유전 물질로, 생명체의 유전 정보를 가지고 있다.
② 뉴런 : 신경계를 이루는 기본 단위
③ ATP : 에너지 대사에 중요한 역할을 하는 에너지 저장 물질
④ 호르몬 : 기관의 활동이나 생리적 과정에 특정한 영향을 미치는 화학물질

26 판의 경계 중 판과 판이 멀어지며 해양 지각이 생성되는 곳은?

① 해구　　　　　　② 해령
③ 습곡 산맥　　　　④ 변환 단층

27 다음 설명하는 것은?

> • 산과 염기가 반응하여 물과 염이 생성되는 것이다.
> • 알짜 이온식 : $H^+ + OH^- \rightarrow H_2O$

① 중화 반응　　　　② 산화
③ 환원　　　　　　④ 수소결합

28 그림은 수소 원자핵이 융합하여 헬륨 원자핵이 될 때의 과정을 모형으로 나타낸 것이다.

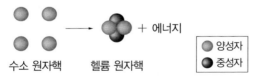

이에 대한 설명으로 옳은 것을 〈보기〉에서 모두 고른 것은?

〈보기〉
ㄱ. 수소 원자핵 4개와 헬륨 원자핵 1개의 질량은 같다.
ㄴ. 헬륨 원자핵을 이루는 입자들 사이에는 강한 핵력이 작용한다.
ㄷ. 헬륨 원자핵이 융합하면 더 무거운 원소의 원자핵이 만들어진다.

① ㄱ　　　　　　　② ㄴ
③ ㄱ, ㄷ　　　　　④ ㄴ, ㄷ

29 우주의 팽창에 대한 설명으로 옳지 <u>않은</u> 것은?

① 팽창하는 우주의 중심은 없다.

② 처음 우주의 모습은 지금과 유사했다.

③ 모든 은하 사이의 거리는 멀어지고 있다.

④ 우주는 어느 방향에서나 같은 비율로 팽창한다.

정답 | ②

해설
우주가 지금과 같은 속도로 팽창해 왔다고 가정한다면 처음의 우주보다 지금의 우주는 훨씬 팽창한 상태이므로 유사하다고 할 수 없다.

---

30 그림은 서로 다른 진화 과정에 있는 두 천체의 모습이다.

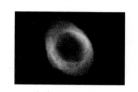

(가) 행성상 성운

(나) 초신성

이에 대한 설명으로 옳은 것을 〈보기〉에서 모두 고른 것은?

─── 〈보기〉 ───

ㄱ. (가)의 중심핵은 중성자별로 진화한다.

ㄴ. (나)에서 철보다 무거운 원소가 만들어진다.

ㄷ. (가)는 (나)보다 질량이 큰 별의 진화 과정에서 나타난다.

① ㄱ   ② ㄴ

③ ㄱ, ㄴ   ④ ㄴ, ㄷ

정답 | ②

해설
초신성의 폭발 과정에서 철보다 무거운 원소가 만들어진다.
ㄱ. 행성상 성운의 중심핵은 백색 왜성으로, 중성자별이나 블랙홀로 진화하는 것은 초신성이다.
ㄷ. 행성상 성운은 질량이 작은 별이, 초신성은 질량이 큰 별이 진화하여 만들어진다.

---

31 다음에서 설명하고 있는 원소로 가장 적절한 것은?

- 고체이다.
- 은백색이다.
- 전기가 잘 통한다.

① 헬륨   ② 구리

③ 황   ④ 철

정답 | ④

해설
철에 대한 설명이다.
① 헬륨 : 기체, 무색, 전기가 통하지 않는다.
② 구리 : 고체, 붉은색, 전기가 잘 통한다.
③ 황 : 고체, 노란색, 전기가 통하지 않는다.

1. 국어
2. 수학
3. 영어
4. 사회
5. 과학
6. 한국사
7. 도덕
8. 모의고사
9. 정답 및 해설

32 지속 가능한 발전을 이루기 위한 방안으로 옳지 <u>않은</u> 것은?

① 이산화탄소의 배출을 줄인다.
② 화석 연료의 사용을 장려한다.
③ 신·재생 에너지의 연구와 개발에 힘쓴다.
④ 에너지 효율이 높은 등급의 제품을 사용한다.

정답 | ②

해 설
화석 연료의 사용 증가는 대기 중의 이산화탄소 농도를 증가시켜 지구 온난화를 유발하므로 지속 가능한 발전을 이루기 위해서는 화석 연료의 사용을 줄여야 한다.

33 다음 중 반응 속도에 대한 설명으로 적절한 것은?

① 온도가 낮을수록 반응 속도가 빠르다.
② 농도가 낮을수록 반응 속도가 빠르다.
③ 활성화 에너지가 작을수록 반응 속도가 빠르다.
④ 반응 물질의 표면적이 작을수록 반응 속도가 빠르다.

정답 | ③

해 설
활성화 에너지란 화학 반응이 일어나기 위해 필요한 최소한의 에너지이므로, 활성화 에너지가 작을수록 반응 속도가 빠르다.
① 온도가 높을수록 반응 속도가 빨라진다.
② 반응 물질의 농도가 증가할수록 반응 속도가 빨라진다.
④ 물질의 표면적이 클수록 반응 속도가 빨라진다.

34 다음 중 금속이 <u>아닌</u> 것은?

① 나트륨   ② 알루미늄
③ 리튬   ④ 수소

정답 | ④

해 설
수소는 비금속 원소이다.

35 식물 세포에만 있는 것을 〈보기〉에서 모두 고른 것은?

┌─────────〈보기〉─────────┐
│ ㄱ. 세포질   ㄴ. 세포벽 │
│ ㄷ. 엽록체   ㄹ. 세포막 │
└──────────────────────────┘

① ㄱ, ㄷ   ② ㄱ, ㄴ, ㄷ
③ ㄴ, ㄷ   ④ ㄴ, ㄷ, ㄹ

정답 | ③

해 설
세포벽(ㄴ)과 엽록체(ㄷ)는 식물 세포에만 있는 세포 소기관이다.
세포질, 세포막, 미토콘드리아, 소포체, 리보솜, 핵은 동물 세포와 식물 세포에 모두 존재한다.

36 다음 중 연료 전지에 대한 설명으로 옳지 <u>않은</u> 것은?

① 에너지 효율이 높다.

② 생산 비용이 저렴하다.

③ 환경오염 물질을 배출하지 않는다.

④ 고갈되는 화석 연료를 대체할 수 있다.

정답 | ②

해 설

연료 전지는 수소와 산소가 가진 화학적 에너지를 직접 전기 에너지로 변환시키는 전기화학적 장치로 수소를 생산하는 데 비용이 많이 든다는 문제점을 가지고 있다.

37 사과를 실로 묶어 천장에 매달았을 때, 지구가 사과를 당기는 힘에 대한 반작용은?

① 실이 사과를 당기는 힘

② 실이 천장을 당기는 힘

③ 사과가 실을 당기는 힘

④ 사과가 지구를 당기는 힘

정답 | ④

해 설

한 물체에 힘이 작용하면 그 물체에서는 받은 힘과 크기는 같고 방향이 반대인 힘이 작용한다는 것이 작용 반작용 법칙이다. 그러므로 지구가 사과를 당기는 힘의 반작용은 사과가 지구를 당기는 힘이다.

38 다음 그림 속 분자에 대한 설명으로 옳지 <u>않은</u> 것은?

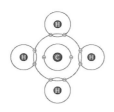

① 공유 전자쌍은 4개이다.

② 이중 결합이 있다.

③ 공유 결합 물질이다.

④ 5원자 분자이다.

정답 | ②

해 설

그림 속 분자는 메테인(CH_4)으로, 탄소(C) 1개와 수소(H) 4개가 있는 5원자 분자이며 탄소와 수소가 총 4개의 공유 전자쌍을 공유하고 있는 공유 결합 물질이다. 이때 탄소와 수소는 단일 결합을 하고 있다.

TIP

공유 전자쌍

공유 결합을 형성하고 있는 두 원자가 공유하고 있는 전자쌍을 공유 전자쌍이라고 한다. 두 원자 사이의 공유 전자쌍이 한 쌍이면 단일 결합, 두 쌍이면 이중 결합, 세 쌍이면 삼중 결합을 형성한다.

1. 국어 2. 수학 3. 영어 4. 사회 5. 과학 6. 한국사 7. 도덕 8. 모의고사 9. 정답 및 해설

39 다음과 같은 반응의 예시를 〈보기〉에서 모두 고른 것은?

> • 물질이 산소를 얻는 반응
>
> • 물질이 전자를 잃는 반응

─────〈보기〉─────

ㄱ. 호흡　　　　　　　ㄴ. 화석 연료의 연소

ㄷ. 철의 부식　　　　　ㄹ. 광합성

① ㄱ, ㄷ　　　　　　　② ㄱ, ㄴ, ㄷ

③ ㄴ, ㄷ, ㄹ　　　　　④ ㄷ, ㄹ

40 다음 중 세포막에 대한 설명으로 옳은 것을 〈보기〉에서 모두 고른 것은?

─────〈보기〉─────

ㄱ. 세포막은 인지질 2중층과 단백질로 구성되어 있다.

ㄴ. 인지질은 친수성 부분과 소수성 부분으로 되어 있다.

ㄷ. 세포막에서는 삼투 작용 없이 확산만 일어난다.

① ㄴ　　　　　　　　　② ㄱ, ㄴ

③ ㄴ, ㄷ　　　　　　　④ ㄱ, ㄴ, ㄷ

41 요리를 할 때 생선 비린내를 잡기 위해 레몬즙을 뿌려 준다. 이때 레몬즙의 액성은?

① 산성　　　　　　　　② 염기성

③ 중성　　　　　　　　④ 알 수 없다

42 효소에 대한 설명으로 옳지 <u>않은</u> 것은?

① 반응이 끝나면 재사용할 수 없다.

② 활성화 에너지를 감소시켜 반응 속도를 높인다.

③ 기질 특이성이 있다.

④ 온도에 영향을 받는다.

정답 | ①

해 설
효소는 반응이 끝나면 생성물과 분리되어 다시 다른 물질과 반응을 반복할 수 있다.

43 다음 중 물에 녹였을 때 이온들의 자유로운 이동으로 전류가 흐를 수 있게 되는 물질이 <u>아닌</u> 것은?

① 염화나트륨   ② 염화칼슘

③ 이산화탄소   ④ 질산나트륨

정답 | ③

해 설
물에 녹아 전류가 흐르는 물질은 이온 결합 물질이다. 이산화탄소는 공유 결합 물질로 수용액 상태에서 전류를 흐르게 할 수 없다.

44 우주 초기의 입자 생성 과정을 순서대로 나열한 것은?

ㄱ. 양성자, 중성자의 생성	ㄴ. 원자핵의 생성
ㄷ. 기본 입자의 생성	ㄹ. 원자의 생성

① ㄱ - ㄴ - ㄷ - ㄹ   ② ㄱ - ㄷ - ㄴ - ㄹ

③ ㄷ - ㄴ - ㄱ - ㄹ   ④ ㄷ - ㄱ - ㄴ - ㄹ

정답 | ④

해 설
대폭발이 일어난 후 팽창하는 우주로 인해 우주의 온도와 밀도가 낮아지면서 '기본 입자의 생성 → 양성자, 중성자의 생성 → 원자핵의 생성 → 원자의 생성'의 순서로 입자가 생성되었다.

45 다음 중 외핵의 운동을 일으켜 지구 자기장을 형성하고 맨틀 대류를 일으켜 대륙을 이동하고 지진과 화산 활동을 일으키는 에너지원은?

① 조력 에너지   ② 지구 내부 에너지

③ 태양 에너지   ④ 핵융합 에너지

정답 | ②

해 설
외핵의 운동과 맨틀 대류를 주관하는 에너지원은 지구 내부 에너지이다.

46 어떤 열기관이 고열원에서 **100J**의 열을 흡수하여 **30J**의 일을 하고 **70J**의 열을 저열원으로 방출하였다. 이 열기관의 열효율은?

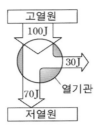

① 30%
② 40%
③ 60%
④ 70%

정답 | ①

해 설
열기관은 열을 일로 전환한다. 열효율은 열기관에 공급한 에너지 중 일로 전환된 비율을 말하고 열효율은 $\dfrac{\text{열기관이 한 일}}{\text{열기관에 공급된 에너지}} \times 100(\%)$라는 식으로 구할 수 있다. 열기관이 한 일은 30J이고 열기관에 공급된 에너지는 100J이므로 열효율은 $\dfrac{30}{100} \times 100(\%) = 30\%$이다.

47 다음 설명에 해당하는 지질 시대는?

• 말기에 양서류가 번성하였다.
• 대기에 오존층이 형성되며 육지에도 식물이 살기 시작하였다.

① 선캄브리아대
② 고생대
③ 중생대
④ 신생대

정답 | ②

해 설
고생대에는 기후가 온난하고 오존층이 형성됨에 따라 생물이 육상으로 진출하여 양서류와 양치식물이 출현하였다. 대표적인 화석으로는 삼엽충, 방추충 등이 있다.

TIP
지질시대
• **선캄브리아대** : 지질시대의 약 85%를 차지하는 가장 긴 시대이며 이 당시의 생물들은 모두 바다에서 살았다. 세포 생물, 해조류, 스트로마톨라이트 등의 생물이 있다.
• **고생대** : 대기권에 오존층이 형성되면서 바다에서 생활하던 생물들이 육상으로 진출하였다. 삼엽충, 필석, 갑주어, 양치식물 등이 번성하였다.
• **중생대** : 대체로 기후가 온난하였으며 암모나이트, 공룡, 파충류, 겉씨식물 등의 생물이 있다.
• **신생대** : 4번의 빙하기, 3번의 간빙기가 있었다. 포유류가 크게 번성하여 포유류의 시대라고 부른다. 인류가 출현하였고, 화폐석, 매머드, 속씨식물 등의 생물이 있다.

48 다음과 같은 특징을 가진 영양소는?

> • 구성 원소는 탄소, 수소, 산소, 질소 등이다.
> • 주로 세포의 원형질, 효소의 주성분이다.
> • 소화 과정을 거쳐서 아미노산으로 흡수된다.

① 물　　　　　　　　② 지방
③ 단백질　　　　　　④ 탄수화물

정답 | ③
해 설
제시된 내용들은 단백질에 대한 설명이다.

49 깊이에 따른 해수에 대한 설명으로 옳지 않은 것은?

① 가장 바깥부터 혼합층—수온 약층—심해층의 순서로 깊어진다.
② 혼합층은 깊이에 따라 수온이 다르게 나타난다.
③ 수온 약층은 급격히 수온이 낮아지는 층이다.
④ 심해층은 수온이 낮고 일정하다.

정답 | ②
해 설
혼합층에서는 바람에 의해 해수가 잘 섞이기 때문에 깊이에 상관없이 수온이 거의 일정하게 유지된다.
TIP
해수 깊이에 따른 수온 분포
• 혼합층 – 수온 약층 – 심해층 순으로 깊어짐
• 혼합층 : 수온이 높고 일정
• 수온 약층 : 수온이 급격히 낮아지고 대류 억제
• 심해층 : 수온이 낮고 일정

50 다음 화학 반응에서 산화된 물질은?

$$2CuO + C \rightarrow 2Cu + CO_2$$

① CuO　　　　　　② C
③ Cu　　　　　　　④ CO_2

정답 | ②
해 설
이 반응에서 C는 산소를 얻어 CO_2가 되며 산화되었고, CuO는 산소를 잃고 Cu로 환원되었다. 그러므로 산화된 물질은 C이다.

PART 5 과학 | 응용문제

01 그림은 마찰이 없는 수평면에서 크기가 다른 두 힘이 한 물체에 작용하고 있는 것을 나타낸 것이다. 이 물체의 가속도 크기는?

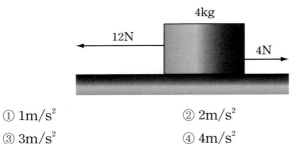

4kg
12N
4N

① $1\mathrm{m/s^2}$

② $2\mathrm{m/s^2}$

③ $3\mathrm{m/s^2}$

④ $4\mathrm{m/s^2}$

정답 | ②

해 설

물체를 기준으로 오른쪽 방향으로는 4N, 왼쪽 방향으로는 12N이 작용하고 있으므로 알짜힘은 왼쪽 방향으로 8N이다.

$$F=ma,\ a=\frac{F}{m}=\frac{8\mathrm{N}}{4\mathrm{kg}}=2(\mathrm{m/s^2})$$

02 다음 설명에 해당하는 것은?

- 바깥쪽부터 지각 – 맨틀 – 외핵 – 내핵으로 구분된다.
- 대륙 지각과 해양 지각으로 구분된다.
- 핵은 철이 주성분이고 지각과 맨틀은 규산염 물질로 구성된다.
- 맨틀의 대류로 인해 지진이나 화산이 발생한다.

① 지권

② 수권

③ 기권

④ 생물권

정답 | ①

해 설

다음 설명에 해당하는 것은 지권이다.

② 수권 : 혼합층 – 수온 약층 – 심해층 순으로 깊어짐, 해수, 빙하, 지하수, 하천수 등으로 분포됨, 바닷물에 염류 녹아 있음

③ 기권 : 질소(78%), 산소(21%), 아르곤, 이산화탄소 등으로 구성됨, 대류권 – 성층권 – 중간권 – 열권 순으로 올라감, 대기의 온실 효과로 지표면의 온도 유지함

④ 생물권 : 지권, 수권, 기권에 걸쳐 분포

03 다음 설명에 해당하는 것은?

> • 지구의 내핵과 외핵의 주성분이다.
> • 자성이 있으며, 오랜 기간 지나면 녹스는 성질을 갖고 있다.

① 산소(O)   ② 헬륨(He)
③ 염소(Cl)   ④ 철(Fe)

정답 | ④
해설
주어진 글은 철(Fe)에 대한 설명이다.
① 산소(O) : 지각에서 가장 풍부한 원소
② 헬륨(He) : 우주에서 수소 다음으로 많은 원소
③ 염소(Cl) : 자극적인 냄새가 나는 녹황색 기체

04 효소에 대한 설명으로 옳은 것은?
① 주성분은 지방과 탄수화물이다.
② 반응물의 활성화 에너지를 높여준다.
③ 모든 효소가 작용하는 pH의 범위는 동일하다.
④ 한 종류의 효소는 특정 기질하고만 반응한다.

정답 | ④
해설
효소가 작용하는 물질을 기질이라 하며, 한 종류의 효소는 어느 특정한 기질에만 반응한다.
① 효소의 주성분은 단백질이다.
② 효소는 반응물의 활성화 에너지를 감소시켜 반응 속도를 빠르게 해주는 촉매 작용을 한다.
③ 효소가 작용하는 pH의 범위는 효소마다 다르다.

05 다음 중 외부 은하와 허블 법칙에 대한 설명으로 옳지 <u>않은</u> 것은?
① 거리가 가까운 은하일수록 스펙트럼의 적색 편이가 크다.
② 거리가 먼 은하일수록 빠른 속도로 멀어진다.
③ 허블 법칙으로 우주가 팽창하고 있다는 것을 알 수 있다.
④ 우주의 나이는 허블 상수의 역수로 구한다.

정답 | ①
해설
거리가 먼 은하일수록 스펙트럼의 적색 편이가 크다.

06 다음 중 엘니뇨에 대한 설명으로 옳은 것은?
① 무역풍이 강해지면서 적도 부근 동태평양의 해수면 온도가 낮아지는 현상이다.
② 몇 년 간격으로 남아메리카 북서쪽 해안의 수온이 올라가는 현상이다.
③ 태양으로부터 흡수하는 에너지만큼 같은 양의 복사 에너지를 방출하는 현상이다.
④ 온실 효과의 증가로 지구의 연평균 기온이 상승하는 현상이다.

정답 | ②
해설
① 라니냐
③ 에너지 복사평형
④ 지구 온난화

07 다음 중 재생 에너지로 보기 <u>어려운</u> 것은?

① 수소 에너지   ② 수력 에너지

③ 태양 에너지   ④ 해양 에너지

해 설

수소 에너지는 신에너지로 기존에 사용하지 않았던 새로운 에너지 전환 기술을 이용한 에너지이다. ②, ③, ④는 재생 에너지로, 사용해도 에너지 자원이 고갈되지 않는 재생 가능한 에너지를 변환시켜 이용하는 에너지이다.

TIP

신에너지와 재생에너지

- 신에너지 : 석탄, 액화, 가스화, 수소 에너지, 연료 전지
- 재생 에너지 : 태양 에너지, 해양 에너지, 풍력 에너지, 수력 에너지 등

08 다음 물질 대사가 나타내는 것은?

> 포도당 + 산소 → 이산화탄소 + 물 + 에너지

① 연소 작용   ② 중화 반응

③ 세포 호흡   ④ 단백질 합성

해 설

호흡은 유기물의 형태로 저장되어 있던 화학 에너지를 생물 에너지(ATP)의 형태로 전환함으로써 생활에 필요한 에너지를 얻는 과정이다.

09 다음은 인체의 구성 성분을 나타낸 것이다.

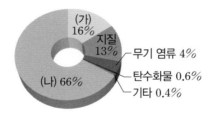

(가) 16%
지질 13%
무기 염류 4%
(나) 66%
탄수화물 0.6%
기타 0.4%

이에 대한 설명으로 옳은 것을 〈보기〉에서 모두 고른 것은?

─〈보기〉─

ㄱ. (가)는 효소의 주성분이다.

ㄴ. (나)는 탄소 화합물이다.

ㄷ. 인체의 구성 성분은 무기물보다 유기물의 비율이 낮다.

① ㄱ, ㄴ   ② ㄱ, ㄷ

③ ㄴ, ㄷ   ④ ㄱ, ㄴ, ㄷ

해 설

(가)는 단백질, (나)는 물(H_2O)이다.

생체 촉매인 효소의 주성분은 단백질이며 인체의 구성 성분 중 가장 비율이 높은 물질은 물로서 약 66%를 차지한다. 따라서 무기물인 물은 유기물인 단백질(16%), 지질(13%), 탄수화물(0.6%)을 합한 값보다 더 많은 비중을 차지한다.

ㄴ. 물은 무기물이다.

10 다음 중 광합성에 대한 설명으로 적절한 것은?

① 미토콘드리아에서 일어난다.

② 포도당을 합성하는 반응이다.

③ 화학 에너지가 빛에너지로 전환된다.

④ 녹색 파장의 빛에서만 일어난다.

1. 국어
2. 수학
3. 영어
4. 사회
5. 과학
6. 한국사
7. 도덕
8. 모의고사
9. 정답 및 해설

정답 | ②

해설

① 광합성은 엽록체에서 일어난다.

③ 광합성은 빛에너지가 화학 에너지로 저장된다.

④ 광합성은 가시광선 중 적색광과 청자색광에서 가장 잘 일어난다.

11 다음 중 지구에 갑자기 많은 생물이 등장한 시기는?

① 선캄브리아대　　　　② 고생대

③ 중생대　　　　　　　④ 신생대

정답 | ②

해설

고생대에 들어서면서 바다나 대기 중에 산소가 증가하고 기후가 온난해졌으며 오존층이 형성되어 생물의 종류가 급격하게 증가하였다.

12 빅뱅 우주론에 대한 설명으로 옳은 것을 〈보기〉에서 모두 고른 것은?

─〈보기〉─

ㄱ. 우주는 초고온, 초고밀도 상태의 한 점에서 폭발하였다.

ㄴ. 우주가 팽창할 때 총 질량이 늘어났다.

ㄷ. 우주의 평균 밀도는 높아졌다.

ㄹ. 팽창으로 인해 온도와 밀도가 감소하였다.

① ㄱ, ㄴ　　　　　　② ㄱ, ㄹ

③ ㄴ, ㄷ　　　　　　④ ㄴ, ㄹ

정답 | ②

해설

우주는 초고온, 초고밀도 상태의 한 점에서 폭발하였으며 우주의 팽창으로 인해 온도와 밀도가 감소하였다.

ㄴ. 우주가 팽창할 때에도 총 질량은 일정하다.

ㄷ. 우주의 평균 밀도는 낮아졌다.

13 다음 중 단백질에 대한 설명으로 옳지 <u>않은</u> 것은?

① 단백질은 머리카락, 근육, 효소, 항체 등 몸의 많은 부분을 구성한다.

② 단백질은 아미노산끼리 공유 결합을 하여 만들어진다.

③ 아미노산의 수와 종류, 결합 순서에 따라 단백질의 종류가 달라진다.

④ 단백질은 온도 변화나 pH 변화에 약하여 입체 구조가 쉽게 변한다.

정답 | ②

해설

단백질은 아미노산끼리 펩타이드 결합을 하여 만들어진다.

14 DNA에 대한 설명으로 옳지 <u>않은</u> 것은?

① 핵산의 일종이다.

② 효소로 작용한다.

③ 유전 정보를 담고 있다.

④ 이중 나선 구조를 이룬다.

15 다음은 지구계를 구성하는 두 권 사이의 상호작용의 예이다. 상호 작용하는 두 권을 옳게 짝지은 것은?

> 화산폭발로 분출된 화산재가 햇빛을 가려 기온이 낮아졌다.

① 지권 — 기권

② 생물권 — 기권

③ 수권 — 지권

④ 외권 — 수권

16 태양 복사 에너지를 원천으로 일어나는 현상을 다음 〈보기〉에서 모두 고른 것은?

> ──〈보기〉──
> ㄱ. 화산 활동
> ㄴ. 해수의 순환
> ㄷ. 식물의 광합성

① ㄱ

② ㄱ, ㄷ

③ ㄴ, ㄷ

④ ㄱ, ㄴ, ㄷ

17 다음에서 설명하는 물에 의한 지형으로 옳은 것은?

> 산지와 평지 사이에서 유속의 급격한 감소로 퇴적물이 퇴적되어 생긴 부채꼴 모양의 지형

① V자곡
② 선상지
③ 곡류
④ 삼각주

1. 국어
2. 수학
3. 영어
4. 사회
5. 과학
6. 한국사
7. 도덕
8. 모의고사
9. 정답 및 해설

정답 | ②

해 설
산지와 평지 사이에서 유속의 급격한 감소로 퇴적물이 퇴적되어 생긴 부채꼴 모양의 지형은 선상지이다.
① 강의 상류에서 침식 작용으로 생긴 V자 모양의 계곡
③ 유속이 느린 강의 중류나 하류에서 유수에 의해 생긴 구불구불한 지형
④ 강의 하구에서 바다로 유입되는 퇴적물이 유속의 감소로 퇴적되어 생긴 삼각형 모양의 지형

18 다음 ㉠, ㉡에 해당하는 것은?

> 우주 탄생 이후 최초로 생겨난 입자는 (㉠)와 (㉡)이다.

	㉠	㉡
①	쿼크	전자
②	쿼크	원자
③	원자	전하
④	양성자	중성자

정답 | ①

해 설
우주 탄생 이후 최초로 생겨난 입자는 쿼크와 전자를 포함한 기본 입자이다.
TIP
쿼크와 전자
• **쿼크** : 양성자나 중성자를 이루는 기본 입자
• **전자** : 가벼운 입자인 렙톤의 일종

19 세균에 대한 설명으로 옳지 <u>않은</u> 것은?

① 단세포 생물이다.
② 핵을 가지고 있다.
③ 세포벽을 가지고 있다.
④ 병을 일으키는 병원체가 되기도 한다.

정답 | ②

해 설
세균은 단세포 원핵생물로 핵막을 가지고 있지 않아 핵이 없고 유전 물질이 세포질에 퍼져 있다.

20 다음의 에너지 변환 과정 중 옳지 **않은** 것은?

① 광합성 : 빛에너지 → 운동 에너지
② 선풍기 : 전기 에너지 → 운동 에너지
③ 마이크 : 소리 에너지 → 전기 에너지
④ 건전지 : 화학 에너지 → 전기 에너지

21 다음 중 원핵세포에서 관찰할 수 있는 구조는?

① 핵막   ② 엽록체
③ DNA   ④ 미토콘드리아

22 만유인력에 대한 설명으로 옳지 **않은** 것은?

① 만유인력은 떨어져 있는 물체 사이에서도 작용한다.
② 만유인력의 크기는 각 물체의 질량의 곱에 반비례한다.
③ 중력은 지구와 지구 위의 물체 사이에 작용하는 힘이다.
④ 만유인력의 크기는 두 물체 사이의 거리에 제곱에 반비례한다.

23 반응 속도에 영향을 미치는 요인 중 다음 설명과 가장 관계있는 것은?

> • 10% 염산 용액이 5% 염산 용액보다 마그네슘과 더 빠르게 반응한다.
> • 촛불을 산소가 들어 있는 용기 속에 넣으면 더 잘 타오른다.

① 촉매   ② 농도
③ 온도   ④ 표면적

24 지구 내부의 구조를 바깥쪽에서부터 중심부쪽으로 바르게 나열한 것은?

① 지각 – 외핵 – 내핵 – 맨틀

② 지각 – 맨틀 – 외핵 – 내핵

③ 내핵 – 외핵 – 지각 – 맨틀

④ 내핵 – 맨틀 – 지각 – 외핵

정답 | ②

해 설

지구의 내부는 지표에서부터 지각, 맨틀, 외핵, 내핵의 순서로 층상 구조를 갖는다.

25 다음 중 음이온이 되기 쉬운 것은?

① 나트륨(Na) ② 염소(Cl)

③ 네온(Ne) ④ 마그네슘(Mg)

정답 | ②

해 설

염소는 전자 1개를 얻고 Cl^- 형태의 음이온이 되기 쉽다.

① 나트륨 : Na^+ 형태의 양이온이 되기 쉽다.

③ 네온 : 음이온도, 양이온도 되려 하지 않는다.

④ 마그네슘 : Mg^{2+} 형태의 양이온이 되기 쉽다.

26 다음 중 세포 소기관과 주어진 설명이 옳지 않게 짝지어진 것은?

① 세포막 : 세포의 형태를 유지하고 물질의 출입을 조절

② 미토콘드리아 : 세포 호흡이 일어나는 곳

③ 소포체 : 광합성이 일어나는 곳

④ 리보솜 : DNA의 유전 정보에 따라 단백질을 합성

정답 | ③

해 설

광합성이 일어나는 곳은 '엽록체'이다. 소포체는 리보솜에서 합성된 단백질을 수송하는 통로이다.

27 수평면 위에 놓인 물체에 수평 방향으로 **10N**의 힘을 가하였을 때, 가속도의 크기가 **5m/s²**이었다. 이 물체의 질량은?

① 1kg ② 2kg

③ 5kg ④ 10kg

정답 | ②

해 설

물체에 작용하는 힘은 물체의 질량과 물체의 가속도에 비례한다. 즉, $F=ma$이다. $F=10$이고 $a=5$이므로 $10=m \times 5$, 질량 m은 2kg이 된다.

1. 국어

2. 수학

3. 영어

4. 사회

5. 과학

6. 한국사

7. 도덕

8. 모의고사

9. 정답 및 해설

28 그림은 은하의 후퇴 속도와 거리의 관계를 나타낸 것이다. A∼D 중 후퇴 속도가 가장 느린 은하는?

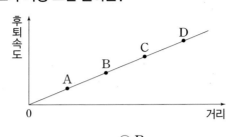

① A
② B
③ C
④ D

해 설
허블 법칙에 의해 우리 은하로부터 멀리 있는 은하일수록 후퇴 속도가 빠르다. 그러므로 주어진 그래프에서 후퇴 속도가 가장 느린 은하는 거리가 가장 가까운 A이다.

TIP
허블 법칙
• 은하의 후퇴 속도는 거리에 비례
• 은하까지의 거리와 우주의 나이 계산 가능
• 우주가 팽창하고 있다는 증거

29 주기율표의 원소들에 대한 설명으로 옳지 <u>않은</u> 것은?

① 금속 원소는 양이온이 되기 쉽다.
② 비활성 기체는 음이온이 되기 쉽다.
③ 할로젠 원소는 음이온이 되기 쉽다.
④ 알칼리 금속과 할로젠 원소는 이온 결합을 한다.

해 설
비활성 기체는 원자가 전자 수가 0으로 옥텟 규칙을 만족하는 안정한 상태이므로 음이온도, 양이온도 되려 하지 않는다.

30 다음 설명에 해당하는 신소재는?

• 탄소 원자가 육각형 벌집 모양으로 배열된 평면 구조
• 투명하면서도 전기를 통하고, 유연함
• 디스플레이의 투명 전극 소재, 발광 다이오드(LED) 조명 등에 쓰임

① 형상 기억 합금
② 그래핀
③ 초전도체
④ 반도체

해 설
그래핀은 전기 전도성, 열전도성이 뛰어나고 매우 얇아 빛 투과성이 좋으며 강도가 높으면서도 쉽게 휘거나 구부릴 수 있는 신소재이다.

31 다음 중 뉴턴 법칙에 대한 설명으로 옳은 것은?

① 질량이 큰 물체일수록 관성이 크다.

② 물체의 가속도는 힘에 반비례하고 질량에 비례한다.

③ 버스가 급출발할 때 몸이 뒤로 쏠리는 것은 작용 반작용 때문이다.

④ 무게는 측정하는 장소에 관계 없이 항상 같은 값을 가진다.

해 설

② 가속도는 힘에 비례하고 질량에 반비례한다.

③ 관성 때문이다.

④ 무게는 물체에 작용하는 중력의 크기를 말하는데 측정하는 장소에 따라 값이 달라진다.

32 다음 설명에 해당하는 물질 순환은?

- 지구 시스템에서 다양한 형태로 존재함
- 화석 연료의 연소나 화산 분출로 지권에서 기권으로 이동
- 광합성과 호흡으로 기권과 생물권 사이를 이동
- 이산화탄소와 산성비와 석회암의 형태로 기권·수권·지권에 존재

① 물의 순환　　　　② 탄소의 순환

③ 암석의 순환　　　　④ 대기의 순환

해 설

탄소가 형태를 바꾸면서 지구계 내의 지권, 기권, 수권, 생물권 사이를 이동하며 순환하는 것을 탄소의 순환이라고 한다.

33 다음 중 중화 반응만을 〈보기〉에서 모두 고른 것은?

〈보기〉

ㄱ. 사과를 깎아 두면 갈색으로 변한다.

ㄴ. 비린내 나는 생선에 레몬즙을 뿌려 준다.

ㄷ. 표백제를 넣어 옷의 얼룩을 제거한다.

ㄹ. 비누로 머리를 감은 후 식초를 떨어뜨린 물로 헹군다.

① ㄱ, ㄴ　　　　② ㄱ, ㄷ

③ ㄴ, ㄹ　　　　④ ㄷ, ㄹ

해 설

비린내 나는 생선(염기성)에 레몬즙(산성)을 뿌리는 것과 비누(염기성)로 머리를 감은 후 식초(산성)를 떨어뜨린 물로 헹구는 것은 중화 반응을 이용한 예이다.

ㄱ, ㄷ. 사과의 갈변 현상과 섬유 표백의 원리는 산화 환원 반응을 이용한 예이다.

34 스펙트럼에 대한 설명으로 옳은 것을 〈보기〉에서 모두 고른 것은?

〈보기〉

ㄱ. 가시광선 중 보라색은 파장이 긴 빛이고 빨간색은 파장이 짧은 빛이다.
ㄴ. 햇빛이나 백열전구에서 나온 빛은 연속 스펙트럼으로 나타난다.
ㄷ. 흡수 스펙트럼은 몇 개의 검은 선이 나타나는 스펙트럼이다.
ㄹ. 방출 스펙트럼은 저온의 기체에서 방출되는 빛에서 나타난다.

① ㄱ, ㄴ   ② ㄱ, ㄹ
③ ㄴ, ㄷ   ④ ㄷ, ㄹ

정답 | ③

해 설
햇빛이나 백열전구에서 나온 빛은 연속 스펙트럼으로 나타나고, 흡수 스펙트럼은 저온의 기체들이 빛을 통과하면서 몇 개의 검은 선으로 나타나는 스펙트럼이다.
ㄱ. 가시광선에서 보라색은 파장이 짧은 빛이고 빨간색은 파장이 긴 빛이다.
ㄹ. 방출 스펙트럼은 고온의 기체에서 방출되는 빛에서 나타난다.

35 다음 설명에 해당하는 것은?

• 같은 종의 개체 사이에 나타나는 형질의 차이
• 달팽이 껍데기 무늬 차이, 사람의 피부색 차이 등

① 변이   ② 적응
③ 진화   ④ 생식

정답 | ①

해 설
같은 종의 개체 사이에 나타나는 습성, 형태 등의 형질의 차이를 변이라고 한다.

36 원자에 대한 설명으로 옳지 않은 것은?

① 전자는 원자핵 주위를 돌고 있다.
② 원자는 원자핵과 전자로 이루어져 있다.
③ 원자핵과 전자의 질량은 거의 비슷하다.
④ 원자는 전기적으로 중성이다.

정답 | ③

해 설
원자핵이 원자 질량의 대부분을 차지하고 있으며 전자의 질량은 매우 작다.

37 다음 중 밀물과 썰물의 해수면 높이차를 이용하여 전기 에너지를 얻는 발전 방식은?

① 풍력 발전 ② 파력 발전

③ 조력 발전 ④ 태양광 발전

정답 | ③

해설
밀물과 썰물의 높이차를 이용하는 발전 방식은 조력 방식으로, 조석 차가 큰 강 하구에 조력 발전소를 많이 건설한다.

TIP
해양에너지
- **파력 발전** : 파도의 힘에 의한 공기의 흐름 이용
- **조력 발전** : 밀물과 썰물 때 해수면의 높이 차이를 이용
- **온도 차 발전** : 표층과 심해층의 온도 차를 이용

38 열효율이 40%인 열기관에 500J의 열에너지를 공급할 때 얻을 수 있는 최대의 일은? (단, 열기관은 정상적으로 작동한다.)

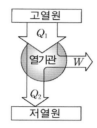

① 100J ② 200J

③ 300J ④ 400J

정답 | ②

해설
열효율=$\dfrac{\text{열기관이 한 일}}{\text{열기관에 공급된 에너지}} \times 100(\%)$
이므로, 열기관이 한 일을 x라고 두면 열기관에 공급된 에너지는 500J이므로 열효율
$=\dfrac{x}{500} \times 100(\%)=40\%$이다. 그러므로 $x=200$J이 얻을 수 있는 최대의 일이다.

39 다음 중 전기 에너지의 수송 과정에 대한 설명으로 옳지 <u>않은</u> 것은?

① 송전선에서 손실되는 전기 에너지를 줄이기 위해 1차 변전소에서는 전기 에너지의 전압을 높인다.

② 도시에 고압선이 지나가면 위험하므로 2차 변전소에서는 전압을 낮춘다.

③ 같은 전력을 공급할 때 송전 전압을 100배 높이면 송전선에 흐르는 전류 역시 100배가 된다.

④ 손실되는 전력을 줄이기 위해서 송전선에 흐르는 전류의 세기를 작게 한다.

정답 | ③

해설
송전 전압을 100배 증가시키면 송전선에 흐르는 전류는 $\dfrac{1}{100}$배로 감소한다.

40 다음 중 수소, 메탄올, 천연가스 등을 이용하여 화학 에너지를 전기 에너지로 전환하는 신에너지는?

① 화석 연료
② 핵에너지
③ 지열 에너지
④ 연료 전지

정답 | ④

해 설
연료 전지에 대한 설명이다.

41 생태계 구성 요소에 대한 설명으로 옳은 것을 〈보기〉에서 모두 고른 것은?

─────〈보기〉─────

ㄱ. 먹이 그물이 단순할수록 생태계가 안정적이다.

ㄴ. 안정된 생태계에서는 개체 수, 에너지양 등이 상위 영양 단계로 갈수록 감소한다.

ㄷ. 안정된 생태계에서 일시적으로 생물의 개체 수가 변하게 되면 생태계 평형이 깨진다.

① ㄱ
② ㄴ
③ ㄱ, ㄷ
④ ㄴ, ㄷ

정답 | ②

해 설
안정된 생태계에서는 먹이 사슬에 의해 상위 영양 단계로 갈수록 개체 수, 에너지양 등이 감소하는 피라미드 형태를 가진다.
ㄱ. 먹이 그물이 복잡할수록 평형이 잘 유지되어 생태계가 안정적이다.
ㄷ. 안정된 생태계는 일시적으로 환경이 변해도 시간이 지나면 다시 평형 상태로 돌아간다.

42 묽은 염산(HCl)과 수산화칼륨(KOH) 수용액에 대한 설명으로 옳지 않은 것은?

① 수산화칼륨 수용액은 염기성이다.
② 묽은 염산과 수산화칼륨 수용액 모두 전류가 잘 흐른다.
③ 탄산 칼슘과 반응하여 이산화탄소 기체를 발생시키는 것은 묽은 염산이다.
④ 푸른 리트머스 종이를 붉게 변화시키는 것은 수산화칼륨이다.

정답 | ④

해 설
푸른 리트머스 종이를 붉게 변화시키는 것은 산성 물질이므로 묽은 염산이다. 염기성 물질인 수산화칼륨은 붉은 리트머스 종이를 푸르게 변화시킨다.

1.국어
2.수학
3.영어
4.사회
5.과학
6.한국사
7.도덕
8.모의고사
9.정답 및 해설

43 높이에 따른 기권에 대한 설명으로 옳지 <u>않은</u> 것은?

① 대류권에서는 기상 현상이 일어난다.

② 성층권에는 오존층이 존재한다.

③ 중간권에서는 기상 현상이 일어나지 않는다.

④ 열권에서는 일교차가 작다.

정답 | ④

해설

열권에는 대기가 거의 없어서 낮과 밤의 기온 차가 크며 오로라가 나타나기도 한다.

TIP

높이에 따른 기권

기권은 질소(78%), 산소(21%), 아르곤, 이산화탄소 등으로 구성되어 있으며 대기의 온실 효과로 지표면의 온도를 유지한다.

• 대류권 : 기상 현상이 있으며 대류가 활발함

• 성층권 : 안정하여 대류가 안 일어나며 오존층이 존재함

• 중간권 : 대류는 일어나지만 기상 현상은 없음

• 열권 : 일교차가 크고 오로라가 생김

44 다음 설명에 해당하는 것은?

> 코일 근처에서 자석을 움직일 때 코일에 전류가 흐르는 현상

① 전자기 유도   ② 반도체

③ 강자성체   ④ 다이오드

정답 | ①

해설

전자기 유도에 대한 설명이다. 이때 코일에 흐르는 전류를 유도 전류라고 한다.

45 유전 정보에 대한 설명으로 옳은 것을 〈보기〉에서 모두 고른 것은?

─〈보기〉─

ㄱ. DNA는 전사의 과정을 거쳐 RNA가 되고 번역의 과정을 거쳐 단백질이 된다.

ㄴ. DNA 이중 나선에서 A은 T과, C은 G과 결합한다.

ㄷ. 유전 정보는 DNA의 염기 서열에 저장되어 있다.

① ㄱ, ㄴ   ② ㄱ, ㄷ

③ ㄴ, ㄷ   ④ ㄱ, ㄴ, ㄷ

정답 | ④

해설

유전 정보는 유전자를 이루는 DNA의 염기 서열에 저장되어 있으며 DNA → RNA → 단백질의 순서로 발현된다. DNA 이중 나선에서 A(아데닌)은 T(타이민)과, C(사이토신)은 G(구아닌)과 각각 결합한다.

46 그림은 이산화탄소(CO_2)의 전자 배치를 나타낸 것이다. 이에 대한 설명으로 옳은 것만을 〈보기〉에서 모두 고른 것은?

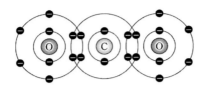

〈보기〉

ㄱ. 산소와 탄소는 이중 결합을 하고 있다.

ㄴ. 공유 전자쌍은 총 2쌍이다.

ㄷ. N_2와 같은 이중 결합 물질이다.

① ㄱ   ② ㄱ, ㄷ

③ ㄴ, ㄷ   ④ ㄱ, ㄴ, ㄷ

정답 | ①

해 설

이산화탄소는 두 개의 이중 결합으로 이루어져 있다. 이산화탄소 외에 이중 결합을 하고 있는 공유 결합 물질의 예로는 산소(O_2)가 있다.

ㄴ. 공유 전자쌍은 양쪽에 두 쌍씩 총 4쌍이다.

ㄷ. 질소(N_2)는 삼중 결합 물질이다.

TIP

공유 전자쌍

공유 결합을 형성하고 있는 두 원자가 공유하고 있는 전자쌍을 공유 전자쌍이라고 한다. 두 원자 사이의 공유 전자쌍이 한 쌍이면 단일 결합, 두 쌍이면 이중 결합, 세 쌍이면 삼중 결합을 형성한다.

47 다음 화학 반응에서 환원된 물질은?

$$2Mg + O_2 \rightarrow 2MgO$$

① Mg   ② O_2

③ MgO   ④ 환원된 물질이 없다.

정답 | ②

해 설

산소는 전자를 얻어 음이온(O^{2-})으로 환원되었고, 마그네슘은 전자를 잃어 양이온(Mg^{2+})으로 산화되었다. 그러므로 환원된 물질은 O_2이다.

48 어떤 물질 A와 B를 물에 녹인 후 BTB 용액을 떨어뜨렸더니 모두 노란색으로 변하였다. A와 B에 공통으로 들어있는 이온은?

① H^+ ② OH^-

③ O^{2-} ④ 알 수 없다

정답 | ①

해 설

BTB용액이 노란색으로 변하였으므로 두 수용액은 모두 산성임을 알 수 있다. 그러므로 수소 이온(H^+)이 공통으로 들어있다.

49 질량이 300g인 농구공이 15m/s의 속력으로 운동하고 있을 때, 이 농구공의 운동량은?

① 1.5kg · m/s

② 3.0kg · m/s

③ 4.5kg · m/s

④ 6.0kg · m/s

정답 | ③

해설
운동량＝질량×속도이므로 농구공의 운동량은 $0.3kg×15m/s＝4.5kg · m/s$ 이다.

50 다음은 발전소에서 생산한 전기 에너지를 송전선을 따라 가정으로 전달하는 과정이다. 빈칸에 들어갈 알맞은 말을 고르면?

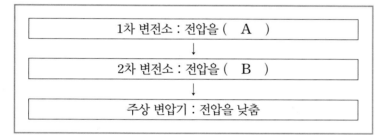

1차 변전소 : 전압을 (A)
↓
2차 변전소 : 전압을 (B)
↓
주상 변압기 : 전압을 낮춤

	A	B
①	높임	높임
②	높임	낮춤
③	낮춤	낮춤
④	낮춤	높임

정답 | ②

해설
1차 변전소에서는 손실되는 전기 에너지를 줄이기 위해 전압을 높여야 하고, 2차 변전소에서는 길거리에 고압선이 지나가면 위험하므로 전압을 낮춰야 한다. 마지막으로 일반 가정에 보낼 때는 가정용 전압으로 전압을 낮추어 공급해야 한다.

1. 국어
2. 수학
3. 영어
4. 사회
5. 과학
6. 한국사
7. 도덕
8. 모의고사
9. 정답 및 해설

PART **6**

한국사

STEP1. 기본문제
STEP2. 응용문제

PART 6 한국사 | 기본문제

01 다음 유물이 만들어진 시기의 생활모습으로 가장 적절하지 <u>않은</u> 것은?

• 주먹도끼   • 찍개
• 긁개   • 밀개

① 동굴, 바위 그늘, 강가의 막집에서 생활했다.
② 무리를 지어 이동 생활을 했다.
③ 알타미라 동굴 벽화와 빌렌도르프의 비너스가 만들어졌다.
④ 사유 재산의 개념이 등장했다.

정답 | ④

해설
주먹도끼와 찍개는 구석기 시대의 사냥 도구이며 긁개와 밀개는 구석기 시대의 조리 도구이다. 유물이 만들어진 시기는 구석기 시대이며 이에 대한 생활모습이 아닌 것은 ④이다. 사유재산의 개념이 등장한 시기는 청동기 · 철기 시대이다.

02 신석기 시대의 설명으로 옳지 <u>않은</u> 것은?

① 간석기를 사용하였다.
② 빗살무늬 토기에 음식을 저장하였다.
③ 혈연을 바탕으로 한 씨족과 부족 생활을 하였다.
④ 대표적인 유물로는 비파형 동검이 있다.

정답 | ④

해설
①, ②, ③은 모두 신석기 시대의 생활 모습이다. 비파형 동검은 청동기 시대의 대표적인 유물이다.

03 부여에 대한 설명으로 옳지 <u>않은</u> 것은?

① 5부족 연맹체로 연맹 왕국이었다.
② 마가, 우가, 저가, 구가가 지배했다.
③ 영고라는 제천행사가 있었다.
④ 제가 회의를 통해 중대한 범죄자를 처결하였다.

정답 | ④

해설
제가 회의를 통해 중대한 범죄자를 처벌한 것은 고구려의 정치에 대한 설명이다. 부여는 5부족 연맹체로 농경과 목축을 하였으며 순장과 소의 발굽으로 길흉을 점치는 풍습이 있었다. 연맹 왕국 단계에서 멸망하였고 고구려와 백제의 건국 세력으로 계승되었다.

04 다음 국가에 관한 설명으로 옳지 <u>않은</u> 것은?

> • 5부족 연맹체
> • 왕 아래에 대가, 대가들이 사자 · 조의 · 선인 등의 관리들을 거느림
> • 동맹(10월)

① 주몽과 유화 부인에 대한 제사를 지냈다.
② 민며느리제 풍속이 있었다.
③ 옥저를 정복했다.
④ 서옥제(데릴사위제)의 풍속이 있었다.

1. 국어
2. 수학
3. 영어
4. 사회
5. 과학
6. 한국사
7. 도덕
8. 모의고사
9. 정답 및 해설

정답 | ②

해 설
다음 국가는 부여에서 이주한 주몽이 동가 강 유역 졸본 지방에 건국한 고구려에 대한 설명이다. 고구려는 주몽과 유화부인에 대한 제사와 서옥제의 풍속이 있었다. 민며느 리제의 풍속이 있었던 국가는 옥저이다.

TIP
서옥제
남녀가 혼인을 약속하면 여자의 집 뒤편에 '서옥'이라는 집을 짓고 생활, 자식을 낳아 성장하면 남자 집으로 가서 생활하던 풍습

05 다음에서 설명하는 왕은?

> • 부족적 전통의 5부를 행정적 성격의 5부로 개편
> • 왕위의 부자 상속, 족장을 중앙 귀족으로 편입

① 태조왕   ② 고국천왕
③ 고이왕   ④ 내물왕

정답 | ②

해 설
부족적 전통의 5부를 행정적 성격의 5부로 개편하고 왕위의 부자 상속, 족장을 중앙 귀 족으로 편입시킨 왕은 고국천왕에 대한 설명이다.

06 다음 업적을 남긴 왕은?

> • 율령 반포
> • 불교 공인
> • 태학 설립

① 소수림왕   ② 근초고왕
③ 법흥왕   ④ 광개토 대왕

정답 | ①

해 설
소수림왕은 율령을 반포하고 불교를 공인했 으며 태학을 설립하여 중앙 집권 체제를 강 화하였다.
② **근초고왕** : 마한 복속, 가야 지배, 고구려 공격, 중국의 요서 · 산동 지방과 일본의 규슈 지방 진출
③ **법흥왕** : 병부 설치, 율령 반포, 공복 제정, 골품제정비, 불교 공인, 금관가야 정복
④ **광개토 대왕** : 만주 지역 정복, 신라에 침 입한 왜 격퇴

07 초기 국가의 풍속을 짝지은 것이다. 적절하지 <u>않은</u> 것은?

① 고구려 - 서옥제 ② 부여 - 민며느리제

③ 동예 - 족외혼 ④ 삼한 - 산신제

08 백제가 다음 지도와 같이 수도를 이동한 배경으로 옳은 것은?

① 행정 구역 개편을 위해

② 몽골의 침략 방어 목적으로

③ 남진 정책을 추진하기 위해

④ 고구려에 한강 유역을 빼앗겨서

09 다음 내용에 해당하는 국가는?

- 고구려 유민(대조영)을 중심으로 고구려 유민과 말갈인이 연합
하여 건국하였다.
- 전성기에는 '해동성국'이라 불렸다.
- 신라도를 통해 신라와 교류하였다.

① 발해 ② 백제

③ 고구려 ④ 가야

10 다음 지도와 관련이 있는 백제의 국왕은?

① 성왕　　　　　　　　② 무령왕
③ 침류왕　　　　　　　④ 근초고왕

해 설

제시된 지도는 4세기 백제의 전성기를 이룬 근초고왕 때를 나타낸 것이다. 근초고왕은 황해도 지역 및 마한 전 지역을 확보하고, 중국의 동진, 가야, 왜와 외교 관계를 맺고 고구려를 견제하였다. 백제는 이를 기반으로 중국의 요서·산둥 지방과 일본의 큐슈 지방에 진출하였다.

11 다음에서 설명하는 신라의 신분은?

> 신라 말에 중앙 통제가 약화되어 농민 봉기를 배경으로 성장한 반독립적 세력이다. 몰락하여 낙향한 중앙 귀족, 지방 토호 세력, 군진 세력 등이 중심으로, 이들은 자신의 근거지에서 독자적인 세력을 형성하며 스스로를 성주 또는 장군이라 칭하였다.

① 6두품　　　　　　　② 호족
③ 이사금　　　　　　　④ 권문세족

해 설

호족은 신라 말기에 새롭게 등장한 세력으로 6두품보다 더 적극적으로 사회 변동을 추구하였다. 호족은 자기 근거지에 성을 쌓고 군대를 보유하여 스스로를 성주 혹은 장군이라고 칭하면서 그 지방의 행정권, 군사권, 경제적 지배력을 장악하였다.

12 다음 내용에 해당하는 전투는?

> 612년 수나라 양제가 별동대를 이끌고 평양성을 공격하였으나 을지문덕이 이끄는 고구려군이 이들을 크게 무찔렀다.

① 살수 대첩　　　　　② 귀주 대첩
③ 행주 대첩　　　　　④ 안시성 전투

해 설

살수 대첩에서 수 양제는 별동대를 투입하여 평양성 부근까지 진군하였으나, 고구려 장군 을지문덕의 유도 작전으로 크게 패하여 돌아갔다.

13 통일 신라에 대한 설명으로 적절한 것은?

① 신라 중대에는 왕권이 약하였다.

② 신라 하대에는 호족 세력이 성장하여 중앙으로 진출하였다.

③ 신라 중대에 진골 출신이 왕이 되었다.

④ 신라 하대에는 6두품 사이에서 왕위 쟁탈전이 일어났다.

14 다음 ㉠에 들어갈 말로 적절한 것은?

> 청주 흥덕사에서 간행된 (㉠)은 현존하는 세계에서 가장 오래된 금속활자본이다.

① 무구정광대다라니경　　② 팔만대장경

③ 삼국유사　　④ 직지심체요절

15 다음과 가장 관련이 깊은 것은?

> • 여진 정벌　　　　• 별무반

① 5소경　　② 강동 6주

③ 4군 6진　　④ 동북 9성

16 공민왕의 개혁 정치에 대한 설명으로 옳지 <u>않은</u> 것은?

① 정방을 폐지하였다.

② 몽골 풍습을 금지하였다.

③ 철령 이북의 땅을 수복하였다.

④ 신진 사대부의 반발로 실패하였다.

17 (가)에 들어갈 내용으로 적절하지 않은 것은?

〈무신 정변과 사회 변화〉
- 원인 : 문벌귀족 지배 체제의 모순과 무신에 대한 차별
- 결과 및 영향
  - 최씨 정권 성립
  - 농민과 하층민의 봉기 : _____ (가)

① 만적의 난
② 이자겸의 난
③ 망이 · 망소이의 난
④ 김사미와 효심의 난

18 다음 중 고려 광종이 추진한 정책이 아닌 것은?

① 노비안검법 실시
② 백관의 공복 제정
③ 전민변정도감 설치
④ 광덕 · 준풍 등 독자적인 연호 사용

19 고려의 경제 활동에 대한 설명으로 옳지 않은 것은?

① 숙종 때 해동통보를 발행하였다.
② 장보고가 완도에 청해진을 설치하였다.
③ 국제 무역항으로 벽란도가 번성하였다.
④ 일반 백성들은 화폐 대용으로 삼베, 곡식 등을 이용하였다.

20 다음과 가장 관련이 깊은 나라는?

> • 강동 6주　　　　　• 귀주대첩

① 송　　　　　② 청
③ 당　　　　　④ 거란

해 설
서희는 거란과 협상하여 강동 6주를 확보하
였고, 거란의 3차 침입을 강감찬이 무찔렀
다(귀주대첩, 1019).

21 다음 내용에서 (　　) 안에 들어갈 말로 알맞은 것은?

> 　(　　)는(은) 고려 시대 최씨 정권의 사병집단인 야별초에 신의
> 군을 합쳐 편성한 특수군으로 도방과 함께 최씨 정권의 군사적 기
> 반이었다.

① 삼별초　　　　　② 별무반
③ 속오군　　　　　④ 도병마사

해 설
② **별무반** : 조선 후기 숙종 때 윤관의 건의
　에 따라 여진을 정벌하기 위해 만든 부대
③ **속오군** : 조선 후기 속오법에 따라 편성
　한 지방 군대
④ **도병마사** : 고려 시대의 국방회의기구

22 다음에서 설명하는 신분에 해당하는 것은?

> 　고려 시대의 이 신분은 농업과 상공업에 종사하는 사람들로, 대
> 다수는 백정이라 불리는 농민이었다. 특히 향·부곡의 거주민은
> 주로 농업에, 소의 거주민은 주로 수공업에 종사하였는데 이들은
> 일반 군현민보다 더 많은 세금을 부담하는 등의 차별을 받았다.

① 귀족　　　　　② 중류층
③ 양민　　　　　④ 천민

해 설
고려의 신분은 귀족(왕족, 5품 이상 관료),
중류층(하급 관리), 양민(농민, 상인, 수공업
자), 천민(노비) 이렇게 네 단계로 나뉘는데
농업과 상공업에 종사하던 사람들은 양민
이다.

TIP
백정
고려의 백정은 조선 시대에 도축업을 하던
천민 계층과는 달리 일반 농민을 가리키는
말이다.

23 다음에서 설명하는 조선의 정치 집단은?

> • 향촌자치 주장
> • 학술과 언론, 왕도 정치 강조
> • 서원 등 지방의 사학 기구를 기반으로 함

① 훈구   ② 권문세족
③ 사림   ④ 신진 사대부

정답 | ③

해설
사림은 여말 온건개화파의 학통을 이었으며, 성종 때 본격적으로 중앙으로 진출하였다. 이들은 서원 등 지방의 사학기구를 기반으로 성장하였으며, 향촌 자치를 주장하고, 왕도 정치를 강조하였으며, 도덕·의리·명분을 중시하였다.

TIP
훈구
여말 급진 개화파의 학통을 이어 왕조 개창의 정당성을 강조하였다. 대토지를 경제적 기반으로 가지고 있으며, 중앙집권·부국강병을 중시하였고 애민의식이 강하다.

24 다음에서 설명하는 통치기구는?

> 국방 문제에 정통한 재상을 중심으로 운영되던 임시 기구였으나 임진왜란 이후 고위 관원으로 구성이 확대되고, 그 기능도 강화되었다.

① 비변사   ② 의정부
③ 훈련도감   ④ 도평의사사

정답 | ①

해설
비변사는 16세기 여진족과 왜구의 침입에 대비하기 위해 설치한 임시 회의 기구로 임진왜란을 계기로 그 기능이 강화되고 구성원이 확대되었다. 비변사가 군사, 외교, 재정, 사회, 인사문제 등을 총괄함에 따라 의정부와 6조 중심의 행정 체계가 유명무실화되었다.

25 다음에서 설명하는 조선 시대의 서적은?

> 조선 시대에 나라를 다스리는 기준이 된 최고의 법전으로, 성종 때 완성되었다.

① 경국대전   ② 국조오례의
③ 고려사   ④ 농사직설

정답 | ①

해설
경국대전은 조선시대 최고의 법전으로 세조 때 노사신 등이 편찬하기 시작하여 성종 때 완성하였다. 고려 말부터 조선 성종 초까지 100년간에 반포된 교지, 조례 및 관례를 총 집합한 것이다.

26 다음 중 정조의 업적으로 옳지 <u>않은</u> 것은?

① 서얼과 노비에 대한 차별 완화

② 대전통편 편찬

③ 적극적인 탕평 실시

④ 신문고 부활

해 설
신문고는 연산군 때 폐지되었으나 영조가 탕평책의 일환으로 민심을 얻기 위해 다시 부활시켰다.

27 조선 후기의 문화 유산으로 볼 수 <u>없는</u> 것은?

①

인왕제색도

②

씨름도

③

분청사기

④

청화백자

정답 | ③

해 설
'분청사기'는 회색 또는 회흑색의 태토(胎土) 위에 백토로 표면을 분장한 도자기로 고려 말부터 등장하여 조선 초기에 유행하였다.

TIP
조선 후기의 문화적 특징
조선 후기에는 서당 교육의 보급과 부농층의 지위 향상에 힘입어 서민 문화가 발달하였다.
• 한글 소설의 보급
• 판소리와 탈춤의 확산
• **회화** : 서민의 일상을 담은 풍속화, 민화, 산수화 유행
• **음악과 무용** : 감정을 대담하게 표현하는 경향이 짙게 나타남

28 다음 중 영조의 정책이 <u>아닌</u> 것은?

① 속대전 편찬   ② 규장각 설치

③ 서원 정리   ④ 탕평책 실시

정답 | ②

해 설
규장각은 왕실 도서관이자 왕립 학술기관으로, 정조 때 설치·강화하여 정조의 개혁 정책을 뒷받침하였다.
① 속대전은 영조 때 새로 편찬한 법전이다.
③ 영조는 붕당의 본거지인 서원을 정리하였다.
④ 영조는 탕평책을 실시하여 붕당의 폐단을 없애려 하였다.

29 조선 시대의 관리 선발 제도에 대한 설명이다. 다음 ⑦~② 중 옳지 <u>않은</u> 것은?

> ⑦ 조선에서 관리가 되는 길은 과거, 음서, 천거가 있었다. 이 중 ⑥ 과거는 문신을 뽑는 문과와 무신을 뽑는 무과, 역관이나 의관 등을 뽑는 기술과로 나눌 수 있다. 이 가운데 가장 중시되는 것은 문과였다.
>
> 조선 시대는 ⑥ 원칙적으로 천민이 아니면 누구나 과거에 응시할 수 있었다. 하지만 ② 실제 문과의 경우 양반 자제가 주로 응시하였다.

① ⑦   ② ⑥
③ ⑥   ④ ②

해 설
조선 시대 과거의 종류 중 역관이나 의관 등의 기술관을 뽑는 시험은 '잡과'이다. 잡과는 주로 양반의 서자나 중인 계급의 자제가 응시하였다.

TIP
조선시대 과거 제도
• **문과** : 문과(대과), 생진과(소과) → 문관
• **무과** → 무관
• **잡과** : 역과(외국어), 율과(법률), 의과(의술), 음양과(천문학) → 기술관

---

30 다음에서 설명하고 있는 실학자는?

> • 『목민심서』, 『경세유표』 등을 저술
> • 토지를 공동의 소유로 하는 여전론을 주장
> • 거중기를 이용하여 수원 화성 축조

① 정약용   ② 이익
③ 유형원   ④ 안정복

해 설
정약용은 중농학파로서 여전론과 정전론을 제시하며 농업 중심의 개혁론을 주장했다.

---

31 다음 중 3사에 해당하지 <u>않는</u> 것은?

① 의정부   ② 사간원
③ 사헌부   ④ 홍문관

해 설
사헌부, 사간원, 홍문관을 3사라 하며, 3사는 간쟁과 봉박, 서경의 권한을 가지고 있었다.

TIP
3사의 역할
• **사헌부** : 관리의 비행을 감찰
• **사간원** : 국왕의 시정을 비판
• **홍문관** : 왕의 정치 및 학술 고문, 교지 작성

1. 국어
2. 수학
3. 영어
4. 사회
5. 과학
6. 한국사
7. 도덕
8. 모의고사
9. 정답 및 해설

32 다음에서 설명하는 조선 시대 상인은?

> • 생산자와 소비자를 이어주는 역할을 하는 행상
> • 장날을 이용하여 활동
> • 보자기나 지게 등에 물건을 메고 다님

① 송상   ② 보부상
③ 공인   ④ 선상(강상)

정답 | ②

해 설
① 개성상인으로, 전국에 송방을 설치하여 상권을 확대하고 청·일본과의 무역에도 깊이 관여
③ 대동법이 실시되고 나타난 어용상인으로 관청에서 돈을 받고 나라에 필요한 물품을 대신 사서 납부
④ 경강상인으로, 선박을 이용하여 각 지방의 물품을 구입한 후 포구에서 처분

33 붕당의 폐해를 해결하기 위해 취해진 정책은?

① 세도 정치 시행   ② 도학 정치 시행
③ 민주 정치 시행   ④ 탕평 정치 시행

정답 | ④

해 설
붕당 정치가 변질되면서 붕당 간의 세력 균형이 무너지고 왕권도 불안해졌다. 이에 따라 국왕이 정치의 중심에 서서 세력 균형을 유지하려는 탕평책을 실시하였다.

34 다음에서 설명하고 있는 성리학자는?

> • 『성학집요』, 『동호문답』 등을 저술
> • 10만 양병설 주장
> • 기호학파의 형성

① 이이   ② 이황
③ 송시열   ④ 조광조

정답 | ①

해 설
이이는 개혁적·현실적 성향이 강하여 현실 문제에 대한 개혁 방안으로 대공수미법, 10만 양병설 등을 주장하였다. 저서로는 『성학집요』, 『동호문답』 등이 있으며, 북학파 실학사상과 개화사상, 동학사상에 영향을 주었다.

35 다음에서 설명하는 조선의 건축물은?

> 정조가 아버지 사도세자의 묘를 옮기며 지은 것으로 정약용이 고안한 거중기를 이용하여 공사 기간을 단축하였다. 축성공사를 상세히 기록한 보고서가 남아있어, 파손된 성곽을 복원할 수 있었으며 1997년엔 유네스코 세계문화유산으로 등록되었다.

① 경복궁　　　　　　② 남한산성
③ 행주산성　　　　　④ 수원 화성

정답 | ④

해 설
수원 화성에 대한 설명이다.

36 다음 설명에 해당하는 조약은?

> 운요호 사건을 계기로 일본의 군사력을 동원한 강압에 의해 체결된 불평등 조약으로 공식 명칭은 조일수호조규이며, 병자수호조약이라고도 한다.

① 강화도 조약　　　　② 을사조약
③ 제물포 조약　　　　④ 한성 조약

정답 | ①

해 설
강화도 조약 : 1876년(고종 13년) 2월 강화도에서 조선과 일본이 체결한 조약

TIP
강화도 조약의 내용
첫째, 조선은 부산과 원산과 인천 항구를 20개월 이내에 개항한다.
둘째, 치외 법권을 인정하여 개항장에서 일본인의 범죄가 발생할 경우 일본인의 법률에 의해 처벌된다.
셋째, 조선의 연안 측량을 자유롭게 한다.
넷째, 조선과 일본 양국은 수시로 외교 사절을 파견하고 일본 화폐의 통용과 무관세 무역을 인정한다.

37 다음에서 설명하는 지역은?

> • 러시아가 이곳의 개척을 위해 이주를 허가
> • 을사조약 이후 국권 회복을 위한 무장 투쟁의 중심지

① 간도　　　　　　　② 미주
③ 사할린　　　　　　④ 연해주

정답 | ④

해 설
3 · 1운동 이후 무장 항일 투쟁은 주로 만주와 연해주를 중심으로 전개되었으나, 국내에서도 독립군 부대가 결성되어 치열한 전투를 전개하였다.

38 산미 증식 계획의 결과로 옳지 <u>않은</u> 것은?

① 소작료가 증가하였다.
② 이주 농민이 증가하였다.
③ 쌀의 일본 반출량이 증가하였다.
④ 한국인의 쌀 소비량이 증가했다.

정답 | ④

해 설
산미 증식 계획(1920~1934) : 일본의 식량 부족 문제를 해결하기 위한 정책으로, 한국인의 쌀 소비량은 줄어들었고 조선의 식량 사정은 극도로 악화되었다.

39 독립신문에 대한 설명으로 옳은 것은?

① 순 한글판과 영문판이 발간되었다.
② 애국 계몽 운동의 일환으로 발행되었다.
③ 박문국에서 발간한 최초의 신문이었다.
④ 우리나라 정부에서 발행한 최초의 신문이었다.

정답 | ①

해 설
독립신문은 서재필이 창간한 우리나라 최초의 민간신문으로 한글판과 함께 영문판을 발행하여 한국을 세계에 올바로 알리는 데 기여하였다.
박문국에서 발행한 우리나라 최초의 국가 신문은 한성순보이며 한문으로 발행하였다.

40 다음 설명에 해당하는 것은?

> 중·일 전쟁 이후 일제가 조선인의 민족의식과 저항을 잠재우고 전쟁협력을 강요하기 위한 일련의 황국신민화 정책이다.

① 토지조사사업　　② 산미증식계획
③ 회사령　　　　　④ 민족말살정책

정답 | ④

해 설
민족말살정책 : 모든 민족적인 문화활동을 금지하고 자신들의 언어교육을 강요함으로써 민족성을 말살하는 것이 주요 목적이었다.

41 다음과 같은 특징의 독립 운동 단체는?

> 일제 강점기 최대의 합법적인 반일 사회 단체로, 비타협적 민족주의 계열과 사회주의 계열이 독립 운동의 이념과 방법의 차이를 넘어 민족 협동 전선을 결성하였다는 점에서 큰 의의를 지닌다.

① 신민회　　　　　② 신간회
③ 근우회　　　　　④ 한인 애국단

정답 | ②

해 설
신간회 결성(1927) : 비타협적 민족주의자들과 사회주의자들이 1927년 2월 회장에 이상재, 부회장에 홍명희를 선출하고 신간회를 창립

42 일제 강점기 중 다음과 같은 민족의 수난이 있었던 시기는 언제인가?

> • 헌병이 경찰 업무를 대행하였다.
> • 언론 · 출판 · 집회 · 결사의 자유가 박탈당하였다.
> • 토지 조사 사업의 시행으로 많은 토지가 총독부의 소유가 되었다.

① 1940년대   ② 1930년대

③ 1920년대   ④ 1910년대

정답 | ④

해 설
1910년대 무단 통치 기간에는 헌병 경찰제가 시행되었고, 한국인만 적용되는 태형 처벌이 있었다. 또, 이 시기에는 언론 · 출판 · 집회 · 결사의 자유를 박탈당했으며, 기한부 신고제인 토지 조사 사업을 통해 많은 토지가 총독부 소유가 되었고, 수많은 소작농과 농민들의 생활은 피폐해졌다.

43 다음에서 설명하는 인물은?

> • 민족 대표 33인 중 하나
> • 민족의식과 식민지 현실을 반영한 문학 활동, 「님의 침묵」
> • 조선 불교의 자주성 회복을 위한 운동

① 한용운   ② 김소월

③ 최남선   ④ 윤동주

정답 | ①

해 설
불교와 관련 있으면서 식민지 현실을 반영한 문학 활동을 펼친 인물은 한용운이다.

44 다음에 해당하는 민족 운동은?

> • 민족의 역량 강화를 위해 고등 교육의 필요성을 느꼈다.
> • 이상재, 이승훈 등을 중심으로 1920년에 조선교육회가 창설되었다.

① 형평 운동   ② 국채 보상 운동

③ 물산 장려 운동   ④ 민립 대학 설립 운동

정답 | ④

해 설
3 · 1 운동 이후, 독립을 준비하기 위한 실력을 기르기 위해서는 교육이 중요하다고 보고, 이상재와 이승훈이 중심이 된 조선교육회가 고등 교육 기관인 대학을 설립하기 위해 '민립 대학 설립 운동'을 시작하였다.

1. 국어
2. 수학
3. 영어
4. 사회
5. 과학
6. 한국사
7. 도덕
8. 모의고사
9. 정답 및 해설

45 다음의 역사적 사실을 순서대로 나열한 것은?

> ㄱ. 4 · 19 혁명
>
> ㄴ. 5 · 18 민주화 운동
>
> ㄷ. 6월 민주 항쟁
>
> ㄹ. 10월 유신 선포

① ㄱ - ㄴ - ㄷ - ㄹ

② ㄱ - ㄴ - ㄹ - ㄷ

③ ㄱ - ㄹ - ㄴ - ㄷ

④ ㄴ - ㄱ - ㄷ - ㄹ

46 다음과 관련이 있는 사건은?

> • 전두환 정권의 독재 정치
>
> • 박종철 고문 치사 사건
>
> • 국민의 직선제 개헌 요구 거부

① 3 · 15 부정선거

② 4 · 19 혁명

③ 5 · 18 광주 민주화 운동

④ 6월 민주 항쟁

47 다음과 관련이 있는 사건은?

> 이승만의 자유당 정권은 집권 연장을 위해 1960년 노골적인 '3 · 15 부정 선거'를 자행하였고, 마침내 국민의 분노가 전국적으로 터졌다.

① 4 · 19 혁명

② 5 · 16 군사 정변

③ 10월 유신

④ 5 · 18 민주화 운동

48 7 · 4 남북 공동 성명에서 제시한 통일의 3원칙에 해당하지 <u>않는</u> 것은?

① 자주   ② 평등

③ 평화   ④ 민족 대단결

정답 | ②

해 설

1972년 서울과 평양에서 발표된 남북 공동 성명에서 '자주 · 평화 · 민족 대단결'을 통일의 원칙으로 밝혔다. 이 발표로 남북 관계는 새로운 단계로 접어들었으며 남북 조절 위원회가 설치되었다.

49 다음 설명에 해당하는 회담으로 알맞은 것은?

> 북한의 핵 문제를 해결하고 한반도의 비핵화를 실현하기 위해 한국, 북한, 미국, 중국, 러시아, 일본 6개국이 참가하는 다자간 회담

① 제2차 남북 정상 회담

② 6자 회담

③ 포츠담 회담

④ 얄타 회담

정답 | ②

해 설

주어진 설명에 해당하는 회담은 6자 회담으로, 북한의 핵문제를 해결하는 방안을 논의하기 위하여 한반도 주변의 6개국이 참여하는 다자회담이다.

50 김대중 정부 시기에 해당하는 내용으로 옳은 것은?

① 새마을 운동 실시

② 서울 올림픽 대회 개최

③ OECD 가입

④ 최초 남북 정상 회담 개최

정답 | ④

해 설

북한에 햇볕정책을 펼치고 남북 교류를 확대하여 분단 이후 최초로 남북 정상 회담이 개최된 것은 김대중 정부 시기이다.
① 박정희 정부
② 노태우 정부
③ 김영삼 정부

01 다음과 같은 사회상이 나타나는 시대의 유물은?

정답 | ①

해 설

주어진 내용은 신석기 시대의 특징에 해당한다. ①은 옷이나 그물을 만들 때 사용되었던 가락바퀴로 신석기 시대의 대표적 유물이다. ②, ③, ④는 각각 고인돌, 미송리식 토기, 반달 돌칼로 모두 청동기 시대의 대표적 유물이다.

- 농경의 시작
- 움집 생활
- 부족 사회
- 원시적 수공업의 발달

①

②

③

④

02 다음과 관련이 있는 국가는?

정답 | ③

해 설

제시된 내용은 동예에 대한 설명이다. 다른 부족의 생활권을 침범할 때 노비와 소, 말 등으로 변상하는 풍습은 '책화'라고 한다.

- 해산물이 풍부하고 토지가 비옥하였으며, 방직 기술이 발달하였다.
- 다른 부족의 생활권을 침범하면 노비와 소로 변상하는 풍습이 있었다.
- 특산물로는 단궁, 과하마, 반어피 등이 있었다.

① 부여

② 고구려

③ 동예

④ 옥저

03 당시의 대표적 토기가 (가)에서 (나)로 바뀌면서 나타난 변화로 옳지 않은 것은?

(가)

(나)

① 일부 지역에서 벼농사가 시작되었다.
② 생산물에 대한 사유 개념이 생겨났다.
③ 빈부의 차이가 생기고 계급이 분화하였다.
④ 농경과 목축으로 식량을 생산하기 시작하였다.

정답 | ④

해 설
자료의 토기는 신석기 시대에서 청동기 시대로의 변화를 나타낸다. 신석기 시대에 인류가 농경과 목축을 시작하였다.

04 밑줄 친 ㉠~㉢을 통해 추론할 수 있는 내용으로 적절하지 않은 것은?

> 백성에게 금하는 법 8조가 있다. ㉠ 사람을 죽인 자는 즉시 죽이고, ㉡ 남에게 상처를 입힌 자는 곡식으로 갚는다. ㉢ 도둑질한 자는 노비로 삼는다, 이를 용서받고자 하는 자는 한 사람마다 50만 전을 내야 한다. ……
>
> – 한서 –

① ㉠ – 노동력을 중시하지 않았다.
② ㉡ – 농경 문화가 발달하였다.
③ ㉢ – 사유 재산을 중시하였다.
④ ㉢ – 형벌을 통해 노비가 되는 경우가 있었다.

정답 | ①

해 설
고조선의 8조의 법을 통해 노비와 형벌의 존재 등 고조선 사회 모습을 파악할 수 있다. 고조선은 개인의 생명과 노동력을 중시하여 사람을 죽인 자는 즉시 사형에 처하였다.

05 다음에서 설명하는 국가의 풍습은?

> • 읍군, 삼로 등의 군장이 자기 부족을 다스렸다.
> • 해산물이 풍부하고, 토지가 비옥하였다.
> • 무천이라는 제천 행사가 있었다.

① 순장
② 골장제
③ 족외혼
④ 서옥제

06 다음 유물을 통해서 알 수 있는 것은?

① 가야는 신라와 결혼 동맹을 맺었다.
② 백제는 고구려에게 한강 유역을 빼앗겼다.
③ 신라와 당나라는 나·당 연합군을 결성하였다.
④ 고구려와 신라는 밀접한 관계를 맺고 있었다.

07 삼국 문화의 일본 전파에 대한 내용으로 적절하지 <u>않은</u> 것은?

① 왕인은 천자문과 논어를 전수하였다.
② 담징은 종이와 먹의 제조 방법을 전수하였다.
③ 일본 메이지 시대 문화 형성에 영향을 주었다.
④ 삼국 중 백제가 일본 문화에 가장 큰 영향을 끼쳤다.

08 다음에서 설명하는 국가는?

> 마가, 우가, 저가, 구가가 지배하는 사출도와 중앙으로 이루어진 연맹 왕국이며 12월에는 영고라는 제천행사를 열었다. 남의 물건을 훔치면 12배로 갚게 하였으며 순장과 형사취수제가 있었다.

① 부여
② 동예
③ 옥저
④ 고구려

09 발해에 대한 설명으로 옳지 않은 것은?

① 말갈인을 배척하고 철저히 고구려 유민을 중심으로 건국했다.
② 일본과 친선관계를 유지하며, 경제적 교류가 활발했다.
③ 산둥 반도에 설치된 발해관을 사용했다.
④ 신라도를 통해 신라와 교류했다.

10 연맹 왕국과 고대 국가에 대한 설명으로 옳지 않은 것은?

① 부여와 가야는 연맹 왕국으로 발전하였다.
② 고대 국가는 왕권을 강화하고 율령을 반포하였다.
③ 옥저, 동예는 고대 국가로 발전하였다.
④ 연맹 왕국은 국왕이 존재하나 족장 세력이 자신의 지역에 대한 영향력을 유지할 수 있다.

11 신라 하대 6두품에 대한 설명으로 옳은 것은?

① 성리학을 수용하고 발전시켰다.

② 왕의 정치적 조언자로 활동했다.

③ 유학 교육을 위해 국학을 설치했다.

④ 호족 세력과 연계하여 개혁을 추구했다.

12 다음에서 설명하는 국가는?

> • 신라와 함께 남북국 형세를 이룸
> • 선왕 때 5경 15부 62주의 지방 통치조직 완비
> • 문왕 때 국립대학인 주자감 설립
> • 정혜공주 묘에서 고구려 문화의 계승 의식이 나타남

① 부여　　　　　　　② 발해

③ 백제　　　　　　　④ 마한

13 ㉠에 해당하는 전쟁은?

⟨삼국 통일의 과정⟩

나 · 당 연합군 결성
↓
백제의 멸망(660)
↓
고구려의 멸망(668)
↓
나 · 당 전쟁(　㉠　)
↓
삼국 통일 완성(676)

① 매소성 · 기벌포 전투　　② 명량 대첩

③ 안시성 싸움　　　　　　④ 귀주 대첩

정답 | ④

해 설

신라 하대의 6두품 세력은 골품 제도와 신라에 반감을 갖고 선종 승려 및 호족들과 연계하여 개혁을 추구했다.

① 성리학을 수용한 것은 고려 후기의 신진 사대부이다.

② 6두품이 국왕을 보좌하면서 정치적 진출을 활발히 한 시기는 신라 중대이다.

③ 국학을 설치한 사람은 신라 중대의 신문왕이다.

정답 | ②

해 설

제시된 내용은 발해에 대한 설명이다.

TIP

발해

• 건국 : 698년 고구려 출신 대조영이 고구려 유민과 말갈족을 연합하여 건국

• 발전
  – 무왕 : 돌궐, 일본과 함께 당과 신라 견제, 당과 대립
  – 문왕 : 당과 친교, 신라도 개설, 독자적 연호 사용
  – 선왕 : 해동성국 칭호

• 멸망 : 926년 거란에게 멸망

• 의의 : 고구려 계승 의식

정답 | ①

해 설

㉠에 해당하는 전투는 매소성 · 기벌포 전투이다. 고구려의 멸망 이후 당나라는 한반도 전역에 지속적인 영향력을 행사하고자 신라의 권리를 지나치게 침해하고 압박한다. 이에 신라가 반발해 나당전쟁이 발발하게 된다. 신라가 계속해서 밀리다가 675년 9월에 발생한 매소성 전투에서 승리하게 되면서 전세가 신라로 기울었다. 이후 676년 11월 기벌포 전투를 끝으로 전쟁은 마무리되었다.

14 가야에 대한 설명으로 옳지 않은 것은?

① 초기에는 금관가야를 중심으로 연맹 왕국으로 발전하였다.

② 해상 교통을 이용하여 낙랑, 왜와 교류하였다.

③ 후기에는 대가야를 중심으로 가야 연맹을 형성하였다.

④ 신라의 공격으로 쇠퇴하고 백제에 의해 멸망하였다.

15 신라 하대 호족에 대한 설명으로 옳은 것은?

① 주로 6두품 세력이 속해 있다.

② 불교를 배척하고 유교 정치사상을 받아들였다.

③ 통일 신라 초기부터 자리 잡고 있었다.

④ 스스로 성주 혹은 장군이라 칭하였다.

16 삼국 시대 '칠지도'를 통해 알 수 있는 사실로 옳은 것은?

① 백제는 강원도, 황해도의 일부 지역을 차지하였다.

② 백제는 중국의 산둥지방으로 진출하였다.

③ 백제는 일본과 교류를 하였다.

④ 백제는 부자 상속으로 왕위를 계승하였다.

17 고려 건국의 역사적 의미로 가장 적절한 것은?

① 민족의 재통일

② 고대 사회의 성립

③ 대동강 이남의 통일

④ 최초의 민족 국가 형성

정답 | ④

해 설

가야는 백제와 신라의 팽창에 밀려 약화되기 시작하다가 신라 법흥왕 때 금관가야, 신라 진흥왕 때 대가야가 병합되면서 가야 연맹은 완전히 해체되고 신라에 복속되었다.

정답 | ④

해 설

호족은 반신라 세력으로 스스로 성주 혹은 장군이라 칭하고, 그 지방의 행정·군사·경제적 지배력을 장악하였으며 이후 고려 건국에 큰 영향을 미쳤다.

① 호족에는 몰락한 중앙 귀족, 해상 세력, 군진 세력, 농민 초적 세력, 토호(촌주) 세력 등이 있다.

② 호족은 불교인 선종을 후원하였고, 유교 정치사상의 지방 확산에 영향을 주었다.

③ 호족은 신라 말 중앙 통제가 약화되고 농민 봉기가 일어나자 반독립적 세력으로 성장하였다.

정답 | ③

해 설

칠지도는 4세기 백제 근초고왕이 왜왕에게 하사한 칼로 현재 일본에 있다. '칠지도'를 통해 당시 백제와 일본이 교류했음을 알 수 있다.

정답 | ①

해 설

고려는 후삼국뿐만 아니라 거란에 멸망한 발해 유민들까지 적극 포용하여 민족의 재통일을 이루었다.

② 고려 성립 이전의 고구려, 백제, 신라 사회를 고대 사회라 한다.

③ 대동강 이남의 통일은 신라의 삼국 통일의 한계점이다.

④ 고려 이전에도 고조선, 고구려와 같은 민족 국가들이 형성되어 있었다.

18 다음에서 설명하는 고려 시대 토지는?

> 문·무 현직 관리에게 지급되는 토지로, 반납이 원칙이나 직역 승계에 따라 세습이 가능하였다.

① 공음전   ② 군인전

③ 과전   ④ 한인전

정답 | ③

해 설

제시된 내용은 과전에 대한 내용이다.

① 5품 이상의 관료에게 지급된 세습 가능한 토지

② 군역의 대가로 직업 군인에게 주는 토지

④ 6품 이하의 하급 관료의 자제로서 관직에 오르지 못한 자에게 지급한 토지

19 다음 중 공민왕의 정책이 <u>아닌</u> 것은?

① 정방 폐지   ② 쌍성총관부 설치

③ 전민변정도감의 운영   ④ 반원 자주 정책

정답 | ②

해 설

쌍성총관부는 1258년 고종 때 설치되었으며, 철령 이북의 땅을 원의 직속령으로 만들었다. 공민왕은 무력으로 쌍성총관부를 공격하여 철령 이북의 땅을 수복하였다.

20 다음 설명에 해당하는 사건은?

> • 풍수지리설을 내세워 도읍을 옮길 것을 주장
> • 칭제 건원, 금국 정벌 주장

① 망이·망소이의 난   ② 최씨 무신 정권의 성립

③ 묘청의 서경 천도 운동   ④ 훈구와 사림의 대립

정답 | ③

해 설

묘청의 서경 천도 운동은 고려 인종 때 개화 세력(서경파)인 묘청에 의해 일어난 반란으로, 지덕이 쇠한 개경을 버리고 서경으로 도읍을 옮겨 나라를 바로잡을 것, 임금을 황제라고 불러 나라의 위신을 세울 것, 군사를 일으켜 오랑캐 나라인 금을 정벌할 것을 주장하였다. 그러나 받아들여지지 않자 반란을 일으켰고, 김부식의 관군에 의해 진압되었다.

21 다음과 같은 정책을 실시한 고려의 왕은?

> • 혼인 정책   • 기인 제도
> • 훈요 10조   • 서경 천도

① 태조   ② 광종

③ 성종   ④ 현종

정답 | ①

해 설

고려를 세운 태조 왕건은 초기 왕권의 안정을 위해 다양한 정책을 펼쳤다. 훈요 10조는 고려 태조가 자손에게 남긴 10가지 유훈이다.

TIP

태조 왕건의 정책

• **호족에 대한 우대와 견제** : 사심관 제도, 기인 제도

• **민생 안정책** : 조세 제도 개혁

• **숭불 정책** : 연등회·팔관회

• **북진 정책** : 거란에 대한 강경 외교

22 고려 시대의 농업 기술에 대한 설명 중 옳지 <u>않은</u> 것은?

① 남부 지방 일부에 모내기 이앙법이 시작되었다.

② 밭농사의 경우 2년 3작의 윤작법이 보급되었다.

③ 문익점이 목화씨를 들여와 목화 재배가 시작되었다.

④ 감자, 고구마 등의 구황 작물의 재배가 시작되었다.

정답 | ④

해 설

고구마는 18세기, 감자는 19세기에 전래되었으므로, 구황 작물의 재배는 조선 후기에나 이루어질 수 있었다.

TIP

고려 시대의 농업

• **농업 기술** : 직파법(논농사), 이앙법(모내기) 보급, 윤작법(밭농사), 심경법, 시비법 발달

• **농서 도입** : 「농상집요」

• **목화 재배** : 공민왕 때 문익점의 목화 재배

23 다음 중 ㉠에 들어갈 사건은?

(㉠)은 공주 명학소에서 '소'에 대한 차별을 반대하며 일으킨 봉기로, 충청도 곳곳으로 번졌으나 관군과의 싸움에서 패하며 실패로 끝났다.

① 망이·망소이의 난 　② 만적의 난

③ 이자겸의 난 　④ 김사미와 효심의 난

정답 | ①

해 설

소에 대한 과도한 차별 대우에 항의하며 일으킨 봉기는 망이·망소이의 난이다.

24 조선 태종의 정책을 〈보기〉에서 모두 고른 것은?

〈보기〉

ㄱ. 사간원을 독립시켜 대신들을 견제

ㄴ. 경국대전을 편찬하여 통치 체제 완성

ㄷ. 호패법을 실시하고 사병을 폐지

ㄹ. 의정부 서사제를 통한 왕권과 신권의 조화 추구

① ㄱ, ㄷ 　② ㄱ, ㄹ

③ ㄴ, ㄷ 　④ ㄴ, ㄹ

정답 | ①

해 설

왕자의 난으로 정도전을 제거하고 왕위에 오른 태종은 국왕 중심의 통치 체제를 마련하고자 하였다. 이를 위해 사간원을 독립시키고 6조 직계제를 채택하였으며 사병을 혁파하여 병권을 장악하고 양전 사업, 호패법 등을 실시하였으며 사원의 토지를 몰수하였다.

ㄴ. 경국대전은 조선 세조 때부터 편찬되기 시작하여 성종 때 완성되었다.

ㄹ. 의정부 서사제는 6조의 업무를 의정부에서 먼저 심의한 후 합의된 사항을 왕에게 올려 결재하게 하는 것으로, 세종 때 실시되었다.

25 다음에서 설명하는 조선 시대 상인은?

> • 조선 후기 대표적인 사상으로 인삼을 직접 재배 · 가공하여 판매
> • 지점을 설치하고 전국의 장시와 연결하여 상권을 확대
> • 청 · 일본 등과의 대외 무역에도 깊이 관여

① 공인   ② 송상
③ 보부상   ④ 시전 상인

정답 | ②

해 설

조선 시대 후기의 사상(私商) 중 하나인 개성 송상에 대한 설명이다.
① 공인 : 조선 후기에 중앙관청에 물자를 조달하던 사람
③ 보부상 : 농촌의 장시를 하나의 유통망으로 연계시킨 상인으로 생산자와 소비자를 이어주는 역할을 한 행상
④ 시전 상인 : 정부에 세금을 내고 허가를 받은 상인, 관수품을 공급하는 대신 특정 상품에 대한 독점 판매권(금난전권)을 부여받음

26 조선 전기 경제 정책에 대한 설명으로 옳은 것을 〈보기〉에서 모두 고른 것은?

> ─────〈보기〉─────
> ㄱ. 농본주의 정책을 내세웠다.
> ㄴ. 화폐가 발행되어 널리 유통되었다.
> ㄷ. 시전 상인에게 독점 판매권을 주었다.

① ㄱ   ② ㄱ, ㄷ
③ ㄴ, ㄷ   ④ ㄱ, ㄴ, ㄷ

정답 | ②

해 설

조선 전기에는 농본주의 정책을 내세우고 시전 상인에게 독점 판매권을 주었다.
ㄴ. 조선 전기에는 화폐를 발행하였지만 자급자족적인 농업 위주의 경제 구조로 인해 널리 유통되지 못하였다.

27 다음에서 설명하는 조선 시대의 교육 기관은?

> • 국가가 지방에 세운 중등 교육 기관이다.
> • 성현에 대한 제사와 유생 교육, 지방민 교화를 목적으로 하였다.
> • 『소학』, 『사서오경』 등 유학의 기본 경전을 가르쳤다.

① 성균관   ② 서원
③ 향교   ④ 서당

정답 | ③

해 설

제시된 내용은 조선 시대의 교육 기관 중 향교에 대한 내용이다.

28 다음의 지도와 관련한 조선 초기 대외 관계에 대한 설명으로 적절한 것은?

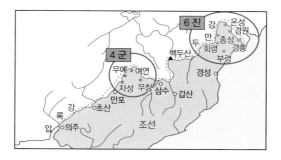

① 강감찬이 귀주에서 거란군을 크게 물리쳤다.
② 후금과의 충돌을 피하기 위해서 중립 외교 정책을 폈다.
③ 화약 무기를 개발하여 왜구의 소굴인 쓰시마 섬을 토벌하였다.
④ 여진족을 몰아내고 압록강과 두만강까지 영토를 확장하였다.

1. 국어 2. 수학 3. 영어 4. 사회 5. 과학 6. 한국사 7. 도덕 8. 모의고사 9. 정답 및 해설

정답 | ④

해 설
조선 전기에는 명에게는 '사대'를, 여진과 일본에는 '교린'을 원칙으로 삼았는데 특히 여진에는 북쪽 영토의 확보와 국경의 안정을 위해 강경하게 대응하였다. 세종은 북쪽의 국경 지대에 4군 6진을 설치하여 압록강과 두만강까지 영토를 확장하고 이곳에 일부 주민을 이주시키는 정책을 추진하였다.
① 강감찬의 귀주대첩은 고려 때이다.
② 조선 중기에 광해군은 후금과의 중립 외교 정책을 폈다.
③ 고려 때 박위는 최무선이 개발한 화약 무기로 쓰시마 섬의 왜구를 정벌하였다.

29 다음 조선 시대의 중인 신분에 대한 설명으로 적절한 것을 〈보기〉에서 모두 고른 것은?

─────〈보기〉─────
ㄱ. 양반과 상민의 중간 신분층을 뜻하였다.
ㄴ. 전문 기술이나 행정 실무를 담당하였다.
ㄷ. 백정은 기술직에 종사하는 중인이었다.
ㄹ. 조선 후기에 이르러 신분 상승을 추구하였다.

① ㄱ, ㄴ   ② ㄱ, ㄴ, ㄷ
③ ㄱ, ㄷ, ㄹ   ④ ㄱ, ㄴ, ㄹ

정답 | ④

해 설
'중인(中人)'은 좁은 의미로는 역관, 의관 같은 기술관을 의미하며, 넓은 의미로는 양반과 상민의 중간 신분 계층을 뜻하였다. 전문 기술이나 행정 실무를 담당하였기 때문에 지배층의 일부를 이루었고, 전문직을 수행하던 중인들이 축적한 재산과 실무 경력을 바탕으로 신분 상승을 추구하며, 조선 후기에 신분 상승 운동을 벌이기도 하였다.
ㄷ. 조선 시대 백정은 도살업에 종사하는 천민이었다. 그러나 고려 시대에 백정은 일반 농민을 일컫는 말이었다.

30 다음 중 광해군이 실시한 정책이 아닌 것은?

① 대동법의 실시   ② 중립 외교 전략
③ 창덕궁의 중건   ④ 친원세력 숙청

정답 | ④

해 설
친원세력을 숙청한 왕은 고려 공민왕이다.
광해군은 선혜청을 두어 경기도에 대동법을 시행하고, 선조 말에 시작한 창덕궁 재건 공사를 완료하고, 명나라와 후금 사이에 전쟁이 발생하자 명과 후금 사이에서 능란한 중립외교를 펼쳤다.

31 다음에서 설명하고 있는 조선 시대의 정책은?

> • 16세 이상의 양반부터 노비까지 모든 정남이 해당된다.(여성 제외)
> • 인력 자원 확보 및 국민 동태 파악, 호구 및 인정 수 파악을 목적으로 시행하였다.

① 영정법   ② 호패법
③ 의창제   ④ 보법

32 다음 중 조선 세종 때의 정책이 아닌 것은?

① 4군 6진 설치   ② 의정부 서사제 운영
③ 경국대전 완성   ④ 이종무의 대마도 정벌

33 조선의 신분 제도에 대한 설명으로 옳지 않은 것은?

① 향 · 소 · 부곡 등의 집단이 사라졌다.
② 법제적으로 양반, 중인, 상민, 천민으로 구분된 4신분제 사회이다.
③ 양인이면 과거에 응시하여 관직에 진출이 가능하였다.
④ 천민은 개인이나 국가에 소속되어 천역을 담당하였다.

34 정조의 정치에 대한 설명으로 옳지 않은 것은?

① 균역법을 시행하였다.
② 탕평정책을 시행하였다.
③ 화성을 세웠다.
④ 서얼을 등용하였다.

35 다음 내용과 가장 관련 깊은 것은?

> 1. 종래 청에 대하여 행하던 조공의 허례를 폐한다.
> 2. 문벌을 폐지하여 인민 평등의 권리를 세워, 능력에 따라 관리를 임명한다.
> 3. 지조법을 개혁하여 관리의 부정을 막고 백성을 보호하며, 국가 재정을 넉넉하게 한다.
> 9. 혜상공국을 혁파한다.

① 갑오개혁　　　　　　② 갑신정변
③ 동학농민운동　　　　④ 임오군란

해설
제시된 내용은 갑신정변 14개조 정강의 일부 조항으로, 갑신정변 때 청에 대한 사대외교 폐지와 입헌 군주제로의 정치 개혁 등을 추구하며 발표한 내용인데 정변의 실패로 인해 시행되지는 못하였다.
① 갑오개혁 : 1894년 김홍집 중심의 친일 내각이 시행한 개혁
③ 동학농민운동 : 1894년 동학교도와 농민들이 봉건적 수탈과 외세를 물리치기 위해 일으킨 운동
④ 임오군란 : 1884년 구식군인들이 신식 군대에 대한 차별 등을 계기로 전개한 군란

36 다음 정책을 추진한 인물은?

> • 비변사를 혁파함
> • 서원을 대폭 정리함
> • 전정 · 군정 · 환곡을 개혁함

① 고종　　　　　　　② 흥선 대원군
③ 순종　　　　　　　④ 박영효

해설
제시된 내용은 흥선 대원군이 왕권을 강화하고 백성들을 위해 실시한 대내적 정책이다.

TIP
흥선 대원군의 개혁 정치
• 사색등용(인재의 고른 등용)
• 비변사 혁파, 의정부와 삼군부 부활
• 경복궁 재건
• 법치질서 정비(『대전회통』, 『육전조례』 편찬)
• 서원 정리 → 붕당의 근거지를 정리 및 농민 보호, 국가 재정 확충
• 삼정의 개혁(양전 사업 → 전정 개혁, 호포법 → 군정 개혁, 사창제 → 환곡 개혁)

37 다음의 사건을 순서대로 나열하면?

> ㄱ. 신미양요
> ㄴ. 제너럴셔먼호 사건
> ㄷ. 척화비 건립

① ㄱ - ㄴ - ㄷ　　　　② ㄴ - ㄱ - ㄷ
③ ㄷ - ㄱ - ㄴ　　　　④ ㄷ - ㄴ - ㄱ

해설
제너럴셔먼호 사건(1866)을 구실로 미국이 침략하여 신미양요(1871)가 일어났고, 병인양요와 신미양요를 겪은 흥선 대원군이 척화 의지를 높이기 위해 척화비를 건립하였다.

38 다음에 해당하는 항일 운동으로 옳은 것은?

> 순종의 장례일을 기회로 시위 계획 → 조선 공산당의 시위 계획
> 발각, 학생들의 시위 추진 → 격문 살포, 독립 만세 시위 → 시민
> 들의 가세

① 3 · 1 운동
② 브나로드 운동
③ 3부 통합 운동
④ 6 · 10 만세 운동

해 설
6 · 10 만세 운동 : 대한 제국 황제인 순종이
세상을 떠나자 민족주의자나 사회주의자,
학생 등 여러 계층의 사람들이 모여 일으킨
대규모 만세 운동

39 다음에서 설명하는 민족 운동은?

> • '내 살림 내 것으로'라는 구호 사용
> • 전국적 민족 운동으로 확산
> • 민족 경제의 자립 달성을 목적으로 함

① 형평운동
② 사회주의 운동
③ 국채 보상 운동
④ 물산 장려 운동

해 설
제시된 내용은 물산 장려 운동으로, 1920년
평양에서 조선물산 장려회를 시작으로 전국
에 확산되었다. 일본상품 배격, 국산품 애용
등을 강조하였다.
① 형평운동(1923) : 백정들이 사회적으로
　평등한 대우를 요구하며 전개한 운동
② 사회주의 운동 : 노동 · 농민 · 청년 · 학
　생 · 여성 운동 등에 영향을 미침
③ 국채 보상 운동(1907) : 일제가 강제로 만
　든 빚을 갚아 국권을 회복하려는 경제적
　구국운동

40 다음에서 설명하는 인물은?

> • 민족사관으로 '낭가(郎家)' 사상을 강조
> • 일제의 왜곡이 심하였던 고대사 연구에 치중
> • 『조선상고사』, 『조선사연구초』 등을 저술

① 박은식
② 정인보
③ 신채호
④ 문일평

해 설
신채호는 일제의 왜곡이 심하였던 고대사
연구에 치중해 민족주의 역사학의 기반을
확립하여 우리 역사의 우수성 · 독자성을 강
조하고 식민사관을 비판하였다.

41 다음의 설명과 관련된 조약은?

- 우리나라가 외국과 맺은 최초의 근대적 조약이자 불평등조약
- 부산, 원산, 인천 세 항구의 개항과 치외법권, 해안 측량권 등을 내어줌
- 이 조약의 결과 일본에 의한 경제적 침략 행위가 심해짐

① 강화도조약　　　　　② 시모노세키조약
③ 을사조약　　　　　　④ 제물포조약

정답 | ①

해 설
강화도조약(병자수호조규, 조·일수호조약) 은 1875년 운요호 사건을 구실로 하여 1876년 2월에 체결된 조약으로, 우리나라가 외국과 맺은 최초의 근대적 조약이자 불평등 조약이었다.

42 지방세력 견제책과 해당 국가가 바르게 연결된 것은?

① 신라 – 사심관 제도　　② 고려 – 기인제도
③ 조선 – 상수리제도　　　④ 대한제국 – 경저리제도

정답 | ②

해 설
국가별 지방세력 견제책으로는 상수리제도 (신라), 기인제도·사심관제도(고려), 경저리 제도(조선)가 있다.

43 밑줄 친 '그'에 해당하는 인물은?

　그는 대한민국 임시 정부 임시 대통령을 역임하였고, 남한의 단독 정부 수립을 적극 주장하였으며, 부정부패를 저질러 4·19 혁명이 일어나는 원인이 되었다.

① 김구　　　　　　　　② 전두환
③ 이승만　　　　　　　④ 박정희

정답 | ③

해 설
이승만은 대한민국 임시 정부 임시 대통령을 역임하였고, 광복 이후 남한 단독 정부 수립을 주장하였으며 대한민국 초대대통령이 되었다. 이후 장기 집권을 위하여 부정부패를 저지르자 4·19 혁명이 전개되었고, 이승만은 결국 대통령 자리에서 하야하였다.

44 다음에서 설명하는 독립 운동 단체는?

　임시 정부의 직속 군대로 1940년에 창설된 후 일본에 선전 포고를 하고 연합군과 공동으로 인도와 미얀마 전선에 참전하였다.

① 한국 광복군　　　　　② 신민회
③ 의열단　　　　　　　④ 한인 애국단

정답 | ①

해 설
한국 광복군 : 1940년 9월, 지청천을 총사령관으로 하여 창설된 대한민국 임시 정부의 독자적인 부대
② 1907년 설립된 항일 독립 운동 단체
③ 1919년 김원봉에 의해 설립된 단체
④ 1931년 일본요인 암살을 위해 김구가 설립한 단체(이봉창, 윤봉길 등이 활동)

45 다음에서 설명하는 인물은?

> 한국의 정치가이자 독립운동가이며 상하이로 망명하여 대한민국임시정부 조직에 참여하고 1944년 대한민국임시정부 주석에 선임되었다. 신민회, 한인 애국단 등에서 활발하게 활동하였다.

① 김구
② 윤봉길
③ 김원봉
④ 김좌진

46 (가)에 들어갈 내용으로 적절하지 않은 것은?

> 〈대한민국 정부 수립〉
> 8·15 광복 → 모스크바 외상회의 → ⬚ (가) ⬚
> → 5·10 총선거 → 대한민국 정부

① 4·19 혁명
② 헌법 발표
③ 한국 문제 UN 이관
④ 제헌 국회 출마

47 6·25 전쟁에 대한 설명으로 옳지 않은 것은?

① 북한이 기습 남침을 감행하며 발생하였다.
② 소련의 제안으로 휴전 협상이 이루어졌다.
③ 미국의 요청으로 중공군이 남한을 지원하였다.
④ 맥아더 장군의 인천 상륙 작전으로 서울을 수복하였다.

48 다음 내용에 해당하는 국제 회담은?

- 일제의 군사 행동에 대한 압력을 결의하고 일제가 탈취한 지역에 대한 독립 문제를 논의
- 미국, 영국, 중국 3국이 우리나라를 적당한 시기와 절차에 따라 독립시키도록 결정

① 얄타 회담
② 카이로 회담
③ 포츠담 회담
④ 모스크바 3상 회담

정답 | ②

해 설

1943년 카이로 회담에서 미국·영국·중국의 3국 수뇌는 적당한 시기에 한국을 독립시킬 것을 결의하였다.

① 얄타 회담 : 1945년 미국·영국·소련 3국 수뇌는 소련의 대일 참전을 결정하고, 38선을 기준으로 신탁 통치를 밀약하였다.

③ 포츠담 회담 : 1945년 한국 독립(카이로 회담 내용)을 재확인하였다.

④ 모스크바 3상 회담 : 미국, 영국, 소련이 모스크바에서 한국을 독립 국가로 재건하기 위해 임시적인 한국 민주 정부 수립을 결정하였다.

49 다음과 같은 통일 정책을 시행한 정부는?

- 베를린 선언
- 6 · 15 남북 공동 선언
- 금강산 관광 시작

① 노태우 정부
② 김영삼 정부
③ 김대중 정부
④ 노무현 정부

정답 | ③

해 설

김대중 정부는 2000년 베를린 선언을 통해 남북한 당국 간 대화를 추진하고 남북 정상 회담을 개최하였으며, 6 · 15 남북 공동 선언으로 이산가족, 1국가 2체제 통일 방안 수용 등을 합의하였다. 1998년 금강산 관광이 시작되었고, 경의선 철도 연결사업(2000년 착공 2003년 완료)을 시행하였다.

50 다음에서 설명하는 지역은?

- 백두산 정계비를 세워 청과의 영토 경계를 확정함
- 을사조약 후 일본이 청과 협약을 맺고 청의 영토로 인정하면서 빼앗긴 지역
- 1920년, 독립군을 토벌한다는 명목으로 무고한 한국인들이 일본군에 의해 무차별 학살당한 사건이 일어난 지역

① 독도
② 간도
③ 위화도
④ 강화도

정답 | ②

해 설

간도는 두만강 건너편 만주 일대의 개간지로, 청과 영토분쟁이 있었으나 백두산 정계비(숙종)를 근거로 우리 영토임을 인식하였던 지역이다. 그러나 일본이 대한제국의 외교권을 가져가면서 청과 간도협약을 맺어 빼앗기게 되었다. 1920년에는 무고한 한국인들이 학살당한 간도 참변이 일어났다.

① 안용복이 울릉도와 독도가 우리 땅임을 일본관리로부터 확답을 받고 돌아왔음

③ 이성계의 위화도 회군이 일어난 곳

④ 고려 때 몽골의 침입으로 수도를 옮긴 곳이며 신미양요 때 전투가 벌어진 곳이자 일본과 강화도 조약을 체결한 곳

PART 7

도덕

PART 7 도덕 | 기본문제

01 다음 내용과 가장 관계 깊은 윤리는?

> 가치 중립성과 사회적 책임 문제, 정보 기술과 매체의 발달에 따른 문제, 환경 문제

① 생명 윤리　　　　　② 사회 윤리
③ 과학 윤리　　　　　④ 문화 윤리

정답 | ③

해 설
과학 윤리 영역에서는 가치 중립성과 사회적 책임 문제, 정보 기술과 매체의 발달에 따른 문제, 환경 문제 등이 발생하고 있다.

02 유교 윤리의 핵심 규범인 오륜(五倫)에 대한 설명으로 옳지 않은 것은?

① 부자유친(父子有親) : 어버이와 자식 사이에는 친함이 있어야 한다.
② 군신유의(君臣有義) : 임금과 신하 사이에는 의로움이 있어야 한다.
③ 부부유별(夫婦有別) : 부부 사이에는 구별이 있어야 한다.
④ 장유유서(長幼有序) : 친구 사이에는 믿음이 있어야 한다.

정답 | ④

해 설
유교 윤리의 핵심 규범인 오륜(五倫)에는 어버이와 자식 사이에는 친함이 있어야 한다는 부자유친, 임금과 신하 사이에는 의로움이 있어야 한다는 군신유의, 부부 사이에는 구별이 있어야 한다는 부부유별, 어른과 아이 사이에는 차례와 질서가 있어야 한다는 장유유서, 친구 사이에는 믿음이 있어야 한다는 붕우유신이 있다. 따라서 설명으로 옳지 않은 것은 장유유서이다.

03 다음 내용 중 ㉠ 안에 들어갈 말은?

> [　　㉠　　]은 불쌍하고 가엾게 여기는 마음을 의미한다.

① 측은지심　　　　　② 수오지심
③ 사양지심　　　　　④ 시비지심

정답 | ①

해 설
맹자의 사단(四端)중 불쌍하고 가엾게 여기는 마음은 측은지심(惻隱之心)이다.
② 불의를 부끄러워하고 미워하는 마음
③ 양보하고 공경하는 마음
④ 옳고 그름을 분별하는 마음

04 불교의 윤리적 접근으로 옳지 <u>않은</u> 것은?

① 누구나 공동체의 일원이 되어 수행을 통해 깨달음을 얻을 수 있다고 했다.

② 인간의 삶에서 나타나는 모든 현상은 인간스스로 행한 업의 결과로 보고, 도덕적 행동인 선업을 행하도록 강조했다.

③ 깨달음을 얻어 고통에서 벗어나면 열반 혹은 해탈이라는 이상적 경지에 도달할 수 있다고 보았다.

④ 이상적 인간을 지인(至人), 진인(眞人), 신인(神人), 천인(天人)이라고 불렀다.

정답 | ④

해 설

도가는 평등한 세계관을 강조하면서 모든 차별이 소멸된 정신적 자유의 경지에 오른 이상적 인간을 지인(至人), 진인(眞人), 신인(神人), 천인(天人)이라고 불렀다. 그러므로 ④는 불교가 아닌 도가의 윤리적 접근이다.

05 칸트 윤리에 대한 설명으로 옳지 <u>않은</u> 것은?

① 정언 명령을 강조했다.

② 이성적이고 자율적인 인간은 보편적인 도덕 법칙을 의식할 수 있다고 하였다.

③ '최대 다수의 최대 행복'을 도덕과 입법의 원리로 제시하였다.

④ 윤리적 의사 결정 과정에서 보편화 가능성과 인간 존엄성을 중시했다.

정답 | ③

해 설

'최대 다수의 최대 행복'을 도덕과 입법의 원리로 제시한 것은 칸트가 아닌 공리주의이다. 공리주의는 쾌락과 행복을 가져다주는 행위는 옳은 행위이며, 고통과 불행을 가져다주는 행위는 그릇된 행위라고 주장했다.

06 도덕적 탐구의 방법에서 ㉠에 해당하는 단계는 무엇인가?

(㉠) : 토론을 통해 최선의 대안을 마련할 수 있음

① 윤리적 쟁점 또는 딜레마 확인

② 자료 수집 및 분석

③ 입장 채택 및 정당화 근거 제시

④ 최선의 대안도출

정답 | ④

해 설

도덕적 탐구 단계 중 최선의 대안 도출 단계에서는 토론을 통해 최선의 대안을 마련할 수 있다. 도덕적 탐구 방법 과정은 다음과 같다.
윤리적 쟁점 또는 딜레마 확인 → 자료 수집 및 분석 → 입장 채택 및 정당화 근거 제시 → 최선의 대안도출 → 반성적 성찰 및 입장 정리

07 탐구를 위한 사고 유형 중 ㉠에 해당하는 사고는 무엇인가?

> (㉠) : 자신의 사고와 행위가 참된 근거와 원칙에 따르고 있는
> 지 사고하는 것

① 논리적 사고 ② 합리적 사고

③ 배려적 사고 ④ 비판적 사고

08 다음 중 자살의 윤리적 쟁점으로 옳지 <u>않은</u> 것은?

① 인간 존중 원칙을 위배하는 행동이다.

② 대부분 충동적이므로 판단의 위험성이 있다.

③ 치유 불가능한 환자에게 과다한 경비를 사용한다.

④ 주변 사람들에게 고통과 슬픔, 상실감을 가져다준다.

09 동물 복제에 대한 의견으로 옳은 것은?

① 찬성 : 자연의 질서를 위배하는 행동이다.

② 반대 : 우수한 품종을 개발할 수 있다.

③ 찬성 : 종의 다양성을 해친다.

④ 반대 : 동물의 생명을 수단으로 여기게 된다.

10 다음 〈보기〉 중 가족의 가치로 옳은 것을 모두 고른 것은?

┌─────────── 〈보기〉 ───────────┐
│ ㄱ. 정서적 안정   ㄴ. 사생활 침해 │
│ ㄷ. 표현의 자유 침해   ㄹ. 사회화 │
└──────────────────────────────┘

① ㄱ, ㄴ   ② ㄱ, ㄹ
③ ㄴ, ㄷ   ④ ㄴ, ㄹ

1. 국어 2. 수학 3. 영어 4. 사회 5. 과학 6. 한국사 7. 도덕 8. 모의고사 9. 정답 및 해설

정답 | ②

해 설
가족의 가치는 정서적 안정, 사회의 유지, 생계유지, 사회화, 문화의 전승 등이 있다.

TIP
사회화
가족 관계 속에서 사회생활에 필요한 규칙이나 예절을 배움으로서 건강한 사회의 토대가 된다.

11 다음 중 설명하는 것은?

┌──────────────────────────────────────┐
│ • 성 자체를 사고팔거나 다른 상품을 팔기 위한 수단으로 이용하│
│   는 행위이다. │
│ • 이에 대해 자기 결정권과 표현의 자유를 인정해야 한다는 찬성│
│   입장과 성이 지닌 본래의 가치를 변질시킬 수 있다는 반대 입장│
│   이 있다. │
└──────────────────────────────────────┘

① 성의 자기 결정권   ② 성적 소수자
③ 성 상품화   ④ 성차별

정답 | ③

해 설
성 상품화는 성 자체를 상품처럼 사고팔거나 다른 상품을 팔기 위한 수단으로 성을 이용하는 행위로 이로 인해 윤리적 문제가 발생하고 있다.
① 성의 자기 결정권 : 외부의 강요 없이 스스로 자신의 성적 행동을 결정할 수 있는 권리
② 성적 소수자 : 자신의 생물학적 성을 인정하는지 여부에 관계없이 동성에게만 또는 동성 및 이성 모두에게 사랑을 느끼는 사람
④ 성차별 : 성별을 기준으로 열등하다거나 나쁘는 판단을 내리고 기회 자체를 제한하는 것

12 다음 중 성차별의 문제로 옳지 않은 것은?

① 개인의 자아실현을 방해한다.
② 인간으로서의 평등과 존엄성 및 인권을 침해한다.
③ 성 정체성에 혼란을 일으키고 가족 제도를 위태롭게 할 수 있다.
④ 개인이 지닌 능력과 잠재력을 최대한 발휘할 수 없어 사회적으로 인력 낭비가 된다.

정답 | ③

해 설
성차별의 문제는 ①, ②, ④이고, ③은 성적 소수자의 문제이다.

13 화목한 가정생활을 위한 부부 간의 윤리로 적절하지 <u>않은</u> 것은?

① 서로 존중하며 사랑해야 한다.

② 부부 사이에는 예의가 필요 없다.

③ 생활의 문제가 있을 때는 대화로 해결해야 한다.

④ 자녀의 양육을 위해 서로 역할분담을 해야 한다.

정답 | ②

해 설

화목한 가정생활을 위해 부부 사이에도 예의는 지켜야 하며 서로에게 충실해야 한다.

14 다음 중 직업의 기능이 <u>아닌</u> 것은?

① 활동 자체가 즐거움과 만족을 준다.

② 사회적 봉사의 중요한 수단이다.

③ 자아실현을 하는 데 중요한 요건이다.

④ 경제적으로 안정된 삶을 영위하는 데 중요한 수단이다.

정답 | ①

해 설

활동 자체가 즐거움과 만족을 주는 것은 직업의 기능이 아니라 놀이의 특징에 해당된다.

15 다음과 같은 문제점이 나타날 수 있는 분배의 기준은?

> 일에 대한 동기가 약화된다.

① 업적에 따른 분배   ② 필요에 따른 분배

③ 노력에 따른 분배   ④ 능력에 따른 분배

정답 | ②

해 설

필요에 따른 분배는 누구나 필요로 하는 만큼 분배받는 분배의 기준이다. 사회적 약자와 소외 계층을 보호할 수 있으나 이로 인해 일에 대한 동기의 약화로 나태해질 수 있다.

16 다음은 분배적 정의의 기준에 대한 설명이다. ㉠에 들어갈 말로 알맞은 것은?

> (㉠)은/는 자신의 재능과 노력의 결과에 의해 이루어진 공적을 의미한다. A 노동자가 하루에 10개의 부품을 만들고, B 노동자가 똑같은 시간에 5개의 부품을 만든다면, A에게 2배의 일당을 주는 것이 정당한 것이다.

① 절대적 평등 ② 업적
③ 필요 ④ 기회

17 시민 참여가 필요한 이유로 옳지 <u>않은</u> 것은?

① 공동체의 발전을 위해서
② 개인의 권리를 보장받기 위해서
③ 물질적 풍요를 위한 성장에 주력하기 위해서
④ 민주주의 사회에서는 시민이 주인이기 때문에

18 기업가 윤리로 적절한 것을 〈보기〉에서 모두 고른 것은?

> ───〈보기〉───
> ㄱ. 법을 지키는 정당한 이윤을 추구한다.
> ㄴ. 근로 계약을 준수하여 업무를 성실히 수행한다.
> ㄷ. 기업 발전에 협력한다.
> ㄹ. 소비자에 대한 책임을 이행한다.

① ㄱ, ㄴ ② ㄴ, ㄷ
③ ㄷ, ㄹ ④ ㄱ, ㄹ

정답 | ②

해 설
제시문은 분배적 정의의 기준 중 '업적'에 대한 내용이다. 업적을 분배의 기준으로 하면, 각자가 달성한 공적을 객관화하여 평가할 수 있다는 장점이 있다.

정답 | ③

해 설
시민 참여는 민주주의 국가에서 시민의 권리를 행사하는 한 방식이며 현대 사회의 다양한 문제들을 해결하는 실질적 대안이자 사회 발전의 중요한 요소라 할 수 있다. 사회 발전을 위해서는 물질적 성장에 주력하기보다는 사회적 약자에 대한 배려가 우선되어야 한다.

정답 | ④

해 설
기업가는 법을 지키는 정당한 이윤 추구, 노동 삼권과 같은 근로자의 권리 존중, 소비자에 대한 책임 이행, 공익 추구와 사회적 책임 등을 이행하여야 한다.
ㄴ, ㄷ은 근로자 윤리에 관한 내용이다.

TIP
기업의 사회적 책임
• **법적 책임** : 법을 지키면서 기업 경영
• **경제적 책임** : 제품 생산, 적절한 가격의 판매
• **윤리적 책임** : 사회가 요구하는 윤리 준수
• **자선적 책임** : 기부, 봉사, 문화 활동 등

19 ㉠, ㉡에 들어갈 말로 적절하지 <u>않은</u> 것은?

사형 제도의 찬성 논거	㉠
사형 제도의 반대 논거	㉡

① ㉠ : 흉악 범죄자의 사형은 정당하다.

② ㉠ : 범죄자의 생명권도 보장해야 한다.

③ ㉡ : 오판의 가능성이 있다.

④ ㉡ : 범죄자의 교화의 기회를 박탈한다.

20 다음을 주장한 사상가는?

> 국가는 만인의 만인에 대한 투쟁 상태에 놓인 사람들의 생명과 재산을 보호하고 사회의 질서를 형성해야 한다.

① 로크

② 홉스

③ 루소

④ 밀

21 다음 ㉠에 들어갈 말로 알맞은 것은?

> (㉠)은/는 성품과 품행이 맑고 깨끗하며 탐욕을 부리지 않는 것을 말한다. (㉠)을/를 강조하는 전통 윤리로 청백리 정신을 들 수 있다. 청백리 정신은 청빈한 생활 태도를 유지하면서 국가의 일에 중심을 다하려는 정신이다.

① 정직

② 의무

③ 청렴

④ 봉사

22 진정한 민주 시민의 자세와 역할이 <u>아닌</u> 것은?

① 투표권을 성실하게 행사한다.

② 국가의 정당한 권위를 존중한다.

③ 자신의 일에만 관심을 갖는다.

④ 시민의 권리 보장을 적극적으로 요구한다.

23 다음 (가)에 들어갈 말로 옳은 것은?

> 〈 ___(가)___ 윤리 〉
>
> 1. **의미** : 모든 생명체는 그 자체로 도덕적 고려를 받아야 할 가치가 있다고 보고, 동물뿐만 아니라 식물도 도덕적 고려의 대상으로 간주하는 관점
> 2. **사상가** : 슈바이처, 테일러
> 3. **한계점** : 동물 중심주의가 간과한 식물의 도덕적 지위와 가치를 존중하지만 생태계 전체를 고려한 것은 아님

① 인간 중심주의　　② 동물 중심주의

③ 생명 중심주의　　④ 생태 중심주의

24 사이버 공간의 발달로 인해 발생되는 윤리적 문제에 해당하지 <u>않는</u> 것은?

① 개인 정보의 유출 문제

② 표현의 자유 남용 문제

③ 저작권 침해 문제

④ 생명 경시 풍조 문제

25 과학 기술의 혜택으로 가장 옳지 <u>않은</u> 것은?

① 인간의 주체성을 강화시킬 수 있음

② 교통의 발달로 시공간적 제약에서 벗어날 수 있음

③ 새로운 치료법 개발에 따른 건강 증진과 생명 연장

④ 자동화가 진전되며 더 많은 여가를 누릴 수 있게 됨

해 설

과학 기술은 인간의 주체성을 약화시키고 비인간화 현상을 초래하기도 한다. 예를 들어, 휴대 전화에 지나치게 의존하거나 생산 현장에서 인간을 기계의 부품처럼 여기는 경우가 해당한다. 따라서 옳지 않은 것은 ① 이다.

26 동양의 자연관이 옳게 짝지어지지 <u>않은</u> 것은?

① 유교 – 자연의 생명력을 도덕적으로 해석

② 유교 – 천지 만물을 무위(無爲)의 체계로 봄

③ 불교 – 연기설에 근거하여 인간과 자연은 상호 의존한다고 보았음

④ 도가 – 인간은 자연의 섭리에 순응하고 자연과 조화를 이루어야 함

해 설

도가에서는 천지 만물을 무위(無爲)의 체계로 보았다.

TIP

무위자연

사람의 힘을 더하지 않은 그대로의 자연 또는 그런 이상적인 경지

27 다문화 사회에서 문제되는 사회적 갈등으로 가장 적절한 것은?

① 노사 단체 간의 갈등

② 서로 다른 인종 간의 갈등

③ 진보와 보수 간의 이념적 갈등

④ 구세대와 신세대 간의 세대 갈등

해 설

세계화의 영향으로 한 나라 또는 사회 안에 여러 문화가 공존하는 현상을 다문화라 한다. 따라서 다문화 사회에서는 문화적 차이로 인한 갈등이나 서로 다른 인종 간의 갈등이 문제가 될 것으로 유추할 수 있다.

28 다음 중 윤리적 소비에 해당하는 것을 〈보기〉에서 모두 고른 것은?

> ───〈보기〉───
> ㄱ. 피부에 좋다고 소문난 화장품을 산다.
> ㄴ. 동물에 해를 끼치지 않은 상품을 산다.
> ㄷ. 플라스틱 사용을 자제한다.
> ㄹ. 유행하는 옷을 산다.

① ㄱ, ㄴ   ② ㄱ, ㄹ
③ ㄴ, ㄷ   ④ ㄷ, ㄹ

정답 | ③

해 설

윤리적 소비 : 인간, 동물, 환경에 해를 끼치는 상품을 사지 않고, 공정무역에 의한 상품을 구입한다. 조금 더 비싸고 조금 귀찮더라도 소비행위에서 윤리를 찾는 소비자들이 늘어나고 있다.
따라서 보기 중 ㄴ, ㄷ이 윤리적 소비에 해당한다.

29 종교 간 갈등을 줄이기 위한 태도로 옳은 것은?

① 자신의 종교적 이념을 강조한다.
② 다른 종교를 비하한다.
③ 서로의 종교를 인정해준다.
④ 다른 종교를 믿는 사람을 무시한다.

정답 | ③

해 설

종교 간 갈등을 줄이기 위해 서로의 종교를 인정해주고 종교의 자유를 인정한다. 또한 다른 종교를 비하하지 말고 대화를 통해 다른 종교를 이해해야 한다.

30 대중문화에 대한 설명으로 가장 적절하지 않은 것은?

① 현대인의 삶에서 차지하는 비중이 매우 작다.
② 개인의 가치관이나 행동 양식에 많은 영향을 준다.
③ 다수의 사람이 공통으로 쉽게 즐기고 접하는 문화이다.
④ 정치적 목적을 달성하기 위한 수단으로 이용되기도 한다.

정답 | ①

해 설

대중문화는 현대인의 삶이나 현대 사회에서 차지하는 비중이나 영향력이 매우 크다.
② 대중문화 속에 내포된 생각의 영향을 받아 새로운 가치관, 취향 등을 형성하기도 한다.
③ 대중문화의 의미이다.
④ 대중문화는 현실의 문제를 비판하고 풍자함으로써 사회 변화를 이끌어 내거나 정치적 목적을 달성하기 위한 수단으로 이용되기도 한다.

31 주거의 본질적 가치가 <u>아닌</u> 것은?

① 행복한 삶을 위한 기본 터전이 된다.

② 신체 안전과 마음의 안정을 도모하는 곳이다.

③ 공동 공간에 거주하는 이웃과의 유대를 형성하게 한다.

④ 집은 개인의 재산을 증진할 수 있는 부의 축적 수단이다.

정답 | ④

해 설

주거는 우리가 살아가는 장소뿐만 아니라 그곳에서 이루어지는 생활까지 포함하는 개념이다. 집을 경제적인 측면에서 바라보는 관점은 주거의 본질적 가치와는 거리가 멀다.

32 바람직한 음식 문화 형성을 위한 노력에 해당하지 <u>않는</u> 것은?

① 음식물 쓰레기를 줄인다.

② 로컬푸드 운동이나 패스트푸드 운동에 동참한다.

③ 안전한 먹거리 인증이나 성분 표시 등을 의무화한다.

④ 육류 생산 과정에서 동물의 고통을 최소화하는 제도 등을 마련한다.

정답 | ②

해 설

패스트푸드 운동에 동참한다는 설명이 옳지 않다. 로컬푸드 운동이나 슬로푸드 운동에 동참한다.

TIP

로컬푸드(local food) 운동, 슬로푸드(slow food) 운동

• 로컬푸드(local food) 운동 : 장거리 운송을 거치지 않은 안전하고 건강한 지역 농산물을 구매하려는 운동

• 슬로푸드(slow food) 운동 : 사람의 손맛이 들어간 음식, 자연적인 숙성이나 발효를 거친 음식 등 전통적인 방식으로 만든 음식을 섭취하자는 운동

33 다음 밑줄 친 '패스트패션'의 문제점으로 가장 적절하지 <u>않은</u> 것은?

> <u>패스트패션</u>은 최신 유행을 반영하여 짧은 주기로 대량 생산하여 판매하는 의류이다. 막대한 물류 생산과 공급, 값싼 원단과 저렴한 인건비에 기반하고 있는 패션 산업이다.

① 자원 낭비를 초래한다.

② 노동자의 임금 착취가 발생할 수도 있다.

③ 생산 과정에서 많은 환경문제를 발생시킨다.

④ 과소비와 사치 풍조를 조장하여 사회적 위화감을 조성한다.

정답 | ④

해 설

④는 명품 선호 현상의 부정적 입장이므로 패스트패션의 문제점으로는 적절하지 않다.

①, ③ 옷을 만들기 위해 많은 양의 자원이 필요하고 많은 양의 환경 오염원들을 배출하게 된다.

② 생산 단가를 낮추기 위해 노동자의 임금 착취가 발생할 수도 있다.

34 다음 중 통일의 필요성에 대한 설명으로 옳지 <u>않은</u> 것은?

① 손상된 민족 정체성을 회복하기 위해

② 냉전의 종식을 통한 세계 평화를 위해

③ 남북 간 이데올로기 대립의 극복을 위해

④ 민족 역량의 결집으로 주변국보다 우월해지기 위해

해 설

남북한의 통일은 이산가족의 아픔을 해결하고, 손상된 민족 정체성의 회복, 민족적 역량의 결집을 통한 세계 평화에 이바지하기 위해 필요하다.

35 사회 갈등에 대한 설명으로 옳은 것을 〈보기〉에서 모두 고른 것은?

〈보기〉

ㄱ. 계층갈등의 예로는 보수와 진보의 갈등이 있다.

ㄴ. 세대 갈등은 과거 사회에만 존재하는 현상이었다.

ㄷ. 갈등의 유형에는 세대 갈등, 이념 갈등, 지역 갈등 등이 있다.

ㄹ. 갈등은 개인이나 집단사이에 목표가 달라 충돌하는 상황을 의미한다.

① ㄱ, ㄴ   ② ㄱ, ㄹ

③ ㄴ, ㄹ   ④ ㄷ, ㄹ

해 설

서로 다른 생각과 이해관계를 가진 사람들이 공동체를 구성하여 함께 살아가다 보면 갈등이 생겨난다. 한국 사회의 갈등 양상 중에는 세대 갈등, 이념 갈등, 지역 갈등 등이 있다.

ㄱ. 보수와 진보의 갈등은 이념 갈등의 예이다. 계층 갈등은 사회 계층 간 자원의 불공정한 분배로부터 비롯된 갈등이 있다.

ㄴ. 세대 갈등은 어느 사회에나 존재하는 일반적인 현상이다.

36 소통과 담론 과정에서 필요한 윤리적인 자세로 옳지 <u>않은</u> 것은?

① 진실에 근거하여 거짓 없는 소통을 해야 한다.

② 대화의 상대방을 존중하는 태도를 지녀야 한다.

③ 공적 의사 결정 과정에 적극적으로 참여해야 한다.

④ 상대방이 옳지 않을 때에는 상대방의 주장을 배척한다.

해 설

자신의 무오류성을 강조한 나머지 타인의 주장을 배척하거나 거짓으로 간주하면 소통이 이루어지기 어렵다.

TIP

소통과 담론

• **소통** : 막히지 않고 잘 통한다는 의미로 나와 상대방이 서로 의견을 주고받는 공유의 과정이다.

• **담론** : 언어로 표현되는 인간의 모든 관계를 분석하는 도구로 현실에서 전개되는 사건과 행위를 해석하고 인식하는 틀을 제공한다.

37 통일에 관한 찬성 논거로 적절하지 <u>않은</u> 것은?

① 이산가족의 고통을 해소할 수 있다.

② 막대한 통일 비용 때문에 조세 부담이 늘어난다.

③ 전쟁의 공포를 해소함으로써 평화를 실현할 수 있다.

④ 민족의 동질성을 회복하고 민족 공동체를 실현할 수 있다.

정답 | ②

해 설

막대한 통일 비용 때문에 조세 부담이 늘어나고 경제적 위기에 처할 수 있다는 것은 통일에 관한 반대 논거이다.

38 ㉠, ㉡에 들어갈 말로 가장 적절한 것은?

> • (㉠) : 통일 과정과 통일 이후 남북한 간 격차를 해소하고 이질적인 요소를 통합하는 데 필요한 비용
>
> • (㉡) : 분단으로 인해 남북한이 부담하는 유무형의 모든 비용

	㉠	㉡
①	통일 비용	분단 비용
②	분단 비용	통일 비용
③	통일 비용	번영 비용
④	분단 비용	번영 비용

정답 | ①

해 설

㉠은 통일 비용에 대한 설명이다. 통일 비용은 통일에 소요되는 경제적 · 경제 외적 비용을 말한다. ㉡은 분단 비용에 대한 설명이다. 분단 비용은 대표적으로 군사비를 들 수 있다.

39 ㉠~㉣ 중 옳지 않은 것은?

남북한의 화해와 통일을 위한 노력

1. 개인적인 노력

　(1) 북한을 올바로 인식해야 한다.

㉠ (2) 열린 마음으로 소통하고 배려를 실천해야 한다.

㉡ (3) 남북한의 차이를 인정하고 동질성을 모색하는 공존의 노력이 필요하다.

2. 국가적 차원의 노력

㉢ (1) 내부적인 통일 기반을 조성하고 국제적인 통일 기반을 구축해야 한다.

㉣ (2) 동북아시아 주변국과의 관계보다 북한과의 우호적 관계를 더 중요시한다.

① ㉠
② ㉡
③ ㉢
④ ㉣

40 북한 인식의 바람직한 태도로 가장 적절한 것은?

① 북한을 부정적인 인식으로 바라본다.

② 북한을 경쟁해야 할 대상으로 바라본다.

③ 북한에 대한 무조건적인 도움을 주어야 할 존재로 바라본다.

④ 북한을 경계의 대상이자 동반자라는 양면성의 측면으로 바라본다.

41 다음 문제와 관련하여 추론할 수 있는 주장은?

- 국제 분쟁
- 반인도적 범죄
- 국가 간 빈부 격차로 인한 빈곤 문제
- 지구 온난화로 인해 발생하는 환경 문제

① 빈곤국을 도와주면 안 된다.
② 특정 지역, 특정 국가의 문제이다.
③ 세계 각 국가들의 협력과 조화가 필요하다.
④ 자연스럽게 해결 될 일이므로 지켜봐야 한다.

정답 | ③
해 설
국제 정의는 전 세계 국가들의 협력과 공조가 필요하다. 따라서 적절한 추론은 ③이다.

42 소통과 담론에 대한 설명으로 옳지 않은 것은?

① 담론은 현실을 해석하고 인식하는 틀을 제공한다.
② 의사소통이 잘 이루어지면 갈등을 예방할 수 있다.
③ 소통은 이미 결정된 것을 내가 받아들이는 것이다.
④ 의사소통은 상대방을 존중하고 열려 있는 대화를 통해 이루어져야 한다.

정답 | ③
해 설
소통은 나와 상대방이 서로 의견을 주고받는 것이지 이미 결정된 것을 나나 상대방이 받아들이는 것이 아니다.

43 다음 중 양성평등 실현의 필요성과 거리가 <u>먼</u> 것은?

① 개인의 능력 발휘 보장
② 인간의 기본적 권리 보장
③ 사회적 문제인 저출산 현상의 감소
④ 남녀의 성별에 맞춘 자기 계발 독려

정답 | ④
해 설
양성평등이 보장되지 않는 사회에서는 성별을 이유로 차별이 발생하고 자기 계발마저 제한되는 현상이 나타난다. 또 여성의 경우 출산 및 양육을 이유로 직장에서 차별을 겪게 되며 이는 저출산 문제의 원인이 될 수 있다. 따라서 양성평등은 기본적 권리 보장, 개인의 능력 발휘 보장, 저출산 현상의 감소 등을 위해서도 반드시 이루어져야 한다.

44 다음 내용이 공통으로 비판하는 문제는?

> • 동물과 인간이 공유하는 질병은 약 1.16%뿐이다.
> • 동물에게는 문제없는 신약이 인간에게는 치명적일 수 있다.

① 안락사   ② 동물실험
③ 장기이식   ④ 사형제도

1. 국어
2. 수학

정답 | ②

해 설
동물실험 : 동물을 사용하여 의학적인 실험을 행하는 일로 불필요한 동물실험을 줄이고 동물의 권리와 복지를 보장하자는 주장이 계속되고 있다.

3. 영어

45 다음 중 시민 불복종의 정당화 조건에 해당하지 <u>않는</u> 것은?

① 공공성   ② 비폭력
③ 차선의 수단   ④ 양심적 행위

4. 사회
5. 과학

정답 | ③

해 설
시민 불복종은 합법적인 수단과 노력을 다 했음에도 의견이 받아들여지지 않을 경우 최후의 수단으로 채택한다.

6. 한국사

46 시민 불복종의 정당화의 조건으로 옳지 <u>않은</u> 것은?

① 비폭력적 정치 행위
② 공동선을 위해 다수에게 공공적으로 호소하는 행위
③ 합법적인 노력 이전에 행해지는 수단으로서의 행위
④ 불복종으로 인한 불이익이나 처벌을 감수하는 행위

7. 도덕

정답 | ③

해 설
시민 불복종은 합법적인 모든 노력 이후에 행해지는 최후의 수단으로서의 행위이다.

TIP
시민 불복종
정부가 공동체의 공동선에 어긋나는 정책을 시행한다면 이에 대한 시민 불복종을 행사하는 것도 시민의 정치적 의무에 포함된다고 볼 수 있다.

8. 모의고사
9. 정답 및 해설

47 다음 중 전문직의 특성으로 가장 옳은 것은?

① 일을 수행할 때에 일정한 자격이 필요하지 않다.
② 비교적 낮은 수준의 도덕성과 직업 윤리가 요구된다.
③ 고도의 전문적 훈련을 통해 전문 지식을 갖춰야 한다.
④ 국민 삶의 질 향상, 국가 유지 및 발전에 중요한 역할이다.

정답 | ③

해 설
전문직은 전문성, 독점성, 자율성을 특징으로 하기 때문에 전문직 종사자의 사회적 영향력은 매우 크다. 따라서 고도의 전문적 훈련을 통해 전문 지식을 갖춰야 한다.
① 전문직은 일정한 자격을 갖춘 사람만이 그 직업을 수행할 수 있는 독점성이 있다.
② 전문직 종사자의 사회적 영향력은 매우 크므로 높은 수준의 도덕성과 직업 윤리가 요구된다.
④ 공직자의 특징에 대한 설명이다.

48 처벌에 대한 교정적 정의의 관점들 중 응보주의 관점에 해당하는 것을 〈보기〉에서 모두 고른 것은?

─── 〈보기〉 ───
ㄱ. 처벌의 사회적 효과 강조
ㄴ. 위법의 이익보다 더 큰 손실의 형벌 부과
ㄷ. 형벌은 범죄 행위에 대한 정당한 대가
ㄹ. 범죄에 대한 개인의 책임 강조

① ㄱ, ㄴ ② ㄴ, ㄹ
③ ㄱ, ㄷ ④ ㄷ, ㄹ

정답 | ④

해 설
처벌에 대한 응보주의 관점에서 처벌의 본질은 범죄 행위에 대한 응당한 복보를 가하는 것이며 범죄 행위에 상응하는 동등한 형벌을 부과한다. 또한 범죄에 대한 개인의 책임을 강조하였다.
ㄱ, ㄴ은 공리주의적 관점이다.

TIP
처벌에 대한 공리주의적 관점
• 처벌은 사회적 이익을 증진하기 위한 수단
• 위법의 이익보다 더 큰 손실의 형벌을 부과
• 처벌의 사회적 효과를 강조

49 다음 ㉠에 들어갈 말로 옳은 것은?

과학 기술의 (㉠) 강조
과학 기술은 사회적 책임으로부터 자유로워야 하며, 과학 기술의 결과에 대한 책임은 과학 기술을 실제로 활용한 사람들의 몫이다.

① 가치중립성 ② 윤리적 문제
③ 문제점 ④ 한계점

정답 | ①

해 설
주어진 글은 과학 기술의 가치중립성을 강조하는 입장이다. 따라서 빈칸에는 가치중립성이 가장 적절하다.

TIP
과학 기술의 가치중립성 부정
과학 기술은 인간과 자연에 미치는 영향이 커졌으므로 과학 기술의 발전 방향에 대한 심사숙고가 필요하다.

50 밑줄 친 ㉠에 대한 평가로 적절하지 <u>않은</u> 것은?

㉠ <u>예술의 상업화</u>란 상품을 사고파는 행위를 통해 이윤을 얻는 일이 예술 작품에도 적용되는 현상을 말한다.

① 예술 작품의 미적 가치만을 추구한다.
② 대중들도 예술 작품을 향유할 수 있게 되었다.
③ 대중의 취향과 가치를 반영한 예술 작품이 창작되었다.
④ 예술 작품을 단지 하나의 상품이자 부의 축적 수단으로 바라보게 되었다.

정답 | ①

해 설
예술의 상업화를 부정적으로 보는 입장에서는 예술의 상업화가 예술 작품의 경제적 가치만을 중시한 나머지 예술 작품의 미적 가치와 윤리적 가치를 간과하고 있다고 본다.
②, ③ 예술의 상업화를 긍정적으로 보는 입장이다.
④ 예술의 상업화를 부정적으로 보는 입장이다.

TIP
아도르노의 입장
상업화된 예술에 관해 '문화 산업'이라고 비판. 현대 예술은 자본에 종속되어 문화 산업으로 획일화 되었다고 주장함

1. 국어

2. 수학

3. 영어

4. 사회

5. 과학

6. 한국사

7. 도덕

8. 모의고사

9. 정답 및 해설

01 다음 내용을 주장한 사상가는?

> 행위의 결과보다 동기를 중시하면서 오로지 의무 의식에서 나온 행위만이 도덕적 가치를 지닌다는 의무론적 윤리설을 주장했다.

① 하버마스
② 아리스토텔레스
③ 칸트
④ 벤담

정답 | ③

해설

칸트는 행위로 인한 결과보다 동기에 초점을 맞춰 선한 의식에서 나온 행위만이 도덕적이라고 보았다. 이러한 칸트의 주장은 인간 존엄성의 이념과 보편적인 윤리의 중요성을 인식시키는 데 기여하였다.

02 다음에서 추구하는 이상 사회는?

> • 사람이 천지 만물과 서로 융합하여 한 덩어리가 되는 사회
> • 누구나 자신의 능력을 마음껏 발휘하면서도 자신만의 이익을 추구하지 않는 사회

① 유토피아
② 소국과민
③ 대동 사회
④ 미륵 세상

정답 | ③

해설

제시된 내용은 유가에서 추구하는 이상 사회인 '대동 사회'에 대한 설명이다.

03 다음 설명에 해당하는 불교 사상은?

> 이 세상의 모든 현상은 무수한 원인과 조건들로 서로 연결되어 있다.

① 해탈(解脫)
② 부동심(不動心)
③ 경(敬)사상
④ 연기(緣起)사상

정답 | ④

해설

연기(緣起)사상은 세상의 모든 현상이 무수한 원인과 조건으로 연결되어 있다는 것으로, 이는 인간관계도 마찬가지라서 세상은 나 혼자 살아가는 것이 아니라 모든 만물과 관계를 맺으며 존재하는 것이라 본다.
① 해탈(解脫) : 인간의 속세적인 모든 속박에서 벗어나 자유롭게 되는 상태
② 부동심(不動心) : 외부 세계의 사물이나 현상, 어떤 상황 등에도 흔들리지 않는 마음의 상태
③ 경(敬)사상 : 개인의 수양에 관한 성리학의 사상으로 생각이나 헤아림을 중단한 상태로 마음을 고요하게 간직하는 것

04 다음 도덕적 상황을 해결하기 위해 '민화'가 선택한 행동과 관련된 한자성어는?

> 민화 : 야, 왜 내 옷을 묻지도 않고 입으려고 하니?
> 혜민 : 언니 옷이 예뻐서 한 번만 입고 나가려고 한건데, 그렇게 기분 나빠할지 몰랐어.
> 민화 : 그랬구나, 너는 이런 옷이 없었으니 나 같아도 한 번쯤은 입고 싶었을 거 같아.

① 아전인수(我田引水) ② 역지사지(易地思之)
③ 수구초심(首丘初心) ④ 감탄고토(甘呑苦吐)

정답 | ②

해 설
제시된 상황에서 민화는 배려적 사고를 통해 동생과의 갈등을 해결하였다. 배려적 사고는 다른 사람의 처지에서 생각하여 그 입장을 이해하고 공감하는 사고의 과정을 말한다. 이러한 배려적 사고와 관련된 한자성어는 역지사지(易地思之)이다.

05 현대 윤리 문제에 대한 불교적인 접근으로 옳은 것은?

① 오륜(五倫)을 강조하며 도덕적 공동체의 실현을 강조하였다.
② 자연의 순리에 따르는 삶을 강조하였다.
③ 세상 만물을 평등한 가치를 지닌다고 주장하였다.
④ 인간의 삶에서 나타나는 모든 현상은 인간 스스로 행한 업의 결과로 보고, 도덕적 행동인 선업을 행하도록 강조하였다.

정답 | ④

해 설
주체적 인간관의 내용인 ④는 불교적인 접근으로 옳다.
① 오륜(五倫)은 유교에서 제시하는 핵심 규범이다.
② 도가 윤리적 접근이다. 노자는 천지 만물의 근원인 도의 특성이 인위적으로 강제하지 않고 자연스러움을 따르는 무위자연(無爲自然)이라고 주장하였다.
③ 도가 윤리적 접근이다. 장자는 세상 만물은 평등한 가치를 지닌다고 주장하였다.

06 다음의 내용이 설명하는 것은?

> • 모든 사람이나 어떤 종류의 행위 전체에 대해 보편적으로 평가하여 내리는 판단이다.
> • 우리가 도덕적인 행동을 하기 위한 지침이 된다.
> • '거짓말을 해서는 안된다.', '약속을 지켜야 한다.' 등의 판단이 여기에 해당된다.

① 도덕 원리 ② 가치 판단
③ 사실 판단 ④ 비판적 사고

정답 | ①

해 설
도덕 원리는 모든 사람이나 어떤 종류의 행위에 대해 보편적으로 적용될 수 있는 기준이다. '지하철에서 큰소리로 통화하면 안된다.', '버스 부정승차를 해서는 안된다.' 등이 이에 해당하며 규범이라고도 한다.

07 ㉠의 예에 해당하는 것을 〈보기〉에서 모두 고른 것은?

(㉠)은/는 윤리적 판단과 행위 원리를 탐구하고 이에 대한 정당화에 초점을 두는 학문이다. 어떤 도덕 원리가 윤리적 행위를 위한 근본 원리로 성립할 수 있는지 연구한다.

─ 〈보기〉 ─
ㄱ. 생명 윤리　　　　ㄴ. 문화 윤리
ㄷ. 의무론　　　　　ㄹ. 공리주의

① ㄱ, ㄴ　　　　② ㄴ, ㄷ
③ ㄷ, ㄹ　　　　④ ㄱ, ㄹ

08 덕 윤리에 대해 옳은 것을 〈보기〉에서 모두 고른 것은?

─ 〈보기〉 ─
ㄱ. 행위보다는 행위자에 관심을 둔다.
ㄴ. 도덕 규칙보다 유덕한 성품을 강조한다.
ㄷ. 구체적 상황보다는 추상적 원리를 중시한다.
ㄹ. 공동체의 관습보다 개인의 권리를 강조한다.

① ㄱ, ㄴ　　　　② ㄱ, ㄷ
③ ㄴ, ㄷ　　　　④ ㄷ, ㄹ

09 다음과 같은 관점을 가진 사상과 ㉠에 들어갈 말을 바르게 짝지은 것은?

무위자연(無爲自然)이 이상적 삶의 모습이며, 무위의 다스림이 이루어지는 (㉠)이/가 이상 사회이다.

① 유교, 대동 사회　　　② 불교, 소국과민
③ 도가, 대동 사회　　　④ 도가, 소국과민

10 윤리적 성찰에 대한 설명으로 옳은 것을 〈보기〉에서 모두 고른 것은?

─〈보기〉─

ㄱ. 인격을 함양하는데 도움을 줄 수 있다.

ㄴ. 자신의 존재를 자각함으로써 도덕적 삶을 살 수 있게 된다.

ㄷ. 윤리적 성찰의 과정 중에서 과거의 도덕적 경험은 회상하지 않아도 좋다.

ㄹ. 서양의 윤리적 성찰의 방법으로는 피타고라스의 산파술이 있다.

① ㄱ, ㄴ ② ㄴ, ㄷ
③ ㄷ, ㄹ ④ ㄱ, ㄹ

정답 | ①

해설
윤리적 성찰을 통해 자신의 도덕적 변화 혹은 성장을 도모함으로써 참다운 인격을 완성할 수 있다. 또한 소크라테스는 "성찰하지 않는 삶은 살 가치가 없다."라고 하며, 인간은 자신의 삶을 성찰하고 변화시킬 수 있는 존재임을 강조하였다.
ㄷ. 자신의 현재 관심사와 관계있는 과거의 도덕적 경험을 회상해야 하는 이유는 그 당시에 적용했던 도덕 원리를 파악하고, 그 도덕 원리가 현재 관심사와 어떤 관련이 있는지 알기위한 과정이기 때문이다.
ㄹ. 서양의 윤리적 성찰의 방법으로는 소크라테스의 산파술이 있다.

11 다음 주장이 간과하고 있는 내용으로 적절하지 않은 것은?

인공 임신 중절은 허용되어야 한다. 태아는 출생 이후부터 인간의 본질적 특성을 갖게 되므로 태아의 생명권보다 임신부의 생명권을 우선적으로 고려할 수 있다.

① 인공 임신 중절은 잘못이 없는 인간을 죽이는 행위임을 간과하고 있다.
② 임신부와 태아가 지닌 생명의 가치가 동일함을 간과하고 있다.
③ 태아를 성인과 동등한 인격체로 대우해야 함을 간과하고 있다.
④ 임신부에게 자신의 삶에 대한 자기 결정권이 있음을 간과하고 있다.

정답 | ④

해설
윗글은 태아가 인간과 동일한 지위를 갖지 않는다고 보고 태아의 생명권보다 임신부의 생명권을 우선하여 인공 임신 중절을 허용할 수 있다는 입장이다.

12 갑, 을의 입장에 대한 설명으로 가장 적절한 것은?

> 갑 : '결혼없는 성'은 비도덕적이며, 출산을 위한 부부 사이의 성적 관계만이 도덕적으로 정당하다.
>
> 을 : '사랑없는 성'은 비도덕적이며, 사랑하는 사람들만이 성적 관계에서 서로의 인격을 존중해야 할 의무를 다할 수 있다. 결혼이 아니라 사랑이 도덕적 성의 조건이다.

① 갑은 쾌락을 위한 성적 관계가 가능하다고 본다.

② 갑은 성적 관계가 출산과는 무관하다고 본다.

③ 을은 서로의 인격을 존중하는 사랑하는 사람들 사이에서의 성적 관계가 가능하다고 본다.

④ 을은 부부 사이에서만 성적 관계가 정당화될 수 있다고 본다.

정답 | ③

해 설
'갑'은 결혼을 통해 이루어지는 성적 관계만이 도덕적이라는 보수주의적인 입장을 취하고 있는 반면, '을'은 사랑이 동반된 성적 관계는 허용될 수 있다는 중도주의적 입장을 취하고 있다.

13 다음 설명에 해당하는 것은?

> • 성이 다르다는 이유로 차별하는 것
> • 인간으로서의 평등과 존엄성을 훼손하며 인권을 침해함

① 성차별   ② 성 상품화

③ 성의 자기 결정권   ④ 성적 소수자

정답 | ①

해 설
주어진 설명에 해당하는 것은 성 차별이다.
② **성 상품화** : 성 자체를 상품처럼 사고팔거나 다른 상품을 팔기 위한 수단으로 성을 이용하는 행위
③ **성의 자기 결정권** : 외부의 강요 없이 스스로 자신의 성적 행동을 결정할 수 있는 권리
④ **성적 소수자** : 동성을 사랑하는 동성애자, 생물학적으로 성을 바꾼 성 전환자 등이 해당된다.

14 다음 입장에 대한 설명으로 가장 적절한 것은?

> 인종이나 성(性)을 근거로 하여 평등한 도덕적 지위를 부정하는 것이 그른 것처럼, 우리 종(種)의 구성원이 아니라는 것을 근거로 하여 평등한 도덕적 지위를 부정하는 것은 옳지 않다. 고통과 쾌락의 감수 능력이 이익 관심을 갖는 전제조건이다.

① 도덕 공동체의 범위를 생태계까지 확대해야 한다고 본다.
② 고통을 느낄 수 있는 동물을 도덕적 고려의 대상으로 본다.
③ 자연의 모든 존재는 그 자체로 존중의 대상이라고 본다.
④ 생명을 인간의 선한 목적을 위한 도구적 대상으로 본다.

15 다음 중 인공 임신 중절에 대한 견해가 다른 것은?

① 모든 인간 생명은 존엄하고, 태아 역시 인간이므로 보호해야 한다.
② 여성은 자기 몸에 대한 소유권을 지니며 태아도 여성의 몸의 일부이다.
③ 여성은 자신의 삶을 자율적으로 결정할 수 있다.
④ 여성과 남성은 동등한 권리를 누려야 하므로 인공 임신 중절 결정을 자유롭게 할 수 있다.

16 빈칸에 들어갈 내용으로 가장 적절한 것은?

> 형제는 부모의 기운을 똑같이 받고 태어난 것이니 한 몸과 같은 것이다. 형은 굶주리고 아우만 배가 부르거나, 아우는 춥고 형만 따뜻하게 있다면, 한 몸이 어찌 편안할 수 있겠는가? 이는 도리에 어긋나는 것으로, 이 또한 부모의 뜻을 저버리는 것이다. 그러므로 형과 아우는 _____

① 장유(長幼)의 구별 없이 경쟁해야 한다.
② 서로를 아낌으로써 효(孝)를 실천해야 한다.
③ 음양의 원리에 따라 차별적 관계를 유지해야 한다.
④ 사회적 성공을 기준으로 서열의 우위를 정해야 한다.

17 다음 중 죽음에 대한 견해로 옳은 것은?

① 유교 : 죽음은 대표적인 고통이다.
② 도가 : 죽음은 필연적인 과정이다.
③ 불교 : 죽음은 자연의 과정이다.
④ 불교 : 죽음은 현실의 세계를 벗어난 한계점이다.

1. 국어
2. 수학
3. 영어
4. 사회
5. 과학
6. 한국사
7. 도덕
8. 모의고사
9. 정답 및 해설

18 ㉠에 들어갈 내용으로 가장 적절하지 <u>않은</u> 것은?

> A : 뇌사의 경우 장기적인 치료 연장으로 남은 가족들은 경제적
>   고통을 받게 돼. 따라서 나는 뇌사를 죽음으로 인정해야 한다
>   고 생각해.
> B : 난 달라. 아무리 힘들어도 뇌사를 죽음으로 인정하면 안 돼.
>   왜냐면 _____ ㉠ _____

① 한정된 의료 자원을 회복 불가능한 환자에게 사용하는 건 비효율
  적이기 때문이야.
② 심장을 비롯해 다양한 장기의 상호 작용으로 생명을 유지하는데
  뇌 기능의 정지를 죽음으로 보기 힘들기 때문이야.
③ 뇌사 판정 과정에서의 오류 존재성도 존재하기 때문이야.
④ 장기 적출 또는 기증을 위해 남용될 수도 있기 때문이야.

19 다음 입장에 대한 설명으로 가장 적절한 것은?

> 자발적 동의에 따라 이루어지는 성적 관계를 옹호하며, 성에 관
> 한 개인의 자유로운 선택을 중시한다.

① 사랑이 있는 성적 관계는 옳다.
② 혼전 또는 혼외 성적 관계는 부도덕하다.
③ 결혼을 통해 이루어진 성적 관계를 옹호한다.
④ 타인에게 해악을 주지 않는 범위 내에서 자유롭게 성적 쾌락을
  추구할 수 있다.

20 다음 ㉠에 들어갈 성의 가치로 옳은 것은?

> • 성은 새로운 생명을 탄생시키는 원천, 즉 종족 보존의 측면에서 (㉠)를 지닌다.
> • 성의 (㉠)는 자연법 윤리에서 말하는 종족 보존의 자연적 성향과 관련이 있다.

① 생식적 가치   ② 쾌락적 가치
③ 인격적 가치   ④ 자유의 가치

21 다음 글의 칸트가 주장하는 바와 가장 비슷한 견해는?

> 칸트는 고통에서 벗어나기 위해 자살을 선택하는 행위는 보편적 법칙이 될 수 없다고 주장한다. 자살은 인간의 생명과 인격을 수단으로 삼는 행위이며, 자율적 인간으로서 지켜야 할 도덕 법칙인 자기를 보존해야 할 의무를 위반한 것이라고 본다.

① 자신의 능력을 발휘할 가능성을 파괴하는 것이다.
② 신의 피조물이므로 스스로 목숨을 끊어서는 안 된다.
③ 자살은 부모로부터 물려받은 신체를 훼손하는 것이다.
④ 자신은 보전하는 것은 자신에 대한 완전한 의무 중 하나다.

22 사회정의를 실현하기 위해 다음 글에서 강조하고자 하는 내용으로 가장 적절한 것은?

> 롤스는 자신의 대표작 '사회 정의론'에서 '다수가 누릴 더 큰 자유를 위해서 소수의 사람이 기본적 자유를 침해당해서는 안 된다.'라고 주장하였다.

① 공정한 사회를 위해서는 모든 사람이 동등한 권리를 가져야 한다.
② 사회 구성원들이 서로 협력하여야 사회가 조화롭게 발전할 수 있다.
③ 능력이 뛰어나거나 노력을 많이 한 사람에게 더 많은 몫을 주어야 한다.
④ 사회적 약자에게 더 큰 혜택을 보장함으로써 그들의 기본적 자유를 보장해야 한다.

정답 | ④

해 설
롤스는 사회적·경제적 불평등은 최소 수혜자에게 최대의 이득이 되어야 인정될 수 있다고 하였다. 즉 사회의 혜택을 가장 적게 받는 사람들에게 가장 많은 혜택이 돌아갈 수 있도록 사회적·경제적 불균등 분배를 정당화하자는 것이다.

23 니부어(Niebuhr, R.)의 윤리 사상에 대한 설명으로 옳지 않은 것은?

① 도덕적인 개인이라도 비도덕적 사회에서는 비도덕적인 행동을 하기 쉽다.
② 정의를 실현하기 위해서는 개인의 의식과 가치관을 개혁해야 한다.
③ 개인적인 양심과 덕목의 실천만으로는 복잡한 사회 문제를 해결할 수 없다.
④ 도덕적인 사람도 소속된 집단의 이익을 위해서는 이기적으로 행동하기 쉽다.

정답 | ②

해 설
미국의 신학자 니부어에 따르면 개인이 아무리 도덕적으로 살려고 해도 그가 사는 사회의 도덕성이 바르지 않다면 개인의 노력은 소용이 없다. 그는 사회의 구조가 잘못되어 있는데 개인에게만 올바르게 살아가라고 요구할 수 없기 때문에 우선적으로 해야 할 일은 잘못된 사회적 관행이나 제도의 개선이라고 주장하였다.

24 〈보기〉에 제시된 분배 정의의 기준과 해당되는 용어가 바르게 연결된 것은?

> ─────〈보기〉─────
> • (㉠) : 사회적 재화의 공평한 분배
> • (㉡) : 인간다운 삶과 기본적 욕망의 충족
> • (㉢) : 개인의 재능과 노력의 결과에 의한 공적

	㉠	㉡	㉢
①	절대적 평등	필요	업적
②	절대적 평등	업적	필요
③	업적	필요	절대적 평등
④	업적	절대적 평등	필요

정답 | ①

해 설

분배적 정의 : 분배가 정의롭게 이루어진 상태로 사회 구성원들이 사회적 재화 등을 나눌 때 각자가 자신의 몫을 누리는 상태이다. 분배 정의의 기준으로는 평등, 업적, 필요 등이 있다.

TIP
분배 정의의 기준
• **절대적 평등** : 사회적 재화의 공평한 배분이 가능해짐
• **업적** : 자신의 재능과 노력의 결과에 의해 이루어진 공적
• **필요** : 인간다운 삶의 욕구가 충족되기 위해 반드시 요구되는 것

---

25 직업에 대한 설명으로 옳지 <u>않은</u> 것은?

① 타인을 배려하고 서로 존경하는 직업 생활이 필요하다.
② 직업 윤리는 모든 직업 생활에서 지켜야 할 윤리 규범이다.
③ 행복한 직업 생활을 위해 자신이 맡은 일에 충실해야 한다.
④ 직업은 경제적 보상과 사회적 지위만을 기준으로 선택해야 한다.

정답 | ④

해 설

직업은 경제적 보상과 사회적 지위만이 아니라 자신의 적성과 능력에 맞게 선택해야 한다. 직업 선택은 인생의 방향이나 삶의 질과 밀접한 관련이 있기 때문에 신중하게 해야 한다.

TIP
직업의 어원적 의미
• **직(職)** : 사회적 지위와 역할
• **업(業)** : 생계유지를 위한 일

---

26 정보 윤리의 기본 원리에 대한 구체적인 행동을 설명한 것이다. 가장 적절하지 <u>않은</u> 것은?

① 해악 금지 – 바이러스를 유포하지 않는다.
② 정의 – 불건전한 경로로 파일을 주고받지 않는다.
③ 인간 존중 – 온라인상의 상대방에게 예의를 지킨다.
④ 책임 – 정보 소외 계층을 위해 컴퓨터 교육 자원 봉사를 한다.

정답 | ④

해 설

④는 정보 윤리의 원리 중 '정의'에 해당한다.

TIP
정보 윤리의 기본 원칙
• **인간 존중** : 사이버 공간에서 만나는 모든 사람을 자신과 같이 소중하게 여기는 것
• **책임** : 사이버 공간의 익명성을 악용하여 무책임하게 행동하지 않는 것
• **정의** : 사이버 공간에서 타인의 기본적인 자유와 권리를 침해하지 않고 모든 사람을 공정하고 평등하게 대우하는 것
• **해악 금지** : 사이버 공간에서 만나는 사람들에게 피해를 주지 않는 것

27 다음 중 생명 중심주의에 대한 설명으로 옳은 것은?

① 생태계를 구성하는 존재 중 동물을 강조한다.

② 모든 생명체는 그 자체로 도덕적 고려를 받아야 할 가치가 있다고 본다.

③ 자연을 존중하면서 신중하고 분별력 있게 사용해야 한다.

④ 인간이 장기적으로 생존하고 복지를 누리기 위해 환경 친화적인 삶을 강조한다.

정답 | ②

해설

생명 중심주의는 모든 생명체는 그 자체로 도덕적 고려를 받아야 할 가치가 있다고 본다.

① 생태계를 구성하는 존재 중 동물을 강조한다. → 동물 중심주의

③ 자연을 존중하면서 신중하고 분별력 있게 사용해야 한다. → 온건한 인간 중심주의

④ 인간이 장기적으로 생존하고 복지를 누리기 위해 환경 친화적인 삶을 강조한다. → 온건한 인간 중심주의

28 다음 내용을 가장 잘 반영하고 있는 것은?

- 이성을 가진 인간만이 내재적 가치를 지닌다.
- 인간은 자연의 지배자이며, 자연은 인간의 번영을 위한 수단에 불과하다.
- 인간을 제외한 모든 자연은 인간을 위한 도구이다.

① 과학 만능주의   ② 무위자연 사상

③ 생명 존중 사상   ④ 인간 중심적 사상

정답 | ④

해설

물질문명이 발달하고 인간 중심적 사고가 확산되면서 우리는 인간과 자연을 분리하고 자연을 인간의 행복을 위한 수단으로 여기게 되었다. 이와 같은 인간 중심적 사상은 환경오염, 생태계 파괴 등과 같은 부작용을 낳았다.

29 과학 기술이 초래한 윤리적 문제로 옳지 <u>않은</u> 것은?

① 물질적 풍요와 편리를 누릴 수 있게 되었다.

② 핵무기와 같은 대량 살상 무기로 인해 인류의 생존이 위협 당한다.

③ 자원 고갈, 생태계 파괴, 기후 변화 등 환경 문제를 심화시켰다.

④ 인간보다 과학 기술을 중시하면서 인간의 주체성이 약화되었다.

정답 | ①

해설

①은 과학 기술의 성과이고, ②, ③, ④는 과학 기술이 초래한 윤리적 문제이다. 이밖에도 정보 통신 기술의 발전으로 인격적인 인간관계가 파괴되고, 인권 및 사생활 침해뿐만 아니라 생명을 기술적으로 조작함으로써 생명의 존엄성 및 인간의 정체성 문제를 초래한다.

30 다음에서 설명하는 것과 관련있는 문제는?

> • 현실 공간과 사이버 공간에서의 자아 정체성 간의 큰 괴리가 있는 경우 더 큰 혼란을 겪게 된다.
> • 사이버 공간에서 만든 불건전한 자아 상태에 애착을 갖게 되면 비도덕적 행동을 할 가능성이 높아진다.

① 사이버 공간에서 익명성 문제
② 현실 공간에서 자아 정체성 문제
③ 사이버 공간에서 자아 정체성 문제
④ 현실 공간에서 집단행동의 문제

31 과학 기술 연구 윤리에 관한 설명 중 옳지 않은 것은?

① 실험 대상을 윤리적으로 대우해야 한다.
② '위조'는 연구 결과물을 거짓으로 만들어 내는 것이다.
③ 연구 재료와 절차 등을 조작하는 것을 '표절'이라고 한다.
④ 실질적으로 기여한 정도에 따라 연구 공로를 공정하게 배분해야 한다.

32 다음이 설명하는 것으로 가장 적절한 것은?

> 사이버 공간에서 상대방이 원하지 않는 언어, 이미지 등을 이용하여 정신적·심리적 피해를 주는 행위이다. 구체적으로 사이버 따돌림, 사이버 명예 훼손 등이 이에 속한다.

① 사생활 침해   ② 저작권 침해
③ 사이버 폭력   ④ 사이버 모욕

33 뉴 미디어(new media)의 특징으로 옳은 것은?

① 송수신자가 동시에 참여해야만 한다.

② 대규모 집단에 획일적 메시지만을 전달한다.

③ 송수신자 간 쌍방향 정보 교환을 가능하게 한다.

④ 특정 대상과 특정 정보를 상호 교환할 수 없다.

정답 ┃ ③

해 설

뉴 미디어란 전자 공학 기술이나 통신 기술이 발달하면서 등장한 새로운 전달 매체이다. 많은 인쇄 매체가 인터넷 신문, 웹진, 전자책 등의 뉴 미디어로 변화하였다.

① 송수신자가 동시에 참여하지 않고도 수신자가 원하는 시간에 정보를 볼 수 있게 한다.

② 대규모 집단에 획일적 메시지를 전달하는 방식에서 벗어난다.

④ 특정 대상과 특정 정보를 상호 교환할 수 있게 하고, 이용자가 더욱 능동적으로 활동할 수 있게 한다.

34 현대 사회에서 요구되는 매체 윤리의 내용으로 가장 적절한 것은?

① 거짓 정보는 어쩔 수 없이 받아들여야 한다.

② 표현의 자유는 한계가 없으므로 마음껏 표출한다.

③ 알 권리는 개인의 호기심을 충족하기 위한 목적으로 행사되어야 한다.

④ 서로의 권리를 침해하지 않도록 개인 정보는 신중하게 다루어져야 한다.

정답 ┃ ④

해 설

알 권리와 개인의 인격권은 기본적으로 우리에게 보장되어야 할 중요한 권리이다.

① 거짓 정보를 무비판적으로 받아들이고 이를 뉴 미디어 상에 유포하면 피해가 발생하므로 비판적 사고를 바탕으로 정보를 올바르게 이해하고 표현해야 한다.

② 표현의 자유는 타인의 권리를 침해하지 않는 범위에서 허용되어야 한다.

③ 알 권리가 도덕적 정당성을 가지기 위해서는 공익을 위한 목적에서 올바르게 행사되어야 한다.

35 다음 글에 나타나 있는 인간과 자연의 관계에 대한 관점은?

> 인간은 자연의 사용자 및 자연의 해석자로서 자연의 질서에 관해 실제로 관찰하고, 고찰한 것만큼 무엇인가를 할 수 있다. 그 이상의 것은 알 수도 없고, 할 수도 없다. 인간의 지식이 곧 인간의 힘이다.
>
> – 베이컨, 『신기관』 –

① 인간 중심주의　　　② 동물 중심주의

③ 생태 중심주의　　　④ 환경 중심주의

정답 ┃ ①

해 설

베이컨은 자연을 인류의 복지를 위한 수단으로 보고 자연에 관한 지식의 활용을 강조하였다. 인간 중심주의는 인간만이 도덕적 지위를 지닌다고 보고, 인간 이외의 모든 존재는 인간의 목적을 이루기 위한 수단으로 여긴다.

36 생태 중심주의에 대한 내용으로 옳은 것을 〈보기〉에서 모두 고른 것은?

─〈보기〉─

ㄱ. 레오폴드는 인간이 대지의 한 구성원일 뿐이라고 하였다.

ㄴ. 생태 중심주의는 도덕적 고려의 범위를 개별 생명체까지만 본다.

ㄷ. 생태계 전체의 이익을 위한다는 명분으로 개별 생명체를 희생 시킬 수 있다.

ㄹ. 레오폴드는 대지를 자연의 모든 존재가 서로 그물망처럼 얽혀 있는 생명 공동체라고 하였다.

① ㄱ, ㄴ, ㄷ   ② ㄱ, ㄴ, ㄹ

③ ㄱ, ㄷ, ㄹ   ④ ㄴ, ㄷ, ㄹ

정답 | ③

해 설

생태 중심주의에 대표적인 사상가 레오폴드 는 인간은 공동체의 정복자가 아니라 상호 의존적인 부분들로 이루어진 공동체의 한 구성원이라고 하였다. 생태 중심주의의 한 계는 생태계 전체의 이익을 위한다는 명분 으로 개별 생명체를 희생시키는 환경 파시 즘으로 흐를 수 있다는 점이다.

ㄴ. 생태 중심주의는 도덕적 고려의 범위를 개별 생명체가 아닌 생태계 전체로 보아 야 한다는 전일론적 입장을 취한다.

---

37 환경 문제의 특징으로 가장 옳은 것을 〈보기〉에서 모두 고른 것은?

─〈보기〉─

ㄱ. 국경을 초월하는 전 지구적인 문제이다.

ㄴ. 현세대만의 삶의 질 문제와 직결된다.

ㄷ. 단기간에 걸쳐 발생한 문제이다.

ㄹ. 인간의 생존과 직결되는 문제이다.

① ㄱ, ㄴ   ② ㄱ, ㄷ

③ ㄱ, ㄹ   ④ ㄷ, ㄹ

정답 | ③

해 설

자연을 오직 인간을 위한 수단으로 여기는 도구적 자연관으로 인해 환경 문제가 발생 하였다. 환경 문제는 국경을 초월하는 전 지 구적인 문제이며, 인간의 생존과 직결된다.

ㄴ. 환경 문제는 현세대에만 국한되는 것이 아니라 미래 세대까지 연결된다.

ㄷ. 장기간에 걸쳐 발생한 문제이다.

---

38 동물 중심주의를 주장한 사상가의 입장으로 가장 적절한 것은?

① 자연은 단순한 물질 또는 기계이다.

② 모든 생명체를 도덕적으로 고려하고 존중해야 한다.

③ 동물의 고통을 무시하는 것은 종(種) 차별주의이다.

④ 이성적 존재만이 자율적으로 행동하는 도덕적 주체가 될 수 있다.

정답 | ③

해 설

동물 중심주의의 대표적 사상가인 싱어는 이익 평등 고려의 원칙에 근거하여 동물의 고통을 저급하게 여기거나 무시하는 행위는 일종의 종(種) 차별주의라고 비판하였다.

①, ④ 인간 중심주의의 주장이다.

② 생명 중심주의의 주장이다.

TIP

이익 평등 고려의 원칙

쾌락과 고통을 느끼는 모든 존재의 이익을 동등하게 고려해야 한다는 원칙

39 다음 중 다문화를 바라보는 태도로 가장 적절한 것을 〈보기〉에서 모두 고른 것은?

〈보기〉
ㄱ. 상대주의적 태도
ㄴ. 관용적 이해의 자세
ㄷ. 상대적으로 약한 지역을 소외하는 태도
ㄹ. 특정한 문화만 수용하는 자세

① ㄱ, ㄴ ② ㄱ, ㄷ
③ ㄴ, ㄷ ④ ㄷ, ㄹ

정답 | ①

해 설
다문화를 바라보는 태도에는 다른 문화에 대한 상대주의적 태도와 관용적 이해의 자세가 있다. 타인의 인권과 자유를 침해하지 않고, 사회 질서를 훼손하지 않는 범위에서 관용해야 한다. 따라서 적절한 것은 ㄱ, ㄴ이다.

40 다음 대화에서 A가 추구하는 소비 방식으로 가장 적절한 것은?

A : ○○구두 회사는 생산 과정에서 아이들의 노동력을 착취한다는 기사를 봤어. 앞으로 그 회사 제품은 사지 말아야겠어.
B : 그런 것까지 일일이 따져서 구매하기는 너무 귀찮잖아.
A : 비양심적인 회사에서 만든 물건을 사는 것은 윤리적이지 못하다고 생각해.

① 경제적 소비 ② 과시적 소비
③ 윤리적 소비 ④ 유행적 소비

정답 | ③

해 설
대화에서 A는 윤리적 소비를 중요시하는 자세이다. 윤리적 소비는 평화, 인권, 사회 정의, 환경 등 인류의 보편적 가치를 소중히 생각하며, 일상생활에서 이러한 가치를 실현하고자 한다. 또한, 윤리적 소비는 나눔과 순환(재활용)을 통하여 이웃 사랑과 친환경적인 삶을 만들어 가는 아름다운 소비를 지향한다.

TIP
윤리적 소비의 사례
• 녹색 소비 : 환경에 미치는 영향까지 고려하는 소비생활을 의미
• 착한 소비 : 가난한 제3세계 생산자가 만든 환경 친화적인 제품을 제값에 사자는 소비자 운동인 공정 무역을 중시

41 다음 글의 사상가가 주장하는 예술의 역할로 옳은 것을 〈보기〉에서 모두 고른 것은?

> 예술 작품이 몸에 좋은 곳에서 불어오는 미풍처럼 그들에게 좋은 영향을 주며, 어릴 때부터 곧장 자기도 모르는 사이에 아름다운 말을 닮고 사랑하고 공감하도록 그들을 이끌어 준다.
>
> – 플라톤, 『국가』 –

〈보기〉
ㄱ. 예술은 인간의 올바른 품성을 기르는데 있다.
ㄴ. 예술 그 자체나 예술적 아름다움을 추구한다.
ㄷ. 윤리적 기준으로 예술을 평가하고 규제하려 해서는 안 된다.
ㄹ. 예술은 도덕적 교훈이나 모범을 제공하여 인간과 사회의 도덕성에 기여한다.

① ㄱ, ㄴ   ② ㄴ, ㄷ
③ ㄷ, ㄹ   ④ ㄱ, ㄹ

정답 | ④

해 설
도덕주의는 예술은 올바른 품성을 기르고 도덕적 교훈이나 모범을 제공해야 한다는데 목적을 둔다.
ㄴ, ㄷ. 예술 지상주의의 입장에 해당한다.

42 사상가 갑, 을의 입장으로 가장 적절한 것은?

> 갑 : 예술 작품을 도덕적으로 논하는 것은, 정삼각형은 도덕적이고 이등변 삼각형은 비도덕적이라고 말하는 것과 마찬가지로 무의미하다.
> 을 : 인(仁)에 의지하고, 예(藝)에서 노닐어야 한다. 예(禮)에서 사람이 서고, 악(樂)에서 사람이 완성된다.

① 갑 : 예술의 사회성을 강조하였다.
② 갑 : 미적 가치와 도덕적 가치는 불가분의 관계이다.
③ 을 : 미적 가치와 도덕적 가치의 관련성을 낮게 본다.
④ 을 : 인간은 예술을 통해 도덕성을 강화할 수 있다.

정답 | ④

해 설
갑은 예술 지상주의, 을은 도덕주의의 입장을 지니고 있다. 예술 지상주의는 예술의 자율성을 옹호하는 순수 예술론을 지지하고, 도덕주의는 예술의 사회적 영향력을 강조하는 참여 예술론을 지지한다.
①, ② 예술의 사회적 영향력을 강조하는 도덕주의에서 주장할 내용이다.
③ 예술 지상주의에서 주장할 내용이다.

43 예술의 상업화에 대해 A의 견해로 가장 옳은 설명은?

> A : 미술 전체가 거대한 투기사업이 되었다. 진정으로 그림을 좋아하는 사람은 많지 않다. 대부분 속물적인 의도로 그림을 구매해 미술관에 맡겨 둔다. 사람들은 확신이 없어서 가장 비싼 것만 구입한다. 감상은커녕 창고에 넣어 두고 최종가를 알기 위해 매일 화랑에 전화를 거는 사람들도 있다.

① 예술의 상업성을 옹호하는 입장이다.
② 경제적 가치보다 예술적 가치를 우선하고 있다.
③ 예술 작품을 단지 하나의 상품으로 바라보게 된다.
④ 예술의 상업화 현상은 점점 확대되고 있는 중이다.

44 대중문화에 대한 자본 종속 문제를 〈보기〉에서 모두 고른 것은?

> ─── 〈보기〉 ───
> ㄱ. 일부의 대형 문화 기획사가 대중문화를 주도하게 된다.
> ㄴ. 획일화된 문화 상품만 양산되어 문화의 다양성이 떨어진다.
> ㄷ. 예술의 상업화는 예술을 발전시키는 데 기여한다.
> ㄹ. 예술은 미적 가치 추구만이 목적이라고 보아야 한다.

① ㄱ, ㄴ   ② ㄴ, ㄷ
③ ㄷ, ㄹ   ④ ㄱ, ㄹ

45 다음 ㉠, ㉡에 들어갈 내용으로 올바르게 짝지어진 것은?

> 토론 주제 : 대중문화의 윤리적 규제
>
> 찬성 : (㉠)
>
> 반대 : (㉡)

① ㉠ - 성의 인격적 가치를 훼손하지 않아야 한다.

② ㉠ - 대중은 다양한 대중문화를 즐길 권리가 있다.

③ ㉡ - 성적인 요소나 폭력적인 내용 등에 규제가 이루어져야 한다.

④ ㉡ - 대중의 정서에 미칠 부정적 영향을 방지할 수 있다.

정답 | ①

해 설

대중문화에 대한 윤리적 규제를 찬성하는 입장에서는 성의 상품화 예방을 강조한다. 성을 상품으로 대상화하여 성의 인격적 가치를 훼손하지 않아야 한다고 주장한다.

② 대중문화에 대한 윤리적 규제가 이루어져서는 안 된다는 주장이다. ㉡에 들어갈 내용이다.

③, ④ 대중문화에 대한 윤리적 규제가 이루어져야 한다는 주장이다. ㉠에 들어갈 내용이다.

46 다음 글의 글쓴이가 다문화를 바라보는 태도의 한계는?

> 이주민의 문화를 우리 사회의 주류 문화에 녹여 하나로 통합해야 합니다.

① 사회적 통합을 이루기 어렵다.

② 국가 간 빈부 격차가 심해진다.

③ 다양한 문화의 상실로 문화적 역동성이 파괴된다.

④ 이주민들은 자신의 문화적 정체성을 유지하며 살 수 있다.

정답 | ③

해 설

제시된 글의 글쓴이는 동화주의 입장에서 이주민의 문화를 바라보고 있다. 동화주의는 이주민의 문화와 같은 소수 문화를 주류 문화에 적응시키고 통합하려는 입장이다.

① 다문화주의 중에서 샐러드 볼 이론의 한계점이다.

② 동화주의와는 관계없는 설명이다.

④ 이주민들은 자신의 문화적 정체성을 유지하며 살아가기 어렵다는 한계가 있다.

47 지역 갈등에 대한 설명으로 옳은 것을 〈보기〉에서 모두 고른 것은?

─〈보기〉─

ㄱ. 가치관과 믿음의 차이로 인해 소모적인 논쟁이 발생한다.

ㄴ. 경제적 요인, 특정 지역에 대한 특권 의식으로 인해 발생한다.

ㄷ. 이념의 차이를 흑백 논리의 이분법적 사고로 구분하여 발생한다.

ㄹ. 연고주의에 기반을 둔 개발 정책은 사회를 불공정하게 만들수 있다.

① ㄱ, ㄴ   ② ㄴ, ㄹ

③ ㄱ, ㄷ   ④ ㄷ, ㄹ

정답 | ②

해 설

지역 갈등은 지역 발전을 위한 시설이나 투자를 자신의 지역의 유치하려는 경쟁이나 다른 지역에 대한 편견이나 좋지 않은 감정에서 비롯되는 경우가 많다.
ㄱ, ㄷ. 이념 갈등에 대한 설명이다.

48 다음 글의 밑줄 친 ⊙의 윤리적 문제로 옳은 것을 〈보기〉에서 모두 고른 것은?

⊙ 국제 분쟁은 영역과 자원을 둘러싼 갈등 때문에 일어난다. 영역과 자원을 선점하기 위한 국가 간 경쟁 과정에서 갈등과 분쟁이 발생한다. 또한 국제 분쟁은 문화적 차이에 따른 갈등 때문에 일어나기도 한다. 문화는 공동체의 구심점이자 집단 정체성의 토대이므로 자율적인 타협이나 제3자의 중재가 어려워 갈등이 발생하면 쉽게 분쟁으로 이어진다.

─〈보기〉─

ㄱ. 지구촌의 평화 위협

ㄴ. 기존의 사회 질서 무시

ㄷ. 인간의 존엄성과 정의 훼손

ㄹ. 문화의 획일화 가능성 증가

① ㄱ, ㄴ   ② ㄴ, ㄹ

③ ㄱ, ㄷ   ④ ㄷ, ㄹ

정답 | ③

해 설

국제 분쟁은 경쟁국에 대한 군사적 우위를 확보하려는 과정에서 핵무기나 생화학 무기 등을 개발하여 지구촌 전체의 불안을 가중하고 평화를 위협한다. 또한 종교나 민족 갈등과 결부되면 상호 간 적대감을 증폭하여 반인도적 범죄가 일어나기도 한다.
ㄴ, ㄹ. 국제 분쟁과는 관련 없는 내용이다.

49 소극적 평화와 적극적 평화에 대한 설명으로 적절한 것을 〈보기〉에서 모두 고른 것은?

─〈보기〉─

ㄱ. 소극적 평화는 간접적 폭력이 사라진 상태이다.

ㄴ. 소극적 평화는 테러, 범죄, 전쟁과 같은 물리적 폭력이 없는 상태이다.

ㄷ. 적극적 평화는 테러, 범죄, 전쟁과 같은 직접적 폭력의 제거가 목표이다.

ㄹ. 적극적 평화는 가난, 차별 등이 사라져 인간다운 삶을 누릴 수 있는 상태이다.

① ㄱ, ㄴ

② ㄴ, ㄹ

③ ㄱ, ㄷ

④ ㄷ, ㄹ

정답 | ②

해 설

소극적 평화는 테러, 범죄, 전쟁과 같은 물리적 폭력이 없는 상태이다. 적극적 평화는 가난, 차별 등과 같은 간접적 폭력이 사라져 인간다운 삶을 누릴 수 있는 상태이다.

ㄱ. 소극적 평화는 직접적 폭력이 사라진 상태이다.

ㄷ. 적극적 평화란 물리적 폭력은 물론 문화적 폭력과 구조적 폭력까지 모두 사라진 상태이다.

50 다음 글의 글쓴이가 주장하는 바와 비슷한 견해는?

이익 평등 고려의 원칙에서 보면, 고통을 덜어 주어야 할 궁극적이고 도덕적인 이유는 고통은 그 자체로 바람직하지 않기 때문이다. 인종은 이익을 고려하는 데 아무런 상관이 없다. 왜냐하면 중요한 것은 이익 자체이기 때문이다. 어떤 고통에 관하여 그것이 특정한 인종이 겪는 고통이라는 이유로 고려를 덜 한다면 이는 자의적인 차별이 될 것이다.

– 싱어, 『실천 윤리학』 –

① 해외 원조는 개인적인 선택일 뿐이다.

② 해외 원조나 기부를 실천하지 않아도 좋다.

③ 해외 원조에 대한 만인의 관심이 필요하다고 본다.

④ 해외 원조는 어느 정도의 차별을 두고 도움을 주어야 한다.

정답 | ③

해 설

싱어는 고통받는 사람들은 이익 평등 고려의 원칙에 따라 누구나 차별 없이 도움을 받아야 함을 주장하고 있다. 싱어는 공리주의적 관점에서 모든 사람의 고통을 감소시키고 쾌락을 증진시키는 것이 인류의 의무라고 주장하였다.

PART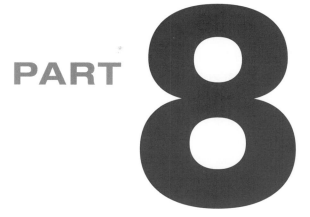

모의고사

제1교시 국 어

01 밑줄 친 내용에 들어갈 공감하며 말하기로 가장 적절한 것은?

> 〈시험 성적이 떨어진 친구와의 대화에서〉
> 영민 : 이번 시험에 긴장을 너무 많이 해서 공부한 만큼 실력을 내지 못했어.
> 준형 : _____

① 중요한 시험에서 실력발휘를 못 해 속상했겠구나.
② 네가 공부를 더 열심히 했어야지.
③ 쯧쯧. 넌 왜 항상 그 모양이니?
④ 그렇구나. 나는 성적이 잘 나와서 기분이 좋아.

02 다음 중 주성분만으로 이루어진 문장은?

① 나는 지금 밥을 먹는다.
② 희영이는 선생님이 되었다.
③ 그 옷은 노란색이다.
④ 그래, 내가 된장찌개를 먹겠다.

03 적용된 음운 규칙이 나머지와 다른 것은?

① 밥물[밤물] ② 먹는[멍는]
③ 좋고[조코] ④ 남루[남누]

04 다음 ㉠~㉣ 중 표현이 적절하지 않은 것은?

> 진행자 : 배추를 소금물에 ㉠ 절인 후에는 무엇을 해야 하죠?
> 요리사 : 배추를 찬물에 ㉡ 헹구세요. 그리고 물기가 빠지도록 체에 ㉢ 밭쳐 놓으세요.
> 진행자 : 이건 제가 할게요.
> 요리사 : 그럼 저는 입맛을 ㉣ 돋구는 양념소를 만들어 볼게요.

① ㉠ ② ㉡
③ ㉢ ④ ㉣

05 '대기 오염'에 대한 글쓰기를 준비할 때, ㉠에 들어갈 내용으로 적절한 것은?

> Ⅰ. 서론
>   1. 대기 오염으로 인한 사망자 발생
>   2. 대기 오염 방지의 필요성
> Ⅱ. 본론
>   1. 대기 오염의 원인과 실태
>   – 대기 오염의 원인
>   – 대기 오염의 실태
>   2. 대기 오염에 대한 대책
>   – 가정 차원 : 쓰레기 태우지 않기, 자전거 타기
>   – 정부 차원 : (㉠)
> Ⅲ. 결론
>   대기 오염에 대한 관심과 대기 오염 예방을 위한 실천의 필요성 강조

① 자동차 배기가스 허용 기준 강화

② 무연료 자동차 타기

③ 공업 폐수 방류 단속

④ 합성 세제 사용량 줄이기

06 ⊙~②을 고쳐 쓴 것으로 적절하지 <u>않은</u> 것은?

> 인터넷에는 유용한 정보도 있지만, ⊙ 부정확하지만 ⓒ 검증돼지 않은 정보도 많다. 그런데 대다수의 학생들이 인터넷 정보 검색을 통해 손쉽게 얻은 정보로 보고서를 ⓒ 작성하고 있다. ② 인터넷의 발전은 인류에게 큰 혜택이다.

① ⊙ : 잘못된 어미의 사용이므로 '부정확거나'로 바꾼다.

② ⓒ : 맞춤법에 어긋난 표현이므로 '검증되지'로 수정한다.

③ ⓒ : 정확한 단어 사용이 아니므로 '필기하고'로 고친다.

④ ② : 통일성을 해치는 내용이므로 삭제한다.

[07~08] 다음 글을 읽고 물음에 답하시오.

> 홍식이 거록ᄒ야 붉은 긔운이 하늘을 쮜노더니 이랑이 소릴를 놉히 ᄒ야 나를 불러 져긔 믈밋ᄎ을 보라 웨거늘 급히 눈을 드러 보니 믈밋 홍운을 헤앗고 **큰 실오리** ᄀᆺ흔 줄이 붉기 더옥 긔이ᄒ며 긔운이 진홍 ᄀᆺ한 것이 ᄎᄎ 나 **손바닥 너븨** ᄀᆺ흔 것이 그믐밤의 보는 **숫불빗** ᄀᆺ더라. ᄎᄎ 나오더니 그 우흐로 적은 **회오리밤** ᄀᆺ한 것이 붉기 호박구슬 ᄀᆺ고 묽고 통낭ᄒ기는 호박도곤 더 곱더라.
>
> – 의유당, 「동명일기」 –

07 다음 중 성격이 <u>다른</u> 하나는?

① 큰 실오리

② 손바닥 너븨

③ 숫불빗

④ 회오리밤

08 윗글에서 볼 수 있는 근대 국어의 특징으로 적절한 것은?

① 방점이 일부 남아 있다.

② 끊어적기만 사용되었다.

③ ㆍ가 완전히 소실되어 표기되지 않았다.

④ ㆁ, ㆆ, ㅿ 등이 사라져 문자 체계에 변화가 생겼다.

[09~11] 다음 글을 읽고 물음에 답하시오.

> ⊙ 유리(琉璃)에 차고 슬픈 것이 어른거린다.
> 열없이 붙어서서 입김을 흐리우니
> ⓐ 길들은 양 언 날개를 파다거린다.
> 지우고 보고 지우고 보아도
> 새까만 밤이 밀려 나가고 밀려와 부딪히고,
> ⓑ 물 먹은 별이, 반짝, 보석(寶石)처럼 백힌다.
> 밤에 홀로 유리를 닦는 것은
> ⓒ 외로운 황홀한 심사이어니,
> 고흔 폐혈관(肺血管)이 찢어진 채로
> ⓓ 아아, 늬는 산(山)ㅅ새처럼 날라갔구나!
>
> – 정지용, 「유리창」 –

09 이 시에 대한 설명으로 적절하지 <u>않은</u> 것은?

① 상징어를 통해 대상을 비유적으로 나타낸다.

② 화자의 감정을 직설적으로 표현한다.

③ 선명한 이미지를 통해 정서를 감각적으로 드러낸다.

④ 영탄적 어조를 통해 내재된 감정을 드러낸다.

10 밑줄 친 ⊙의 시적 기능으로 가장 적절한 것은?

① 절망 극복의 계기

② 감정 절제의 수단

③ 합일화의 촉매

④ 접촉과 차단의 매개체

11 ⓐ~ⓓ 중 〈보기〉에서 설명하는 표현 기법이 사용된 것은?

> ───〈보기〉───
> 겉으로 보기에는 진리에 어긋나는 것 같으나 그 속에 진실을 담고 있는 표현 기법이다.

① ⓐ 　　　② ⓑ

③ ⓒ 　　　④ ⓓ

[12~14] 다음 글을 읽고 물음에 답하시오.

(가) 두 명의 사나이가 서 있었다. 낡은 파나마에 모시 두루마기, 노랑 구두를 신고 그리고 손에 조그만 보따리 하나도 들지 않은 그들을, 구보는 확신을 가져 무직자라고 단정한다. 그리고 이 시대의 무직자들은, 거의 다 금광 브로커에 틀림없었다. 구보는 새삼스러이 대합실 안팎을 둘러본다. 그러한 인물들은, 이곳에도 저곳에도 눈에 띄었다.

⊙ 황금광 시대…….

저도 모를 사이에 구보의 입술엔 무거운 한숨이 새어 나왔다. 황금을 찾아, 그것도 역시 숨김없는 인생의 분명한 일면이다. 그것은 적어도 한 손에 단장과 또 한 손에 공책을 들고, 목적없이 거리로 나온 자기보다는 좀더 절실한 인생이었을지도 모른다. 시내에 산재한 무수한 광무소(鑛務所), 인지대 100원, 열람비 5원, 수수료 10원, 지도대 18전…… 출원 등록된 광구, 조선 전토(全土)의 7할. 시시각각으로 사람들은 졸부가 되고 또 몰락하여 갔다. 황금광 시대. 그들 중에는 평론가와 시인, 이러한 문인들조차 끼어 있었다. 구보는 일찍이 창작을 위하여 그의 벗의 광산에 가보고 싶다 생각하였다. 사람들의 사행심, 황금의 매력,

그러한 것들을 구보는 보고, 느끼고, 하고 싶었다. 그러나 고도의 금광열은 오히려 총독부 청사, 동측 최고층, 광무과 열람실에서 볼 수 있었다.

(나) 문득 한 사나이가 둥글넓적한, 그리고 또 비속한 얼굴에 웃음을 띄우고, 구보 앞에 그의 모양 없는 손을 내민다. 그도 벗이라면 벗이었다. 중학 시대의 열등생. 구보는 그래도 약간 웃음에 가까운 표정을 지어 보이고, 그리고 단장 든 손을 그대로 내밀어 그의 손을 가장 엉성하게 잡았다. 이거 얼마만이야. 어디 가나. 응, 자네는……

(중략)

음료 칼피스를 구보는 좋아하지 않는다. 그것은 외설(猥褻)한 색채를 갖는다. 또 그 맛은 결코 그의 미각에 맞지 않았다. 구보는 차를 마시며 문득 끽다점(喫茶店)에서 사람들이 취하는 음료를 가져, 그들의 성격, 교양, 취미를 어느 정도까지는 알 수 있을 것이 아닌가, 하고 생각하여 본다. 그리고 그것은 동시에, 그네들의 그때그때의 기분조차 표현하고 있을 게다. 구보는 맞은편에 앉은 사나이의, 그 교양 없는 이야기에 건성 맞장구를 치며, 언제든 그러한 것을 연구하여 보리라 생각한다.

– 박태원, 「소설가 구보 씨의 일일」 –

12 윗글의 서술상 특징으로 적절하지 <u>않은</u> 것은?

① 시대상을 반영하는 사물을 나열함으로써 세태를 묘사하고 있다.

② 현실에 대한 묘사와 인물의 내면 심리에 대한 묘사가 혼재되어 있다.

③ 화자의 서술과 작중 인물의 대화를 구분하지 않고 사용하고 있다.

④ 주인공이 냉철한 시각을 가지고 사건의 진행 과정을 관찰하고 있다.

13 ㉠에 대한 주인공의 태도로 옳은 것은?

① 겉으로는 무관심한 척하면서 실상은 무척 동경하고 있다.

② 거리감을 갖고 바라보면서 어쩔 수 없는 시대적 현상이라고 생각한다.

③ 비판적으로 바라보고 있지만 자기와는 무관한 현상으로 생각하고 있다.

④ 불가피한 현상이라고 생각하면서도 일부러 그러한 현실을 외면하려고 한다.

14 (가)와 (나)의 차이점을 바르게 말한 것은?

	(가)	(나)
①	갈등의 고조	갈등의 해결
②	화자의 유쾌한 심정	화자의 불쾌한 심정
③	시대에 대한 비평 위주	친구와의 만남 위주
④	현재 사건의 진행	과거 사건의 회상

[15~16] 다음 글을 읽고 물음에 답하시오.

반중(盤中) 조홍(早紅)감이 고아도 보이ᄂ다.
유자(柚子) ㅣ 아이라도 품엄즉도 ᄒ다마ᄂ
품어 가 ㉠ 반기리 업슬식글노 셜워 ᄒᄂ이다.

– 박인로, 「반중 조홍감이」 –

15 윗글에 대한 감상으로 적절하지 <u>않은</u> 것은?

① 시적 화자의 현실 극복 의지가 드러나 있군.

② 화자는 조홍감을 보며 부모님을 떠올리고 있군.

③ 고사를 인용하여 주제를 효과적으로 드러내고 있군.

④ '풍수지탄'이라는 고사성어가 떠오르는군.

16 ㉠과 〈보기〉의 밑줄 친 부분이 공통으로 가리키는 대상은?

〈보기〉

안방에 불 비치면 하마 님이 계시온 듯
닫힌 창 바삐 열고 몇 번이나 울었던고
산 속에 추위 이르니 <u>님</u>을 어이하올고.

– 정인보, 「자모사(慈母思)」 –

① 형제 ② 친구
③ 임금 ④ 부모

[17~19] 다음 글을 읽고 물음에 답하시오.

이윽고 비낀 날이 곤명지(昆明池)에 돌아지고 구름 그림자 진천에 떨어지니, 눈을 들어 한번 보니 가을빛이 창망하더라.[1] 승상이 스스로 옥소를 잡아 두어 소리를 부니 오오열열(嗚嗚咽咽)[2]하여 원(怨)하는 듯하고, 우는 듯하고, 고할듯하고, 형경(荊卿)이 역수(易水)를 건널 적 점리(漸離)를 이별하는 듯, 패왕(覇王)이 장중에 우희(虞姬)를 돌아보는 듯하니, 모든 미인이 처연하여 슬픈 빛이 많더라. 양

부인이 옷깃을 여미고 물어 가로되,

"승상이 공을 이미 이루고 부귀 극(極)하여 만인이 부뤄하고 천고에 듣지 못한 배라. 가신(佳辰)을 당하여 풍경을 희롱하며 꽃다운 술은 잔에 가득하며, 사랑하는 사람이 곁에 있으니 이 또한 인생의 즐거운 일이어늘, 퉁소 소리 이러하니 오늘 퉁소는 옛날 퉁소가 아니로소이다."

승상이 옥소를 던지고 부인 낭자를 불러 난단(欄端)을 의지하고 손을 들어 두루 가리키며 가로되,

"북(北)으로 바라보니 평(平)한 들과 무너진 언덕에 석양이 쇠한 풀에 비치었는 곳은 진시황의 아방궁(阿房宮)이요, 서(西)로 바라보니 슬픈 바람이 찬 수풀에 불고 저문 구름이 빈 뫼에 덮은 데는 한무제의 무릉(茂陵)이요, 동(東)으로 바라보니 분칠한 성이 청산을 둘렀고 붉은 박공(牔栱)이 반공(半空)에 숨었는데, 명월은 오락가락하되 옥난간을 의지할 사람이 없으니, 이는 현종 황제가 태진비로 더불어 노시던 화청궁(華淸宮)이라. 이 세 임금은 천고 영웅이라. 사해로 집을 삼고 억조로 신첩을 삼아 호화부귀 백 년을 짧게 여기더니 이제 다 어디 있나뇨?"

– 김만중, 「구운몽(九雲夢)」 –

―――――――――――――――
1) 창망하다 : 넓고 멀어서 아득하다.
2) 오오열열(嗚嗚咽咽) : 몹시 목메어 욺.

17 윗글에 대한 설명으로 적절하지 <u>않은</u> 것은?

① 역순행적 구성이다.

② 전기적 · 비현실적이다.

③ 몽자류 소설의 효시이다.

④ 인생무상을 주제로 하는 작품이다.

18 윗글의 분위기로 가장 적절한 것은?

① 쓸쓸함 ② 엄숙함
③ 풍성함 ④ 너그러움

19 윗글을 읽은 독자에게서 나올 수 있는 반응으로 가장 적절한 것은?

① 종로에서 뺨맞고 한강에서 화풀이군.
② 인간은 한낱 티끌에 불과한 존재로군.
③ 사공이 많으면 배가 산으로 간다고 했지.
④ 떡 줄 사람은 생각도 안 하는데 김칫국부터 마시는군.

[20~22] 다음 글을 읽고 물음에 답하시오.

공간 이용에서 네거티비즘이 문제시되어야 하는 또 한 가지 측면은 인간 사회 안에서 일어나는 문제이다. 하나의 공간을 어떤 특정한 목적을 위해 제한해 버린다는 것은 언제나 그 제한된 공간 밖에 있는 사람들에게 저항감을 느끼게 하거나 상대적인 빈곤감을 느끼게 할 수 있다. 대도시 안에 있는 빈민촌은 그 자체가 제한된 공간이라는 인상을 주지만 사실상은 그 곳에 있는 사람들이 행동의 제한을 받는 사람들이다. 그러한 (㉠)을 만든 사람은 그들이 아니라 그 공간 밖에 사는 사람들이기 때문이다. 그런 빈민촌에서 벗어 나오고 싶지만 바깥 공간이 제한되어 있기 때문에 못 나오는 사람들은 있으나 바깥 공간에서 빈민촌으로 들어가고자 하는 사람은 없다는 사실이 중요하다. 그러므로 어떠한 공간 설계든 그것으로 인해서 그 공간에서 추방당하거나 제외되는 사람들이 있어야 하는 것이면 그것은 바람직하지 못한 것이라고 할 수 있다.

윤리적으로 공간 설계는 그 제한된 공간 안에 있는 사람들이나 그 공간 밖에 있는 사람들이 꼭 같이 그 설계의 결과로 혜택을 받을 수 있게 하는 것이다. 이처럼 한 공간의 안과 밖이 다같이 좋은 목적을 위해 이용이 될 수 있게 된 것을 통합 공간이라고 한다면, 이 공간 개념은 하나의 건물 안에 있

는 공간들이나 건물들 사이의 공간들, 또는 도시 공간 전체와 인간의 생활 공간 전체를 계획하고 설계하는 데도 적용이 되어야 할 것이다.

– 김수근, 「건축과 동양 정신」 –

20 윗글의 내용과 일치하지 <u>않는</u> 것은?

① 대도시 안에 있는 빈민촌은 제한된 공간이라는 인상을 준다.
② 빈민촌이라는 특수 공간을 만든 사람은 그 공간 밖에 있는 사람들이다.
③ 어떠한 공간 설계든 그 공간에서 추방당하는 사람들이 있어야 하는 것이면 그것은 바람직하지 못하다.
④ 한 공간의 안과 밖이 다 같이 좋은 목적을 위해 이용할 수 있게 된 것을 자연 공간이라고 한다.

21 윗글의 성격으로 알맞지 <u>않은</u> 것은?

① 논리적   ② 서사적
③ 논증적   ④ 객관적

22 ㉠에 들어갈 말로 가장 적절한 것은?

① 기분 공간   ② 특수 공간
③ 자연 공간   ④ 예비 공간

1. 국어 2. 수학 3. 영어 4. 사회 5. 과학 6. 한국사 7. 도덕 8. 모의고사 9. 정답 및 해설

[23~25] 다음 글을 읽고 물음에 답하시오.

나는 지난 해 여름까지 난초(蘭草) 두 분(盆)을 정성스레, 정말 정성을 다해 길렀었다. 3년 전 거처를 지금의 다래헌(茶來軒)으로 옮겨 왔을 때 어떤 스님이 우리 방으로 보내 준 것이다. 혼자 사는 거처라 살아 있는 생물이라고는 나하고 그 애들뿐이었다. 그 애들을 위해 관계 서적을 구해다 읽었고, 그 애들의 건강을 위해 하이포넥슨가 하는 비료를, 바다 건너가는 친지들에게 부탁하여 구해 오기도 했었다. 여름철이면 서늘한 그늘을 찾아 자리를 옮겨 주어야 했고, 겨울에는 필요 이상으로 실내 온도를 높이곤 했었다.

이런 정성을 일찍이 부모에게 바쳤더라면 아마 효자 소리를 듣고도 남았을 것이다. 이렇듯 애지중지 가꾼 보람으로 이른 봄이면 은은한 향기와 함께 연둣빛 꽃을 피워 나를 설레게 했고, 잎은 초승달처럼 항시 청청했었다. 우리 다래헌(茶來軒)을 찾아온 사람마다 싱싱한 난(蘭)을 보고 한결같이 좋아라 했다.

지난 해 여름 장마가 갠 어느 날 봉선사로 운허 노사(耘虛老師)를 뵈러 간 일이 있었다. 한낮이 되자 장마에 갇혔던 햇볕이 눈부시게 쏟아져 내리고 앞 개울물 소리에 어울려 숲 속에서는 매미들이 있는 대로 목청을 돋구었다.

아차! 이 때에야 문득 생각이 난 것이다. 난초를 뜰에 내놓은 채 온 것이다. ㉠ 모처럼 보인 찬란한 햇볕이 돌연 원망스러워졌다. 뜨거운 햇볕에 늘어져 있을 난초 잎이 눈이 아른거려 더 지체할 수가 없었다. 허둥지둥 그 길로 돌아왔다. 아니나 다를까, 잎은 축 늘어져 있었다. 안타까워하며 샘물을 길어다 축여 주고 했더니 겨우 고개를 들었다. 하지만 어딘가 생생한 기운이 빠져 버린 것 같았다.

나는 이 때 온몸으로, 그리고 마음속으로 절절히 느끼게 되었다. 집착(執着)이 괴로움인 것을. 그렇다, 나는 난초에게 너무 집념해 버린 것이다. 이 집착에서 벗어나야겠다고 결심했다.

– 법정, 「무소유」 –

23 윗글의 성격으로 적절한 것은?

① 허구적　　　　② 교훈적
③ 논리적　　　　④ 상징적

24 다음 중 ㉠의 이유로 가장 적절한 것은?

① 오던 길을 되돌아가야 해서
② 햇볕에 난초가 늘어져 버릴까봐
③ 사람들에게 싱싱한 난초를 보여줄 수 없어서
④ 자신이 난초에 집착한다는 사실을 깨달아서

25 윗글의 글쓴이가 말하고자 하는 요지로 가장 알맞은 것은?

① 현재 소유한 것에 만족할 줄 알아야 한다.
② 적당한 소유욕은 삶에 기쁨을 가져다 준다.
③ 자신이 소유하지 못한 것을 욕심내서는 안 된다.
④ 소유의 집착에서 벗어나야 진정으로 자유로워진다.

제2교시

수 학

01 두 다항식 $A=x^2+x$, $B=x-1$에 대하여 $A-B$는?

① x^2+1 ② x^2+2

③ $2x^2+1$ ④ $2x^2+2$

02 등식 $(x-2)^2-a(x+4)+3b=x^2-5x+6$이 x에 대한 항등식이다. 두 상수 a, b에 대하여 $a+b$의 값은?

① -5 ② -3

③ 3 ④ 5

03 다항식 $2x^3-ax^2+2x+4$가 $x-1$로 나누어 떨어질 때, 상수 a의 값은?

① 7   ② 8

③ 9   ④ 10

04 다음 중 인수분해의 결과로 옳지 <u>않은</u> 것은?

① $x^2-1=(x-1)(x+1)$

② $x^2+x+1=\left(x-\dfrac{1}{x}\right)^2$

③ $2x^2+2x=2x(x+1)$

④ $x^2+6x+9=(x+3)^2$

05 이차방정식 $5x^2-3x-4=0$의 두 근을 α, β라 할 때, $5(\alpha+\beta+\alpha\beta)$의 값은?

① -1 ② -2

③ -3 ④ -4

07 연립부등식 $\begin{cases} x \geq 3 \\ x^2-6x+8<0 \end{cases}$ 을 풀면?

① $x>2$ ② $x \geq 3$

③ $x>4$ ④ $3 \leq x < 4$

06 $0 \leq x \leq 4$인 범위에서 이차함수 $y=-x^2+3x$의 최댓값과 최솟값의 합은?

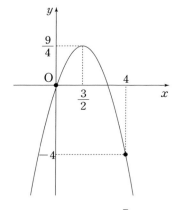

① -2 ② $-\dfrac{7}{4}$

③ $-\dfrac{3}{2}$ ④ $-\dfrac{5}{4}$

08 두 점 $A(5, 2)$, $B(3, -1)$ 사이의 거리는?

① $\sqrt{11}$ ② $2\sqrt{3}$

③ $\sqrt{13}$ ④ $\sqrt{14}$

09 중심이 $(3, -2)$이고, 반지름의 길이가 $\sqrt{3}$ 인 원의 방정식은?

① $(x-3)^2+(y+2)^2=\sqrt{3}$

② $(x-3)^2+(y+2)^2=3$

③ $(x+3)^2+(y-2)^2=\sqrt{3}$

④ $(x+3)^2+(y-2)^2=3$

11 명제 '$x^2=1$이면 $x=1$이다.'의 대우는?

① $x^2 \neq 1$이면 $x \neq 1$이다.

② $x \neq 1$이면 $x^2 \neq 1$이다.

③ $x^2=1$이면 $x \neq 1$이다.

④ $x=1$이면 $x^2=1$이다.

10 집합 $A=\{x \mid 2<x<9$이고 x는 짝수$\}$의 부분집합의 개수는?

① 8   ② 16

③ 32   ④ 64

12 함수 $f : X \to Y$가 그림과 같을 때, $f(2)+f^{-1}(2)$의 값은? (단, f^{-1}는 f의 역함수이다.)

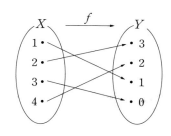

① 6   ② 7

③ 8   ④ 9

13 함수 $y = \dfrac{6}{x}$의 그래프를 x축으로 2, y축으로 -7만큼 평행이동한 식을 고르면?

① $y = \dfrac{6}{x+2} + 7$ ② $y = \dfrac{6}{x-2} + 7$

③ $y = \dfrac{6}{x+2} - 7$ ④ $y = \dfrac{6}{x-2} - 7$

14 무리함수 $y = \sqrt{ax+b} + c$의 그래프가 그림과 같을 때, $a+b+c$의 값은?

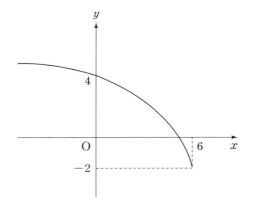

① 24   ② 28

③ 32   ④ 36

15 등식 $(x+yi) + (xi-y) = 3+5i$를 만족하는 두 실수 x, y에 대하여 xy의 값은? (단, $i = \sqrt{-1}$)

① 3   ② 4

③ 5   ④ 6

16 좌표평면 위의 점 $(-3, 5)$를 x축에 대하여 대칭이동한 점의 좌표는?

① $(3, -5)$ ② $(3, 5)$

③ $(-3, -5)$ ④ $(-5, 3)$

17 두 함수 $f(x)=x+3$, $g(x)=2x-9$가 $(g\circ f)(a)=17$을 만족시킬 때, 상수 a의 값은?

① 8   ② 9
③ 10   ④ 11

18 서로 다른 사탕 9개 중에서 6개를 한 상자에 넣는 모든 경우의 수는?

① 42   ② 84
③ 168   ④ 236

19 두 점 $A(2, 5)$, $B(3, 8)$을 지나는 직선과 평행하고, 점$(-1, 2)$를 지나는 직선의 방정식을 구하면?

① $y=-3x+1$ ② $y=\dfrac{1}{3}x-1$
③ $y=3x+5$ ④ $y=3x+7$

20 4개의 수 1, 2, 3, 4를 한 번씩 사용하여 만들어지는 정수 중 2500보다 큰 수의 경우의 수는?

① 8   ② 12
③ 18   ④ 24

1. 국어
2. 수학
3. 영어
4. 사회
5. 과학
6. 한국사
7. 도덕
8. 모의고사
9. 정답 및 해설

제3교시

영 어

[01~03] 다음 중 밑줄 친 부분의 뜻으로 가장 적절한 것을 고르시오.

01

My favorite class is a <u>sociology</u>.

① 윤리학　　　② 물리학
③ 사회학　　　④ 경제학

02

Could you <u>get off</u> work early tomorrow?

① 퇴근하다　　② 일어나다
③ 이용하다　　④ 도약하다

03

Mr. Wilson <u>attended</u> the meeting.

① 참석하다　　② 예약하다
③ 취소하다　　④ 사과하다

04 다음 중 두 단어의 의미 관계가 나머지 셋과 <u>다른</u> 것은?

① heavy ― light　② sorrow ― sadness
③ push ― pull　④ front ― back

05 다음 광고문에서 언급되지 <u>않은</u> 것은?

> **Come to the amazing aquarium!**
> • Opening : Tuesday to Sunday 10 a.m. - 10 p.m.
> • Reservation : On-site reservation
> • Enterance Fee : 3 dollars for everyone

① 진행 프로그램　② 예약 방법
③ 입장료　　　　④ 운영시간

[06~08] 빈칸에 공통으로 들어갈 말로 알맞은 것을 고르시오.

06

• He lost his house in a _____.
• Because of falling sales, the owner had to _____ all employees.

① fire　　　　② hire
③ flood　　　 ④ thunder

07

• Mother is interested _____ classic music.
• I eat yogurt _____ the morning.

① on　　　　② in
③ at　　　　④ of

모의고사 영어

1. 국어
2. 수학
3. 영어
4. 사회
5. 과학
6. 한국사
7. 도덕
8. 모의고사
9. 정답 및 해설

08

> • _____ brings you here today?
> • _____ do you do in the evening?

① Why   ② What
③ When   ④ Where

09 다음 중 밑줄 친 표현의 의미로 가장 적절한 것은?

> A : Have you seen the new movie?
> B : No, I haven't.
> A : They say it's a lot of fun. I'm curious.
> B : A picture is worth a thousand words. Let's go see it!

① 피는 물보다 진하다.
② 아니 땐 굴뚝에 연기가 날까.
③ 뛰는 놈 위에 나는 놈 있다.
④ 천 마디 말보다 한 번 보는 게 낫다.

10 다음 대화에서 알 수 있는 B의 심정으로 가장 적절한 것은?

> A : Did you have fun yesterday? Yesterday was your birthday so you said you were going to an amusement park with friends.
> B : No, I stayed at home all day because it rained yesterday. I canceled my whole plan.

① fearful   ② joyful
③ disappointed   ④ excited

11 다음 중 대화가 이루어지는 장소로 가장 적절한 것은?

> A : Excuse me. I'd like to buy a book for my sister.
> B : What kind of books does she like?
> A : She enjoys all kinds of books.
> B : How about this? It's about the life of Steve Jobs.

① 서점   ② 은행
③ 슈퍼마켓   ④ 도서관

12 밑줄 친 It이 가리키는 것은?

> It is an area of the desert where water may be found. People and animals visit here for water and food. It is also a cool place with shade.*
>
> * shade : 그늘

① jungle   ② volcano
③ valley   ④ oasis

[13~14] 다음 대화의 빈칸에 들어갈 말로 가장 적절한 것을 고르시오.

13

> A : What are you interested in?
> B : I like Beethoven and Mozart.
> A : _____ ?
> B : That's a good idea.

① Do you have a CD player

② Have you ever learned to play the piano

③ Would you pass me that violin

④ Then how about joining the classical music club

14

> A : Is there another train leaving for Busan today?
> B : _____
>   We're already sold out.

① That's great.

② Sure, go ahead.

③ I'm afraid not.

④ I beg your pardon?

15 다음 글을 쓴 목적으로 가장 적절한 것은?

> I am amazed how well *Super 100* works! I have spent less than an hour a day, and in just 2 months I have lost 10kg. So don't wait and buy this magical machine.

① 광고   ② 초대

③ 사과   ④ 항의

16 주어진 말에 이어질 두 사람의 대화를 〈보기〉에서 찾아 순서대로 가장 적절하게 배열한 것은?

> What's the matter with you?

― 〈보기〉 ―
> (A) Thank you. I'll do my best.
> (B) Come on! You can do better next time.
> (C) I didn't do well in the violin contest.

① (A) − (B) − (C)   ② (A) − (C) − (B)

③ (B) − (A) − (C)   ④ (C) − (B) − (A)

17 다음 안내문의 내용과 일치하지 <u>않는</u> 것은?

> **Gyeongbokgung Palace Hours Information**
> • March through May - 9:00~18:00 (Final admission at 17:00)
> • June through September - 9:00~18:30
> • October through February - 9:00~17:30
> • Closed on Tuesdays

① 3월부터 5월은 오후 5시에 문을 닫는다.
② 6월부터 9월은 오후 6시 반까지 이용할 수 있다.
③ 10월부터 2월은 오후 5시 반까지 이용할 수 있다.
④ 매주 화요일에는 문을 열지 않는다.

① 전통 문화의 교류
② 여러 나라의 전통놀이
③ 동양과 서양의 문화 차이
④ 다양한 나라의 새해맞이 풍습

18 다음 중 사람들이 Mary의 가게에 관한 설명에서 언급되지 않은 것은?

Mary's store is the cheapest in town and products there are pretty good. Because of the new road, customers can also go there easily. However, people don't shop there very often because Mary is not kind to the customers.

① 제품의 가격 상태
② 제품의 품질 상태
③ 고객에 대한 주인의 태도
④ 가게의 위치

19 다음 글의 제목으로 적절한 것은?

Different countries cultures celebrate the new year in different ways. In Switzerland, people kiss each other three times at midnight. In Japan, they ring a bell 108 times to get rid of the 108 bad desires they believe people have.

[20~21] 다음 중 글의 빈칸에 들어갈 말로 가장 적절한 것을 고르시오.

20

Rain is a wonderful gift of nature. It _____ to grow food in many areas of the world. This rainwater supports the life of human being, animals and plants. With enough rain, you can drink water at home when you are thirsty.

① goes ② helps
③ is ④ harms

21

Last summer vacation, my family went to the camp and I was left alone in the house. When I opened a book, I heard the emergency bell ringing. The next door was on fire! I kept low to avoid _____ and left the house.

① smoke ② water
③ bird ④ voice

303

22 다음 글의 바로 뒤에 이어질 내용으로 가장 알맞은 것은?

> It is my great pleasure to inform you that your sons and daughters have completed all the academic requirements over the last three years of study at SKY middle School. The graduation ceremony will be held next Friday in SKY middle School's assembly hall. On behalf of the school, I would like to extend our invitation to you and your family. The following is the way to get here.

① 졸업식 식순
② 졸업식에서 상을 받는 학생 명단
③ 졸업식에 찾아오는 길
④ 졸업식에 필요한 준비물

23 글의 흐름으로 보아, 다음 문장이 들어가기에 가장 적절한 곳은?

> We humans are anything but unique.

(①) Character of humans is the intense interest we show in each other's doings. (②) We spend hours with each other, being attentive to every detail of who is doing what with whom. (③) You might think that humans are special compared to the rest of life, but you would be wrong. (④) Monkeys and apes are just as social as we are, just as intensely interested in scores of social activities around them.

[24~25] 다음 글을 읽고 물음에 답하시오.

> Skin is a flexible, waterproof covering that protects us from the outside world. It prohibits harmful germs from entering the body. Skin is your largest organ and it is sensitive to touch, temperature and pain. Your skin tells you what is happening around your body, _____ you can avoid injuring yourself.

24 윗글의 빈칸에 들어갈 말로 가장 적절한 것은?

① because   ② though
③ so   ④ but

25 윗글의 주제로 가장 적절한 것은?

① 피부의 역할   ② 신체 기관의 종류
③ 오감의 종류   ④ 몸속 기관의 역할

제4교시

사 회

01 다음은 화장장 건설을 둘러싼 갈등에 대한 물음이다. 어떤 관점의 물음인가?

> 화장장 건설을 둘러싼 갈등을 해결하기 위해 시민으로서 지녀야 할 바람직한 태도는 무엇인가?

① 시간적 관점
② 공간적 관점
③ 사회적 관점
④ 윤리적 관점

02 행복의 기준에 대해 학생들이 토론하는 내용 중 그 발언이 가장 적절하지 <u>못한</u> 학생은?

① 가희 : 건조한 사막 지역에서의 행복의 기준은 깨끗한 물을 얻는 것일 거야.
② 나희 : 종교가 발달한 지역에서의 행복의 기준은 종교의 교리를 실천하는 삶일 거야.
③ 다희 : 민족 갈등이 심한 지역에서의 행복의 기준은 의료 혜택일 거야.
④ 라희 : 일조량이 부족한 북유럽 지역에서의 행복의 기준은 햇볕을 쬘 수 있는 것일 거야.

03 다음 대화에서 갑의 견해에 대한 평가로 가장 적절한 것은?

> 〈주제 : 우리 한옥을 이해하려면 어떻게 바라보아야 할까?〉
> 갑 : 우리나라의 기후가 한옥의 구조에 미친 영향을 파악해야 합니다.
> 을 : 한옥의 역사를 살펴보아야 합니다.

① 시대적 배경과 맥락을 탐구하고자 한다.
② 현재 우리 사회에서 한옥이 지닌 의미를 중요시한다.
③ 인간은 사회구조의 영향을 받는다고 생각하고 있다.
④ 자연환경이 사회현상에 미치는 영향을 파악하고자 한다.

04 다음 설명에 해당하는 것은?

> • 최대 풍속이 초속 17m 이상의 열대 이동성 저기압이다.
> • 풍수해의 피해와 주로 여름철에 나타난다.

① 가뭄
② 태풍
③ 집중호우
④ 산사태

05 ㉠에 들어갈 내용으로 가장 적절한 것은?

> 〈생태 중심주의적 자연관〉
> 1. 의미 : 자연 그 자체의 가치를 인정하고 무생물을 포함한 자연 전체를 도덕적 고려의 대상으로 여기는 관점
> 2. 특징 : 인간을 포함한 자연 전체를 하나로 보는 전일론적 관점을 지님
> 3. 한계 : _____㉠_____

① 인간이 자연을 정복하는 것을 당연시한다.

② 동식물이 지닌 내재적 가치를 전적으로 부정할 수 있다.

③ 인간의 필요를 충족하기 위해 자연을 훼손해 생태계 위기와 환경 문제를 초래할 수 있다.

④ 생태계 전체의 이익을 우선하여 고려하므로 환경 파시즘으로 흐를 수 있다.

06 다음 글에 이어서 나올 수 있는 내용으로 적절한 것은?

> 산업화로 인한 기계화와 자동화는 대량 생산을 가능하게 했고, 결과적으로 소비의 다양화도 가져왔다. 이처럼 우리 생활을 풍요롭고 편리하게 만들어 주었지만, 부정적인 영향을 주기도 하였다.

① 의학 기술이 발달하였다.

② 인구가 폭발적으로 증가하였다.

③ 근로자의 노동 시간이 단축되고 소득이 증대되었다.

④ 소수에게 부가 집중되어 빈부격차가 발생하였다.

07 그림은 도시화 단계를 나타낸 것이다. (가)~(다)에 대한 설명으로 옳지 <u>않은</u> 것은?

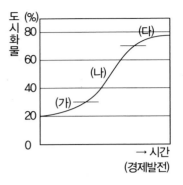

① (가)에서는 역도시화 현상이 나타난다.

② (나)에서는 이촌향도 현상이 발생한다.

③ (다)에서는 인구 유턴 현상이 활발하게 나타난다.

④ (다)에서는 도시와 도시 간의 인구 이동이 활발해진다.

08 다음 자료는 철도를 이용한 서울 – 부산 간 이동 시간 변화이다. 이를 통해 파악할 수 있는 변화 모습으로 옳지 <u>않은</u> 것은?

〈서울 – 부산 간 이동 시간 변화〉	
1950년 통일호	9시간
1960년 무궁화호	6시간 40분
1985년 새마을호	4시간 10분
2004년 고속 철도	2시간 40분

① 국내 관광 산업이 활성화된다.

② 생활 공간의 범위가 확대된다.

③ 장거리 이동 인구가 증가한다.

④ 지역 간 인적·물적 교류가 줄어든다.

09 다음 내용에 해당하는 기본권은?

> 기본권에 침해당할 때 구제를 위한 수단적 권리

① 자유권　　　　② 평등권
③ 참정권　　　　④ 청구권

10 다음과 관련이 가장 깊은 민주 선거의 원칙은?

> • 차티스트 운동　　• 여성 참정권 운동

① 보통 선거　　　② 자유 선거
③ 직접 선거　　　④ 평등 선거

11 다음이 설명하는 내용으로 가장 적절한 것은?

> 국가 권력을 하나의 기관에 집중시키지 않고 여러기관이 나누어 가지게 함으로써 서로 견제하고 균형이 이루어지게 하는 제도

① 국민 주권의 원리　② 복수 정당제
③ 권력 분립 제도　　④ 법치주의

12 다음에서 설명하는 것은?

> 금융 기관에 돈을 맡기고 그에 대한 이자가 지급되는 것으로 투자에 비해 이자율이 높지 않지만 원금의 손실이 없어 안전성이 높은 편이다.

① 부동산　　　　② 주식
③ 예금　　　　　④ 채권

13 무역 확대의 부정적인 영향으로 볼 수 없는 것은?

① 무역 의존도가 심화된다.
② 국가 간 빈부 격차가 확대된다.
③ 다양한 상품을 높은 가격에 소비해야 한다.
④ 경쟁력을 갖추지 못한 국내 산업과 기업이 불안해 질 수 있다.

14 다음에서 설명하는 개념은?

> 대가를 지불하지 않은 사람도 이용할 수 있는 재화나 서비스로 국방, 치안 서비스 등이 있음

① 독과점　　　　② 담합
③ 공공재　　　　④ 외부 효과

15 다음의 사회보장제도 중 성격이 <u>다른</u> 하나는?

① 건강보험   ② 의료급여

③ 재해보험   ④ 실업보험

16 필요를 기준으로 하는 정의의 특징으로 옳은 설명을 〈보기〉에서 모두 고른 것은?

── 〈보기〉 ──

ㄱ. 개인의 업적에 따라 분배받는다.
ㄴ. 개인의 잠재력과 재능을 중시한다.
ㄷ. 사회적 불평등을 완화시킬 수 있다.
ㄹ. 사회 구성원들이 인간다운 삶을 영위할 수 있다.

① ㄱ, ㄴ   ② ㄴ, ㄷ

③ ㄴ, ㄹ   ④ ㄷ, ㄹ

17 ㉠에 들어갈 정의관과 동일한 주장은?

개인은 공동체 속에서 소속감과 정체성을 형성해 가는 존재라고 보는 것은 (㉠) 이다.

① 인간은 존엄한 존재이므로 개인의 자유가 제일 중요하다.
② 집단의 이익과 목적을 위해 개인의 희생은 감수해야 한다.
③ 개인과 공동체는 서로 밀접한 관계를 맺고 있다.
④ 국가는 개인에게 특정한 가치나 삶의 방식을 강제해서는 안 된다.

18 다음과 같은 정책의 기대 효과로 옳지 <u>않은</u> 것은?

• 공공 기관을 지방으로 이전한다.
• 수도권 이외의 지역에 혁신도시를 건설한다.

① 지역 경제를 활성화할 수 있다.
② 국토를 균형 있게 발전시킬 수 있다.
③ 낙후된 지역의 경쟁력을 높일 수 있다.
④ 수도권을 중심으로 발전시킬 수 있다.

19 다음 설명에 공통적으로 해당하는 문화 이해 태도는?

• 자기 문화의 우월성에 빠져, 다른 문화를 부정적으로 평가한다.
• 민족적, 종교적 우월주의에 빠져 국제적 고립을 자초할 수 있다.

① 자문화 중심주의
② 문화 상대주의
③ 문화 사대주의
④ 극단적 문화 상대주의

20 다음 내용과 관련 있는 문화권은?

• 서기 원년 팔레스타인 지방에서 창시됨
• 유럽 문화의 정신적 바탕을 이룸

① 유교 문화권   ② 힌두교 문화권
③ 이슬람교 문화권   ④ 크리스트교 문화권

21 건조 기후 지역에서 볼 수 있는 특징으로 옳은 것은?

① 바닥을 높게 띄운 고상 가옥
② 경사가 급한 지붕인 집의 형태
③ 온몸을 감싸는 얇은 옷을 입은 사람들
④ 동물의 털과 가죽으로 만든 옷을 입은 사람들

22 다음 설명에 해당하는 지역은?

일본과 중국, 대만의 영토분쟁지역으로 청일전쟁 이후 일본이 실질적 지배를 하고 있지만 중국과 대만이 서로의 영유권을 주장하고 있다. 이는 막대한 양의 석유 매장 가능성 때문이라고 알려져 있다.

① 센카쿠 열도   ② 크림 반도
③ 스프래틀리 군도   ④ 쿠릴 열도

23 다음이 설명하는 것은?

지구 환경 보존과 평화 증진을 목적으로 활동하는 국제적인 환경 보호 단체이다. 지구의 환경 보존과 평화를 위한 활동을 펼치고 있다.

① 국제 연합(UN)
② 국제 통화 기금(IMF)
③ 국제 사면 위원회
④ 그린피스(Greenpeace)

24 다음 중 고령화로 예상되는 현상을 〈보기〉에서 모두 고른 것은?

─────〈보기〉─────
ㄱ. 생산성 하락
ㄴ. 복지 재정 지출 증가
ㄷ. 노인의 영향력 감소
ㄹ. 세대 간 갈등 심화
ㅁ. 노인 문제의 감소

① ㄱ, ㄴ, ㅁ   ② ㄱ, ㄴ, ㄹ
③ ㄴ, ㄷ, ㄹ   ④ ㄷ, ㄹ, ㅁ

25 다음과 같은 장·단점을 가진 에너지 자원은?

장점	• 저공해 청정 에너지이다. • 연소를 쉽게 조절할 수 있다. • 폭발의 위험성이 적다.
단점	• 공기보다 가볍다. • 저장과 운반에 고도의 기술을 요한다. • 자원이 한정적이다.

① 석탄   ② 석유
③ 천연가스   ④ 액화질소

과 학

제5교시

01 그림은 우주의 진화를 알아보기 위한 모형이다. 이 모형으로 설명할 수 있는 것은?

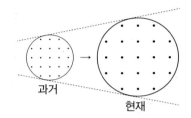

과거 → 현재

① 은하 생성　　② 우주 팽창
③ 별의 진화　　④ 원자의 형성

02 수평면 위에 정지해 있는 2kg인 물체 A를 6N의 힘을 가해 앞으로 밀었을 때, 물체 A의 가속도는? (단, 공기 저항과 마찰은 무시한다.)

① 3m/s²　　② 6m/s²
③ 9m/s²　　④ 12m/s²

03 지구형 행성과 비교할 때, 목성형 행성에 해당하는 설명으로 옳은 것을 〈보기〉에서 모두 고른 것은?

〈보기〉
ㄱ. 질량이 작다.
ㄴ. 위성 수가 많다.
ㄷ. 고리가 있다.

① ㄱ　　② ㄴ
③ ㄱ, ㄴ　　④ ㄴ, ㄷ

04 운동량과 충격량에 대한 설명으로 옳지 <u>않은</u> 것은?

① 물체의 속력이 빠를수록, 질량이 클수록 운동량이 크다.
② 자동차의 에어백과 범퍼는 충돌이 일어났을 때 피해를 줄이기 위한 장치이다.
③ 작용한 시간이 짧을수록 충격량이 크다.
④ 물체가 받은 충격량은 운동량의 변화량과 같다.

05 다음 중 에너지 전환으로 옳지 <u>않은</u> 것은?

① 전기밥솥 : 전기 에너지 → 열에너지
② 선풍기 : 전기 에너지 → 운동 에너지
③ 오디오 : 소리 에너지 → 운동 에너지
④ 광합성 : 빛에너지 → 화학 에너지

06 다음 중 영양소에 대한 설명으로 옳지 <u>않은</u> 것
은?

① 탄수화물은 주로 에너지원으로 이용된다.
② 주영양소 중 지방이 가장 많은 열량을 낸다.
③ 단백질은 몸의 주요 구성 성분이며, 생리
작용을 조절한다.
④ 무기 염류와 비타민은 모두 몸의 구성 성분
이 아니다.

07 다음 그림은 지질 시대를 구분한 것이다. 이에
대한 설명으로 옳은 것은?

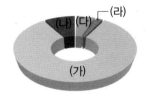

(나) (다) (라)

(가)

① (가) 시대의 화석이 가장 풍부하다.
② (나) 시대 말기에는 판게아가 형성되었다.
③ (다) 시대 말기에는 대규모 빙하기가 있었다.
④ 인류는 (다) 시대에 출현하였다.

08 다음 설명에 해당하는 운동 법칙은?

> • 로켓이 가스를 분출하며 위로 상승한다.
> • 풍선이 바람이 빠져나오는 반대 방향으로
>   날아간다.

① 작용 반작용의 법칙
② 가속도의 법칙

③ 관성의 법칙
④ 만유인력의 법칙

09 다음에서 설명하는 물리 법칙은?

> • 도선에 전류가 흐르면 주위에 자기장이 형
>   성된다.
> • 전류에 의한 자기장의 세기는 전류의 세기
>   에 비례한다.

① 렌츠의 법칙   ② 케플러의 법칙
③ 앙페르의 법칙   ④ 패러데이 법칙

10 다음 설명에 해당하는 현상은?

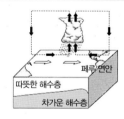

페루 연안
따뜻한 해수층
차가운 해수층

> • 몇 년 간격으로 남아메리카 북서쪽 해안의
>   수온이 올라가는 현상이다.
> • 무역풍 약화 → 남적도 해류 약화 → 페루
>   연안의 용승 약화 → 페루 연안의 수온 상
>   승의 순으로 진행된다.

① 엘니뇨 현상   ② 라니냐 현상
③ 지구 온난화   ④ 오존층 파괴

11 원시 지구의 성장 과정을 시간 순서대로 바르게 나열한 것은?

> (가) 마그마의 바다
> (나) 원시 지각의 형성
> (다) 핵과 맨틀의 분리
> (라) 미행성의 충돌
> (마) 원시 바다 및 대기의 진화

① (라)―(나)―(가)―(다)―(마)
② (라)―(가)―(다)―(나)―(마)
③ (나)―(라)―(가)―(다)―(마)
④ (나)―(가)―(라)―(다)―(마)

12 원핵세포에서 관찰할 수 있는 구조를 〈보기〉에서 모두 고른 것은?

> ─── 〈보기〉 ───
> ㄱ. 핵막   ㄴ. 리보솜
> ㄷ. 세포막   ㄹ. 미토콘드리아

① ㄱ, ㄴ   ② ㄴ, ㄷ
③ ㄱ, ㄷ, ㄹ   ④ ㄱ, ㄴ, ㄷ, ㄹ

13 다음 설명에 해당하는 지형은?

> • 발산형 경계 부근에 있는 해저산맥으로 새로운 해양판이 생성되는 곳이다.
> • 동태평양, 대서양 중앙, 인도양의 발산형 경계에 생성되어 있다.

① 해구   ② 호상 열도
③ 해령   ④ 변환 단층

14 다음 중 주기율표에 대한 설명으로 옳은 것은?

① 세로줄은 족이라 하고, 1족부터 18족까지 있다.
② 같은 주기 원소들끼리는 화학적 성질이 비슷하다.
③ 같은 족 원소라 하더라도 원자가 전자의 수는 다르다.
④ 대체로 주기율표의 왼쪽에는 비금속이, 오른쪽에는 금속이 배치되어 있다.

15 염기에 대한 설명으로 옳지 않은 것은?

① 피부에 닿으면 미끈미끈하다.
② 물에 녹아 OH^- 이온을 내어 놓는다.
③ pH가 7보다 작다.
④ 페놀프탈레인 용액을 붉게 변화시킨다.

16 다음에서 설명하는 발전 방식은?

> 우라늄 235에 속도가 느린 중성자를 충돌시킬 때 발생하는 에너지로 전기 에너지를 생산한다.

① 화력 발전   ② 핵발전
③ 조력 발전   ④ 연료 전지

17 그림은 마그네슘(Mg) 원자의 전자 배치를 나타낸 것이다. 이에 대한 설명으로 옳지 <u>않은</u> 것은?

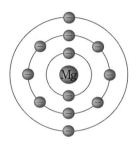

① 전자 2개를 잃고 양이온이 되기 쉽다.
② 원자가 전자의 수는 2개이다.
③ 금속 원소이다.
④ 음이온이 된 산화 이온(O^{2-})과 공유 결합을 한다.

18 다음은 세포 호흡 과정에서 일어나는 화학 반응을 나타낸 것이다. 다음 중 **A**와 **B**에 들어갈 물질을 바르게 짝지은 것은?

$$포도당 + (\ A\ ) → 물 + (\ B\ )$$

	A	B
①	이산화탄소	산소
②	산소	이산화탄소
③	질소	단백질
④	산소	질소

19 에너지 전환과 보존에 대한 설명으로 옳지 <u>않은</u> 것은?

① 에너지 소비 효율 등급은 숫자가 커질수록 에너지 효율이 좋다.
② 화석 연료가 연소될 때 온실 기체가 배출된다.
③ 건전지는 화학 에너지를 전기 에너지로 전환한다.
④ 에너지는 다른 종류로 전환되지만 새로 생기거나 없어지지 않는다.

20 물에 녹아 수용액 상태일 때 전류가 흐르는 물질을 〈보기〉에서 모두 고른 것은?

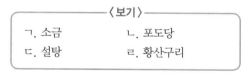

ㄱ. 소금   ㄴ. 포도당
ㄷ. 설탕   ㄹ. 황산구리

① ㄱ, ㄷ   ② ㄱ, ㄹ
③ ㄴ, ㄷ   ④ ㄴ, ㄹ

21 질산 은 수용액에 구리줄을 넣었을 때 일어나는 반응에 대한 설명으로 옳은 것을 〈보기〉에서 모두 고른 것은?

〈보기〉

ㄱ. 은이 석출된다.
ㄴ. 수용액이 점점 푸른색이 된다.
ㄷ. 구리는 환원되었다.

① ㄱ   ② ㄴ
③ ㄱ, ㄴ   ④ ㄱ, ㄴ, ㄷ

22 어떤 열기관이 고열원에서 600J의 열을 흡수하여 일을 하고, 480J의 열을 저열원으로 방출하였다. 이 열기관의 열효율은?

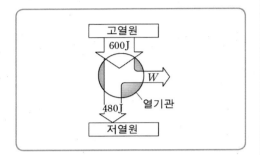

① 20% ② 30%

③ 40% ④ 50%

23 다음 생태계에 대한 설명 중 옳은 것은?

① 먹이 그물이 복잡할수록 생태계 평형을 유지하기 어렵다.
② 안정된 생태계라 할지라도 평형이 일시적으로 교란되면 평형을 회복하기 힘들다.
③ 1차 소비자가 증가하면 2차 소비자도 증가한다.
④ 2차 소비자가 증가하면 1차 소비자도 증가한다.

24 묽은 염산이 들어있는 비커에 수산화나트륨 수용액을 조금씩 넣어줄 때 나타나는 반응으로 옳지 <u>않은</u> 것은?

① pH가 감소한다.
② 물이 생성된다.
③ NaCl이라는 염이 생긴다.
④ 온도가 올라간다.

25 다음 중 생물의 진화 과정과 기린의 진화 과정이 바르게 짝지어진 것은?

① 변이 – 높은 곳의 잎을 먹기 위한 먹이 경쟁
② 생존 경쟁 – 오늘날 모든 기린은 목이 긺
③ 자연 선택 – 목이 긴 기린의 형질을 자손에게 전달함
④ 진화 – 다양한 목 길이를 가진 기린이 존재함

제6교시

한국사

1. 국어

2. 수학

3. 영어

4. 사회

5. 과학

6. 한국사

7. 도덕

8. 모의고사

9. 정답 및 해설

01 다음 유물이 만들어진 시기의 생활 모습으로 옳지 <u>않은</u> 것은?

① 농경 생활이 시작되었다.

② 무덤으로 고인돌을 만들었다.

③ 돌이나 나무로 만든 농기구를 사용하였다.

④ 족장 혹은 군장이라고 하는 지배자가 등장했다.

02 다음에서 설명하는 국가의 풍습은?

> • 연맹왕국으로 발전하지 못하였다.
> • 소금과 어물 등 해산물이 풍부하며, 토지가 비옥하여 오곡이 풍부하였다.
> • 골장제 등의 풍속이 있다.

① 책화   ② 동맹

③ 민며느리제   ④ 형사취수제

03 다음과 관련된 신라의 왕은?

> • 국호를 사로국에서 신라로 바꾸었다.
> • 왕의 칭호를 마립간에서 왕으로 바꾸었다.
> • 이사부를 파견하여 우산국(울릉도)을 복속시켰다.

① 내물왕   ② 법흥왕

③ 진흥왕   ④ 지증왕

04 삼국의 발전과정에 대한 설명으로 옳지 <u>않은</u> 것은?

① 백제는 삼국 중 가장 먼저 한강 유역을 장악하였다.

② 고구려는 장수왕 때 율령을 반포하는 등 국가 체제를 개혁하였다.

③ 신라의 법흥왕은 불교를 공인하였다.

④ 신라는 진흥왕 때 한강 유역을 차지하였다.

05 다음과 관련된 백제의 왕은?

> • 수도를 웅진(공주)에서 사비(부여)로 옮김
> • 중앙 관제를 22부로 확대 정비
> • 신라와 연합하여 한강 하류 지역을 일시 탈환

① 근초고왕　　② 내물왕
③ 소수림왕　　④ 성왕

09 고려의 토지 제도와 토지 소유에 대한 설명으로 옳은 것은?

① 공음전은 세습이 불가능하였다.
② 전시과는 문종 때 처음 만들어졌다.
③ 민전은 소유권이 보장되며 국가에 세금을 내야했다.
④ 과전은 관료가 사망 시에도 세습하는 것을 원칙으로 하였다.

06 다음 중 발해에 대한 설명으로 옳지 <u>않은</u> 것은?

① 당과 초기에는 친선관계를 유지하였으나, 점차 적대적으로 변하였다.
② 일본과 외교 관계를 중시하여 무역을 활발히 전개하였다.
③ 중국은 발해를 '해동성국'이라 불렀다.
④ 일본에 보낸 국서에 고려 국왕이라 칭하였다.

10 다음에서 설명하는 문화재에 해당하는 것은?

- 고려의 귀족들이 자신의 부를 과시하기 위한 사치품 중 하나
- 표면을 파내고 백토, 흑토를 메워 화려한 무늬를 새김
- 무신 정변 이후 몽골과의 전쟁으로 기술자들과 가마가 큰 피해를 입으며 쇠퇴함

① 　　②
돌사자상　　분청사기
③ 　　④
상감청자　　금동대향로

07 고려 광종 때의 정책이 <u>아닌</u> 것은?

① 불교 장려　　② 과거 제도
③ 중국과의 외교　　④ 훈요 10조

08 고려 문벌 귀족의 신분적 특권으로 사용된 관리 등용 제도는?

① 명경업　　② 제술업
③ 과거 제도　　④ 음서 제도

11 조선 초 대외 관계에 대한 설명으로 옳지 <u>않은</u> 것은?

① 조선의 대외 정책은 사대교린을 토대로 하였다.

② 여진과는 사대 정책을, 명과는 교린 정책을 유지하였다.

③ 왜구를 응징하기 위해 쓰시마 섬을 토벌하였다.

④ 동남아시아 국가들과의 교역이 활발히 이루어졌다.

12 실학의 특징으로 적절하지 <u>않은</u> 것은?

① 청의 고증학과 서양 과학의 영향으로 발전하였다.

② 대표적인 실학자로는 유형원, 정약용, 박지원 등이 있다.

③ 성리학의 한계를 완전히 극복하였고 국가의 정책에 반영되었다.

④ 사회·경제적 변동에 따른 사회 모순을 비판하고 해결하고자 하였다.

13 다음에서 설명하는 조선 시대의 서적은?

> 한 임금의 재위 동안의 있었던 일을 시대 순으로 기록한 서적

① 경국대전　　② 국조오례의
③ 고려사　　　④ 실록

14 다음에 해당하는 전쟁은?

> • 강화도로 천도하고, 백성을 산성과 섬으로 피난시키며 저항을 지속하였다.
> • 민병, 관노, 승병 등이 활약하였다.
> • 초조대장경이 소실되었다.

① 병자호란　　② 대몽 항쟁
③ 임진왜란　　④ 홍건적의 침입

15 다음에서 설명하는 조선 시대 수취 제도는?

> 광해군 때 부족한 국가 재정을 보완하고 방납의 폐단을 시정하기 위해 경기도에서 처음 실시하였다. 집집마다 부과하던 토산물을 농토의 결수에 따라 쌀이나 삼베, 무명 등으로 납부할 수 있도록 하였다.

① 대동법　　② 영정법
③ 과전법　　④ 균역법

16 (가)에 들어갈 역사적 사건은?

> (가)
> • 배경
> – 일본으로의 곡물 유출(곡물 가격 폭등)
> – 구식 군인에 대한 차별 대우
> – 개화 정책 추진 반발
> • 결과
> – 청의 내정 간섭 심화 및 청 군대 주둔
> – 조·청 상민 수륙 무역 장정 체결
> – 일본과 제물포 조약 체결
> – 민씨 정권의 친정 심화

① 갑신정변　　② 임오군란

③ 갑오개혁　　④ 을미사변

17 흥선 대원군의 정책으로 옳지 <u>않은</u> 것은?

① 세도 정치를 타파하여 왕권을 강화하였다.

② 서양 물품의 유입을 금지하고 열강의 통상 요구를 거부하였다.

③ 전정, 군정, 환곡의 삼정을 개혁하였다.

④ 균역법을 시행하여 민생을 안정시켰다.

18 다음 연표에서 (가)에 들어가기에 적절한 사건은?

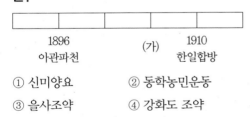

1896	(가)	1910	
아관파천		한일합방	

① 신미양요　　② 동학농민운동

③ 을사조약　　④ 강화도 조약

19 다음 포스터와 관련된 활동에 대한 설명으로 옳은 것은?

① 대한매일신보가 앞장서 홍보한 운동이었다.

② 국민정신 총동원 운동을 위해 강요된 운동이었다.

③ 일제의 헌병 경찰 통치에 저항하는 실력 양성 운동이었다.

④ 문맹 퇴치, 생활 개선을 목표로 한 농촌 계몽 운동이었다.

20 (가) 시기에 실시된 일제의 식민지 수탈 정책을 고르면?

		(가)	
1910	1920	1930	1940

① 창씨 개명

② 토지 조사 사업

③ 산미 증식 계획

④ 우리 역사 교육 금지

21 다음에서 설명하는 단체는?

- 안창호, 이승훈, 양기탁 등이 중심이 되어 조직한 비밀 단체
- 대성학교, 오산학교 설립
- 만주 삼원보에 독립운동 기지 건설
- 신흥 무관 학교 설립

① 신민회　　② 보안회

③ 독립협회　　④ 대한 자강회

22 다음 내용과 관련 있는 항일 민족 운동은?

> 1929년 10월 30일 나주역에서 발생한 일본인과 한국인 학생의 충돌 사건을 일본이 편파적으로 처리한 것이 발단이 돼 전국적인 항일 투쟁으로 확대되었다. 3 · 1 운동 이후 최대의 민족 운동이었다는 데 의의가 있다.

① 민립 대학 설립 운동
② 6 · 10 만세 운동
③ 문맹 퇴치 운동
④ 광주 학생 항일 운동

23 다음에서 밑줄 친 '이 운동'은 무엇인가?

> 전두환은 7년 단임의 대통령 간선제의 헌법을 제정하여 대통령이 된 후 강압적인 통치로 독재 정치를 하였고, 직선제 요구 시위에 4.13 호헌 조치를 하는 등 뜻을 바꾸지 않았다. 이한열 사망 사건 등이 발생하자 국민의 분노는 이 운동으로 이어졌다.

① 6월 민주 항쟁
② 4 · 19혁명
③ 5 · 18 민주화 운동
④ 6 · 3 시위

24 다음과 같은 정책을 시행한 정부는?

> • 금융 실명제
> • 지방 자치제 전면 실시
> • 국제 통화 기금(IMF)에 구제 금융 지원 요청

① 전두환 정부
② 노태우 정부
③ 김영삼 정부
④ 김대중 정부

25 다음 설명에 해당하는 섬은?

> • 숙종실록에 안용복이 일본에 건너가 우리의 영토임을 확인받음
> • 일본이 러 · 일 전쟁 중 시마네 현 고시를 통해 자국의 영토로 일방적으로 편입
> • 삼국 시대 이래 우리의 영토이나 일본이 자기네 땅이라 우기며 영토 분쟁 지역으로 만들려 함

① 간도
② 독도
③ 거문도
④ 제주도

제7교시

도 덕

01 다음 설명과 관계 있는 윤리학은?

> 도덕적 행위의 근거가 되는 도덕 원리나 인간 성품에 관해 탐구하고, 이를 바탕으로 도덕적 문제의 해결과 실천 방안을 제시한다.

① 규범 윤리학　　② 메타 윤리학
③ 기술 윤리학　　④ 사회 윤리학

02 다음 빈칸의 ㉠과 ㉡에 들어갈 사상가로 옳은 것은?

> • (㉠)는 인(仁)을 타고난 내면적 도덕성으로 보았다.
> • (㉠)를 계승한 (㉡)는 사단이라는 선한 마음이 누구에게나 주어져 있다고 주장하였다.

	㉠	㉡		㉠	㉡
①	공자	맹자	②	맹자	공자
③	노자	맹자	④	공자	노자

03 다음에서 설명하는 사상가는?

> • '최대 다수의 최대 행복'을 도덕과 입법의 원리로 제시함
> • 쾌락의 양만이 아니라 그 질적인 차이도 고려해야 한다고 주장함

① 벤담　　　　② 밀
③ 칸트　　　　④ 아리스토텔레스

04 다음에서 설명하는 사고 유형으로 가장 적절한 것은?

> 전제로부터 결론 혹은 주장을 타당하게 도출하는지 사고하는 것이다.

① 논리적 사고　　② 합리적 사고
③ 배려적 사고　　④ 비판적 사고

05 삶과 죽음에 대해 다음과 같이 주장한 사상가는?

> 살아 있는 동안에는 죽음을 경험할 수 없으므로 죽음을 두려워할 필요가 없다.

① 플라톤　　　　② 에피쿠로스
③ 하이데거　　　④ 야스퍼스

06 다음 주장을 반박할 내용으로 옳은 것은?

> 무고한 생명을 죽이는 행위는 죄악이다. 우리가 아이를 낳고 길러야 하는 여성의 불가피한 상황을 헤아린다고 할지라도 태아는 무고한 생명이다. 따라서 태아의 생명권은 마땅히 존중받아야 한다.

① 태아를 존엄성을 가진 인간으로 대우해야 한다.

② 임신의 지속 여부는 여성의 자율적 선택의 영역이다.

③ 인공 임신 중절은 잘못이 없는 인간을 죽이는 행위이다.

④ 태아의 생명권은 어떤 경우라도 침해되어서는 안 된다.

07 프롬(Fromm, E.)이 제시한 사랑의 요소를 〈보기〉에서 모두 고른 것은?

> ─── 〈보기〉 ───
> ㄱ. 보호　　　ㄴ. 구속
> ㄷ. 책임　　　ㄹ. 갈망

① ㄱ, ㄴ　　　　② ㄱ, ㄷ

③ ㄷ, ㄹ　　　　④ ㄱ, ㄹ

08 다음 중 공직자 윤리에 대한 설명으로 가장 적절하지 않은 것은?

① 법령을 준수하며 성실히 직무를 수행해야 한다.

② 업무 수행에 있어 공익과 사익을 엄격히 구분해야 한다.

③ 효율적이고 민주적인 방식으로 직무를 수행해야 한다.

④ 국민에게 걸리지만 않는다면 사사로운 청탁(請託)은 가능하다.

09 다음 중 ㉠에 들어갈 말로 옳지 <u>않은</u> 것은?

> 〈시민 불복종〉
> 1. 의미 : 정의롭지 못한 법이나 정부 정책을 변혁시키려는 목적으로 행하는 의도적인 위법 행위
> 2. 정당화 조건 : (　　　㉠　　　)

① 평화적인 방법을 사용해야 한다.

② 도덕적인 동기를 지니고 있어야 한다.

③ 부당한 법을 어김으로써 받는 처벌을 감수한다.

④ 개인의 이익을 추구하기 위해 실시되어야 한다.

10 다음에서 설명하는 분배적 정의의 기준은?

> • 기여한 정도에 따라 분배하는 것이다.
> • 생산성이 향상되고 객관적 평가가 용이하다.

① 업적　　　　② 필요

③ 절대적 평등　　④ 노력

11 다음 글의 ㉠에 들어갈 말로 알맞은 것은?

> (㉠)은/는 사회의 지위와 권한을 남용하여 부당한 이익을 취하는 행위이다. 공정하고 건전한 사회 질서의 유지를 위해서 (㉠)을/를 방지해야 한다.

① 소명(김命)
② 부정부패
③ 사회적 책임
④ 정명(正名)

12 다음 중 과학 기술을 바라보는 관점이 <u>다른</u> 것은?

① 과학 기술 그 자체는 중립적인 것으로 자율성을 보장해야 한다.
② 과학 기술은 가치판단에서 자유로울 수 없으므로 윤리적 검토가 필요하다.
③ 과학 기술은 객관적인 관찰과 실험으로 지식을 얻는 것이므로 주관적 가치가 개입될 수 없다.
④ 과학 기술은 사실을 다루는 것이므로 윤리적 평가와 같은 가치판단과 엄격하게 구분된다.

13 다음 ㉠에 들어갈 말로 옳은 것은?

> 〈 ㉠ 윤리〉
> 1. 의미 : 생태계를 구성하는 존재 중 동물에 강조점을 두는 관점이다.
> 2. 한계점 : 동물 이외의 환경 문제를 거의 다루지 않기 때문에 환경 문제 해결을 위한 대안을 제시하지 못하고 있다.

① 인간 중심주의
② 동물 중심주의
③ 생명 중심주의
④ 생태 중심주의

14 다음 ㉠, ㉡과 관련된 과학 기술의 문제점으로 가장 적절한 것은?

> 과학 기술의 발달로 인하여 ㉠ '전자 · 정보 판옵티콘' 사회와 ㉡ '빅브라더'가 출현할지도 모른다는 우려를 낳고 있다.

① 생태계 파괴
② 생명의 도구화
③ 인권 및 사생활 침해
④ 비인간화 현상 초래

15 다음의 관점에 대한 설명으로 옳은 것은?

> 아름다운 것에서 아름다운 의미를 찾는 자들은 교양 있는 자들이다. 세상에 도덕적인 작품, 비도덕적인 작품이라는 것은 없다. 작품은 잘 쓰였거나 형편없이 쓰였거나 둘 중 하나일 뿐이다.

① 예술은 도덕적 교훈이나 모범을 제공한다.
② 예술의 목적은 미적 가치를 추구하는 것이다.
③ 예술의 사회성을 강조하는 순수 예술론의 입장을 지지한다.
④ 예술가도 사회 구성원이고 예술 활동도 하나의 사회 활동이다.

16 다음에서 설명하는 소비 형태의 긍정적 영향을 〈보기〉에서 모두 고른 것은?

> 소비자가 윤리적인 가치 판단에 따라 상품이나 서비스를 구매하고 사용하는 것

〈보기〉
ㄱ. 인류의 인권 향상에 도움을 줄 수 있다.
ㄴ. 경제적 합리성이 상품 선택의 기준이 된다.
ㄷ. 사회 정의를 구현하는 데 기여할 수 있다.
ㄹ. 자신의 경제력 내에서 가장 큰 만족을 추구한다.

① ㄱ, ㄴ ② ㄴ, ㄷ
③ ㄱ, ㄷ ④ ㄷ, ㄹ

17 종교에 대한 설명으로 적절하지 않은 것은?

① 종교와 윤리의 공통점은 도덕성을 중시한다는 것이다.
② 종교와 윤리의 차이점은 없으므로 갈등은 생기지 않는다.
③ 종교의 형식적 측면에서는 경전과 교리, 의례와 형식, 교단 등을 포함한다.
④ 종교의 내용적 측면에서는 성스럽고 거룩한 것에 관한 체험과 믿음을 포함한다.

18 다음이 설명하는 개념은?

> 주류 문화는 국수와 국물처럼 중심 역할을 하며, 이주민의 문화는 색다른 맛을 더해 주는 고명이 되어 자신의 문화적 정체성을 유지하면서 공존할 수 있다는 이론

① 동화주의 ② 용광로 이론
③ 샐러드 볼 이론 ④ 국수 대접 이론

19 밑줄 친 '이것'에 해당하는 것은?

> 이것은 언어를 매개로 의사소통하는 과정에서 상호 이해에 도달하고, 이를 토대로 도덕규범의 타당성을 정당화하는 절차가 중시되는 윤리이다.

① 덕 윤리 ② 배려 윤리
③ 책임 윤리 ④ 담론 윤리

20 분단 비용에 대한 설명으로 옳은 것을 〈보기〉에서 모두 고른 것은?

〈보기〉
ㄱ. 통일 이후에도 발생하고 지출되는 비용이다.
ㄴ. 정치, 행정, 금융, 화폐 등을 통합하는 비용이 포함된다.
ㄷ. 통일이 되지 않는 한 지속적으로 지출해야 하는 소모적인 비용이다.
ㄹ. 전쟁 가능성에 대한 공포, 이산가족의 고통 등 경제 외적 비용도 포함된다.

① ㄱ, ㄴ ② ㄴ, ㄷ
③ ㄴ, ㄹ ④ ㄷ, ㄹ

21 다음과 관련 있는 갈등의 유형은?

> • 어느 사회에서나 연령별, 시대별 경험 차이로 인해 나타나는 보편적 현상
> • 우리나라는 단기간 빠른 경제 성장과 변화로 인해 더욱 심각함
> • 해결책 : 세대 간 차이를 받아들이고 적극적인 소통을 통해 공감대를 형성해야 한다.

① 세대 갈등　　　　② 이념 갈등
③ 지역 갈등　　　　④ 노사 갈등

22 성 상품화와 관련된 설명 중 옳지 <u>않은</u> 것은?

① 성 상품화란 상업적 목적을 위하여 성을 상품 가치로 이용하는 행위를 말한다.
② 성 상품화를 찬성하는 입장에서는 성의 자기 결정권과 표현의 자유를 강조한다.
③ 성 상품화를 반대하는 입장에서는 성 상품화가 자유 지상주의를 조장한다고 주장한다.
④ 성 상품화를 찬성하는 입장에서는 성 상품화가 이윤 극대화를 추구하는 자본주의 경제 논리에 부합할 수 있다고 주장한다.

23 다음 중 맹자의 사단으로 옳지 <u>않은</u> 것은?

① 시비지심(是非之心)
② 사양지심(辭讓之心)
③ 측은지심(惻隱之心)
④ 역지사지(易地思之)

24 다음 글이 설명하는 내용으로 옳은 것은?

> 인간의 생명을 인간 스스로 결정할 수 있다는 판결은 잘못된 결정이다. 아무리 환자 본인의 요청이 있었다고 해도, 생명은 하늘이 부여한 것이므로 자기 생명은 자신도 함부로 할 수 없는 존엄한 것이다.

① 생명의 종식 여부는 자율적 선택의 문제가 아니다.
② 개인은 자기 생명에 대해 배타적 권리가 있다.
③ 안락사 허용은 결과적 이익을 고려한 결정이다.
④ 안락사는 인간의 존엄성을 보호하는 도덕적 행위이다.

25 남북한의 평화를 이루기 위한 노력으로 옳은 것을 〈보기〉에서 모두 고른 것은?

> ───〈보기〉───
> ㄱ. 경계태세 강화
> ㄴ. 신뢰 회복
> ㄷ. 무력통일 기반 마련
> ㄹ. 평화적 교류

① ㄱ, ㄷ　　　　② ㄴ, ㄹ
③ ㄱ, ㄴ, ㄷ　　　④ ㄴ, ㄷ, ㄹ

PART

9

정답 및 해설

제1교시

국 어

정답

01 ①	02 ②	03 ③	04 ④	05 ①
06 ③	07 ④	08 ④	09 ②	10 ④
11 ③	12 ④	13 ②	14 ③	15 ①
16 ④	17 ①	18 ①	19 ②	20 ④
21 ②	22 ②	23 ②	24 ②	25 ④

해설

01 제시된 상황에서는 상대방의 상황과 입장, 감정을 이해하며 격려와 위로를 하는 말하기가 적절하다.

> **TIP** 대화의 종류
> • 정보 지향적 말하기와 관계 지향적 말하기
> • 주도적 말하기와 보조적 말하기
> • 문제 해결 지향적 말하기와 공감적 말하기
> • 직설적 말하기와 우회적 말하기

02 주성분에 속하는 성분에는 주어, 목적어, 서술어, 보어가 있다. 부속 성분에는 관형어, 부사어가 있고 독립 성분에는 독립어가 있다. '희영이는(주어)/선생님이(보어)/되었다(서술어)'는 주어, 보어, 서술어만 있으므로 주성분만으로 이루어진 문장이다.
① 나는(주어)/지금(부사어)/밥을(목적어)/먹는다(서술어).
③ 그(관형어)/옷은(주어)/노란색이다(서술어).
④ 그래(독립어)/내가(주어)/된장찌개를(목적어)/먹겠다(서술어).

03 좋고[조코] : 'ㅂ, ㄷ, ㄱ, ㅈ'이 'ㅎ'과 결합하여 'ㅍ, ㅌ, ㅋ, ㅊ'으로 소리 나는 자음 축약 현상이다.
①, ② 'ㄱ, ㄷ, ㅂ'이 'ㄴ, ㅁ' 앞에서 [ㅇ, ㄴ, ㅁ]으로 발음되는 비음화 현상이다.
④ 'ㅁ, ㅇ' 뒤에 오는 'ㄹ'이 [ㄴ]으로 발음되는 비음화 현상이다.

> **TIP** 비음화 현상
>
> | 음절의 끝 자음 | 조건 | 발음 | 예시 |
> |---|---|---|---|
> | ㅂ | +ㅁ, ㄴ | ㅁ | 밥물[밤물], 잡는[잠는], 앞마당[암마당] |
> | ㄷ | | ㄴ | 닫는[단는], 짓는[진는], 붙는[분는] |
> | ㄱ | | ㅇ | 국물[궁물], 깎는[깡는], 긁는[긍는] |
> | ㅁ | +ㄹ | ㄴ | 남루[남누], 침략[침냑] |
> | ㅇ | | | 강릉[강능], 항로[항노] |

04 '입맛을 당기다'라는 뜻인 '돋다'의 사동 표현은 '돋우다'이다.
• **돋우다** : 1. 위로 끌어 올려 도드라지거나 높아지게 하다. 2. 밑을 괴거나 쌓아 올려 도드라지거나 높아지게 하다. 3. '돋다'의 사동사
• **돋구다** : 안경의 도수 따위를 더 높게 하다.
① **절이다** : '절다'의 사동사. 푸성귀나 생선 따위에 소금기나 식초, 설탕 따위가 배어들게 하다.
저리다 : 뼈마디나 몸의 일부가 오래 눌려서 피가 잘 통하지 못하여 감각이 둔하고 아리다.
② **헹구다** : 물에 넣어 흔들어 씻다. 또는 물을 넣어 젓거나 흔들어 씻다.
③ **밭치다** : 구멍이 뚫린 물건 위에 국수나 야채 따위를 올려 물기를 빼다.
바치다 : 신이나 웃어른에게 정중하게 드리다.
받치다 : 물건의 밑이나 옆 따위에 다른 물체를 대다.

05 정부 차원의 대기 오염 대책으로 적절한 것은 '자동차 공해 관리 강화, 오존 경보제 실시, 청정 연료의 개발과 공급 확대' 등이 있다.
② 가정 차원의 대기 오염 대책에 해당한다.
③, ④ 대기 오염 대책과는 거리가 멀다.

06 '작성하다'는 서류, 원고 따위를 만든다는 의미이고, '필기하다'는 강의, 강연, 연설 따위의 내용을 받아 적는다는 의미이다. 학생들이 스스로 보고서를 만든다는 의미를 가져야 하므로 '작성하고'를 그대로 쓰는 것이 적절하다.

① '부정확한 것'과 '검증되지 않은 정보'라는 설명은 모두 부정적인 의미를 담고 있으므로 나열의 의미를 담고 있는 어미 '-거나'로 바꾸는 것이 적절하다.

② '돼'는 '되어'의 준말이므로 '검증되지'로 수정하는 것이 적절하다.

④ 검증되지도 않은 정보를 쉽게 가져다 쓰는 것에 대해 경계하고 있는 글이므로 인터넷 발전에 대해 긍정적인 내용인 ⓔ은 통일성을 해치는 문장이다.

[07~08]

> **의유당, 「동명일기」**
> • **갈래** : 고전 수필, 기행문
> • **성격** : 주관적, 묘사적, 비유적
> • **구성** : 시간의 흐름에 따른 구성
> • **주제** : 귀경대에서 바라본 일출의 장관
> • **특징**
>   – 자연의 경치를 섬세한 표현으로 묘사하였다.
>   – 사실적인 묘사를 통한 현장감 있는 표현을 하였다.
>   – 순우리말을 많이 사용하였다.

07 큰 실오리(실오라기), 손바닥 너비(넓이), 숫불빗(숯불빛)은 모두 해의 붉은 기운을 비유하기 위한 대상이고, '회오리밤'은 해를 비유한 대상이다.

> **TIP 동명일기의 비유어**
> • **해** : 회오리밤, 큰 쟁반, 수레바퀴
> • **해의 붉은 기운** : 항아리, 독, 소의 혀, 큰 실오라기, 손바닥 넓이, 숫불빛

08 근대 국어에서 ㆁ, ㆆ, ㅿ이 소실되었다.

① 근대 국어에서는 방점이 완전히 소실되고, 상성이 장음으로 변화하였다.

② 중세 국어에는 이어적기 방식이 사용되었지만, 근대 국어에서는 이어적기와 끊어적기 방식이 모두 사용되었다. 제시된 부분에서는 '눈을 드러 보니'에서 이어적기 방식을 볼 수 있다.

③ 음운 ㆍ가 완전히 소실되었지만 표기상에는 계속 남아 있었다.

> **TIP 근대 국어의 특징**
> • 중세 국어에 비해 경제적이고 효율적인 체계로 변화하였다.
> • 중세 국어에 있었던 유성 마찰음(ㅸ, ㅿ)이 소멸되었다.
> • 어두 자음군이 된소리로 변하는 경향을 보였고, 모음 'ㆍ'는 어두 음절에만 남아 있었다.
> • 성조와 방점이 사라졌으며 상성은 장음이 되었다.
> • 모음 조화의 파괴, 높임법을 비롯한 문법 현상 등이 현대 국어에 가까워졌다.

[09~11]

> **정지용, 「유리창」**
> • **갈래** : 자유시, 서정시
> • **성격** : 상징적, 회화적, 감각적
> • **제재** : 어린 자식의 죽음
> • **주제** : 죽은 아이에 대한 슬픔과 그리움
> • **특징**
>   – 선명하고 감각적인 이미지 사용
>   – 차분한 어조로 감정을 절제함
>   – 모순 어법을 구사하여 시의 함축성을 높임

09 이 시의 화자는 감정의 절제를 통해 자식을 잃은 아버지의 슬픔을 객관화시켜 전달하고 있다.

10 '유리(琉璃)'는 죽은 아이와 시적 화자 사이를 가로막는, 즉 죽은 아이가 있는 죽음의 세계와 시적 화자가 있는 삶의 세계를 차단하는 역할을 하는 동시에 시적 화자가 죽은 아이의 영혼과 대면할 수 있게 하는 역할을 한다. 즉, 시적 화자는 유리창을 통해서 죽은 아이의 영혼(산새, 별)을 만날 수 있지만 동시에 유리창 때문에 죽은 아이의 영혼에 다가갈 수 없다. 따라서 ㉠의 기능은 '접촉과 차단의 매개체'이다.

> **TIP 유리의 이중적 속성**
> • **삶과 죽음을 연결** : 아이의 환상을 보게 해 줌
> • **단절** : 창밖으로 나갈 수 없음

11 〈보기〉는 역설적 표현에 대한 설명이다. '외로운 황홀한 심사이어니'에서 '외롭다'와 '황홀하다'는 서로 모순된 감정이다. 자식이 죽고 난 후 슬프고 외로운 아버지가 유리를 닦으며 그리워하던 자식을 만나게 돼 느끼는 기쁨을 표현한 구절이므로 역설적 표현에 해당한다.

1. 국어
2. 수학
3. 영어
4. 사회
5. 과학
6. 한국사
7. 도덕
8. 모의고사
9. 정답 및 해설

[12~14]

박태원, 「소설가 구보 씨의 일일」
- **갈래** : 심리 소설, 모더니즘 소설, 세태 소설
- **성격** : 관찰적, 묘사적, 심리적
- **배경**
  - 시간적 배경 : 1930년대의 어느 날
  - 공간적 배경 : 서울 시내
- **시점** : 전지적 작가 시점
- **주제** : 식민지 시대를 살아가는 무기력한 소설가의 눈에 비친 도시의 일상과 내면 의식
- **특징**
  - 하루 동안의 여로 형식 구조
  - 의식의 흐름에 따른 심리 묘사와 관찰의 조화
  - 만연체 문장과 모더니즘 기법의 응용

12 윗글은 주인공의 유동적인 내면세계를 의식의 흐름에 따라 서술하고 있다.
① 광무소, 인지대, 열람비, 수수료, 지도대, 광구, 총독부 청사, 광무과 열람실 등을 통해 시대와 세태를 짐작할 수 있다.
② '두 명의 사나이가 서 있었다. ~ 무직자라고 단정한다.' 등을 통해 알 수 있다.
③ '중학 시대의 열등생~응 자네는' 등을 통해 알 수 있다.

13 '그것도 역시 숨김없는 인생의 분명한 일면이다. 그것은 적어도 한 손에 단장과 또 한 손에 공책을 들고, 목적없이 거리로 나온 자기보다는 좀더 절실한 인생이었을지도 모른다.'라는 부분을 통해 구보가 황금광 시대를 어쩔 수 없는 시대적 현상이라고 생각한다는 것을 알 수 있다.

14 (가)에서 구보는 '황금광 시대'와 관련한 현 세태를 비평하고 있다. 반면 (나)에서는 구보가 중학교 동창생인 사나이를 만나 함께 찻집으로 향하기까지의 모습과 구보의 심리가 드러나 있다.

[15~16]

박인로, 「반중 조홍감이」
- **갈래** : 평시조
- **성격** : 사친가(思親歌)
- **제재** : 조홍감
- **주제** : 어버이를 그리워하는 마음
- **현대어 풀이**

소반에 놓인 붉은 감이 곱게도 보이는구나.
유자가 아니라도 품어갈 마음이 있지마는
품어가도 반가워할 이(부모님)가 없어 글로 서러워 하노라.

15 윗글은 어버이를 그리워하는 마음에 대한 작품으로 화자의 현실 극복 의지와는 관련이 없다.
② '반기리'는 '반가워할 사람'으로, 감을 가지고 가도 반가워할 부모님이 없다는 내용으로 보아 조홍감을 보고 돌아가신 부모님을 떠올리고 있다는 설명은 적절하다.
③ 중장에서 '육적회귤 고사'를 인용하고 있다.
④ '풍수지탄'은 효도를 다하지 못한 채 어버이를 여읜 자식의 슬픔을 이르는 말이므로 적절하다.

16 본문의 시조는 박인로가 이덕형으로부터 소반에 담은 감을 대접받고, '육적'이란 인물이 귤을 품어 부모님께 드리려 했다는 옛이야기를 생각하면서 자신의 돌아가신 부모님을 떠올리며 지은 작품이고, 〈보기〉는 어머니의 자애로움과 희생에 대한 작품이므로 정답은 ④이다.

[17~19]

김만중, 「구운몽」
- **갈래** : 양반 소설, 몽자류 소설
- **성격** : 전기적, 이상적, 불교적
- **배경**
  - 시간적 배경 : 당나라 때
  - 공간적 배경 : 중국 남악 형산의 연화봉, 용궁, 여러 지방
  - 사상적 배경 : 삼교사상(유, 불, 선), 불교의 윤회사상과 공사상이 중심
- **구성** : 환몽 구조(액자식 구성)
- **제재** : 성진의 꿈을 통한 득도 과정
- **주제** : 인생무상의 자각을 통한 불교에의 귀의

17 「구운몽」은 현실 – 꿈 – 현실이라는 이원적 환몽 구조를 지닌 일대기 형식의 작품으로 액자식 구성이라고 할 수 있다.
② 이 작품의 현실은 성진이 사는 '신선세계'이며, 모든 사건이 우연적으로 일어난다. 따라서 전기적 특성과 비현실적 성격이 두드러진다.

18 제시된 글에 나타나는 주된 정서는 양 승상의 마음에서 일어나는 감정으로 '창망하더라', '오오열열하여 원하는 듯하고', '이별하는 듯' 등으로 '쓸쓸함'의 분위기라는 것을 알 수 있다.

19 모든 부귀영화를 다 누리던 양 승상은 진시황, 황무제 등 화려한 영웅들이 있었던 황량한 옛 고궁을 보면서 세월을 덧없음을 느끼고 있다. 이러한 양 승상의 상황을 미루어 볼 때, 독자로부터 나올 수 있는 반응으로 가장 적절한 것은 ②이다.

20 한 공간의 안과 밖이 다같이 좋은 목적을 위해 이용이 될 수 있게 된 것을 통합 공간이라고 한다.

21 제시문은 전통 건축에 나타난 네거티비즘의 의미와 공간 개념을 빈민촌이라는 구체적인 예를 들어 작성한 설명문으로서 논리적, 논증적, 객관적, 설득적으로 풀어쓴 글이다.

22 대도시 안에 있는 빈민촌이 사실상은 그곳에 있는 사람들이 행동의 제한을 받는 사람들이라고 하였으므로 '특수 공간'이 가장 적절하다.

[23~25]

법정, 「무소유」
• 갈래 : 경수필
• 성격 : 사색적, 체험적, 교훈적, 종교적
• 주제 : 욕심과 집착에서 해방될 때 진정한 자유를 얻을 수 있음. 진정한 자유와 무소유의 의미
• 특징
 – 교훈적 주제를 곁들여 설득력 있게 제시함
 – 철학적인 주제를 담담한 어조로 서술함

23 제시된 글의 갈래는 수필로, 난초에 대한 작자 자신의 이야기를 토대로 진정한 행복과 자유는 소유에 대한 집착을 버림으로써 얻게 된다는 교훈을 이끌어내고 있다. 따라서 제시문의 성격은 '교훈적'이다.

24 글쓴이는 자신이 애지중지하는 난초를 햇볕이 내리쬐는 뜰에 그대로 두고 온 것을 깨닫고 햇볕에 늘어져 있을 난초 잎이 아른거려서 다시 되돌아왔다. 글쓴이가 난초에게 집착하는 상황임을 고려할 때, ㉠의 이유는 싱싱한 난초를 늘어지게 만들었기 때문이다.

25 글쓴이는 무언가를 '소유'한다는 것이 집착을 가져오게 된다는 것을 깨닫고, 소유에 대한 집착을 버림으로써 마음의 괴로움에서 벗어나고자 다짐하고 있다. 따라서 글쓴이가 궁극적으로 말하고자 하는 것은 '소유의 집착에서 벗어나야 진정으로 자유로워진다'는 내용의 ④가 가장 적절하다.

1. 국어

2. 수학

3. 영어

4. 사회

5. 과학

6. 한국사

7. 도덕

8. 모의고사

9. 정답 및 해설

제2교시

수 학

▌정답

01 ①	02 ③	03 ②	04 ②	05 ①
06 ②	07 ④	08 ③	09 ②	10 ①
11 ②	12 ③	13 ④	14 ②	15 ②
16 ③	17 ③	18 ②	19 ③	20 ②

▌해설

01 $A-B$에 다항식 A, B를 대입하면
$A-B=(x^2+x)-(x-1)=x^2+x-x+1=x^2+1$

02 등식 $(x-2)^2-a(x+4)+3b=x^2-5x+6$의 좌변을 전개한 후 x에 대하여 정리하면
$x^2-(a+4)x-4a+3b+4=x^2-5x+6$
항등식의 성질을 이용하여 양변의 계수를 비교하면
$a=1$, $b=2$ 이므로
$\therefore a+b=3$

> **TIP 항등식의 성질**
> 다음 식이 x, y에 대한 항등식일 때,
> • $ax+b=0 \Leftrightarrow a=0$, $b=0$
> • $ax^2+bx+c=0 \Leftrightarrow a=0$, $b=0$, $c=0$
> • $ax^2+bx+c=a'x^2+b'x+c' \Leftrightarrow a=a'$, $b=b'$, $c=c'$
> • $ax+by+c=0 \Leftrightarrow a=0$, $b=0$, $c=0$

03 주어진 다항식이 $x-1$로 나누어떨어지므로
$f(x)=2x^3-ax^2+2x+4$라 할 때, $f(1)=0$을 만족한다.
따라서 $f(1)=2-a+2+4=8-a=0$
$\therefore a=8$

> **TIP 나머지정리**
> ① x에 대한 다항식 $f(x)$를 일차식 $x-a$로 나누었을 때의 나머지를 R라고 하면, $R=f(a)$
> ② x에 대한 다항식 $f(x)$를 일차식 $ax+b$로 나누었을 때의 나머지를 R라고 하면, $R=f\left(-\dfrac{b}{a}\right)$

04 $\left(x-\dfrac{1}{x}\right)^2=x^2-2+\dfrac{1}{x^2}\neq x^2+x+1$이므로 인수분해의 결과로 옳지 않다.

> **TIP 인수분해 기본 공식**
> • $ma+mb-mc=m(a+b-c)$
> • $a^2+2ab+b^2=(a+b)^2$
> • $a^2-2ab+b^2=(a-b)^2$
> • $a^2-b^2=(a+b)(a-b)$
> • $x^2+(a+b)x+ab=(x+a)(x+b)$
> • $acx^2+(ad+bc)x+bd=(ax+b)(cx+d)$

05 근과 계수와의 관계에 의하여
$\alpha+\beta=\dfrac{3}{5}$, $\alpha\beta=-\dfrac{4}{5}$
$$5(\alpha+\beta+\alpha\beta)=5\times\left\{\dfrac{3}{5}+\left(-\dfrac{4}{5}\right)\right\}$$
$$=5\times\left(-\dfrac{1}{5}\right)$$
$$=-1$$
$\therefore -1$

06 $0\leq x\leq 4$의 범위에서 이차함수의 최댓값은
$x=\dfrac{3}{2}$일 때, $\dfrac{9}{4}$이고,
최솟값은 $x=4$일 때, -4이다.
따라서 최댓값은 $\dfrac{9}{4}$이고, 최솟값은 -4
$\therefore \dfrac{9}{4}+(-4)=-\dfrac{7}{4}$

> **TIP 이차함수의 최댓값과 최솟값**
> • **최댓값** : 정의역의 각 원소에 대한 함숫값 중 가장 큰 값
> • **최솟값** : 정의역의 각 원소에 대한 함숫값 중 가장 작은 값

07 $\begin{cases} x\geq 3 \\ x^2-6x+8<0 \end{cases}$에서
$x\geq 3 \cdots$ ㉠
$x^2-6x+8<0$
$(x-2)(x-4)<0$
$2<x<4 \cdots$ ㉡
$\therefore$ ㉠, ㉡의 공통 범위는 $3\leq x<4$

08 주어진 두 점 A, B 사이의 거리는

$$d=\sqrt{(3-5)^2+(-1-2)^2}$$
$$=\sqrt{4+9}$$
$$=\sqrt{13}$$

09 중심이 (a, b)이고 반지름의 길이가 r인 원의 방정식은
$(x-a)^2+(y-b)^2=r^2$이다.
따라서 중심이 $(3, -2)$이고, 반지름의 길이가 $\sqrt{3}$인 원의
방정식을 구하면

$$\therefore (x-3)^2+(y+2)^2=3$$

> **TIP** 원의 방정식
> - **표준형** : 중심이 (a, b), 반지름이 r인 원의 방정식
> $\Rightarrow (x-a)^2+(y-b)^2=r^2$
> - **일반형** : $x^2+y^2+Ax+By+C=0$

10 집합 $A=\{4, 6, 8\}$이므로 부분 집합의 개수는 $2^3=8$이다.

> **TIP** 부분집합의 개수
> n개의 원소를 갖는 유한집합 A에 대하여 (단, $m \le n$)
> - A의 부분집합의 개수 : 2^n
> - A의 진부분집합의 개수 : 2^n-1
> - A의 부분집합으로 특정한 m개의 원소를 포함하는(또는 포함하지 않는) 부분집합의 개수 : 2^{n-m}

11 명제 '$p \rightarrow q$'의 대우는 '$\sim q \rightarrow \sim p$'이다.
따라서 '$x^2=1$이면 $x=1$이다.'의 대우는 '$x \ne 1$이면 $x^2 \ne 1$이다.'이다.

12 함수 $f : X \rightarrow Y$에서 $f(2)=3$
$f(4)=2$에서 $f^{-1}(2)=4$이므로

$$\therefore f(2)+f^{-1}(2)=3+4=7$$

13 x축으로 2, y축으로 -7만큼 평행이동 했으므로

$$y=\frac{6}{x-2}-7$$이다.

> **TIP** 함수 $y=\frac{k}{x-p}+q(k \ne 0)$의 그래프
> - 함수 $y=\frac{k}{x}(k \ne 0)$의 그래프를 x축 방향으로 p만큼, y축 방향으로 q만큼 평행이동한 것이다.
> - 정의역은 $\{x|x \ne p$인 실수$\}$이고, 치역은 $\{y|y \ne q$인 실수$\}$이다.
> - 점 (p, q)에 대하여 대칭이다.
> - 점근선은 두 직선 $x=p$, $y=q$이다.

14 주어진 그래프의 식은 $y=\sqrt{a(x-6)}-2$라 할 수 있다.
이를 정리하면 $y=\sqrt{ax-6a}-2$
또한, 이 그래프가 $(0, 4)$를 지나므로
$4=\sqrt{-6a}-2$, $\sqrt{-6a}=6$, $a=-6$
이를 $y=\sqrt{a(x-6)}-2$에 대입하면
$y=\sqrt{-6x+36}-2$
$b=36$, $c=-2$
$\therefore a+b+c=(-6)+36+(-2)=28$

15 $(x+yi)+(xi-y)$를 정리하면 $(x-y)+(x+y)i$이므로
복소수의 상등에 의하여 $x-y=3$, $x+y=5$이다.
두 식을 연립하면 $2x=8$, $x=4$, $y=1$이다.
$\therefore xy=4$

> **TIP** 복소수의 사칙연산
> a, b, c, d가 실수일 때
> - 덧셈 : $(a+bi)+(c+di)=(a+c)+(b+d)i$
> - 뺄셈 : $(a+bi)-(c+di)=(a-c)+(b-d)i$
> - 곱셈 : $(a+bi)(c+di)=(ac-bd)+(ad+bc)i$
> - 나눗셈 : $\frac{a+bi}{c+di}=\frac{(a+bi)(c-di)}{(c+di)(c-di)}=\frac{ac+bd}{c^2+d^2}+\frac{bc-ad}{c^2+d^2}i$

16 $(-3, 5)$를 x축에 대하여 대칭이동하면 x좌표의 부호는
그대로이고, y좌표의 부호만 반대로 변한다. 따라서 $(-3, -5)$가 된다.

17 $(g \circ f)(a)=g(f(a))$
$=g(a+3)$
$=2(a+3)-9$
$=2a-3$
$2a-3=17$이므로
$a=10$
$\therefore 10$

18 서로 다른 사탕 9개 중에서 6개를 순서를 생각하지 않고 선택하는 경우의 수와 같으므로

$${}_9C_6=\frac{{}_9P_6}{6!}=\frac{9!}{6!3!}=84$$

19 $A(2, 5)$, $B(3, 8)$을 지나는 직선 l과 평행한 직선은 직선 l과 기울기가 같다.
직선 l의 기울기$=\frac{8-5}{3-2}=3$
따라서 구하고자 하는 직선의 방정식은 기울기가 3이고, 점 $(-1, 2)$를 지난다.

직선의 방정식이 $y=ax+b$라고 할 때, $a=3$

$2=3\times(-1)+b$, $b=5$

$\therefore y=3x+5$

20 만들어지는 정수 중 2500보다 크려면 천의 자리에 3 또는 4
가 와야 한다.

3□□□ : $3\times2\times1=6$(가지)

4□□□ : $3\times2\times1=6$(가지)

$\therefore 6+6=12$(가지)

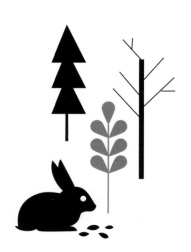

제3교시

영 어

1. 국어

2. 수학

3. 영어

4. 사회

5. 과학

6. 한국사

7. 도덕

8. 모의고사

9. 정답 및 해설

▌ 정답

01 ③	02 ①	03 ①	04 ②	05 ①
06 ①	07 ②	08 ②	09 ④	10 ③
11 ①	12 ④	13 ④	14 ③	15 ①
16 ④	17 ①	18 ④	19 ④	20 ②
21 ①	22 ③	23 ④	24 ③	25 ①

▌ 해설

01 **해설** 'sociology'는 '사회학'이라는 의미이다.
　　 해석 내가 가장 좋아하는 수업은 사회학이다.
　　 어휘 favorite 마음에 드는, 매우 좋아하는

02 **해설** 'get off'는 '퇴근하다, 떠나다'라는 의미이다.
　　 해석 당신 내일 일찍 퇴근할 수 있어요?
　　 어휘 early 일찍
　　　　 tomorrow 내일

03 **해설** 'attend'는 '참석하다'라는 의미이다.
　　 해석 윌슨 씨는 회의에 참석했다.
　　 어휘 meeting 회의

04 **해설** ②는 유의 관계이고, ①, ③, ④는 반의 관계이다.
　　 해석 ② 슬픔
　　　　 ① 무거운 – 가벼운
　　　　 ③ 밀다 – 당기다
　　　　 ④ 앞 – 뒤

05 **해설** 주어진 광고문에서 예약 방법, 입장료, 운영시간은 있지만 진행 프로그램에 관한 내용은 없다.
　　 해석 재있는 수족관에 가자!
　　　　 • 개장 : 화요일부터 일요일까지 오전 10시 ~ 오후 10시
　　　　 • 예약 : 현장 예약
　　　　 • 입장료 : 3달러
　　 어휘 aquarium 아쿠아리움, 수족관

　　　　 reservation 예약
　　　　 on–site 현장의
　　　　 enterance 입장

06 **해설** 첫 번째 문장에서 'fire'은 '화재'라는 뜻이고, 두 번째 문장에서 'fire'은 '해고하다'라는 뜻으로 사용되었다. 따라서 빈칸에 공통으로 들어갈 단어는 fire이다.
　　 해석 • 그는 화재로 집을 잃었다.
　　　　 • 매출 감소로 인해 주인은 전 직원을 해고해야 했다.
　　 어휘 falling sales 매출 감소
　　　　 owner 주인
　　　　 employee 직원
　　　　 flood 홍수

07 **해설** 'be interested in'은 '~에 관심(흥미)가 있다'라는 의미이고, 'morning' 앞에는 'in'이 들어가는 것이 가장 적절하다. 따라서 빈칸에 공통으로 들어갈 단어는 in이다.
　　 해석 • 어머니는 클래식 음악에 관심이 있다.
　　　　 • 나는 아침에 요거트를 먹는다.
　　 어휘 classic music 클래식 음악
　　　　 eat 먹다
　　　　 yogurt 요거트

08 **해설** what은 '무엇, 무슨, 어떻게' 등의 의미를 가진 의문사이다.
　　 해석 • 무슨 일로 여기 오셨나요?
　　　　 • 저녁에 뭐 하세요?
　　 어휘 bring 가져오다, 데려오다
　　　　 evening 저녁

09 **해설** 주어진 대화에서 새로 나온 영화를 궁금해하는 A에게 B가 보러 가자고 한 말이므로 밑줄 친 표현의 의미는 ④가 가장 적절하다.
　　 해석 A : 너 이번에 새로 나온 영화 봤니?
　　　　 B : 아니, 아직 안 봤어.
　　　　 A : 엄청 재밌다고 하더라. 궁금해.
　　　　 B : 천 마디 말보다 한 번 보는 게 더 나아. 보러 가자!
　　 어휘 movie 영화

a lot of 많은

fun 재미있는

curious 궁금한

10 **해설** 어제 생일이어서 놀이공원에 가려고 했던 B에게 재밌었느냐고 물어보자 어제 비가 와서 계획을 취소하고 하루 종일 집에 있었다고 하였다. 따라서 B의 심경으로 적절한 것은 'disappointed(실망한)'임을 알 수 있다.

① 두려운

② 기쁜

④ 흥분한

해석 A : 어제 재미있었니? 어제 네 생일이라서 친구들이랑 놀이공원 갈 것이라고 했잖아.

B : 아니, 어제 비가 와서 하루 종일 집에 있었어. 내 계획 전체를 취소했거든.

어휘 amusement park 놀이공원

cancel 취소하다

11 **해설** A는 책을 구매하고자 하고, B는 책을 추천해주고 있는 상황이므로 대화가 이루어지는 장소가 서점임을 짐작할 수 있다.

해석 A : 실례합니다. 저는 제 여동생을 위한 책을 사고 싶습니다.

B : 그녀는 어떤 종류의 책을 선호하나요?

A : 그녀는 모든 종류의 책을 좋아해요.

B : 이 책은 어떤가요? Steve Jobs의 삶에 관한 책이에요.

어휘 kind of 종류

enjoy 즐기다, 즐거워하다

all kinds of 모든 종류의

12 **해설** 사막과 물, 그늘로 보아 밑줄 친 'it'이 가리키는 것이 오아시스임을 알 수 있다.

① 정글

② 화산

③ 계곡

해석 그곳은 물이 발견될 수 있는 사막의 한 지역이다. 사람들과 동물들은 음식과 물 때문에 이곳을 방문한다. 그곳은 또한 그늘이 있는 시원한 장소이다.

어휘 area 지역

desert 사막

visit 방문하다

place 장소

13 **해설** 무엇에 흥미가 있느냐는 물음에 베토벤과 모차르트를 좋아한다고 하였으므로 빈칸에는 클래식 음악 동아리에 가입하는 것이 어떻겠냐는 물음이 오는 것이 가장 적절하다.

① CD 플레이어를 가지고 있니?

② 피아노 치는 법을 배운 적이 있니?

③ 그 바이올린을 건네줄 수 있니?

해석 A : 너는 무엇에 흥미가 있니?

B : 나는 베토벤과 모차르트를 좋아해.

A : 그러면 클래식 음악 동아리에 가입하는 것은 어때?

B : 그거 좋은 생각이야.

14 **해설** A가 부산으로 가는 기차가 있는지 물었을 때, B가 이미 매진되었다고 이야기하였으므로 밑줄에는 거절·부정의 뜻인 'I'm afraid not(유감입니다).'이 적절하다.

① 잘됐네요.

② 물론이죠. 그렇게 하세요.

④ 다시 한번 말씀해주시겠어요

해석 A : 오늘 부산으로 가는 다른 기차가 있나요?

B : 유감이네요. 이미 매진됐습니다.

어휘 another 또 하나의, 다른

train 기차

leave 떠나다

already 이미, 벌써

sold out 표가 매진된

15 **해설** 운동기구를 통해 체중을 감량한 사실을 내세워 운동기구 구입을 촉진하는 광고 글이다.

해석 Super 100의 효과가 얼마나 좋은지 놀랐습니다. 하루에 한 시간도 들이지 않았는데 두 달 만에 10kg을 뺐어요. 그러니 지체하지 마시고 이 마법 같은 기계를 구입하세요.

어휘 amazed 놀란

spend 쓰다, 보내다

less 더 적은

hour 1시간

month 달, 월

magical 마법의, 신비한

machine 기계

16 **해설** 바이올린 대회가 어땠는지에 대한 대화이므로 자연스러운 순서는 (C) – (B) – (A)이다.

해석 무슨 일 있니?

(C) 바이올린 대회에서 잘하지 못했어.

(B) 힘 내! 다음에 더 잘할 수 있어.

(A) 고마워. 최선을 다할 거야.

어휘 violin 바이올린

contest 경연, 대회

17 **해설** 안내문에 따르면 3월부터 5월은 오전 9시부터 오후 6시까지 경복궁을 이용할 수 있으며, 마지막 입장은 오후 5시까지이다. 따라서 5시가 아닌 6시에 문을 닫는다.

해석 경복궁 시간 정보

• 3월~5월 – 9:00~18:00(입장 마감 17:00)

• 6월~9월 – 9:00~18:30

• 10월~2월 – 9:00~17:30

• 화요일에는 문을 닫음(휴무)

어휘 admission 입장

18 **해설** Mary의 가게의 제품은 가격이 마을에서 가장 싸고 제품도 우수하다고 하였으며 주인인 Mary가 고객들에게 친절하지 않다고도 나와 있다. 새로운 길이 있어 접근성이 좋다는 것은 알 수 있으나, 가게의 위치에 대한 정확한 정보는 없다.

해석 Mary의 가게는 마을에서 (제품들이) 가장 싸고, 제품들도 매우 좋다. 새로운 길 덕분에 손님들은 그곳에 쉽게 갈 수 있다. 그러나 사람들은 그곳에서 자주 쇼핑하지는 않는다. 왜냐하면 Mary가 손님들에게 친절하지 않기 때문이다.

어휘 cheapest 가장 싼

pretty 꽤, 아주, 매우

customer 고객

19 **해설** 제시된 글은 여러 나라의 새해맞이 풍습을 소개하고 있으므로 제목으로 알맞은 것은 '다양한 나라의 새해맞이 풍습'이다.

해석 나라마다 새해를 축하하는 방식이 다르다. 스위스에서는 자정에 사람들이 세 번씩 키스를 한다. 일본에서는 사람들이 지니고 있다고 믿고 있는 108개의 나쁜 욕망을 없애기 위해 종을 108번 친다.

어휘 celebrate 기념하다, 축하하다, 맞이하다

desire 욕망

midnight 자정, 한밤중

get rid of 제거하다, 처리하다

20 **해설** 글 전체에서 비의 유용성을 이야기하고 있다. 따라서 빈칸에 들어갈 단어는 helps(도와준다)이다.

① 가다

③ 있다

④ 해치다

해석 비는 자연의 아름다운 선물이다. 그것은 세계의 많은 지역에서 식량이 자라도록 도와준다. 이 빗물은 인간, 동물, 식물들이 살아가는 데 지원을 해준다. 비가 충분하다면, 당신이 집에서 목이 마를 때 물을 마실 수 있을 것이다.

어휘 wonderful 아름다운

gift 선물

area 지역

rainwater 빗물

support 지원하다

human being 인간

enough 충분한

thirsty 목마른

21 **해설** 화재가 났을 때는 연기를 피하기 위해 몸을 숙이고 나가야 하므로 빈칸에 들어갈 단어는 smoke(연기)이다.

② 물

③ 새

④ 목소리

해석 지난 여름 방학에, 우리 가족은 캠프에 가고 나는 집에 혼자 남겨졌다. 책을 펼쳤을 때, 비상벨이 울리는 소리가 들렸다. 옆집에 불이 났다! 나는 연기를 피하기 위해 몸을 낮추고 집에서 나왔다.

어휘 emergency bell 비상벨

next door 옆 방, 옆집

avoid 피하다

firefighter 소방관

arrive 도착하다

22 **해설** 다음 주 금요일에 SKY 중학교 강당에서 열리는 졸업식에 대한 글이다. 마지막 문장에서 '다음은 여기까지 오시는 길입니다'라고 하였으므로 졸업식에 찾아오는 길에 대한 내용이 이어질 것이다.

해석 귀하의 자녀들이 SKY 중학교에서 지난 3년 동안 필요한 모든 학업을 이수했음을 귀하에게 알려드리게 되어 대단히 기쁘게 생각합니다. 졸업식은 다음 주 금요일에 SKY 중학교 강당에서 열릴 것입니다. 학교를 대표해서, 귀하와 귀하의 가족들까지 초대하고자 합니다. 다음은 여기까지 오시는 길입니다.

어휘 pleasure 기쁨

inform 알리다, 통지하다

complete 완료하다, 끝마치다

requirement 필요 조건, 요건
graduation ceremony 졸업식
assembly hall 강당, 회관
on behalf of ~을 대신[대표]하여
extend 연장하다, 확대[확장]하다
invitation 초대[초청]
the following 다음에 말하는 것

23 **해설** 인간이 서로에게 관심을 갖는다는 점 때문에 인간이 다른 생명체에 비해 특별하다고 생각할지도 모르지만 그것이 틀린 생각이라고 말하고 있으므로 'but you would be wrong' 뒤에 인간은 특별하지 않다는 문장이 오고, 그 뒤로 그에 대한 이유가 와야 한다.

해석 우리 인간은 특별하지 않다.

(①) 인간의 특징은 우리가 서로의 행동에 대해 진지한 관심을 갖는다는 것이다. (②) 우리는 서로 함께 시간을 보내면서, 누가 무엇을 누구와 함께 하는지 모든 세세한 것에 신경을 쓴다. (③) 인간은 다른 생명체에 비해 특별하다고 생각할지도 모르지만, 그건 잘못된 생각이다. (④) 원숭이와 유인원은 우리만큼이나 사회성이 있고, 그들 주변의 수많은 사회 활동에 몹시 관심이 있다.

어휘 anything but ~이 결코 아닌
unique 독특한, 특유의
character 특징
intense 극심한, 강렬한, 진지한
attentive 주의를 기울이는, 신경을 쓰는
compared to ~에 비해
ape 유인원
intensely 강렬하게, 몹시
scores of 많은
social activity 사회 활동

[24~25]

해석 피부는 외부의 세계로부터 우리를 보호해주는 유연하고 방수가 되는 덮개이다. 이것은 해로운 세균이 몸속에 들어오는 것을 막아준다. 피부는 당신의 가장 큰 기관이며 접촉, 온도, 고통에 민감하다. 피부는 당신의 몸의 주변에 일어나고 있는 것을 말해준다. 그래서 당신은 자신에게 피해를 주는 일을 피할 수 있다.

어휘 flexible 유연성이 있는
waterproof 방수의
protect 보호하다

prohibit 방지하다
harmful 해로운
germ 세균
largest 가장 큰
organ (몸의) 기관
sensitive 민감한
temperature 온도
pain 고통
happen (일이) 발생하다
avoid 피하다

24 **해설** 빈칸 앞 문장에서 피부는 몸의 주변에 일어나고 있는 것을 말해준다고 하였고, 뒷 문장에서는 피해를 피할 수 있다고 했으므로 빈칸은 ③ so(그래서)가 적절하다.

25 **해설** 피부는 외부로부터 우리를 보호해주는 가장 큰 기관이며 피해를 주는 일을 피할 수 있도록 도와준다고 하였다. 따라서 이 글의 주제는 '피부의 역할'이다.

제4교시

사 회

정답

01 ④	02 ③	03 ④	04 ②	05 ④
06 ④	07 ①	08 ④	09 ④	10 ①
11 ③	12 ③	13 ③	14 ③	15 ②
16 ④	17 ③	18 ④	19 ①	20 ④
21 ③	22 ①	23 ④	24 ②	25 ③

해설

01 윤리적 관점은 인간의 욕구와 내면의 양심을 기준으로 도덕적 가치 판단을 하고 어떤 규범을 적용할지에 초점을 두고 사회 현상을 바라보는 것이다.
  ① 시간적 관점 : 사회 현상을 시대적 배경과 맥락에 초점을 두고 살펴보는 것
  ② 공간적 관점 : 다양한 현상을 장소, 위치 등의 공간적 맥락에서 살펴보는 것
  ③ 사회적 관점 : 특정한 사회 현상을 사회 제도 및 사회 구조 속에서 이해하는 것

02 민족 및 종교 갈등이 심한 지역에서의 행복의 기준은 정치적 안정 및 평화의 실현이다. 기아와 질병이 만연한 지역에서의 행복의 기준이 빈곤 탈출 및 의료 혜택이다.

03 갑은 자연환경과 인간의 상호 작용, 지역에 대해 관심을 갖고 사회 현상을 바라보는 공간적 관점이다. 을은 사회 현상을 시대적 배경과 맥락에 초점을 두고 바라보는 시간적 관점이다. 따라서 공간적 관점인 것은 ④이다.
  ① 시간적 관점
  ② 사회적 관점
  ③ 사회적 관점

04 태풍은 동남아시아의 열대 해상에서 발생하여 고위도 지방으로 이동하는 중심 최대 풍속이 초속 17m 이상의 열대 이동성 저기압이다. 풍수해로 막대한 인명과 재산상의 피해를 발생시키지만 심층 해수와 표층 해수를 순환시켜 바다 생태계를 활성화시키며 적조 현상을 완화시킨다.

05 생태 중심주의적 자연관은 개별 생명체의 이익보다는 생태계 전체의 이익을 우선하여 고려하기 때문에 '환경 파시즘'이라는 비판을 받기도 한다.
  ①, ③은 인간 중심주의의 문제점에 해당한다.

> **TIP** 환경 파시즘
> 생태계 전체의 선(善)을 위해 개체의 선을 희생할 수 있다고 보는 생태 중심주의의 입장을 비판하는 용어이다.

06 산업화가 우리 생활에 끼친 부정적인 영향으로는 인간을 기계의 부속품처럼 취급하여 노동에서 얻는 만족감이나 성취감이 약화된다는 점이 있다. 또한 소수에게 부가 집중되어 빈부 격차가 발생하고 자원 고갈과 환경오염의 문제가 심각해지고 있다.

07 제시된 자료는 도시화 단계를 나타낸 것으로 (가)는 초기 단계, (나)는 가속화 단계, (다)는 종착 단계에 해당한다. 이 중 역도시화 현상이 나타나는 단계는 (다) 종착 단계이다. 역도시화란 경제적 동기보다는 삶의 질을 중시하면서 전원생활을 누리고자 하는 경향이 커지고 도시민이 도시를 떠나 촌락으로 거주지를 옮기는 현상을 말한다.

08 교통의 발달은 두 지역 간의 접근성을 향상시켜서 물자와 사람의 이동을 편리하게 해 준다. 따라서 지역 간 인적·물적 교류는 증가하므로 ④의 설명은 옳지 않다.

09 **청구권** : 기본권이 침해당할 때 구제를 위한 권리이다.
  ① **자유권** : 외부로부터의 구속에서 벗어나 자신의 생명을 유지하고 자아실현을 추구하는 존재로서 살아갈 권리
  ② **평등권** : 차별받지 않고 동등한 인격체로서 대우받을 권리
  ③ **참정권** : 국가의 정치 활동에 참여할 수 있는 권리

10 차티스트 운동과 여성 참정권 운동은 민주 선거의 원칙 가운데 보통 선거와 가장 관련이 깊다. 보통 선거란 성·인종·종교·연령·교육·신분·재산의 소유 정도에 관계없이 일정 연령 이상의 사람에게는 누구에게나 선거권이 주어지는 것을 말한다.

• **차티스트 운동** : 1830년대 일어난 영국 노동자의 참정권 확대 운동이다. 투표권을 유산 계급에게만 부여하는 데에 불만을 품고 보통 선거권을 포함한 요구 사항을 인민헌장에 제시하여 정부의 탄압을 받았으나 나중에 그 요구 사항의 대부분이 실현되었다.
• **여성 참정권 운동** : 1832년 선거법이 개혁되었지만 여전히 여성은 투표권을 갖지 못하였다. 이에 여성들이 참정권을 쟁취하기 위한 운동을 전개해 스스로의 권익을 보장받기 위한 노력을 계속하여 20세기에 들어 보통 선거 제도가 확립되었다.

11 권력 분립 제도에 대한 설명이다. 오늘날에는 3권 분립(행정부, 입법부, 사법부)이 보편화 되어 있다.
① **국민 주권의 원리** : 주권이 국민에게 있다는 원리. 국민 투표나 선거 등은 국민 주권의 원리를 구체적으로 실현하는 정치 행위임
② **복수 정당제** : 하나의 정당만이 존재하는 것이 아니라, 시민들의 다양한 의견을 대변할 수 있는 여러 정당이 나타날 수 있도록 보장하는 것
④ **법치주의** : 입헌주의와 일맥상통하는 것으로, 법에 따라 행정이 이루어지는 것임

12 **예금** : 수익성은 낮고, 유동성과 안전성은 높다.
① **부동산** : 토지 및 그 정착물
② **주식** : 수익성은 크지만 위험성도 높은 투자
④ **채권** : 정부나 공공 기관 등에서 자금 조달을 위해 발행하는 차용증서로 원금과 이자에 대한 안전성이 높은 편이다.

13 무역 확대의 긍정적인 영향 중 하나는 다양한 상품이나 서비스를 낮은 가격에 소비할 기회가 늘어난다는 것이다. 우리나라에서 생산되지 않거나 비싸서 쉽게 얻을 수 없는 상품 등을 저렴하게 구매함으로써 소비 생활의 만족감이 높아진다.

14 공공재에 대한 설명이다. 공공재는 다른 사람이 소비해도 내가 사용할 양이 줄어들지 않는다는 성격도 지니고 있다.
① **독과점** : 시장에 하나(독점) 또는 소수의(과점) 공급자만 존재하는 상태
② **담합** : 기업들이 생산량이나 가격을 임의로 조정. 결정하여 소비 시장에서 막대한 이익을 챙기는 행위
④ **외부 효과** : 경제 주체가 경제 활동을 하는 과정에서 의도치 않게 타인에게 이익을 주거나(외부 경제), 의도치 않게 피해를 입히고도 대가를 치르지 않는 현상(외부 불경제)으로 효율적 경제 활동을 방해함

15 의료급여는 사회보장제도 중 공공부조제도에 해당하며, 건강

보험 · 재해보험 · 실업보험(고용보험)은 모두 사회보험제도에 해당한다.

16 필요를 기준으로 하는 정의는 사회적 약자를 배려함으로써 사회 불평등을 완화시키며, 사회 구성원들이 인간다운 삶을 영위할 수 있다는 장점이 있다.
ㄱ과 ㄴ은 능력을 기준으로 하는 정의의 특징이다.

17 ㉠에 들어갈 정의관은 공동체주의 정의관이다. 개인과 공동체는 유기적 관계로서 공동체의 질서가 유지되고 발전할 때 개인의 자유와 권리의 보장뿐만 아니라 행복한 삶도 가능하다고 주장한다.
①, ④는 자유주의 정의관에 관한 내용이다.
②는 집단주의에 관한 내용이다.

18 공공 기관의 지방 이전, 수도권 이외의 지역에 혁신도시를 건설하는 정책 등은 수도권 중심 발전에서 벗어나 지역을 고르게 발전시키기 위해 추진된다.

19 자문화 중심주의는 자신의 문화를 가장 우수하다고 보고, 다른 문화를 열등하거나 미개하다고 여기는 태도이다.
② **문화 상대주의** : 한 사회의 문화를 그 사회의 특수한 자연 환경과 사회적 상황 등을 고려하여 이해하고 존중하려는 태도이다. 문화 상대주의는 다양한 문화를 올바르게 이해하는 데 필요한 태도이다.
③ **문화 사대주의** : 다른 사회의 문화를 우수한 것으로 보고, 자신의 문화는 열등하다고 여기는 태도이다.
④ **극단적 문화 상대주의** : 모든 문화는 나름대로 가치가 있다고 하여 인류의 보편적 가치를 침해하는 현상이나 행동까지도 인정하고 존중하려는 태도이다.

20 종교 문화권 가운데 크리스트교 문화권과 관련있는 내용들이다. 크리스트교는 유대교의 형식주의와 선민사상에 반대하여 창시되었으며 신분, 민족을 초월한 사랑과 평등을 강조한다. 크리스트교 문화권은 유럽 문화의 정신적 바탕을 이루며 16세기 유럽의 팽창과 더불어 세계로 확산되었다.

• **불교 · 유교 문화권**
 – 한국, 중국, 일본, 동남아시아 일부
 – 한자 사용, 벼농사 중심, 가부장적 제도
• **이슬람교 문화권**
 – 서남아시아, 북부 아프리카, 동남아시아
 – 원시 신앙 + 유대교 + 크리스트교 요소가 복합
 – 헬레니즘 · 인도 · 페르시아 문화 융합

- 자연과학 발달
- **힌두교 문화권**
  - 브라만교 + 민간 신앙 + 불교 등이 융합
  - 인도의 민족 종교이며, 반영 민족 운동의 정신적 바탕
  - 카스트 제도, 다신교, 윤회 사상, 소 숭배
- **크리스트교 문화권**
  - 가톨릭(남부 유럽 · 라틴아메리카), 신교(북서부 유럽 · 앵글로아메리카), 그리스 정교(동유럽)
  - 그리스 · 로마 문화와 함께 중세 유럽 문화의 바탕 형성

21 건조 기후 지역의 사람들은 햇볕과 모래바람의 차단에 용이한 온몸을 감싸는 옷을 입는다.
①, ② 열대 기후 지역의 주거 특징이다.
④ 한대 기후 지역의 의복 특징이다.

22 **센카쿠 열도** : 일본과 중국, 대만의 영토분쟁지역으로 서로 앙숙인 두 나라가 한 목소리로 자신들의 영토라고 주장하는 것은 막대한 양의 석유 매장 가능성 때문이다.

23 그린피스(Greenpeace)에 대한 설명이다. 그린피스는 국제 비정부 기구에 속한다.

> **TIP** 국제 비정부 기구
> 개인이나 민간단체를 회원으로 하는 국제 사회의 행위 주체

24 고령화로 예상되는 현상은 생산성 하락, 복지 재정 지출 증가, 세대 간 갈등 심화, 노인의 영향력 증가, 노인 문제의 증가 등이 있다.

25 **천연가스** : 저공해 청정에너지로 메탄을 주성분으로 하는 가연성 가스이다.

> **TIP** 천연가스를 액화하는 이유
> 천연가스는 저장과 운반에 어려움이 있기 때문에 냉각 후 액화하면 부피가 1/600배로 줄어들어 대량 수송과 저장에 많은 도움이 된다.

제5교시 | **과 학**

정답

01 ②	02 ①	03 ④	04 ③	05 ③
06 ④	07 ②	08 ①	09 ③	10 ①
11 ②	12 ②	13 ③	14 ①	15 ③
16 ②	17 ④	18 ②	19 ①	20 ②
21 ③	22 ①	23 ③	24 ①	25 ③

해설

01   그림은 우주 팽창을 설명하는 것이다. 은하들 사이의 거리가 멀어지는 이유는 우주가 팽창하여 공간이 늘어나기 때문이며, 팽창하는 우주에는 특별한 중심이 없다.

02   가속도의 법칙을 이용하면 $F = ma$이므로
$6N = 2kg \times$ (가속도), 가속도 $= 3m/s^2$

> **TIP 가속도의 법칙**
> - 힘이 작용할 때의 운동 물체의 운동 법칙
> - 물체에 힘이 작용할 때 가속도(a)는 힘(F)의 크기에 비례하고, 질량(m)에 반비례함

03   ㄱ. 지구형 행성과 비교할 때, 목성형 행성의 질량이 지구형 행성의 질량보다 크다.

> **TIP 지구형 행성과 목성형 행성의 비교**

구분	행성	특징
지구형	수성, 금성, 지구, 화성	• 자전 주기 : 길다 • 위성 수 : 적다 • 고리 : 없다 • 질량 : 작다 • 평균 밀도 : 크다 • 편평도 : 작다 • 표면온도 : 높다 • 대기 두께 : 얇다 • 대기 성분 : 이산화탄소, 질소, 산소 → 무거움
목성형	목성, 토성, 천왕성, 해왕성	• 자전 주기 : 짧다 • 위성 수 : 많다 • 고리 : 있다 • 질량 : 크다 • 평균 밀도 : 작다 • 편평도 : 크다 • 표면온도 : 낮다 • 대기 두께 : 두껍다 • 대기 성분 : 수소, 헬륨 → 가벼움

04   충격량은 힘×시간이므로 힘이 작용한 시간이 길수록 충격량이 커진다.

> **TIP 운동량과 충격량**

운동량	• 물체의 운동 정도를 나타내는 물리량 • 운동량 = 질량 × 속도 • 물체의 질량이 클수록, 속도가 빠를수록 운동량도 큼
충격량	• 물체의 운동을 변화시키는 물리량 • 충격량 = 힘 × 시간 • 충격량 = 운동량의 변화량 = 나중 운동량 − 처음 운동량

05   오디오는 전기 에너지를 소리 에너지로 전환한다.

> **TIP 에너지 전환**
> - **에너지 전환** : 에너지가 한 가지 형태에서 다른 형태로 변하는 것
> - **기구별 에너지 전환의 예** : 전기밥솥, 선풍기, 건전지, 오디오, 마이크 등
> - **발전 방식별 에너지 전환의 예** : 수력 발전, 화력 발전, 원자력 발전, 태양열 발전 등

06   무기 염류와 비타민은 모두 생리 작용을 조절하는 부영양소인데, 비타민은 몸의 구성 성분이 아니지만 무기 염류는 몸의 구성 성분이다.
① 탄수화물은 주로 에너지원으로 사용되므로, 섭취량은 많지만 인체 구성 비율은 낮다.
② 탄수화물과 단백질은 1g당 4kcal, 지방은 1g당 9kcal의 열량을 낸다.
③ 단백질은 근육, 털, 손톱 등 몸의 주요 구성 물질이며, 생리 작용을 조절한다.

TIP 영양소

• 주영양소
 – 탄수화물 : 주 에너지원(4kcal/g), 몸의 구성 성분
 – 단백질 : 에너지원(4kcal/g), 몸의 주요 구성 성분, 효소 · 항체 · 호르몬의 성분
 – 지방 : 에너지원(9kcal/g), 몸의 구성 성분
• 부영양소
 – 물 : 물질 운반, 체온 및 생리 작용 조절, 몸의 구성 성분
 – 무기 염류 : Ca, Na, Fe, P 등 몸의 구성 성분
 – 비타민 : 수용성 비타민(B군, C)과 지용성 비타민(A, D, E, K), 적은 양으로 생리 작용 조절, 부족 시 결핍증 발생

07　(나)는 고생대로 말기에 대륙이 뭉쳐 판게아를 형성하였다.
　　① (가)는 선캄브리아대로 지질 시대의 대부분을 차지하지만 화석은 많지 않다.
　　③ (다)는 중생대로 공룡과 암모나이트가 번창하였다.
　　④ 인류는 신생대인 (라) 시대에 출현하였다.

TIP 지질시대

• 선캄브리아대(지질 시대의 약 80% 차지) : 46억~5.4억 년 전
 – 기후가 온난하며 몇 차례의 빙하기가 있었음
 – 단세포 생물, 해조류 출현
 – 화석이 매우 드묾
• 고생대 : 5.4억~2.5억 년 전
 – 기후가 온난하며 오존층이 형성됨
 – 말기에 판게아 형성, 빙하기
 – 삼엽충, 필석, 갑주어, 양치식물(고사리, 쇠뜨기)
• 중생대 : 2.5억~0.65억 년 전
 – 가장 따뜻한 시기
 – 판게아 분리, 대서양과 인도양 형성
 – 암모나이트, 시조새, 파충류(공룡), 겉씨식물(소철, 은행)
• 신생대 : 0.65억~1만 년 전
 – 4번의 빙하기, 3번의 간빙기
 – 화폐석, 매머드, 인류 출현, 속씨식물

08　주어진 설명에 해당하는 운동 법칙은 작용 반작용 법칙이다. 작용 반작용의 법칙은 힘의 상호작용에 의해, 한 물체에 힘이 작용하면 그 물체에서는 받는 힘과 크기는 같고 방향이 반대인 힘이 작용한다는 법칙이다.

TIP 뉴턴의 법칙

• 관성의 법칙 : 외부에서 힘이 가해지지 않을 때의 물체의 운동 법칙
• 가속도의 법칙 : 힘이 작용할 때의 운동 물체의 운동 법칙
• 작용 반작용의 법칙 : 한 물체에 힘이 작용하면 그 물체에서는 받은 힘과 크기는 같고 방향이 반대인 힘이 작용함
• 만유인력의 법칙 : 우주의 모든 물체 사이에는 중력이 작용함

09　앙페르의 법칙 : 전류와 자기장과의 관계를 나타내는 기본 법칙이다. 전류에 의해 형성된 자기장에서 단위 자극이 움직일 때 필요한 양은 단위 자극의 경로를 통과하는 전류의 총합에 비례한다.

TIP 직선 전류에 의한 자기장

• 직선전류에 의한 자기장의 방향 : 오른손의 엄지손가락이 전류의 방향을 가리키도록 도선을 감아쥘 때, 나머지 네 손가락이 향하는 방향이다. 이를 오른나사 법칙 또는 앙페르의 오른손 법칙이라고 한다.
• 직선전류에 의한 자기장의 세기 : 자기장의 세기는 도선으로부터의 수직 거리 r에 반비례하고 전류의 세기 I에 비례한다.

전류의 방향

자기장의 방향

10　주어진 설명에 해당하는 현상은 엘니뇨 현상이다.
　　② 라니냐 현상 : 무역풍이 강해지면서 적도 부근 동태평양의 해수면 온도가 낮아지는 현상
　　③ 지구 온난화 : 온실 효과의 증가로 지구의 연평균 기온이 상승하는 현상
　　④ 오존층 파괴 : 프레온 가스(CFCs) 등의 지나친 사용으로 오존층의 오존이 파괴되는 현상

11　원시 지구의 성장 과정은 미행성의 충돌 → 마그마의 바다 → 핵과 맨틀의 분리 → 원시 지각의 형성 → 원시 바다 및 대기의 진화 순이다.

12　원핵세포는 세포막으로 둘러싸여 있으며, 유전 물질인 DNA와 단백질을 합성할 수 있는 리보솜을 가지고 있다.

TIP 원핵세포와 진핵세포

구분	원핵세포	진핵세포
핵의 유무	핵막이 없어 핵이 관찰 안 됨	핵막을 갖는 핵이 관찰됨
유전 물질	유전 물질(DNA)은 원형으로 세포질에 있음	유전 물질(DNA)은 선형으로 핵 속에 있음
세포 소기관	세포 소기관이 없음	세포 소기관이 있음(미토콘드리아, 엽록체, 리소좀, 소포체, 골지체 등)

13 해령은 발산형 경계 부근에 있는 해저산맥으로 새로운 해양 판이 생성되는 곳이다. 대표적인 예로는 동태평양 해령, 대서 양 중앙 해령, 인도양 해령이 있다.
　① 해구 : 해양판이 다른 판 아래로 들어가는 곳에서 만들어 진 V자 모양의 깊은 골짜기로 해양판이 소실되는 곳이다.
　② 호상 열도 : 해양판과 대륙 주변의 판의 충돌로 생겨난 섬 으로 대륙 주변의 바다 위에 호를 그리면서 배열된 섬들 이다.
　④ 변환 단층 : 맨틀대류의 속도 차이로 해령이 부분적으로 끊어진 것을 말한다.

14 주기율표는 세로줄로 18개의 족과 가로줄로 7개의 주기로 이루어져 있다.
　② 같은 족의 원소들끼리 화학적 성질이 비슷하다.
　③ 같은 족의 원소들은 원자가 전자의 수가 같다.
　④ 대체로 주기율표의 왼쪽에는 금속이, 오른쪽에는 비금속 이 배치되어 있다.

15 염기는 pH가 7보다 크다. 산성은 pH < 7이고 중성은 pH = 7이다.

> **TIP** 산과 염기
>
> • 산 : 수용액에서 수소 이온(H^+)을 내놓는 물질 (pH < 7)
> • 염기 : 수용액에서 수산화 이온(OH^-)을 내놓는 물질 (pH > 7)
>
> | 지시약 | 산성 | 염기성 |
> | --- | --- | --- |
> | 리트머스 종이 | 푸른색 → 붉은색 | 붉은색 → 푸른색 |
> | 메틸 오렌지 용액 | 붉은색 | 노란색 |
> | BTB 용액 | 노란색 | 푸른색 |
> | 페놀프탈레인 용액 | 무색 | 붉은색 |

16 핵발전은 우라늄 235에 속도가 느린 중성자를 충돌시켜 핵 분열이 일어날 때 방출되는 중성자와 에너지를 이용하여 전 기 에너지를 생산한다. 이때 방출된 중성자는 근처의 다른 우 라늄과 충돌하여 핵분열을 일으키는데 이처럼 핵분열이 연속 으로 일어나는 연쇄 반응을 통해 막대한 양의 에너지가 방출 된다.

17 마그네슘 원자는 전자 2개를 잃고 양이온인 마그네슘 이온 (Mg^{2+})이 되어 산화 이온(O^{2-})과 이온 결합을 하여 산화 마 그네슘(MgO)이 된다.

18 호흡은 포도당과 산소가 반응하여 이산화탄소와 물을 생성하 고 그 과정에서 에너지가 발생하는 화학 반응이다.

> **TIP** 광합성과 호흡의 비교
>
> • 광합성
> 　– 빛이 있는 동안만 가능
> 　– 이산화탄소 흡수, 산소 방출
> 　– 무기물에서 유기물로 변화
> 　– 에너지 저장
> • 호흡
> 　– 항상 가능
> 　– 산소 흡수, 이산화탄소 방출
> 　– 유기물에서 무기물로 변화
> 　– 에너지 방출

19 에너지 소비 효율 등급으로 에너지를 적게 사용하는 제품을 알아볼 수 있는데, 등급의 숫자가 작을수록 에너지 효율이 좋 다. 즉, 1등급에 가까울수록 에너지 효율이 우수하다.
　④ 에너지 보존 법칙에 의해 에너지는 전환되기 전과 후의 총합이 변하지 않고 일정하다. 그러나 에너지를 사용할 때 그 총합은 항상 일정하더라도 유용한 에너지는 점점 감소 하기 때문에 에너지를 절약해야 한다.

20 이온 결합 물질을 고르면 된다. 소금은 염화 나트륨(NaCl) 이므로 수용액 상태에서 Na^+ 이온과 Cl^- 이온으로 분리되 고, 황산구리($CuSO_4$)는 Cu^{2+} 이온과 SO_4^{2-} 이온으로 분리 되어 전류를 흐르게 한다.
　ㄴ, ㄷ. 포도당과 설탕은 공유 결합 물질로 전류가 흐르지 않 는다. 다만 염화수소나 암모니아같이 공유 결합 물질이지만 물에 녹아 이온으로 나누어지며 전류가 흐르는 물질도 존재 한다.

21 이 반응의 반응식은 다음과 같다.

> $2Ag^+ + Cu \rightarrow 2Ag + Cu^{2+}$
> 산화 반응 : $Cu \rightarrow Cu^{2+} + 2e$
> 환원 반응 : $2Ag^+ + 2e \rightarrow 2Ag$

질산 은($AgNO_3$) 수용액에 구리(Cu)줄을 넣으면 Cu는 전 자를 잃고 산화되고, Ag^+은 전자를 얻어 환원된다. Ag^+이 환원되어 금속 Ag이 되므로 은이 석출되고, Cu가 산화되어 Cu^{2+} 이온이 되면서 수용액에 녹아들게 되므로 수용액은 점 점 푸른색이 된다.

22 열기관은 열을 일로 전환한다. 열효율은 열기관에 공급한 에 너지 중 일로 전환된 비율을 말하고

$$열효율 = \frac{열기관이 한 일}{열기관에 공급된 에너지} \times 100(\%)$$

으로 구할 수 있다. 열기관이 한 일은 600J − 480J = 120J

이고. 열기관에 공급된 에너지는 600J이므로 열효율은 $\frac{120}{600} \times 100(\%) = 20\%$이다.

23   1차 소비자가 증가하면 2차 소비자의 먹이가 많아지므로 2차 소비자의 수도 증가한다.
① 먹이 그물이 복잡해질수록 생태계 평형이 잘 유지된다.
② 안정된 생태계는 일시적으로 환경이 변해도 시간이 지나면 다시 평형을 이루게 된다.
④ 2차 소비자가 증가하면 2차 소비자의 먹이인 1차 소비자의 수는 감소한다.

> **TIP 생태계 평형**
> • **생태계 평형** : 생태계를 이루는 구성 요소가 균형을 이루는 상태
>   – 먹이 사슬 : 생산자부터 최종 소비자까지의 먹고 먹히는 관계
>   – 먹이 그물 : 여러 먹이 사슬이 그물처럼 얽혀 있는 관계
>   – 생태 피라미드 : 에너지가 먹이 사슬을 거쳐 상위 영양 단계로 이동하는데, 이때 상위 영양 단계로 갈수록 에너지는 감소하는 피라미드 형태를 이룸

24   산성(묽은 염산)과 염기성(수산화나트륨)이 만나 중화 반응이 일어난다. 처음에는 염산 때문에 산성을 띠다가 중화점에서 중성을 거쳐 그 이후부터는 수산화나트륨 때문에 염기성을 띠게 된다. 또한 중화열이 발생하기 때문에 온도가 올라가며 NaCl이라는 염과 물이 생성된다. 이때 산성에서 염기성으로 바뀌어 가기 때문에 pH는 증가한다.

> **TIP 중화 반응**
> • **중화 반응** : 수용액에서 산과 염기가 반응하여 물과 염이 생성되는 반응
> • **중화열** : 중화 반응 시 발생하는 열로, 중화점에서 가장 많이 발생
> • **염** : 중화 반응 시 물과 함께 생기는 물질로, 산의 음이온과 염기의 양이온이 결합하여 생성됨
>   **예** 염산(HCl)과 수산화나트륨($NaOH$)의 중화 반응
> HCl + $NaOH$ → H_2O + $NaCl$
>   산 + 염기 → 물 + 염

25   변이 — 다양한 목 길이를 가진 기린이 존재함
생존 경쟁 — 높은 곳의 잎을 먹기 위한 먹이 경쟁
자연 선택 — 목이 긴 기린의 형질을 자손에게 전달함
진화 — 오늘날 모든 기린은 목이 긺

제6교시

한국사

정답

01 ①	02 ③	03 ④	04 ②	05 ④
06 ①	07 ④	08 ④	09 ③	10 ③
11 ②	12 ③	13 ④	14 ②	15 ①
16 ②	17 ④	18 ③	19 ④	20 ③
21 ①	22 ③	23 ①	24 ③	25 ②

해설

01 제시된 자료는 청동기 시대의 대표적인 유물인 비파형 동검이다. 반면 농경 생활이 시작된 것은 신석기 시대이다.

> **TIP 청동기 시대**
> • **시기** : 기원전 20 ～ 15세기경
> • **유물**
>   – 청동기 : 비파형 동검, 거친 무늬 거울 사용
>   – 토기 : 미송리식 토기, 민무늬 토기, 붉은 간토기
>   – 농경용 간석기 : 반달 돌칼, 홈자귀
> • **경제**
>   – 돌이나 나무로 만든 농기구 사용
>   – 벼농사 시작, 가축 사육
> • **주거** : 배산임수형 취락 형성, 직사각형 움집
> • **무덤** : 고인돌, 돌널무덤
> • **사회** : 족장 사회(군장 국가) 출현

02 제시된 내용은 옥저의 특징이다. 옥저는 매매혼의 일종인 민며느리제(예부제) 혼인 풍습이 있다. 민며느리제는 장례에 혼인할 것을 약속하고 여자가 어렸을 때 남자의 집에서 지내다가, 성장한 후에 남자가 예물을 치르고 혼인을 하는 풍습이다.
① **책화** : 동예의 풍습으로 다른 부족의 생활권을 침범하면 노비와 소ㆍ말로 변상하게 하는 풍습이다.
② **동맹** : 고구려의 제천행사로 10월에 추수감사제인 동맹을 국동대혈에서 성대하게 거행한다.
④ **형사취수제** : 부여ㆍ고구려에서 존재한 풍습으로 노동력 확보를 목적으로 형이 죽은 뒤에 동생이 형수와 결혼하여 함께 사는 혼인제도이다.

03 제시된 내용은 지증왕 때 일어난 일들이다. 지증왕(500～514)은 국호를 신라로, 왕의 칭호를 왕으로 바꾸고, 중국식 군현제를 도입하여 지방관(군주)을 파견하였다. 권농책으로 우경을 권장하였고, 시장 관리기관으로 동시전을 설치하였으며, 우산국을 복속시켰다.
① 내물왕 때 신라는 진한 지역의 대부분을 차지하고, 김씨 왕위 계승권을 확립(형제 상속)하였으며, 왕의 칭호를 마립간으로 변경하였다.
② 신라 법흥왕은 율령을 반포하고 공복을 제정하는 등 제도를 정비하고, 불교를 공인하였으며, 건원이라는 독자적 연호를 사용하였다. 영토는 금관가야를 정복하여 낙동강까지 확장하였다.
③ 신라 진흥왕은 한강 유역, 낙동강 유역, 함경남도까지 영토를 확장하였고,『국사』를 편찬하였으며, 황룡사 등을 건립하였다.

04 고구려는 소수림왕 때 율령을 반포하고 불교를 수용하는 등 국가 체제를 개혁하였다. 장수왕 때는 수도를 평양으로 옮기고 한강 유역으로 남하하였다.
① 백제는 고이왕 때 삼국 중 가장 먼저 한강 유역을 차지하고 중국의 선진 문물을 받아들여 정치 체제를 정비하였다.
③ 신라의 법흥왕 때 불교를 공인하고 불교식 왕명을 사용하였다.
④ 신라 진흥왕은 한강유역과 낙동강 유역, 함흥 평야 등을 점령하는 영토 확장을 하였다.

05 성왕은 6세기 백제의 왕으로 수도를 사비(부여)로 옮기고, 남부여로 국호를 바꾸는 등 백제의 중흥을 위해 노력한 왕이다. 신라와 연합하여 한강 하류 지역을 일시 탈환하기도 하였으나 신라의 배신으로 다시 상실하였으며 이후 신라를 공격하다가 전사하게 된다.
① **근초고왕** : 4세기에 백제의 전성기를 이루었던 왕이다. 왕위 계승을 부자 상속으로 확정하였고 백제 최대의 영토를 확보하는 등 고대 국가를 완성하였다.
② **내물왕** : 6세기 신라의 왕이다. 국호를 사로국에서 신라로 정하고 왕호를 마립간에서 왕으로 고쳤다. 또 이사부를 파견하여 우산국(울릉도)을 복속시켜 영토를 확장하였다.
③ **소수림왕** : 4세기 고구려의 왕이다. 불교를 수용하였고 태학을 설립하여 유학의 보급과 문화 향상에 기여하였으며

율령을 반포하여 국가체제를 정비하였다.

06 발해는 당과 초기에는 전쟁을 하는 등 적대관계였으나, 문왕 때 당과 친선 관계를 맺고 독립 국가로 인정받았다.
② 발해는 신라를 견제하기 위해 일본과 외교 관계를 중시하였고, 무역을 활발히 전개하였다.
③ 발해 선왕 때 요동지역을 지배하는 등 발해 최대의 영토를 형성하였고, 중국은 당대의 발해를 '해동성국'이라 불렀다.
④ 발해의 무왕은 일본에 외교문서를 보내며 고려 또는 고려 국왕이라는 명칭을 사용하였고, 이는 발해가 고구려를 계승한 국가임을 알 수 있는 부분이다.

07 훈요 10조는 고려 태조가 후대 왕들이 지켜야 할 정책 방향을 제시한 것으로 불교 장려, 북진 정책 등의 내용이 있다.
① 광종은 불교를 장려하여 왕사 · 국사 제도를 만들고 불교 통합 정책을 시행하였다.
② 광종은 신진 인사를 등용하기 위하여 과거 제도를 실시하였다.
③ 광종은 송과 정치적 · 군사적이 아닌 문화적 · 경제적 목적의 수교를 하였다.

> **TIP** 광종(949~975)
>
> • **왕권 강화 정책**
>   – 개국 공신 계열의 훈신 등을 숙청, 신진 관료 중용 등
>   – 군사 기반 마련(장위부 등)
>   – 칭제 건원(황제 칭함, 광덕 · 준풍 등 독자적 연호)
>   – 노비안검법(불법 노비를 해방)
>   – 과거 제도(신진 관료 등용)
>   – 백관의 공복 제정(지배층 위계질서 확립)
>   – 불교의 장려(왕사 · 국사제도, 불교 통합 정책)

08 **음서** : 고려 시대 때 공신과 종실의 자손, 5품 이상의 고위 관료와 자손 등에게 조상의 음덕으로 관직에 나갈 수 있게 한 제도이다. 이로 인해 관료로서의 지위를 세습할 수 있었다.

> **TIP** 고려의 과거 제도
>
> • **제술과** : 문학적 재능, 정책 시험
> • **명경과** : 유교 경전 시험
> • **잡과** : 법률, 회계, 지리 등과 같은 실용 기술학

09 **민전** : 귀족에서 농민, 노비에 이르기까지 백성들이 상속, 매매 등을 통해 소유하고 있던 사유지로, 소유권이 보호되며, 국가에 생산량의 1/10을 조세로 부담하였다.
① **공음전** : 5품 이상의 관료에게 지급한 것으로 세습이 가능

하였다.
② **전시과** : 976년(경종 1년)에 역분전을 토대로 발전시킨 제도로서 관직과 함께 인품을 반영하여 토지를 분배하였다.
④ **과전** : 관료가 사망 시에는 반납하는 것이 원칙이지만 유족의 생계 유지 명목으로 토지의 일부를 물려받았다.

10 표면을 파내어 무늬를 새긴 후 그 자리에 다른 색의 흙을 넣어 만드는 '상감기법'을 이용한 고려의 대표적 문화재는 상감청자이다.
① **돌사자상** : 발해의 정혜공주 묘 앞에서 발견된 돌사자상으로 생동감 있고 힘찬 모습을 띠는 면에서 발해의 패기와 기상을 느낄 수 있다.
② **분청사기** : 회색 또는 회흑색의 태토(胎土) 위에 백토로 표면을 분장한 조선 초기의 도자기로 고려 말 청자로부터 변모 · 발전한 것이다.
④ **금동대향로** : 백제의 유물로 용이 몸체를 받치고 몸체의 아랫부분은 불교적 이상 세계를 상징하는 연꽃무늬를, 몸체 윗부분은 도교적 이상 세계를 상징하는 신선 세계를, 맨 위에는 봉황이 여의주를 끼고 날개를 활짝 펼치는 모습을 표현하였다.

11 조선은 명에 대해서는 사대 정책을 유지하였고, 여진에 대해서는 토벌과 회유를 병행하는 교린 정책을 유지하였다.

> **TIP** 조선 초 대외 관계
>
> | 명 | 사대 정책, 사절 파견, 문화의 수입 및 물품 교역 |
> |---|---|
> | 여진 | 교린 정책, 귀순 장려, 4군과 6진 설치 |
> | 일본 | 교린 정책, 쓰시마 섬 토벌, 3포 개방(부산포, 제포, 염포) |

12 실학은 실증적, 실용적, 실천적, 민족적, 근대 지향적 인식을 발전시키고, 사회 문제들의 해결책을 제시하고자 하였다는 점에서 큰 의의가 있다. 하지만 실학자들의 개혁안은 대부분 봉건 체제의 안정적인 존속과 유지를 목적으로 하였기 때문에 전통적인 성리학의 한계를 완전히 극복하지 못하였다. 또한 정치적 실권과 거리가 먼 몰락한 지식인들의 개혁안이었기 때문에 국가의 현실 정책에 반영되지는 못하였다.

13 「실록」은 한 임금의 재위 동안의 있었던 일을 시대 순으로 기록한 서적으로 「조선왕조실록」은 「태조실록」부터 「철종실록」까지 기록되었다.
① **경국대전** : 조선의 통치 방향과 이념을 제시한 기본 법전으로 유교적 통치 규범을 문서화 함
② **국조오례의** : 국가 왕실의 여러 행사에 필요한 오례에 관

한 의식절차를 정비·제정한 책
③ **고려사** : 고려의 역사를 자주적 입장에서 재정리한 사서로 조선 건국을 합리화하기 위하여 여말의 사실을 왜곡하고 있으나 고려의 연구에 귀중한 문헌

14 제시된 내용은 대몽 항쟁 때의 설명이다. 몽골은 통일 국가 형성 후 1231년 1차 침입을 시작으로 수년간 침입하였다. 고려는 강화도로 천도하고 백성을 피난시키는 등 저항을 지속하였으며, 그 사이 처인성 전투, 충주성 전투 등 여러 전투에서 민병, 관노, 승병 등이 활약하였다. 전쟁으로 초조대장경 등 수많은 문화재가 소실되었고, 국토는 황폐해져 백성들은 도탄에 빠졌다.
① 청은 조선의 반청 정책에 반하여 침입하였고(1636), 전쟁에 패한 조선은 인조가 삼전도의 굴욕적인 강화를 맺어 청과 군신 관계가 되었다.
③ 1592년 일본은 조선을 침입하였고 이순신 등의 활약에 힘입어 격퇴하였다.
④ 공민왕 때 중국의 홍건적은 고려로 침입하여 개경을 함락하는 등 큰 피해를 주었으나 이성계, 최영 등의 활약으로 격퇴하였다.

15 광해군 때 시행한 이 수취 제도는 대동법이다. 경기도에서 처음 실시되었으며 공납의 폐단을 극복하고 국가 재정을 보충하고자 한 제도이다.

> **TIP** 조선 후기 수취 체제의 개편
> · **영정법(인조)**
>   – 전세를 토지 1결당 미곡 4두로 고정하여 전세의 비율을 낮춤
>   – 결과 : 전세 납부 시, 수수료와 운송비 등의 부과세가 증가하여 농민 부담이 가중됨
> · **대동법(광해군)**
>   – 배경 : 토지 결수에 관계없이 집집마다 부과되는 공납에 대한 부담, 방납의 폐단
>   – 토지 결수를 부과 기준으로 하여 공물을 현물 대신 쌀이나 삼베 등으로 징수
>   – 결과 : 농민 부담 경감, 조세의 금납화, 공납의 전세화 등
> · **균역법(영조)**
>   – 배경 : 조선 후기 농민 대부분이 군역으로 1년에 군포 2필씩 납부하였는데, 징수 과정에서 수령과 아전의 부정으로 이중·삼중으로 징수하여 농민의 군포 부담이 증가함
>   – 농민의 군포 부과를 2필에서 1필로 경감
>   – 군포 부족분 보충 : 결작(지주에게 부과), 선무군관포(일부 상류층에게 부과)
>   – 결과 : 농민의 군포 부담이 일시적으로 줄어들었으나, 결작이 소작농에게 전가되어 다시 농민의 부담이 증가함

16 임오군란은 1882년, 신식 군대 우대 및 구식 군대에 대한 차별에 불만을 가진 구식 군대가 일으킨 군란으로 청 군대의 개입으로 실패하였다.
① 갑신정변 : 1884년 김옥균을 비롯한 급진개화파가 개화사상을 바탕으로 조선의 완전 자주독립과 자주 근대화를 추구하여 일으킨 정변
③ 갑오개혁 : 조선 정부가 1894년 7월부터 1896년 2월까지 추진한 자주적인 개혁
④ 을미사변 : 삼국 간섭 후 명성황후가 친러파와 연계하여 일본 침략 세력을 몰아내려고 하자 1895년 일본공사 미우라 고로가 주동이 되어 명성황후를 시해한 사건

17 흥선 대원군은 왕권 강화를 위해 세도 정치를 타파하고 비변사의 기능을 축소하였으며, 통상 수교 거부 정책을 통해 서양 세력에 대해 경계하였다. 균역법은 영조 때 실시된 민생 안정책이다.

18 **을사조약(1905)** : 공식 명칭은 '한일 협상 조약'으로 러·일 전쟁에서 승리한 일본이 대한 제국의 외교권을 박탈하기 위해 강제로 체결한 조약이다. 이를 통해 일본은 통감부를 설치하여 대한 제국의 외교권을 장악하여 내정 전반에 간섭하기 시작했다.
① 신미양요(1871) : 제너럴셔먼호를 침몰시킨 사건을 구실로 미국이 군함을 보내 강화도를 침략한 사건이다.
② 동학농민운동(1894) : 일본 및 열강의 침략 강화, 농민 부담 증가 및 변혁 욕구 고조가 배경이 되어 전라도 고부의 동학 교주 전봉준 등을 지도자로 동학교도와 농민들이 합세하여 일으킨 농민 운동
④ 강화도 조약(1876) : 일본의 운요호가 연안을 탐색하다 조선군의 포격을 받은 '운요호 사건' 당시 조선이 국기를 게양한 군함에 포격을 가한 것을 일본이 주권 침해라고 주장하고 이를 구실로 다시 군함을 보내 무력시위를 벌였다. 이에 조선이 강화도에서 일본과 회담을 열어 체결한 조약이다.

19 **브나로드 운동** : 일제강점기에 동아일보사가 주축이 되어 일으킨 농촌계몽운동으로 전국적인 문맹퇴치 운동이었다.

20 1920년대는 3·1 운동을 통해 나타난 민족적 저항과 국제적 여론을 약화시키기 위해 문화 통치를 실시하였다. 1920년대 일제가 실시한 대표적인 경제 수탈 정책이 '산미증식 계획'이다. 일본의 고도 성장을 위한 공업화 추진에 따라 식량 자원이 부족해지자 우리나라에서 생산한 식량으로 그 부족분을 해결하고자 한 것이다.

①, ④ 창씨 개명과 우리 역사 교육 금지 정책은 1930년대 실시된 민족 말살 정책이다.

② 토지 조사 사업은 1910년대 실시되었다.

> **TIP** 식민 통치 방식의 변화
>
> - **1910년대** : 무단 통치(헌병 경찰 통치)
>   - 수탈 형태 : 토지 조사 사업(토지)
> - **1920년대(1919~1930)** : 문화 통치(이간 · 분열 통치)
>   - 수탈 형태 : 산미 증식 계획(곡물)
> - **1930년대(1931~1945)** : 민족 말살 통치
>   - 경제 블록 형성
>   - 병참 기지화 정책 : 군수 물자 생산, 자금 흐름의 통제
>   - 민족 말살 정책 : 국어 및 국사 교육 금지, 일본식 성명 강요, 내선일체, 일선동조론, 황국신민서사 암송, 궁성 요배(遙拜), 신사 참배, 징용 등

21 신민회는 1907년 국내에서 결성된 항일 비밀결사로 대성학교와 오산학교를 세워 민족 교육에 힘썼다. 자기회사를 세워 민족 자본을 육성하였고 만주 삼원보에 독립 운동 기지를 건설하였다.

② **보안회** : 1904년 7월 13일 일본의 조선황무지 개간권 요구에 대항하기 위하여 서울에서 조직된 항일단체

③ **독립협회** : 1896년 서울에서 조직된 사회정치단체로 열강에 의한 국권 침탈과 지배층에 의한 민권 유린 상황 속에서 자주국권, 자유민권에 의해 민주주의, 근대화 운동을 전개하며 독립신문을 발간하였고, 만민 공동회를 개최하고 자유 민권 운동을 전개하였음

④ **대한 자강회** : 1906년 대한제국 말기에 교육을 통해 국민을 계몽시킴으로써 독립자존의 기반을 닦으려던 민중계몽단체

22 제시문은 '광주 학생 항일 운동'에 대한 내용이다.

> **TIP** 여러 가지 민족 운동
>
> - **3 · 1 운동(1919)** : 일본의 식민지 지배에 저항하여 전 민족이 일어난 항일독립운동으로 일제 강점기에 나타난 최대 규모의 민족 운동, 대한민국 임시 정부가 수립되는 계기
> - **6 · 10 만세 운동(1926)** : 일제의 수탈과 식민지 교육에 대한 반발, 순종 장례식 날 시위
> - **광주 학생 항일 운동(1929)** : 광주에서 시작된 학생 운동으로 전국적으로 확산, 3 · 1 운동 이후 최대의 민족 운동
> - **문맹 퇴치 운동** : 글을 읽지도 쓰지도 못하는 사람들에게 읽고 쓰는 법을 가르쳐 깨우치는 일체의 운동
> - **물산 장려 운동** : 1920년대에 일제의 경제적 수탈정책에 항거하여 벌였던 범국민적 민족경제 자립실천운동
> - **민립 대학 설립 운동** : 1920년대 초 이상재 · 윤치호 등이 고등교육기관인 민립 대학을 설립하려고 전개한 운동

23 전두환이 독재 정치를 하고 박종철 고문 치사 사건이 알려지자 직선제를 요구하는 시위가 벌어졌으나, 전두환은 4 · 13 호헌 조치를 통해 간선제를 유지하였고, 이한열이 사망하는 사건이 발생하였다. 국민의 분노는 박종철 고문 치사 규탄 및 호헌 철폐 국민 대회(6월 민주 항쟁, 1987)를 전개하였고, 노태우가 6 · 29 민주화 선언을 통해 대통령 직선제, 평화적 정권 이양, 기본권 보장 약속 등을 발표하였다.

② **4 · 19혁명** : 1960년 이승만 독재정권에 반하여 전개된 운동으로 결국 이승만이 하야하였다.

③ **5 · 18 민주화 운동** : 1980년 민주화를 열망하는 국민이 전개한 운동으로 계엄군의 무자비한 진압으로 많은 시민과 학생이 희생되었다.

④ **6 · 3 시위** : 1964년 박정희가 일본과 한 · 일 협정을 맺으려 하자 이를 굴욕적인 외교(제2의 을사조약)라 하면서 전개된 반대 시위로 정부의 계엄령, 휴교령 등에 억압당하였다.

24 김영삼 정부(문민정부, 1993~1998)의 주요 정책은 공직자 재산 등록, 금융 실명제, 지방 자치제 전면 실시, 역사 바로 세우기 운동 등이 있다.

> **TIP** 정부별 주요 정책
>
> - **제1공화국(이승만 정부)**
>   - 반공 정책
>   - 장기 집권 : 발췌 개헌, 사사오입 개헌
> - **제2공화국(장면 내각)**
>   - 내각 책임제, 양원제 의회 성립
>   - 민주주의 발전 : 언론 활동 보장, 노동 조합 운동 고조
> - **제3공화국(박정희 정부, 1963~1972)**
>   - 경제 성장 제일주의 : 경제 개발 5개년 계획
>   - 한일 협정
>   - 베트남 파병
>   - 새마을 운동
> - **제4공화국(유신 체제, 1972~1979)**
>   - 유신 헌법 : 대통령 간선제, 대통령 권한 극대화
>   - 민주화 운동 탄압 : 긴급 조치 발동, 군사 통치 강화
> - **제5공화국(전두환 정부)**
>   - 7년 단임의 대통령 간선제 헌법 제정
>   - 강압 통치 : 정치 활동 규제, 노동 운동 탄압
>   - 유화 정책 : 해외 여행 자유화, 통행 금지 해제, 교복 자율화
>   - 경제 성장 : 3저 호황(유가 하락, 달러 가치 하락, 금리 하락)
> - **제6공화국(노태우 정부)**
>   - 헌법 개정 : 5년 단임제, 대통령 직선제
>   - 지방 자치제 부분적 실시
> - **김영삼 정부(문민 정부)**
>   - 공직자 재산 등록
>   - 금융 실명제
>   - 지방 자치제 전면 실시

– 외환 위기
- **김대중 정부(국민의 정부)**
      – 금강산 관광 사업 시작
      – 남북 정상 회담 개최
      – 6 · 15 공동 선언 발표

25   독도는 울릉도 가까이 있어 예로부터 울릉도의 부속 섬으로 인식되었다. 일본 에도막부의 『죽도기사』의 기록에는 안용복이 두 차례 일본으로 와서 울릉도와 독도가 우리 땅임을 일본 관리로부터 확답을 받고 돌아갔다는 내용이 있다.

TIP 독도를 기록한 흔적들

- **세종실록지리지** : 울릉도와 독도의 거리가 가까워 날이 맑으면 바라볼 수 있음
- **신증동국여지승람** : 독도와 울릉도는 강원도 영토
- **일본 태정관 발행 문서** : 독도랑 울릉도는 조선 영토로서 일본과 관계없는 땅
- **숙종실록** : 안용복이 독도의 일본어부를 몰아내고 일본에서 독도가 우리 영토임을 확인
- **삼국접양지도** : 조선과 울릉도, 독도를 같은 색으로 채색. 독도 옆에 조선영토라고 표기

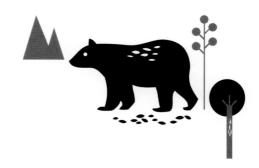

1. 국어
2. 수학
3. 영어
4. 사회
5. 과학
6. 한국사
7. 도덕
8. 모의고사
9. 정답 및 해설

제7교시 도 덕

▌정답

01 ①	02 ①	03 ②	04 ①	05 ②
06 ①	07 ②	08 ④	09 ④	10 ①
11 ②	12 ②	13 ②	14 ③	15 ②
16 ③	17 ②	18 ④	19 ①	20 ④
21 ①	22 ③	23 ④	24 ①	25 ②

▌해설

01 규범 윤리학에 대한 설명이다. 규범 윤리학은 이론 윤리학과 실천 윤리학으로 구분한다.
② 메타 윤리학 : 도덕적 언어의 의미를 분석하고, 도덕적 추론의 정당성을 검증하기 위한 논리를 분석함
③ 기술 윤리학 : 도덕 현상과 문제를 명확히 기술하고, 기술된 현상들 간의 인과 관계를 설명한다.

02 공자는 부모에게 효도하고 형제자매 간에 우애 있게 지내는 것이 인(仁)을 실천하는 근본이라고 보았다. 맹자는 사단(四端)이라는 선한 마음이 누구에게나 주어져 있다고 보았다.

03 주어진 설명에 해당하는 사상가는 '밀'이다. 밀은 기본적으로 벤담의 입장을 계승하였지만, 벤담은 모든 쾌락이 질적으로 같다는 전제하에 양적인 차이를 중시하는 양적 공리주의를 주장한 반면, 밀은 쾌락의 질적인 차이를 고려해야한다는 질적 공리주의를 주장했다.

04 논리적 사고는 전제로부터 결론 혹은 주장을 타당하게 도출하는지 사고하고, 어떤 주장에 논리적 모순 혹은 오류가 있는지 따지는 것이다.
② 합리적 사고 : 자신의 사고와 행위가 참된 근거와 원칙에 따르고 있는지 사고하는 것
③ 배려적 사고 : 다른 사람의 욕구와 감정을 존중해 주는 것
④ 비판적 사고 : 주장의 근거와 그 적절성을 따져 보는 것

05 주어진 설명과 같이 주장한 사상가는 에피쿠로스이다. 에피

쿠로스는 우리가 존재하는 한 죽음은 우리와 함께 있지 않으며, 죽음이 오면 우리는 이미 존재하지 않는다며 죽음을 두려워 할 필요가 없다고 주장하였다.

06 제시문은 태아의 생명권이 존중받아야 한다고 보는 인공 임신 중절 반대 입장이다. ②는 인공 임신 중절을 찬성하는 자율권 논거에 대한 내용이므로 제시문의 주장을 반박할 내용에 해당한다. 나머지는 모두 태아의 생명권이 존중받아야 한다고 보는 인공 임신 중절 반대 입장이므로 윗글을 반박할 내용으로 옳지 않다.

07 프롬이 제시한 사랑의 요소는 보호, 책임, 존경, 이해이다.

> **TIP** 프롬(Fromm, E.)의 사랑의 요소
> • **보호** : 사랑하는 사람을 보살피고 돌보는 것
> • **책임** : 사랑하는 사람의 요구를 배려하면서 자신의 행동에 책임을 지는 것
> • **존경** : 사랑하는 사람을 있는 그대로 받아들이며 존중하는 것
> • **이해** : 사랑하는 사람을 올바로 아는 것

08 공직자는 업무를 수행함에 있어 공익과 사익을 엄격히 구분하여 공익을 우선적으로 실현하기위해 노력해야 하며, 직무와 관련하여 직접 또는 간접을 불문하고 사례, 증여 등을 수수할 수 없다.

09 시민 불복종의 정당성을 지키기 위해서는 자기 이익을 배제하고 공공의 이익을 위해 실시되어야 한다.

10 주어진 설명은 분배적 정의의 기준 중 업적에 해당하는 내용이다.
② 필요 : 사람들의 필요에 따라 분배하는 것
③ 절대적 평등 : 모든 사람에게 동일하게 분배하는 것

11 부정부패에 해당하는 설명이다. 부정부패를 방지하려면 개인의 청렴 의식도 중요하지만, 청렴 의식을 제도적·사회적으로 합리화하려는 사회 윤리적 차원의 노력도 중요하다.
① 소명(召命) : 신의 거룩한 부르심
④ 정명(正名) : 각자 자신의 신분과 지위에 맞는 역할을 다

349

하는 것

12   ①, ③, ④는 과학기술이 가치중립적이어야 한다는 입장인 반면, ②은 과학 기술에 가치가 개입되어야 한다는 과학 기술의 가치 중립성을 부정하는 입장이다.

13   주어진 글은 동물 중심주의에 대한 설명이다. 동물 중심주의 사상가는 벤담, 밀, 싱어 등이 대표적이다.
    ① **인간 중심주의** : 인간만이 도덕적 지위를 지닌다고 보고, 인간 이외의 모든 존재는 인간의 목적을 이루기 위한 수단으로 여긴다. 인간 중심주의 사상가로는 베이컨, 데카르트, 칸트 등이 대표적이다.
    ③ **생명 중심주의** : 모든 생명체는 그 자체로서 가치를 지니므로 도덕적 고려의 범위를 모든 생명체로 확대해야 한다고 보았다. 생명 중심주의 사상가는 슈바이처, 테일러 등이 대표적이다.
    ④ **생태 중심주의** : 무생물을 포함한 생태계 전체를 도덕적 고려의 대상으로 여긴다. 생명 개체에만 초점을 맞추는 개체 중심적인 환경 윤리를 비판한다. 생태 중심주의 사상가로는 레오폴드, 네스 등이 대표적이다.

14   사람들의 일거수일투족을 통제하고 감시하는 컴퓨터 통신망과 데이터베이스를 판옵티콘에 비유할 수 있다.

> **TIP 판옵티콘, 빅브라더**
>
> - **판옵티콘** : 죄수를 감시할 목적으로 설계된 벤담의 원형 감옥이다. 중앙의 원형 공간에 높은 감시탑을 세우고 늘 어둡게 하였다. 중앙 감시탑 바깥의 원 둘레를 따라 죄수들의 방은 밝게 설계되었다. 따라서 죄수들은 자신들의 일상을 다 드러내는 위치이고 감시자들은 보이지 않는 곳에서 죄수들을 감시할 수 있다.
> - **빅브라더** : 정보의 독점으로 사회를 통제하는 관리 권력, 혹은 그러한 사회 체계를 일컫는 개념이다. 사회학적 통찰과 풍자로 유명한 영국의 소설가 조지 오웰의 소설 『1984년』에서 비롯된 용어이다.

15   제시문은 대표적인 예술 지상주의자인 와일드의 의견이다. 예술 지상주의는 예술이 미적 가치를 추구하는 것이라고 강조하며, 윤리적 가치를 기준으로 예술을 판단하려는 태도는 잘못이라고 본다.
    ③ 예술의 자율성을 옹호하는 순수 예술론의 입장을 지지한다.
    ①, ④ 도덕주의의 관점이다.

16   제시문은 윤리적 소비에 대한 설명이다. 윤리적 소비는 인권, 정의, 환경 등 보편적 가치의 실현을 지향한다.
    ㄴ. ㄹ. 합리적 소비에 대한 설명이다.

17   종교는 초월적 세계, 궁극적인 존재에 근거한 종교적 신념이나 교리를 제시하고, 윤리는 인간의 이성, 상식, 양심에 근거하여 현실 세계에서 지켜야 할 규범을 제시한다는 차이점이 있다. 따라서 종교적 신념에 바탕을 둔 판단과 인간의 이성이나 양심에 바탕을 둔 도덕적 판단이 서로 다를 경우 갈등이 생기기도 한다.

18   국수 대접 이론에 대한 설명이다. 국수 대접 이론은 문화의 다양성을 인정하면서도 주류 문화의 역할을 강조한다. 비주류 문화를 주류 문화와 동등하게 취급하지 않는 한계가 있다.
    ① **동화주의** : 이주민의 문화와 같은 소수 문화를 주류 문화에 적응시키고 통합하려는 입장
    ② **용광로 이론** : 이주민의 문화를 거대한 용광로, 즉 주류 사회에 융합하여 편입시키려는 관점
    ③ **샐러드 볼 이론** : 한 국가 또는 사회 안에 살고 있는 다양한 문화를 평등하게 인정하는 관점

19   주어진 글은 담론 윤리에 대한 설명이다. 담론 윤리의 전제는 갈등을 폭력으로 해결해선 안 되고, 누구나 자신의 의견을 주장할 권리가 있다는 것이다.

20   남북한이 지출하는 막대한 군사비는 분단이 지속되는 동안 영구적으로 발생하는 비용이다. 분단 비용 중 경제 외적 비용에는 전쟁 가능성에 대한 공포, 이산가족의 고통, 이념적 갈등과 대립, 한반도 전역의 발전 가능성 제한 등이 있다.
    ㄱ. ㄴ. 통일 비용에 대한 설명이다.

21   세대 갈등에 대한 설명이다. 오늘날에는 일자리나 노인 부양 문제 등 사회적 쟁점을 둘러싸고 세대 갈등이 발생하고 있다.
    ② **이념 갈등** : 이상적인 것으로 여기는 생각이나 견해의 차이에 따른 갈등으로, 이념의 차이를 흑백 논리의 이분법적 사고로 구분할 경우 더욱 심화되는 경향을 보임. 진보와 보수의 갈등이 있음
    ③ **지역 갈등** : 철도, 공항, 산업 시설 등 지역 발전을 위한 시설이나 투자를 자신의 지역에 유치하려는 경쟁의 과정이나 다른 지역에 대한 편견이나 좋지 않은 감정에서 비롯됨
    ④ **노사 갈등** : 노동자와 회사 사이에서 발생하는 갈등. 노동자와 기업 간에 임금, 근로 시간, 복지, 고용이나 해고, 기타 대우 등과 같은 근로 조건에 대해 서로 주장하는 내용이 다를 때 생김. 노사 갈등이 심해지면 노사 분쟁이 일어남

22   성 상품화를 반대하는 입장에서는 성 상품화가 외모 지상주의를 조장한다고 주장한다.

23　맹자의 사단(四端)에는 측은지심(惻隱之心 : 불쌍하고 가엾게
　　여기는 마음), 수오지심(羞惡之心 : 불의를 부끄러워하고 미
　　워하는 마음), 사양지심(辭讓之心 : 양보하고 공경하는 마음),
　　시비지심(是非之心 : 옳고 그름을 분별하는 마음)이 있다.

> **TIP** 맹자의 사덕(四德)
>
> 인(仁), 의(義), 예(禮), 지(智)

24　'생명은 하늘이 부여한 것이므로 자기 생명은 자신도 함부로
　　할 수 없는 존엄한 것이다'라는 문구에서 생명의 결정 여부가
　　자율적 선택의 문제가 아님을 알 수 있다.

> **TIP** 안락사에 대한 찬성 · 반대 입장
>
> • 찬성
>   – 환자의 자율성과 삶의 질을 중시함
>   – 공리주의적 관점 : 치유 불가능한 환자에게 과다한 경비를 사용
>   하는 것은 환자와 가족에게 경제적으로 큰 부담이며, 환자 본인
>   에게 심리적, 신체적 고통을 주는 것이기 때문에 사회 전체의
>   이익에 부합하지 않음
> • 반대
>   – 모든 인간의 생명은 존엄. 인간은 자신의 죽음을 인위적으로 선
>   택할 권리를 갖고 있지 않음
>   – 자연법 윤리와 의무론적 관점 : 인간의 죽음을 인위적으로 앞당
>   기는 행위는 자연의 질서에 어긋날 뿐만 아니라 생명의 존엄성
>   을 훼손하는 일임

25　남북한의 평화를 위해서는 신뢰 회복, 평화통일을 위한 교류
　　와 협력이 중요하다. 따라서 보기 중 남북한의 평화를 이루기
　　위한 노력은 ㄴ, ㄹ이다.

1. 국어
2. 수학
3. 영어
4. 사회
5. 과학
6. 한국사
7. 도덕
8. 모의고사
9. 정답 및 해설